国家出版基金项目

NATIONAL PUBLICATION FOUNDATION

◎"十二五"国家重点图书出版规划项目

◎ 湖南省社科基金重大委托项目

近代湖湘文化研究丛书

近代湖湘文化与近代湘籍人才群体

郑大华◎主编

周敏之 许顺富 梁小进◎著

CNS 岳麓書社·长沙

《近代湖湘文化研究丛书》编委会

序

湖湘文化源远流长，博大精深，是中华文化中独具地域特色的重要一脉。但在近代以前，它的影响主要在学术方面，即表现为作为宋明理学内部一个流派的“湖湘学派”的形成，而对湖南的社会、政治、经济和大众生活影响不大，更不用说对中国的社会、政治、经济的影响了，与同时代的其他一些地域文化比较不具有典型性。进入近代后，湖湘文化异军突起，大放光彩，不仅深刻地影响着湖南社会的各个方面，而且对中国近代历史进程起过重要的推动作用。近代湖南是湘军的故乡，是戊戌变法、辛亥革命和大革命的中心地区，产生过一大批对中国近代历史有重大影响的人物。著名历史学家谭其骧在《湖南人由来考》中就曾指出：“清季以来，湖南人才辈出，功业之盛，举世无出其右。”从魏源提出“师夷长技以制夷”的主张，到曾国藩、左宗棠举办洋务运动；从谭嗣同、唐才常献身维新变法，到黄兴、宋教仁引领辛亥革命风骚；从蔡锷首举反袁护国义旗，到毛泽东、蔡和森宣传马克思主义和创立中华人民共和国……在近代中国的每一个重要历史时期，近代湖湘文化及其主体近代湖南人都起到了“开风气之先”或“中流砥柱”的作用。尤其是近代湖湘文化所形成的那种忧国忧民、实事求是、通变求新、兼容并蓄、敢为人先、勇于奋斗、不怕牺牲的精神，激励着一代又一代的近代湖南人为民族独立、社会进步、人民解放而上下求索，为我们留下了十分宝贵的精神遗产。改革开放后湖湘文化研究的开创者、著名历史学家林增平在《近代湖湘文化试探》一文中写道："1840年鸦片战争前的漫长的古代，在湖南没有出现过几桩足以影响全国局势的大事；属于湖南籍的名人，寥若晨星。而跨入近代（1840年后），就迥然不同，在诸如太平天国起义、戊戌变法、辛亥革命等重大事变中，湖南所产生的反映，着实引人瞩目；且人才辈出，为人们所称道，延续至现代，更呈现出鼎盛的局势。"（《历史研究》1988年第4期）

自20世纪八九十年代以来，随着文化热的兴起，地域文化研究已越来越为学术界所重视。因为地域文化是整个中国文化的组成部分，它和中国文化之间存在着一种部分与整体、个别与一般、特殊与普遍的关系，我们要深入研究中国文化，发掘中国文化宝贵价值，继承中国文化优良传统，就必须对地域文化进行深入全面的研究，地域文化研究得越深入，越扎实，整个中国文化的研究就越能丰富多彩。同时，在中国文化内部之所以会形成不同的地域文化，是由于各地区的人文地理环境和历史传统的不同决定的，各具特色的地域文化已成为地域经济社会全面发展不可或缺的重要推动力。因此，加强地域文化研究，有利于对不同地域之特殊性的认识，从而为党和政府制定符合本地区区情的经济、文化、社会政策、开发和利用本地区的文化、旅游资源提供科学依据。

作为一种地域文化，近代湖湘文化是中国近代文化的重要组成部分，加上它在近代中外古今文化的冲突与交融中又处于承接南北、融会东西的位置，在地域文化研究中的地位非常重要。早在民国时期，钱基博、谭其骧等人就探讨过湖湘文化在近代异军突起、大放光彩的原因。从20世纪八九十年代开始，越来越多的学者，特别是湘籍学者先后投入到对近代湖湘文化的研究之中，出版和发表了一大批研究成果。据初步统计，从1990年到2015年的25年间，关于近代湖湘文化研究的论文在300篇左右，如林增平的《近代湖湘文化试探》、饶怀民的《近代湖湘文化的源流、结构及其特征》、茅海建的《也谈近代湖湘文化》、周跃云的《近代湖湘文化与湖南地理》、郭汉民的《近代湖湘文化的爱国传统》、王继平的《论湘军与晚清湖湘文化》、麻天祥和吴仰湘的《传统学术的递嬗与近代湖湘文化的崛起》、许顺富的《论湖湘文化对湖南早期现代化的负面影响》《近代湖湘文化与西方文化的冲突和融合》、唐浩明的《湖湘文化及其当代价值》、谭长富和康化夷的《湖湘文化的反思》、易永卿的《湖湘文化对湖南无产阶级人才群体的影响》、户华为的《湖湘文化及其特征与历史定位》、刘云波的《江浙文化与湖湘文化比较论》、朱汉民的《湖湘文化与中国文化》等。相关的论著有彭大成的《湖湘文化与毛泽东》《魏源与西学东渐——中国走向近代化的艰难历程》《中西冲突融合中的近代湖湘文化——从近代走向现代的历史抉择》、朱汉民和陈谷嘉的《湖湘学派源流》、张伟然的《湖南历史文化地理研究》、王兴国和聂荣华主编的《湖湘文化纵横谈》、郑焱的《近代湖湘文化概论》、刘泱泱的《近代湖南社会变迁》、陶用舒的《近代湖南人才群体研究》、湖南师范大学文学院编的《湖湘文化论集》（上、下）、周秋光主编的《湖湘文化宏观研究》、王立新的《开创时期的湖湘学派》、朱汉民主编的五卷本《湖湘文化通史》等。学位论文有曾汉业的《湖湘文化新探》、杨铮铮的《王夫之与湖湘文化的近代转换》、肖高华的《曾国藩文化思想与中国近代化》、刘鹤的《贺长龄经世思想研究》、李陵的《唐鉴与晚清理学“复兴”》等。回顾过去，展望未来，如何在认真总结已有成果的基础上，进一步深化近代湖湘文化研究，这是学者们面临的共同任务。2004 年 3 月 9 日，我曾应约在《光明日报・理论版》的“史学专栏”发表了一篇《如何深化近代湖湘文化研究》的文章，我在文中写道：

作为一种区域文化，如同近代岭南文化、江浙文化等一样，近代湖湘文化也是近代中国文化的重要组成部分。因此，我们要进一步深化近代湖湘文化的研究，首先就必须把它放在近代中国文化这一大背景中加以考察，以厘清它与近代中国文化的互动关系，亦即近代中国文化的变动、转型与发展是怎样影响和制约近代湖湘文化的变动、转型与发展的，近代湖湘文化的变动、转型与发展又对近代中国文化的变动、转型与发展产生了什么影响。检视已有研究成果，大多是就近代湖湘文化论近代湖湘文化，很少涉及近代湖湘文化与近代中国文化的关系问题。因而，在评价近代湖湘文化的历史地位和作用时，往往不是拔高，就是贬低，很难实事求是。

近代中国文化的变动、转型与发展对近代湖湘文化的影响和制约主要表现在以下几个方面：第一，影响和制约着近代湖湘文化的发展历程。依据文化的性质及其表现形态，这一时期的近代中国文化大致经历了三个发展阶段，即资产阶级新文化的萌发或准备阶段（从 1840 年的鸦片战争到 1895 年的中日甲午战争）、资产阶级新文化的形成和发展阶段（从 1895 年的甲午战争到 1919 年的五四运动）、无产阶级新文化的形成和发展阶段（从 1919 年的五四运动到 1949 年中华人民共和国的成立）。近代湖湘文化也同样经历过这样三个发展阶段。第二，影响和制约着近代湖湘文化的结构变化。近代中国文化的结构变化首先是文化构成的变化，即从 1840 年鸦片战争以前单一的封建主义文化变成包括封建主义文化、帝国主义文化、资产阶级新文化和无产阶级新文化等多种不同性质的文化并存的半殖民地半封建文化，其中封建主义文化与帝国主义文化结成同盟，反对资产阶级新文化（五四运动前）和无产阶级新文化（五四运动后），而资产阶级新文化（五四运动前）和无产阶级新文化（五四运动后）在与封建主义文化和帝国主义文化的斗争中不断发展壮大，并最终成为中国文化发展的方向。近代湖湘文化也同样发生了这种结构变化。第三，影响和制约着近代湖湘文化的形成和内容。近代中国文化是在中西文化的冲突与融合过程中、在新旧文化的斗争与调适过程中形成的，实现民族独立（救亡图存）和社会进步（科学与民主）始终是近代中国文化的追求目标和主要内容。近代湖湘文化的形成和主要内容也不外于此。至于近代湖湘文化的变动、转型与发展对于近代中国文化的影响，可以用“丰富”和“推动”两词加以概括。作为对近代中国政治、思想及其他领域产生过重要影响的区域文化，近代湖湘文化不仅以它不同于其他区域文化的特色使近代中国文化更加丰富多彩，而且对推动近代中国文化的发展做出过巨大的不可磨灭的贡献，在近代中国的每一个重要历史时期，近代湖湘文化及其载体近代湖南人都起到“开风气之先”或“中流砥柱”的作用。

其次，在加强对近代湖湘文化与近代中国文化互动关系研究的基础上，还要加强与诸如岭南文化、江浙文化、三秦文化、齐鲁文化、中原文化、巴蜀文化等区域文化的比较研究，只有通过与其他区域文化的比较，我们才能对近代湖湘文化在近代中国文化中的地位和作用有更清楚的认识，也才能更准确地把握近代湖湘文化的特征。比如，已有的研究成果几乎无一例外地把经世致用和爱国主义作为近代湖湘文化的主要特征，这就值得商榷。因为所谓特征，是唯我独有、别人所无的东西。如果人人都有，又怎能称为特征呢？以经世致用而论，它是中国儒家文化的精华，是历代知识分子一以贯之的优良传统和价值取向。不仅近代湖南的知识分子如此，近代其他地方的知识分子也是如此，比如嘉（庆）道（光）年间，湖南的陶澍、贺长龄、魏源等人主张经世致用，并形成了一个被人们称之为“嘉道经世派”的人才群体，同样浙江的龚自珍、安徽的包世臣和姚莹、福建的林则徐、山西的徐继畬、江西的黄爵滋等人也都主张经世致用。既然经世致用不是近代湖湘文化所独有的东西，它也就不能成为近代湖湘文化的特征。当然湖湘文化因各种历史和学术的原因，有的时候经世致用可能比其他地方表现得要更强烈一些。至于把爱国主义说成是近代湖湘文化的特征，那就更失之毫厘、差之千里了。因为爱国主义是近代中国文化的时代旋律，近代湖南人爱国，其他地方的人也一样爱国。中国近代史上涌现出一大批著名的爱国人士，湖南人只占其中的一部分。如果说爱国主义是近代湖湘文化的特征，那么它也应该是岭南文化、江浙文化或其他区域文化的特征。我认为真正能称之为近代湖湘文化特征的，是从古代湖湘文化继承下来并加以发扬光大的那种敢为天下先、“无所依傍，浩然独往”、勇于奋斗、不怕牺牲的“特别独立之根性”，也就是民间通俗所说的“吃得苦，霸得蛮，扎硬寨，打死仗”的精神。早在 20 世纪初，革命志士杨毓麟在《新湖南》中就写道：“（湖湘文化）其岸异之处，颇能自振于他省之外。自濂溪周氏师心独往，以一人之意识，经纬成一学说，遂为两宋道学不祧之祖。胜国以来，船山王氏以其坚贞刻苦之身，进退宋儒，自立宗主；当时阳明学说遍天下，而湘学独奋自异焉。自是学子被服其成俗。……道咸之间，举世以谈洋务为耻，而魏默深首治之；湘阴郭嵩焘远袭船山，近接魏氏，其谈海外政艺时措之宜，能发人之所未见，冒不韪而勿惜。至于直接船山之精神者，尤莫如谭嗣同。无所依傍，浩然独往，不知宇宙之圻埒，何论世法！其爱同胞而惎仇虐，时时迸发于脑筋而不能自已，是何也？曰：独立之根性使然也。”1920 年 1 月，陈独秀在《新青年》上发表的一篇题为《欢迎湖南人底精神》的文章也指出：“湖南人底精神是什么？‘若道中华国果亡，除非湖南人尽死。’无论杨度为人如何，却不能以人废言。湖南人这种奋斗精神，却不是杨度说大话，确实可以拿历史证明的。二百几十年的王船山先生，是何等艰苦奋斗的学者！几十年前的曾国藩、罗泽南等一班人，是何等‘扎硬寨’、‘打死战’的书生！黄克强历尽艰难，带一旅湖南兵，在汉阳抵挡清军大队人马；蔡松坡带着病率领子弹不足的两千云南兵，和十万袁军打死战，他们是何等坚忍不拔的军人！……我们欢迎湖南人底精神，是欢迎他们的奋斗精神，欢迎他们奋斗造桥的精神。”近代湖湘文化的这种敢为天下先、“无所依傍，浩然独往”、勇于奋斗、不怕牺牲的“特别独立之根性”，正如杨毓麟所说的那样，“其岸异之处，颇能自振于他省之外”。这才是近代湖湘文化的特征。我们在比较湖湘文化与其他区域文化的异同时，应重点加强与近代岭南文化和江浙文化的比较，因为在中国近代史上，这三个区域都曾涌现出许多有着举足轻重影响的著名人物，都对近代中国文化的发展做出过巨大贡献。

此外，还应加强对近代湖湘文化形成和发展之社会原因的研究。众所周知，在古代的绝大多数时期内，湖湘文化平淡无奇，没有什么影响力。但进入近代后，尤其是太平天国运动发生后，湖湘文化则突然一跃而起，“一鸣惊人”，成为近代中国文化中一枝光彩夺目的奇葩。个中原因，值得认真研究。已有学者在这方面做了一些开拓性工作，如有的学者提出古代湖湘文化的影响，特别是船山思想的影响，是近代湖湘文化形成和发展的重要原因；有的学者通过对元末明初、明末清初两次大移民所带来的湖南乡俗民风变化的分析，认为移民的作用对于近代湖湘文化的形成和发展有着非常重要的意义；有的学者则着眼于湖南的地理位置，认为湖南是中西新旧两种文化氛围犬牙交错的“锋面”，近代湖湘文化就是在这种冲突与交融的文化和政治斗争中形成与发展起来的。上述观点虽然都不失为一家之言，但我认为除这些原因外，近代湖湘文化形成和发展的最主要或根本的原因，恐怕还要到近代湖南的社会存在中去寻找，到时代与传统的冲击所形成的历史机遇中去寻找。因为古代湖湘文化的影响，并非始于近代，更确切地说，并非始于太平天国运动的爆发，为何此前湖湘文化没有“一鸣惊人”？元末明初、明末清初的两次大移民，也非仅仅发生在湖南，不少省份都发生过，比如清初那次，就是“湖广填四川，江西填湖南”，但为何其他省份没有形成类似于导致近代湖湘文化形成和发展的乡俗民风？近代与湖南地理位置相近的还有湖北、河南、江西，它们都地处中南，是近代中西新旧文化冲突与交融较为激烈的地区，为何这些省份的近代文化不像近代湖湘文化那样地位显赫？实际上近代湖湘文化突然一跃而起的转折是曾国藩湘军的兴起。在此之前虽然有陶澍、贺长龄、魏源等人倡导经世实学，但他们成名和发生影响都是在东南地区，与近代湖湘文化的形成和发展有关系，关系不是很大。湘军为何能兴起？它有哪些偶然性与必然性？湘军的兴起引起了近代湖南社会的哪些变动？这些变动与近代湖湘文化的形成和发展究竟存在着一种什么样的关系？我曾多次向一些湘籍学者建议，希望他们能运用社会学与历史学相结合的方法，认真研究一下湘军兴起前（嘉、道年间）后（咸、同、光年间）湖南人口结构、经济结构、阶级结构、政权结构、知识结构、土地占有关系、乡俗民风、士人意识等方面的变化，从中找出近代湖湘文化兴起和发展的原因。但遗憾的是，迄今为止，还没有看到这方面有分量的论著或论文。

要进一步深化湖湘文化研究，还必须加强合作。首先是各学科间的合作。因为近代湖湘文化涉及历史、经济、政治、社会、教育、文学、军事、民风习俗、士人心理等多方面的内容，只有各学科合作，进行跨学科、多学科的研究，才能联合攻关，取得成效。但就目前的状况来看，这一问题尚未引起学者们的重视。其次是各研究单位的合作。湖南不少大学都设有湖湘文化研究机构，但各研究机构之间的联系还很不够。这不利于发挥湖南研究湖湘文化的整体优势，希望有关方面能做一些协调工作。总之，我希望在不久的将来，近代湖湘文化的研究能取得更大更多的成果，能在中国近代区域文化的研究中占有与其所匹配的重要的地位。

以上就是我在《如何深化近代湖湘文化研究》一文中提出的主要观点。本丛书就是依据上述观点，同时加入后来的一些思考和朋友的建议而构架起来的。它主要由五本独立成篇的著作组成：（一）《地域文化理论视域下的湖湘文化研究》；（二）《近代湖湘文化与近代中国历史进程》；（三）《近代湖湘文化与近代湘籍人才群体》；（四）《近代湖湘文化转型中的民俗文化》；（五）《近代湖湘文化精神及其当代价值》。本来计划中还有一本《近代湖湘文化与中国近代其他区域文化的比较》，但由于没有找到合适的作者，而只好割爱，这不能不说是一个遗憾。我希望本丛书如有再版的机会，争取不再留下这一遗憾。

顾名思义，《地域文化理论视域下的湖湘文化研究》主要研究地域文化理论下湖湘文化研究的理论问题，探索湖湘文化研究的理论与方法，阐释围绕地域文化理论视野下湖湘文化研究主要内容、基本特征和历史变迁，以及近代湖湘文化研究所涉及的一些重大理论。它包括以下几个方面的主要内容：（一）地域与地域文化的定义、对象、内容和范围问题。从历史学、文化地理学、文化学等学科角度对地域与地域文化进行研究界定，回答什么是地域和地域文化的问题。具体包括：1. 地域文化作为一种文化类型存在的学术合理性及范围的确定；2. 地域和地域文化的历史的、地理的和文化的划分依据；3. 地方、地域和地域文化三者的关系；4. 地域文化研究的意义。（二）地域文化研究的基本理论与方法问题。对文化地理学、文化史学和文化人类学等不同学科关于地域文化研究理论与方法进行认真系统地梳理，总结和提升其对“地域文化”的认识和思想的成果，寻找这些地域文化研究的主要理论流派对湖湘文化研究的理论与方法的启示。（三）湖湘文化研究的理论视角和方法问题。探讨在地域文化的多维理论视野下湖湘文化研究的理论视角和依据，并在一些重要问题上形成新的理论认识。具体包括：湖湘文化的地域历史建构，湖湘文化“多源一流”与“多元一体”的历史过程与文化机制，湖湘文化的内部与外部文化关系，湖湘文化的结构与功能，湖湘文化的文化形态学特征，湖湘文化的地位和作用以及湖湘文化的历史变迁等。就研究方法而言，除历史学的方法外，还应该采用文化学、社会学、民族学、民俗学、人类学等其他学科的研究方法，走进历史现场，把田野调查与文献考证结合起来，把通史文献与民间文献结合起来。（四）近代湖湘文化研究所涉及的一些重大理论问题，如湖湘文化的近代转型，近代湖湘文化中的精英文化与大众文化，近代湖湘文化创新与发展的动力，近代湖湘文化与近代中国文化、近代外来文化和近代地域文化的关系，近代湖湘文化的历史地位和评价等。

《近代湖湘文化与近代中国历史进程》主要研究近代湖湘文化与近代中国历史进程的互动关系，揭示近代湖湘文化在近代中国历史进程中的作用。具体而言，（一）从宏阔的历史背景出发，以近代中国社会变迁、中外关系等为视角，探讨近代中国历史进程对湖湘文化的影响，揭示湖湘文化在近代的发展、演变与转型。具体探讨的问题有：1. 中国内部社会变动对湖湘文化演变的影响；如鸦片战争前后中国的社会变迁与湖湘经世派的兴起。2. 近代中国重大政治事件对湖湘文化的影响，如太平天国起义与湖湘理学经世派的产生、湘军崛起与湖湘文化的勃兴、戊戌维新和清末新政对湖湘文化的影响、辛亥革命与湖湘文化的转型等。3. 中西关系对湖湘文化的影响，一是西力东侵的影响，如魏源“师夷长技”主张的提出，曾国藩等湘籍督抚倡办洋务事业；二是西学东渐对湖湘文化的影响，如洋务运动时期湖湘文化所受西学的影响、五四前后新文化的传播以及马克思主义传播对湖湘文化转型的影响。（二）从近代湖湘文化的特质及其演变出发，以中国现代化进程为视角，探讨湖湘文化对近代中国历史进程的影响。具体探讨的问题有：1. 湖湘文化与近代中国政治。通过研究湖湘人才群体对咸同之际的政治变迁、洋务运动的影响，湘籍人才群体对戊戌维新、清末新政和辛亥革命的影响，揭示湖湘文化在中国政治现代化进程中的作用。2. 湖湘文化与近代中国的思想文化。通过研究魏源“师夷长技”主张的思想影响，曾国藩、左宗棠等人倡办洋务，谭嗣同等人倡导维新变法，黄兴、宋教仁、陈天华等人鼓吹民主革命等，揭示湖湘文化对近代中国思想文化的发展历程的影响。3. 湖湘文化对近代中国经济的影响。通过研究湘籍督抚发展近代企业，揭示湖湘文化对近代中国资本主义经济发展的影响。4. 近代湖湘文化与近代中国国家发展前途，通过探讨湘籍国民党人和共产党人对中国出路的选择，揭示湖湘文化对国家与民族命运的影响。（三）通过历时性的前后比较、共时性的彼此比较，对湖湘文化在近代中国历史进程中的地位与作用给予适当的客观评价。

《近代湖湘文化与近代湘籍人才群体》旨在考察近代湘籍人才群体的形成和发展过程，厘清近代湘籍人才群体的地理分布、时段分布、类型分布和不同的教育背景，并在此基础上揭示出近代湘籍人才群体的基本特点，说明近代湘籍人才群体形成的内在机制与外部因缘，特别是近代湖湘文化对近代湘籍人才群体形成的深刻影响，以及近代湘籍人才群体对近代湖湘文化的发展演变所起的重要作用。同时通过对近代湖湘文化与近代湘籍人才群体互动过程的考察，深入研究这种互动对近代湖南社会变革（包括政治变革、经济变革、思想文化变革和社会习俗变革）所起的促进作用。此外，近代湘籍人才群体在近代湖湘文化的浸染下形成和发展的规律，以及文化与人才群体互动所提供的历史借鉴，也是本书研究的重要内容。

《近代湖湘文化转型中的民俗文化》研究的主要内容是与大众社会生活密切相关的近代湖湘文化中的民俗文化，旨在通过对近代湖南大众社会生活的考察，来把握近代湖湘文化，揭示湖湘文化传统对大众社会生活的影响，以及在新的历史背景下，社会变迁是如何影响到民俗文化的，并由民俗文化来反观近代湖湘文化转型的具体面相；同时，通过考察近代湖湘民俗文化的具体现象，透视精英文化与民俗文化的互动。具体来说，主要研究以下九个问题，即：（一）近代湖湘民俗文化的渊源以及在近代社会的转型；（二）晚清湖南士民社会心理与民俗行为的变迁；（三）辛亥前后湖南社会结构变化与社会风貌改善；（四）近代湖南民权思潮和新文化运动对湖南社会的影响；（五）湖南近代工商业的转型与商业民俗的变化；（六）湖南宗教与民间信仰的近代变迁；（七）近代戏曲民俗的演变和“文明戏”的传入；（八）“新生活运动”和湖南社会风俗的变化；（九）湖南近代城市公共空间的变化及其对民俗的影响。

地域文化的“地域性”是由它的精神内核决定的。这种精神内核在地域文化形成之初即已鲜明地呈现出来，并且决定了地域文化发展变迁的方向，其结构性因素的扬弃也是以这种精神内核为旨归。《近代湖湘文化精神及其当代价值》一书认为，近代湖湘文化的精神内核，是湖湘文化发源之际屈（原）贾（谊）精神所塑造的忧国忧民的精神特质和其后发展变迁过程中形成的以事功为第一要义的人生价值取向，这种忧国忧民和事功化的人生价值取向潜藏在每一个近代湖湘文化的承载主体身上，在不同的历史时期表现出不同的内涵特征，并决定了近代湖南人以何种方式投身于近代社会变革的历史大潮之中，在他们身上我们更可以看到其表现出来的一种共同的精神气质及文化品性。因此，本书将分五个部分来探讨近代湖湘文化精神及其当代价值，第一部分主要从湖湘文化的历史发源、屈（原）贾（谊）精神与湖湘文化精神的起源、“湖湘学派”与湖湘文化精神的形成、多民族社会和移民与湖湘文化精神等四个方面来分析湖湘文化精神形成的内外机制；第二部分主要从甲午战争之前湖湘文化的发展、湖湘文化与湘军的兴起、转型中的近代湖湘文化精神和影响湖湘文化精神近代转型的诸因素等四个方面阐述湖湘文化精神在近代的艰难转型；第三部分主要从近代湖湘文化精神与近代湘籍人才群体、近代湖湘文化精神与近代湖南社会结构变迁、近代湖湘文化精神与近代湖南经济关系的变动、近代湖湘文化转型与近代湖南社会文化载体和社会风俗的演变等方面来研究近代湖湘文化精神与近代湖南社会的关联；第四部分主要从近代中国视野下的近代中国文化影响和制约近代湖湘文化精神、近代湖湘文化又丰富和推动近代中国文化发展、中西文化冲突和交融下的近代湖湘文化精神及与其他地域文化比较等方面来观照近代湖湘文化精神在近代的历史地位；第五部分主要从民族复兴契机下当代中国文化转型的理论逻辑与实现途径、文化自觉与湖湘文化当代转型的意义思考、民族复兴与湖湘文化现代转型及路径思考等方面来探讨近代湖湘文化精神的当代价值和实现创造性的转换问题。

本丛书的出版，首先要感谢湖南师范大学历史文化学院中国近代史学科负责人李育民教授以及学科的其他同事们。那还是 2011 年，我在学科负责人李育民教授的支持下，打算以“近代湖湘文化研究”为题目申报国家社科基金重大项目（重大课题就是那一年开始的）。为此，我组织了一个强大的学术团队，其成员主要有湖南师范大学历史文化学院中国近代史学科的李育民教授、莫志斌教授、钟声教授、李传斌教授、刘利民教授、张晶萍教授、朱华建教授以及禹江博士、邵华博士，湖南师范大学公共管理学院的彭大成教授，中南大学马克思主义学院的彭平一教授（现已故），湘潭大学历史学院的王继平教授，国防科技大学的薛学共教授，湖南社会科学院的刘云波教授，湖南大学的刘平副教授等。课题组成员多次开会，对课题申报书进行了反复的讨论和修改，并且广泛征求了北京等地的一些专家学者的意见，他们认为我们的团队实力雄厚，申报书论证充分，应该十之八九有成功申报的可能，但出乎意料的是，申报书由学校上报到湖南省社会科学基金办公室后，因“你懂的”，湖南省社会科学基金办公室根本就没有上报到国家社会科学基金办公室。尽管申报没有成功，但李育民教授以及学科的其他同事们和所有课题组成员对我的无私支持令我十分感动！其次要感谢我的朋友——《中国人传统思维批判》一书作者岳楚渔先生。楚渔先生知道我在思考“近代湖湘文化研究”的课题后，作为湖南人，他表示大力支持，并找到当时湖南省的一位主要领导，通过这位领导的转批，湖南省社会科学基金办公室后来给了我一个“湘军与近代湖湘文化研究”的重大委托课题，2012 年结项，获评优。感谢岳麓书社的领导，尤其是责任编辑饶毅主任。2012 年，她听说我原来申报过“近代湖湘文化研究丛书”的重大课题，于是乘“十二五”国家重点出版规划项目增补的机会，建议我申报，顺利获得通过；2015 年下半年在她的大力支持和主持下，本丛书又申报国家出版基金再次获得通过，这样就保证了丛书的顺利写作和出版。饶毅主任不仅为本丛书纳入“十二五”国家重点出版规划和获得国家出版基金的支持做出了重要贡献，而且在本丛书的写作和出版过程中，因我的事情太多，又经常不在长沙，她实际上负起了主编应负的责任，如经常联系作者，询问写作近况，提出修改意见，解决作者遇到的一些困难，催促作者交稿等。她对本丛书的编校也非常认真，一丝不苟。她这种为主编、为作者排忧解难，工作认真负任的精神，值得我认真学习！感谢湖南省参事室和文史馆的领导。2014 年年底，我有幸被聘为湖南省政府参事。省参事室和省文史馆是一个单位。当时主管省文史馆的陈伏球主任交给了我一项任务，即以省文史馆馆员为主要作者班子，主编撰写《湖南时务学堂研究》。2015 年该任务完成后，我向当时主管省文史馆的李跃龙主任提出，将撰写“近代湖湘文化研究”丛书纳入省文史馆的工作，并以原参与《湖南时务学堂研究》撰写的文史馆馆员为基本队伍，得到李主任的支持。如果没有跃龙主任的支持，本丛书是很难于短时期内完成的。因为依据国家出版基金的要求，本丛书最迟须在 2017 年 10 月完成。感谢参与丛书写作的陈先枢、刘少虎、杨锡贵、周敏之、许顺富、梁小进、刘觅知、邵华等诸位同仁，他们的积极参与，保证了本丛书的按时出版，因为本丛书虽然构思已久，准备已久，但真正进入全面写作则是在列入国家“十二五”重点出版物规划特别是国家出版基金计划之后，前后也就不到两年时间。尤其要感谢方克立、唐凯麟两位先生。两位先生德高望重，是各自研究领域的大师级人物。方先生是中国社会科学院首批学部委员，研究生院原院长，他研究的虽然是中国哲学史，但作为湖南人，他也十分关心湖湘文化尤其是近代湖湘文化研究，是湘潭大学《湘学研究》主编。唐先生是湖南师范大学资深教授，是湖南学术界的一面旗帜，他的专长是中国伦理学，但对湖湘文化尤其是近代湖湘文化他也有许多精辟见解，他的弟子中不少人是研究湖湘文化的知名学者。二位先生屈尊出任丛书学术顾问，既是对本丛书的极大支持，也是对我们这些近代湖湘文化研究者和爱好者的莫大鼓励和鞭策。尤其是二位先生长期以来对我都十分关心，提携我，帮助我，早在 20 世纪 80 年末，我还在北师大跟着龚书铎先生读博士生的时候，方先生就把我拉进了他主持的现代新儒家研究课题组，我毕业走向工作岗位后，方先生仍然给我许多帮助和指导，我有什么困难或需要他支持的事情，只要我提出来他都会给予大力支持。自我 2003 年被聘为湖南省“芙蓉学者计划”首批特聘教授，同时受聘为湖南师范大学国家重点学科中国近代史学科特聘教授后，就多次得到唐先生的关心、帮助和支持，记得 2008 年我第一个聘期期满，到省教育厅接受专家组的考核，唐先生是五位专家之一，也是五位专家中唯一一位社会科学专家，其他四位都是自然科学研究领域的院士，唐先生对我五年来的工作给予了充分肯定，并就以后我的工作和发展提出了很好的建议。后来因为工作或研究方面的事情，我又多次请教唐先生，打扰唐先生。二位先生对我的关心和帮助，我将永远铭记在心，知恩图报。感谢（按姓氏笔画为序）王兴国、王继平、朱汉民、李育民、李跃龙、刘泱泱、刘建武、杨念群、郑佳明、郑焱、周秋光、唐浩明、莫志斌、陶用舒、彭大成诸位先生，诸位先生都是研究湖湘文化特别是近代湖湘文化的大家和权威，在学术界有着广泛的影响力，应我的请求，担任丛书学术指导委员会委员，贡献他们的智慧和独到见解，从而提升了本丛书的学术品质。感谢所有关心、帮助和支持本丛书立项、撰写和出版的各界朋友。滴水之恩，必当涌泉相报！当然，丛书不可避免地会存在这样或那样的一些问题，特别是丛书虽然有个统一的主题，每本书我也提出了一个比较详细的写作大纲，但由于每本书都是独立成篇，撰写者有修改、补充的权利，如何写？写什么？也都由撰写者自己决定，所以书与书之间就或多或少地会存在一些资料引用和观点方面的重复，甚至矛盾之处，我尽管做了统稿，但这些现象还是存在。作为丛书主编，我理当负责。在此，真诚地希望广大专家和读者提出批评意见，以便我们在以后再版时加以修改，来信请寄长沙湖南师范大学历史文化学院，邮编：410081，或电子邮箱：zhengdh2002@126. com

在丛书即将出版之际，拉拉杂杂写了上面这些话，权为序。

郑大华

2017 年 10 月 1 日

目　录

绪　论

“近代湖湘文化与近代湘籍人才群体”这一课题，自然牵涉两个问题：第一个问题，近代湖湘文化与近代人才群体是如何兴起的；第二个问题，这两者之间存在何种关系。这两个问题，特别是第一个问题涉及面很广，与社会政治、经济、文化有关，与历史和现实也有关系。本书在“绪论”中主要从历史和文化以及文化和人才关系的角度予以说明。

一、传统湖湘文化为近代湖湘文化与近代湘籍人才群体兴起之源

近代湘籍人才群体异军突起，不仅数量众多，质量也略胜一筹，在全国占有重要地位，对推动近代中国社会和湖南的发展，起了十分重要的作用。近代湖湘文化与近代湘籍人才群体互为表里，交相辉映，两者均植根于湖湘大地，是湖湘文化长期滋润之结晶。

近代湖湘文化是传统湖湘文化的延续和发展。湖湘文化源远流长，早在石器时代，湖南的远古人类已经由单纯的采集渔猎经济进入到与原始农业及原始养殖业并存的经济形态阶段；并且已经学会了建筑房屋、储备粮食、炊煮食物，进入到定居的原始农耕社会阶段，甚至可能已经产生了氏族部落制度，从而向人类社会文明迈出了坚实的一步。

夏商周时期为湖湘文化之萌芽。这一时期湖湘地区的文化发展可以归纳为两条并行但不时交织在一起相互产生影响的主线：其一为承袭远古的土著人类在湖湘大地继续创造和发展本土文化；其二是中原文化通过军事、政治、经济等途径不断地对湖湘文化产生影响。这一时期湖湘文化萌芽之表征主要是青铜器的出现。从众多的祭祀礼器、乐器和饮食器具的出土，亦可看出湖湘大地的社会政治和经济文化形态已经初露雏形。

春秋战国为湖湘文化初步发展时期。有两件事，对湖湘文化发展影响较大：一是民族结构发生变化。随着楚人征湘，楚人逐渐取

代蛮、越、濮等土著居民成为湖湘大地主要居民。二是湖南进入奴隶社会，并入楚国版图，与中原联系更为密切，融为一体，成为中华文明古国的一部分。这两件事，都表明先进的中原文化对湖湘文化影响的加大，湖湘文化就是在这种情况下获得较大发展的。其标志一是掌握和使用文字；二是由楚人与湖南土著居民共同创造的文学艺术，包括诗歌、散文、音乐、绘画、雕塑、工艺、美术等，在春秋战国时都已经达到相当的程度与水准。

秦汉以后，随着全国的统一，湖湘地区也在政治、经济文化诸领域逐渐与中原地区融为一体，成为统一的多民族国家之不可分割的重要组成部分。在全国统一的背景下，北方、中原及各个地域的大量移民涌入湖湘，并带来了他们各自包括生产技术在内的各种文化。这些移民与湖湘各地的土著居民融合，逐渐形成了湖湘境内新的主体民族——汉族，有力地推动了湖湘地区社会政治、经济和文化的发展。魏晋南北朝时期，虽然连年不断的战乱，也给湖南社会经济造成负面影响，但相对中原而言，湖湘地区社会仍然较为稳定，故湖湘的社会经济虽然发展缓慢却仍在继续。隋唐五代，随着国家由分裂重新走上统一，中国社会的政治、经济进入了空前繁荣的发展时期，湖湘地区也与全国保持着同样的发展态势。总而言之，秦汉至隋唐时期，随着全国的统一和汉族成为主体民族、社会政治经济的全面发展，湖湘地区的文化也在继续发展着，道教、佛教相继传入湖湘地区并与湖湘文化相融合，兼之许多杰出的政治家、思想家、文学家来到湖湘，湖湘文化开始以地域思想文化特色而崭露头角。

宋元明清为湖湘文化蓬勃发展时期。其中南宋为一大关键，其耀眼之处在于形成了以“经世致用”为理念的湖湘学派，具有鲜明特色的狭义湖湘文化当以此为开端。湖湘文化虽然在元朝经历了低谷期，但在明朝建立以后，随着社会经济的恢复和发展，特别是由于大量的移民，既引进了不同的地域文化特质，又带来了新的人种血缘基因，因而再次出现高峰：学校教育的发达，书院的兴盛，文化人物的涌现，均超过宋、元。清前、中期是清王朝比较有作为和文治武功达到鼎盛的时期，社会经济得到恢复和发展，在一些地区和部门出现了资本主义萌芽。文化方面，清朝统治者积极学习和吸收汉文化，推崇儒学，重视学校和科举之业，中国封建文化经历了又一个繁荣时期。在此背景下，湖南的学校和书院教育、哲学和理学、科学技术、文学艺术等，也有相应的发展，湖湘文化进入了一个新的发展阶段。

近代湖湘文化，就是在传统湖湘文化的基础上发展起来的，尤其与湖湘学派关系密切。现代史家侯外庐指出："以衡麓（衡山）、岳麓（潭州，今长沙）为中心，由胡宏开其端，张栻主岳麓书院教事，从学者众，因而奠定了湖湘学派的规模。"① 湖湘学派以理学为特征，张栻是被誉为与朱熹、吕祖谦并列的"东南三贤"理学家之一。湖湘学派的另一个特征，则是提倡经世致用。胡宏说："务圣人之道者，必先致知，及超然有所见，方力行以终之。"② 从此，经世致用便成为湖湘文化的一个鲜明特点和传统。与近代湖湘文化关系较大较为直接者，当为明、清之际的王夫之、魏源、贺长龄等人。王夫之隐居衡阳石船山 40 年，著书讲学，吸收各家学说之长，崇尚实学，提倡经世致用。道光年间，邓显鹤刊刻船山著作，使王夫之的思想学说广为流传，深深地哺育和影响了三湘四水的知识界。在王夫之之后，魏源、贺长龄编辑《皇朝经世文编》，对湖南思想学术界更产生了深刻影响，"三湘学人，诵习成风，士皆有用世之志"③。

人才与文化往往相伴而行。虽然就总体而言，由于湖南开发较

① 侯外庐，邱汉生，张岂之．宋明理学史：上［M］．北京：人民出版社，1997：338.

② 胡宏．胡宏集［M］．北京：中华书局，1987：34.

③ 黄濬．花随人圣庵摭忆［M］．北京：中华书局，2008：200.

晚，落后于中原与黄河流域，也比不上东部沿海地区，导致古代湖南人才稀少，占不到全国人才的1%。特别是先秦时期，史书上基本没有湖南名人的记载。就是汉、唐时期的湖南人才，也在全国人才总数的0.5%以下。但是湖湘文化的存在，毕竟为人才的出现提供了土壤。尤其是到了宋代，随着岳麓书院、石鼓书院的兴起，胡氏父子、张栻等在湖南讲学，开创湖湘学派，湖南的文化教育开始赶上中原地区，湖湘文化崭露头角，相应地湖南人才数量也呈上升之态。1992年，湖南学者伍新福、刘泱泱主编的《湖南省志·人物志》收录湖南古代人物276人，其中战国、两汉4人，五代十国11人，三国时期11人，两宋32人，元代7人，明朝61人，清代（鸦片战争前）25人。从中可以看出，宋代是一个转折点，至明朝呈激增之势。数量上明代人才占全国总数的1%以上，比过去翻了一番。质量上也有提高，出现了刘三吾、刘大夏、李东阳、杨嗣昌等一批对全国有影响的人物。清代（鸦片战争前）更进一步，人才数在全国的比重已占到1%~2%，尽管依然偏低，但清代（鸦片战争前）的人才结构有一个特点，就是学术思想、文化科学方面的人才增幅较大，并在全国有一定的影响。这班人中，王夫之自然最为出色。除他以外，李文炤、王文清、罗典等都是著名的学者。他们往往著书立说，从事教学，培养人才。李文炤、王文清、罗典均先后担任岳麓书院山长。李文炤"以扶持世教为己任"，强调"学者欲通世务，必须看史"，"学问思辨，必以力行为归"，重视培养学生能力。[①] 王文清"独治朴学，淹贯群籍，卓然为一代鸿儒"[②]；"主讲岳麓书院，成就者四百余人"。罗典"名下发名从业者数百人"[③]。岳麓书院成了湖南培养人才的重要基地，湖南近代人才也

① 李文炤．岳麓书院学规［M］//杨慎初，邓洪波，朱汉民．岳麓书院史略．长沙：岳麓书社，1986：151.

② 王文清．王文清集（一）［M］．长沙：岳麓书社，2013：6.

③ 杨慎初，邓洪波，朱汉民．岳麓书院史略［M］．长沙：岳麓书社，1986：173.

多出于此。陶澍、贺长龄、魏源、曾国藩、左宗棠、胡林翼、郭嵩焘、罗泽南、曾国荃、刘长佑、唐才常、沈荩、杨昌济等湖南近代人才群体的核心首脑和风云人物，都曾经是岳麓书院的学生。以人才培养人才，在当时的湖南表现得特别明显。此亦为人才连续性之力证。

二、近代湖湘文化与近代湖湘人才群体之关系

近代湖湘文化与近代湖湘人才群体相互影响、相互促进，具体来说，表现两个方面：

一是传统湖湘文化之精华，被近代湖湘文化所吸收，构成近代湖湘文化之一部分，对近代湖湘人才群体的崛起起到了催化作用。此种精华，具体而言有四：首先是理学。传统湖湘文化崇尚理学，湖南以“理学之邦”而著称。湖南作为“理学之邦”，内含两个因素：一为理学理论之发达，一为理学传播载体书院之发达。这两种因素，孕育近代湘籍人才群体。尤其湘系经世派和湘军集团这两个人才群体与理学关系密切，两者之间，有着某种直接的传承关系。

其次是船山之学。王夫之是古代湘学过渡到近代湘学的伟大思想家，湖南近代出现的几个人才群体，大都十分推崇他，并深受其思想的影响。《船山遗书》是他们的案头必备之书，他们经常从研读中吸取有关经学、哲学、史学、文学、政治、经济等多方面的思想营养。特别是船山“严《春秋》夷夏之防，抱冠带沉沦之隐”①的民族主义思想，在清末更成为一面反满革命的旗帜，不少革命志士皆因“少读船山遗书，晓民族大义，隐然有光复汉业之志”②。

再次是湖湘的学术传统。湖湘文化在其演进中形成自身独具一格的学术传统，即推崇理学，主张经世致用，提倡兼容并包。此种

① 王夫之. 船山全书：第一六册［M］. 长沙：岳麓书社，1996：858.

② 郭汉民，杨鹏程. 湖南辛亥革命史料：第2册［M］. 长沙：湖南人民出版社，2011：376.

学术传统，为湖南士子成才开辟一条有力途径。在其影响下，湖南士子多重视道德修养和践履；学以致用，关注时政，以天下为己任；注重向西方学习。此种精神、素质与时代合拍，为成才之有利因素。

最后是经世之学。“经世之学”的兴起，对近代湘籍人才群体的形成有着重要的作用。这种作用，可以从思想观念、实践和学风等几个方面来分析。从思想观念来看，各人才群体内部和各人才群体之间互相影响、互相传承，形成了经世致用的理念。从实践来看，“经世之学”的指向必定是实践，正是实践，造就了近代湖南一批批人才群体。从学风来看，“经世之学”一旦形成学风，对于人才的培养，便有春风雨露之功效。此种学风的形成，除了时代的客观需要、经世名家的标杆作用和经世人士的学术交流等因素以外，与教育界人士和社会进步人士特别是改革家和革命家的大力倡导有着重要的关系。

二是近代湖湘人才群体，根据时代的需要，在继承和改造传统湖湘文化的基础上，吸收外来之先进文化，从而推动了近代湖湘文化的形成与发展。

在这方面开先河的是清代嘉道湖南经世派人才群体，其领袖和核心为陶澍，最杰出的思想家代表是魏源，其他重要代表人物还有贺长龄、汤鹏、唐鉴、邓显鹤等。清代嘉道湖南经世派人才群体在继承湖湘文化传统的同时，将新时代的精神与需求引进湖湘文化，使之开始向近代转型。主要表现为要求进行社会变革，主张抵抗西方列强的侵略，倡导学习西方。

继之而起的是湘军人才群体。其重要代表人物为曾国藩、左宗棠、胡林翼、罗泽南、江忠源、彭玉麟、杨岳斌、郭嵩焘、刘长佑、刘坤一、魏光焘等。湘军人才群体对湖湘文化的继承和发展，主要表现在三个方面：首先，湖湘文化之理学思想进一步加强，理学的色彩较为浓厚。其次，学习西方思想向深层次发展，有的甚至将这一思想引向深入，达到了前人未能达到的高度。再次，面临外国资本—帝国主义的军事侵略，主张坚决抵抗，使湖湘文化的爱国主义思想与民族精神得到进一步的发展。

较之湘军人才群体，以谭嗣同、唐才常、熊希龄、蒋德钧、皮锡瑞、樊锥等为主要代表人物的湖南维新派人才群体，对近代湖湘文化的更新，又进一步。主要表现在三个方面，一是使近代湖湘文化的理学色彩日益消退，二是爱国主义思想与民族主义精神得到升华，三是使近代湖湘文化西学方面的内容更为丰富。

在湖南维新人才群体的基础上，适应形势的需要，以黄兴、宋教仁、刘揆一、陈天华、蔡锷、蒋翊武、禹之谟、谭人凤、焦达峰等为代表的湖南辛亥革命人才群体，担负起重塑湖湘文化的重任。湖南辛亥革命人才群体对于湖湘文化的重塑，主要体现在两个方面：一是将爱国与革命思想相联系，实现了反帝爱国与反清革命的紧密结合；二是学习西方，鼓吹民主共和的政治制度，实现了推翻清朝君主专制、建立民主共和国的理想。

对湖湘文化推进最为得力、创新最为明显者，当属以毛泽东、蔡和森、何叔衡、刘少奇、任弼时等为代表的湘籍无产阶级革命家人才群体。其主要成就：一是传播和发展马克思列宁主义，并与中国革命的实际相结合，产生了毛泽东思想；二是改革与革命的精神更为坚决彻底，其理想境界更为高尚和远大。

三、研究的主要问题与基本框架

关于近代湖湘文化与近代湘籍人才群体及其相互关系，学术界已有些研究。本书拟在吸收现有研究成果的基础上，以深厚的历史沉淀和近代中国社会大变动的历史背景为视野，除采用传统的历史学的研究方法以外，还采用文化学、社会学、人才学、计量史学的研究方法，从文化史、社会史、社会发展史和人才学的角度，对近代湖南人才群体进行综合性研究。旨在通过考察近代湘籍人才群体的形成和发展过程，厘清近代湘籍人才群体的地域分布、时段分布、类型分布和教育背景，揭示近代湘籍人才群体的基本特点，说明近代湘籍人才群体形成的内在机制与外部因缘，特别是近代湖湘文化对近代湘籍人才群体发展演变所起的重要作用；通过对近代湖湘文化与近代湘籍人才群体互动过程的考察，反映这种互动对近代湖南社会变革（包括政治变革、经济变革、思想文化变革和社会习俗变革）所起的促进作用。此外，近代湘籍人才群体在近代湖湘文化的浸染下形成和发展的规律，以及文化与人才群体互动所提供的历史借鉴，也是本书研究的重要内容。

本书绪论部分主要是阐述近代湘籍人才群体与湖湘文化的渊源关系以及近代湖湘文化与近代湘籍人才群体的互动作用。主体部分各章节则分别探讨近代湘籍人才群体的界定、结构、精神特质以及历史地位；近代湘籍人才群体形成的历史背景，包括湖南地区民族的历史变迁和政治经济开发以及所面临的近代大变局和湖南近代自身发展等影响因子；湖湘文化演变对近代湘籍人才群体的作用；近代湘籍人才群体对近代湖湘文化的影响，包括积极影响和消极影响两个方面；近代湖湘文化和人才群体的互动以及对近代湖南社会变革所产生的影响，包括政治、经济、思想文化和社会习俗等各个方面；近代湘籍人才群体形成的规律及其当代价值；等等。结语部分则着重讨论湖湘文化和人才群体的现代转换问题。

第一章

近代湘籍人才群体概述

我们这里所说的“近代”，根据湖南人才的实际情况，在时间观念方面，和一般所说的“近代”稍有区别：其上限不是1840年的鸦片战争，而是从道光元年（1821）开始；其下限则是1949年的中华人民共和国的成立。这一百多年间，近代湘籍人才群体接踵而起，蔚为大观。尽管人们对湘籍人才群体的界定不尽相同，但对这一事实的认同并无二致。由于历史和文化渊源的不同，以及近代湖南的特殊省情，近代湘籍人才群体在结构上有其独特性，多偏重于政治和军事人才；精神上也有自己独特的风貌：以天下为己任，爱国情绪强烈，敢为人先，实事求是，勤勉笃实。他们活跃在中国近代历史的舞台上，中国近代一系列重大事件，如鸦片战争前后地主阶级的改革活动、抗击英帝国主义侵略的鸦片战争、镇压太平天国运动、洋务运动、戊戌维新、辛亥革命、新民主主义革命等等，几乎都有他们的身影。在近代中国历史上，他们在思想、政治和军事等方面居于领军地位，对中国近代社会产生过重要影响。

第一节　近代湘籍人才群体之界定

要研究近代湘籍人才群体，须先对之界定。根据历史事实和人才理论，我们认定存在五大湘籍人才群体，即地主阶级经世派、湘军集团、戊戌维新人才群体，以资产阶级革命派为主体的辛亥人才群体和无产阶级革命家人才群体。其内涵与一般说法也略有不同。

一、近代湖南人才数量居全国首位

在界定近代湘籍人才群体之前，须有一个事实做前提，即近代湖南人才必须具有相当之数量，方可构成群体。此种前提，已经具备。湖南近代人才数量及其地位，不仅在全国独占鳌头，而且与古代相比，反差极大，引人注目。中国古代，湖南人才稀少。晚清维新派人士、经学家皮锡瑞曾论及："湖南人物，罕见史传，三国时如蒋琬者，只一二人。唐开科三百年，长沙刘蜕始举进士，时谓之破天荒。至元欧阳元功，明刘三吾、刘大夏、李东阳、杨嗣昌诸人，骎骎始盛。"① 事实上，即使到了明代，与邻省江西比，仍然相去甚远。检索近人编的《中国历代名人辞典》，可以管窥其貌。该辞典共收入历代名人 3755 人，鸦片战争前有 3005 人，其中湖南籍者仅 23 人，只占同期全国名人的 0. 77%。即以皮锡瑞所谓骎骎始盛的明代来说，该辞典共收名人 496 人，其中湖南籍者 6 人，占同期全国名人总数的 1. 2%，而江西省籍的则有 38 人，占总数的 7. 8%。两相比较，相形见绌。

另据《二十四史》"人物传"统计：在总数 5783 名历史人物中，湖南籍仅 57 人，占总数的 0. 98%。其中汉代 655 人中，湖南 2 人，占 0. 3%；唐代 1280 人中，湖南 2 人，占 0. 16%；宋代 2065 人中，湖南 24 人，占 1. 16%；清代 1771 人中，湖南 27 人，占 1. 52%。

吴海林、李延沛合编《中国历史人物生卒年表》共收录鸦片战争以前历史人物 5705 人，湖南籍仅 51 人，占总数的 0. 89%。其中唐以前 1453 人中，湖南 4 人，占 0. 27%；唐代 572 人中，湖南 3 人，占 0. 57%；宋代 1305 人中，湖南 8 人，占 0. 61%；明代 1242 人中，湖南 10 人，占 0. 83%；清代鸦片战争前 1133 人中，湖南 26 人，占 2. 29%。②

进入近代社会以后情况突变，湖南人才异军突起，蔚为壮观。著名历史学家谭其骧指出："清季以来，湖南人才辈出，功业之盛，举世无出其右。"③ 从鸦片战争到中华人民共和国成立，湖南的人才数量，据统计：《辞海 · 中国近代史分册》，共收录近代

---

① 皮锡瑞. 师伏堂未刊日记 [J]. 湖南历史资料，1959 (1)：105.

② 参见陶用舒. 近代湖南人才群体研究 [M]. 长沙：岳麓书社，2000：5-6.

③ 谭其骧. 长水集 [M]. 北京：人民出版社，1987：392.

(1840—1919) 名人 324 人，其中湖南 44 人，占总数 13.58%，居全国第一位；《中外历史人物辞典》收录近代中国历史人物 378 人，其中湖南 56 人，占总数 14.82%，与广东并列全国第一；《中国现代史词典》收录现代（1919—1949）历史人物 1277 人，其中湖南 183 人，占总人数 14.32%，远远超过其他省区。

当代学者陶用舒先生通过对《辞海·中国近代史》《中外历史人物词典》《清代七百名人传》《中国历史人物词典》《中国历代名人辞典》和《简明中外历史词典》等六种人物词典和人物传记做综合统计（综合上述六种人物词典，共收中国近代人物 2407 人，除外籍 99 人，不明省籍者 17 人，还有 2291 人），得出中国近代各省人才之排名，使我们对近代湘籍人才之盛况有着更为明晰认识。现将陶用舒先生统计表摘录如下：

中国近代（1840—1919）人才分省统计表[①]

名次	省名	辞海	中外历史人物词典	清代七百名人传	中国历史人物辞典	中国历代名人辞典	简明中外历史词典	合计	百分比（按 2291 人计）
1	湖南	44	56	48	46	83	13	290	12.66
2	广东	43	56	19	50	93	13	274	11.96
3	江苏	27	35	44	66	78	12	262	11.44
4	浙江	24	35	43	63	71	3	239	10.43
5	满洲	40	32	53	28	59	13	225	9.82
6	安徽	21	23	26	32	46	6	154	6.72
7	广西	28	26	12	25	46	9	146	6.37
8	湖北	12	24	9	17	42	4	108	4.71
9	福建	10	16	16	15	38	3	98	4.28
10	河北	12	15	11	20	26	4	88	3.95
11	四川	13	12	12	14	24	1	76	3.32
12	山东	9	8	11	9	28	3	68	2.97

① 陶用舒．近代湖南人才群体研究［M］．长沙：岳麓书社，2000：45-47.

续表

名次	省名	辞海	中外历史人物词典	清代七百名人传	中国历史人物辞典	中国历代名人辞典	简明中外历史词典	合计	百分比（按 2291 人计）
13	贵州	4	5	5	4	15		33	1.44
13	江西	5	5	6	6	11		33	1.44
15	河南	3	6	6	3	12	2	32	1.39
16	云南	6	6	2	6	10	1	31	1.35
16	内蒙古	5	4	8	3	10	1	31	1.35
18	汉军八旗	4	6		4	10		20	0.87
19	辽宁	2	3		3	8	1	17	0.74
19	山西	1	2	4	2	8		17	0.74
21	陕西	2	1	2	4	6		15	0.65
21	甘肃	1	2	4	8			15	0.65
23	台湾	2	2		4	5		13	0.57
24	新疆	1		1	1	1		4	
25	西藏							1	
总计	366	428		343	433	742	95	2291	

陶先生采用的是传统的中国近代史分期法，起讫时间大致为1840年鸦片战争前后至1919年，表中所统计的也是这个时期的人才数量，按照我们所采用的1840年至1949年中国近代史分期，尚缺1919年至1949年的人才统计。为弥补此不足，我们对《辞海·中国现代史》所收人物进行了统计。《辞海·中国现代史》采用的也是传统的历史分期法，将1919年以后的中国历史统称为现代史。该辞典以1919年为起点，至1978年为终点，共录人物418人，其中外籍28人，中华人民共和国后40人，不明省籍者1人，这三部分人共计69人。除开这69人，收录1919—1949年按照我们的分期法属于中国近代人物有349人。对这349人进行分省统计，得出各省人才之排名（见下表）。

1919—1949 年人才分省统计表

名次	省名	人数	百分比（按 349 人计）
1	湖南	58	16. 62
2	广东	34	9. 74
3	浙江	33	9. 45
4	湖北	31	8. 88
5	四川	27	7. 73
6	安徽	20	5. 73
7	江苏	18	5. 15
7	江西	18	5. 15
7	河北	18	5. 15
10	陕西	17	4. 87
11	山东	16	4. 58
12	山西	10	2. 86
13	福建	9	2. 57
14	辽宁	8	2. 29
15	云南	6	1. 71
15	广西	6	1. 71
17	贵州	4	1. 14
17	上海	4	1. 14
17	河南	4	1. 47
20	吉林	3	0. 85
20	天津	3	0. 85
21	甘肃	2	0. 57
	总计	349	

从表中可以看出，在 1919 年至 1949 年这个时间段，湖南的人才数量也是远远超出其他省份位居第一位的。如果把陶先生的统计表和我们的统计表综合起来，便可得到一份比较完整的中国近代人

才分省统计表：

中国近代（1840—1949）人才分省统计表

名次	省名	辞海·近代史	中外历史人物词典	清代七百名人传	中国历史人物辞典	中国历代名人辞典	简明中外历史词典	辞海·现代史	合计	百分比（按2640人计）
1	湖南	44	56	48	46	83	13	58	348	13.18
2	广东	43	56	19	50	93	13	34	308	11.66
3	江苏	27	35	44	66	78	12	18	280	10.60
4	浙江	24	35	43	63	71	3	33	272	10.30
5	满洲	40	32	53	28	59	13		225	8.52
6	安徽	21	23	26	32	46	6	20	174	6.59
7	广西	28	26	12	25	46	9	6	152	5.75
8	湖北	12	24	9	17	42	4	31	139	5.26
9	福建	10	16	16	15	38	3	9	107	4.05
10	河北	12	15	11	20	26	4	18	106	4.01
11	四川	13	12	12	14	24	1	27	103	3.90
12	山东	9	8	11	9	28	3	16	84	3.18
13	江西	5	5	6	6	11		18	51	1.93
14	贵州	4	5	5	4	15		4	37	1.40
14	云南	6	6	2	6	10	1	6	37	1.40
16	河南	3	6	6	3	12	2	4	36	1.36
17	陕西	2	1	2	4	6		17	32	1.21
18	内蒙古	5	4	8	3	10	1		31	1.17
19	山西	1	2	4	2	8		10	27	1.02
20	辽宁	2	3		3	8	1	8	25	0.94
21	汉军八旗	4	6		4	10			20	0.75
22	甘肃	1	2	4	8			2	17	0.64
23	台湾	2	2		4	5			13	0.49
24	新疆	1		1	1	1			4	
25	西藏								1	
总计	366	428		343	433	742	349	95	2640	

从此表来看，按照1840—1949年中国近代史分期，湖南人才

数量也是稳居第一位，而且比按照 1840—1919 年中国近代史分期还要高出 0.52%。

当然，由于不同的时代、不同的阶级、不同的政治集团和社会集团甚至是不同的个人对于人才和人才群体的标准不尽相同，因而对于人才的统计很难做到整齐划一。因此，上述的统计虽然有着重要的参照价值，但还有考量的余地。我们认为，我们所说的历史上的人才，不是指一般性的人才，它须符合两个要点：一是有特殊才能，二是对社会发展做出重大贡献。按照这个标准，历史名人不等于人才。如果强调人才的进步性和正面作用，那么近代湖南的人才数量比例比一般的统计要更高。关于这个问题，我们在以后的叙述中再做具体分析。

二、近代湘籍人才群体之界定

近代湖南不仅人才数量多，而且还形成了引人注目的人才群体。人才群体才是我们研究的重点。人才数量固然是构成人才群体的基础，但人才数量不等于人才群体。何谓人才群体？按照群体人才学的定义，所谓人才群体是指由具有某一共同行为为目标的人才个体，按一定结构方式组合而成，对社会发展和人类进步做出整体的创造性贡献的社会群体。陶用舒先生对人才群体概念进一步做了具体阐述，他认为："人才群体是生活在同一时期同一地域，具有基本相同的思想，为着统一的目的，在其核心人物的带动下，彼此联系，相互支持，共同斗争，对当时社会发挥巨大的积极作用，并对后世产生了深远影响的人才群。"①

具体到近代湖南人才群体的界定，有两种代表性的意见：一种是以陶用舒先生为代表。如前所说，陶先生采用传统的历史分期法，将中国近代史时期大体定为 1840 年前后到 1919 年。他根据这

① 陶用舒．论人才结构和人才群体［J］．益阳师专学报，2002（4）：5.

个时期湖南人才的发展，分为四个阶段的人才群体：一是鸦片战争前后道光时期以地主阶级经世派为主体的人才群体；二是湘军兴起以后形成的，活动于咸丰、同治及光绪初年以湘军集团为主体的人才群体；三是出现于维新运动前后的光绪年间以资产阶级改良派为主体的人才群体；四是产生于辛亥革命前后以资产阶级革命派为主体的人才群体。

第二种意见以周秋光先生为代表，他将中国近代史下延至1949年，认为近代湖南从鸦片战争到中华人民共和国成立，先后产生了五大人才群体：一是清嘉、道年间以陶澍、贺长龄、魏源为代表的地主阶级经世派人才群体；二是清咸、同年间以曾国藩、左宗棠、郭嵩焘为代表的湘军人才群体；三是清光绪年间以谭嗣同、唐才常、熊希龄为代表的资产阶级维新派人才群体；四是清光绪末年到民国初年以黄兴、宋教仁、蔡锷为代表的资产阶级革命派人才群体；五是五四运动之后以毛泽东、蔡和森、刘少奇、彭德怀、贺龙为代表的无产阶级革命派人才群体。

这两种意见除了在中国近代史分期的问题上不同之外，在人才群体的界定标准上也略有不同。陶先生主要是着眼于人才的历史发展阶段，除了强调某个历史阶段人才群体的主体以外，还兼顾其他的人才。但由此一来，人才群体的界限难免模糊。周先生则根据人才群体本身的属性来划分，因而在理论上对人才群体的界限就比较明晰，容易把握，但却不能兼顾其他的人才或人才群体。两者的观点虽然有所区别，但基本点却是一样，均是突出地主阶级经世派、湘军集团、资产阶级改良派、资产阶级革命派和无产阶级革命家这五大人才群体。虽然陶先生讲的是四大人才群体，但他把湘籍无产阶级革命家群体当作中国现代史上的湖南人才群体，其实质与周先生的看法是一致的。事实上，学者研究近代湘籍人才群体，大多也是围绕这五大群体而展开的。这种界定和研究，符合近代湘籍人才群体的基本状况及其研究的需要，总的来讲是可取的。但也存在缺陷，正如刘泱泱先生所批评的那样，这种界定和研究，“明显地突出强调政治、军事人才，特别是其中在历史上卓有贡献的主体人才（爱国、革命、进步人才），而对经济、文化方面的人才（他们绝大多数也是爱国、进步的），则相对挖掘和论述不够，对一些在某个时期的政治运动中起过负面作用但在其他方面有所贡献的人才，更缺乏应有的注意。这固然反映了近代湖南人才本身的特点，但却不足以反映其全貌”[①]。我们赞同刘泱泱先生的看法，本书在主要研究这五大人才群体的同时，也顾及其他人才或人才群体。

还要指出的是，由于人才群体自身的复杂性，学术界对湘籍五大人才群体的定性或界定的具体范围也不尽相同。比较有争议的是湘军集团、戊戌变法前后维新派和辛亥革命的资产阶级革命派人才群体的界定问题。

首先是湘军集团的定性问题。湘军集团是靠镇压太平天国起义发家的，自然引起非议。如杨鹏程在 1990 年指出：“湘军的崛起是湖南近代反面人物激增的起点”，而“戊戌维新运动则是湖南近代进步人才潮涌的肇端”。[②] 照杨先生的这种说法，湘军集团连人才群体都算不上，因为人才群体需“对社会发展和人类进步作出整体的创造性贡献”。杨先生的观点现在很难有人同意，其偏颇之处在于将人才绝对地分为正面与反面，既不符合人才的一般状况，对湘军集团也失之公允。诚然，湘军集团镇压农民起义难辞其咎，但是，它主张学习外国先进技术，推行洋务新政，抵抗外国资本主义列强的侵略，又表现出进步性。

即便是对湘军镇压太平天国农民起义也要辩证地看待。历史上会出现这种情况：镇压进步势力的反动势力必然受历史前进规律的约束，不自觉地去谋求达到失败者所曾追求的目标。如同恩格斯说

---

① 陶用舒．近代湖南人才群体研究：序言［M］．长沙：岳麓书社，2000：3.

② 杨鹏程．近代湖湘人才略论［J］．益阳师专学报（哲学社会科学版），1990（4）：47.

的："1848 年的革命，和它以前的许多次革命一样，有着奇特的命运。正是那些把这次革命镇压下去的人，如卡尔·马克思常说的，变成了它的遗嘱执行人。"[①] 湘军集团也是这样，不自觉地充当了太平天国的遗嘱执行人。湘军集团发动的洋务运动，引进外国资本主义生产力，在相当程度上就是把太平天国后期洪仁玕提出的具有发展资本主义意义的《资政新篇》付诸实践，其进步意义不能否定。

综上所述，将湘军集团看作人才群体，符合历史实际情况。

戊戌变法前后维新人才群体主要是界定范围的问题。这牵扯到对维新运动的看法。把维新运动定性为资产阶级维新运动，原本不错，因为维新运动的主导方向是发展资本主义。但是，参加维新运动的成员却相当复杂，既有倾向维新的官员和士绅，也有青年士子；对待维新运动的态度不尽相同，思想也不一致，大致可以分为左、中、右三派。

左派是以谭嗣同、唐才常等为代表，思想激进，主张"救天下亟殆之大病者，用天下猛峻之大药者也；拯天下垂绝之大危者，反天下沉痼之大操者也"[②]。呼吁"起民权，撰议院，开国会"[③]，宣扬"西法与中法相参"，"西教与中教并行"，"民权与君权两重"，"黄人与白人互婚"。[④] 这一派始终是湖南维新运动的中坚力量。

右派的代表人物是王先谦和叶德辉。以往人们往往把他们当作顽固守旧派，其实他们并非绝对排斥西学和反对任何革新。王先谦早在光绪初年，即意识到"当时之要，惟在商务、海军"。要求学习西方，"精求船械之利"。维新运动之初，他们亦表赞同。王先谦呼吁"百度维新，力图自强"，认为"非常之变，益非常理所能制

---

① 恩格斯. 英国工人阶级状况：1892 年德文第二版序言［M］//马克思恩格斯选集：第四卷. 北京：人民出版社，1972：280.

② 樊锥集. 开诚篇三［M］//刘泱泱. 樊锥集 毕永年集 秦力山集. 长沙：湖南人民出版社，2011：13.

③ 樊锥. 开诚篇三［N］. 湘报，第 24 号.

④ 易鼐. 中国宜以弱为强说［N］. 湘报，第 20 号.

驭。虽古圣处今日，其法不能不变也。”[①] 维新派所办《时务报》初出时，叶德辉即称赞它令“见者耳目一新”[②]。他们还积极参加维新运动。例如王先谦改革岳麓书院课程，增加算学、艺术等新课程，劝阅《时务报》，创办湖南第一个近代制造公司——宝善成制造公司，领衔请设时务学堂，力主聘请梁启超为时务学堂总教习。在湖南维新运动前期，王先谦可谓不遗余力。只不过王先谦、叶德辉之流是带着洋务派“中体西用”的思想参加维新运动的，一旦维新运动突破洋务思想的藩篱，他们就站到了运动的对立面，竭尽破坏之能事。湖南维新运动中的所谓新旧之争，其实就是维新运动内部的左派与右派之争，也就是激进派与洋务派之争。

中间派主要由具有温和变革思想的官员和士绅组成，是湖南维新运动前期参加的主体力量，其特点是摇摆于左派与右派之间。他们的思想具有相互矛盾的两重性。一方面在民族危机的感召下，他们倡言学习西方，疾呼维新图强；另一方面，在传统意识的束缚下，他们又不能容忍对封建政治体制作根本性的变革，视“民权”“平等”等触及传统伦理纲常的思想为悖逆不道。当然这个特点具体到中间派人物，有不同的表现形式。有的不仅在思想上与激进派划清界限，而且在行动上后来也与激进派分道扬镳。其代表人物欧阳中鹄便是一例。鸥阳中鹄是谭嗣同的老师，早在 1896 年，他就支持谭嗣同、唐才常等倡导变法，尤以兴实学为急务。他与谭、唐等共同筹划，在浏阳创办算学社，是为湖南全省新学起点，也是湖南维新运动的开端。鸥阳中鹄可谓湖南维新运动的先驱者之一。然而，虽然他早就承认外洋的政治法度“无一不胜中国”，主张创开辟以来未有之法。但是，他又坚持“除算学外，仍是读《十三经》，学我圣道”，对时务学堂、《湘报》宣扬康有为《孔子改制

---

① 王先谦．虚受堂文集：上册［M］．台北：文海出版社，1973：16.

② 叶德辉．叶吏部答皮鹿门书［M］//翼教丛编：卷六．上海：上海书店出版社，2002：52.

考》学说和民权平等主张，颇为不满，感到“毛骨悚然，芒刺在背，徬徨饶室，瞬息不宁”。[①] 虽然他自称“于新旧两无所附”，实际上对激进派人士予以遏制。还有一种人虽然在思想上与激进派有区别，但在行动上自始至终推动维新运动，在新旧斗争中站在激进派一边。湖南维新主将之一的皮锡瑞可谓这类人物的典型代表。皮锡瑞曾任南学会会长，在南学会共讲演 12 次，讲演次数最多，其主旨是强调变法。他指出“中国微弱，四夷交侵，时事岌岌可危”，政府当局应“深知变通以开民智，求人才以为急务”，众人讲求“有体有用之学”[②]，匡济时艰。因其所讲，能贯穿汉宋，融合中西，沟通时事，深受听众欢迎，不愧为宣传维新的干将。但他依然认为：“泰西诸事尽善，惟无三纲，不知有君臣父子尊卑上下之义。”他在南学会曾作《论不变者道，必变者法》的演讲，一再强调：“西学虽有实用，亦必先通中学”，“三纲谓君为臣纲、父为子纲、夫为妻纲；五常谓仁、义、礼、智、信。此等道理，亘古今，通中外，未有能易者也”。[③] 不过，虽然他的思想框架仍然是洋务派的“中体西用”，但是当南学会遭到王先谦、叶德辉之流攻击时，他曾与之反复辩论，驳斥叶德辉等所谓“附异端”“悖正学”之说。南学会停讲，他写信给陈宝箴和熊希龄等，说“宜以坚忍镇定待之”[④]，表明他不屈服于顽固守旧势力的压力，继续支持变法的决心。中间派成员虽然表现各异，但以整体而言，中间派从思想到行动都处于矛盾的状态。他们先是诚心诚意地参加维新运动，而一旦运动发展到一定程度——动摇传统政治制度和伦理道德规范时，

---

① 批甄别湖南校经书院超等第十名何来保卷墨子尚同三篇书后［G］//长沙市政协，浏阳县政协，谭嗣同纪念馆．谭嗣同研究资料汇编．［出版方不详］，1988：216.

② 湖南省地方志编纂委员会．湖南省志：第三十卷人物志 上册［M］．长沙：湖南出版社，1992：531.

③ 皮锡瑞．论不变者道，必变者法［N］．湘报，第 57 号．

④ 皮名振．皮鹿门年谱［M］//熊治祁．湖南人物年谱：第五册．长沙：湖南人民出版社，2013：202.

他们的心里又难以承受。

显然，这三派如果按照阶级属性来划分，真正代表资产阶级的只有谭嗣同、唐才常等左派，但这样一来就牵出一个问题：参加维新运动的中派和右派算不算维新人才群体？以往学术界对待右派的态度非常明确，不但不把他们当作维新人才群体，相反还把他们看作是维新派的对立面——封建顽固守旧派；对于中派，则语焉不详，态度不明朗。这种观点值得商榷。

我们认为，将维新运动定性为资产阶级维新运动是完全必要的，但不能由此要求它的参加者都具有资产阶级的属性，关键是看其动机、表现及其作用。从动机来看，左、中、右三派有某种一致性：受民族危机感的强烈驱使，均不满意现状，要求不同程度的变革。正因为如此，这三派在湖南维新运动前期，能在御侮和变法的共同标杆下联合起来，开学会（南学会等），兴学校（时务学堂），办报纸（《湘报》《湘学新报》），推行新政，卓有成效，使湖南成为“全国最富朝气之一省”。从表现和作用来看，中派和右派不应低估，特别是在维新运动前期，他们对维新运动的热忱比较高昂。比如王先谦，他就是请设时务学堂的第一人。再如张祖同、朱昌琳、黄自元、梁焕奎等，他们均是湖南第一批近代企业的创办者。还有在籍庶吉士熊希龄，经学大师皮锡瑞等。熊希龄既是《湘报》的倡议者兼董事，更是时务学堂的提调；皮锡瑞则为南学会的会长。很长一段时间以来，论者一般把湖南维新运动的功劳归之于谭嗣同、唐才常等左派，似乎他们在维新运动中自始至终都是主体力量，这与事实不符。事实上，早在谭嗣同回湘以前，湖南不但近代企业已相继创办，《湘学报》、时务学堂也都先后发刊和筹设。因此应该说，以熊希龄、皮锡瑞为首的中派和以王先谦为代表的右派才是湖南前期维新运动的主体力量。当然，到维新运动后期，随着维新运动的深入，特别是右派与左派的分歧越来越大，中派日益站到了左派的对立面，对湖南的维新运动起到了瓦解作用。但是我们不能由此而全盘否定中派和右派对维新运动所起的进步作用，也不能由此而将中派和右派排除在维新人才群体之外，就像不能因为湘军镇压太平天国而否定其为人才群体一样。

辛亥革命时期的人才群体问题同维新人才群体一样，也是个范围界定问题。与维新人才群体稍有不同的是：维新人才群体按阶级属性来界定，因而出现界限不当的问题；辛亥革命时期的人才群体是按政治态度来区分的，因而把资产阶级革命派和立宪派割离开来，只承认资产阶级革命派人才群体，而没有把资产阶级立宪派纳入其中。我们认为，资产阶级革命派和立宪派是一个完整的人才群体，不应分割。

一般而言，辛亥革命时期，资产阶级革命派和立宪派分别代表资产阶级的不同阶层，他们既有相同的根本利益，又有不同的具体利益，与封建势力的关系也有深浅的不同。既有共同的目标：均反对封建专制，主张资产阶级民主、自由、平等，发展资本主义经济，谋求建立资产阶级专政的国家机器。但又存在着分歧：在政治主张上，有主张君主立宪和坚持民主共和的不同，在取得政权的道路上，有改良与革命的不同等。因此，他们既有联合，又有矛盾和斗争。虽然资产阶级革命派和立宪派在辛亥革命中所起的作用和影响不同，但从推翻清朝政府的反动统治和建立资产阶级政体总体目标来看，他们均发挥了作用，因此，把他们列为一个人才群体，是符合历史事实的。

具体到湖南资产阶级革命派和立宪派，两派作为一个整体人才群体的特征则更为明显。湖南的资产阶级革命派和立宪派关系比较好，虽时有斗争，但主要倾向是联合，是相互支持。虽然立宪派主张改良，但并不阻挠和破坏革命派的革命活动，相反，还给以某种程度的帮助。立宪派首领谭延闿，本徘徊在扶清与反清之间。一方面，他生在官宦之家，与清王朝利益密切相关；又是科举出身，深受封建教育，因此，他不忍心看到大清王朝的龙椅被历史的飓风吹走，他想通过政治改良，挽救清王朝覆灭的命运。另一方面，他又隐约觉察到一种新生的力量正在不可遏止地勃兴，清王朝的覆亡似乎是不可避免的事实，所以他在某程度上又同情革命。黄兴在明德中学宣传革命，他曾给予掩护；黄兴被清廷追捕时，他曾给予援助。湖南立宪派的其他成员的心态也大多类似谭延闿，龙璋便是其中一员。龙璋（1854—1918），字砚仙，号特甫，别号甓勤，晚号潜叟，湖南攸县人，1876 年中举人。龙璋很早就追求新思想。1879 年，清朝首任出使外国使臣郭嵩焘解职回湘，遭到守旧势力对其好谈“洋务”之攻击，但龙璋却登门拜访，与谈天下事，相得甚欢。郭嵩焘感叹：“举世非难，不意于故人子得此英年知己也!”[①] 义和团运动后，革命运动迅速兴起。龙璋时已调任泰兴县知县，与革命志士多有联系，倾心接纳。黄兴在湖南组织华兴会，刊印革命书报，联络会党，运动军队组织起义，所需军费，多为龙所提供。据统计，龙先后为革命捐输款项在银元 20 万以上。1904 年，万福华谋刺原广西巡抚王之春案发，黄兴等因受牵连在上海被捕，龙获讯后立措巨金，奔走营救出狱。1911 年春，黄兴策划广州黄花岗起义，派人至湘筹款，龙即与 3 万金以助。保路运动失败以后，湖南立宪派顺应潮流，倒向革命。谭延闿等立宪党人公开表示：“今日民穷财尽，危机四伏，我们若不再革命，中华有亡国之惨”，强调“革命成功是桩大大的好事”。[②] 立宪派不仅参与革命党人发动起义的密谋，还给革命党人以经费方面的资助，并且利用他们的名望和身份掩护革命党人的活动。武昌起义以后，黎元洪派人到湖南联络响应起义之事。谭延闿等立宪派商议，决定推举阎鸿飞赴鄂请兵运械，以便乘机起事。龙璋及其一家更为积极，其宅成为革命的主要

---

① 湖南省地方志编纂委员会．湖南省志：第三十卷人物志 上册［M］．长沙：湖南出版社，1992：540.

② 张朋园．立宪派与辛亥革命［J］．“中央研究院”近代史研究所专刊，1969（24）：156.

策划地点。章士钊在《近代湘贤手札》跋语中说："辛亥以前，由海东贯长江，略洞庭而南，上下数千里间，吾党所为处心积虑，不论激随隐显，殆莫不有龙氏一门之心计与血汗渐浸其中。"① 所称龙氏一门主要指龙璋与龙璋的从弟龙绂瑞和龙毓峻等。湖南起义开始后，立宪派和革命党人相互配合、并肩作战。如革命党人阎鸿飞等就和立宪党人常治等共同领导了占领军械局的战斗，并取得了胜利。当然，湖南革命派和立宪派除了互相支持、联合外，也还有相互矛盾斗争。湖南独立后，立宪派开始了针对革命派的夺权活动，勾结反动军官，杀害焦达峰、陈作新，推举谭延闿任湖南都督，抢夺了政权。即便如此，湖南立宪派在夺取湖南政权后，仍与革命派合作，仍然坚持反清、共和的政治路线，与武昌革命政权保持着密切的联系，在人力、物力、兵力上仍然支持武汉保卫战，并与未独立各省联系，促进反清起义。随后又支持南京临时政府的建立，服从其领导。在南北和谈的问题上，谭延闿认为只有清帝退位、宣布实行民主共和之后，方可与袁世凯停战议和。当袁世凯复辟帝制时谭延闿等也立即由拥袁转为反袁，要求袁自行引退，还政于民。张勋复辟的第二天，谭延闿第一个通电反对，首倡全国北伐讨逆之举。因此，湖南立宪派夺权，不能算作反革命政变，只能看作同一阵营的争权夺利。

总而言之，我们认为，近代湖南人才的主体是地主阶级经世派、湘军集团、维新派、资产阶级革命派和无产阶级革命家等五大人才群体。但除此之外，也还存在其他的人才或人才群体，我们既不能把他们附属于五大人才群体，也不能忽略不计，他们同样也应该成为我们的研究对象。在维新派人才群体中，应当包括左、中、右三派；辛亥革命时期的资产阶级革命时期的人才群体，应当包括资产阶级立宪派。对于湘军集团，应当肯定其人才群体的属性。

① 湖南辛亥光复首义团. 湖南辛亥光复事略［M］//湖南历史资料. 长沙：湖南人民出版社，1981（2）：5.

第二节 近代湘籍人才群体结构特征

由于历史和传统文化的影响，加之近代湖南社会政治、经济等诸因素的制约，近代湘籍人才群体结构特征较为突出。表现为：时段分布明显，地域分布相对集中，人才类型畸形，各人才类型之间文化程度差异较大。这种情况，决定了近代湘籍人才群体的走向。

一、时段分布明显

近代湘籍人才数量的激增和人才群体的形成，主要是集中在道光时期（鸦片战争前后）、太平天国时期、维新运动时期、辛亥革命时期和新民主主义革命时期。近代湘籍五大人才群体，实则是这个特征的表现。这个特征，无论是从全国来看还是从湖南本身来看，都非常明显。

先从全国来看。

道光时期湖南人才在全国所占的比重，大大超过了各省人才的平均数，在人数上已居各省前列。据蔡冠洛的《清代七百名人传》道光朝54位名人统计：满洲12人，江苏10人，浙江7人，湖南与安徽各5人，福建4人，山东3人，山西2人，直隶、蒙古、广东、广西、四川、贵州各1人，湖南已位居全国第四名。其中满洲实为3个省，故湖南仅次于苏、浙二省，与安徽并列第三名。

咸丰、同治、光绪时期为湖南第二个人才高峰时期。《清代七百名人传》一书开列咸丰、同治、光绪三朝的名人共142人，其中湘籍40人，占28.2%。又萧一山的《清代通史》开列中兴人物121人，其中湘籍87人，占71.9%。此一时期，湖南人才出现高峰，主要与湘军集团崛起有关。其势之壮，数量之多，从太平天国败亡的前一年（1863）一个官员的日记可见一斑。该日记写道：

"楚省风气，近年极旺，自曾涤生领师后，概用楚勇，遍用楚人。各省共总督八缺，湖南已居其五：直隶刘长佑、两江曾国藩、云贵劳崇光、闽浙左宗棠、陕甘杨载福是也。巡抚曾国荃、刘蓉、郭松（嵩）焘，皆楚人也，可谓盛矣。至提镇两司，湖南北者，更不可胜数。"① 光绪七年（1881）王闿运撰《湘军志》，虽对湘军有所讪刺，但也很得意地宣称："湘军南至交趾，北及承德，东循潮、汀，乃渡海开台湾，西及天山、玉门、大理、永昌，遂渡乌孙水属长江五千里，击柝闻于海。自书契以来，湖南兵威之盛未有过此者。"② 据统计，湘军要员官至督抚者达 27 人（总督 14 人，巡抚 13 人）。

另据罗尔纲的《湘军兵志》统计，十余年间，湘军将领中升至总督者有湘阴人左宗棠，湘乡人曾国荃、杨昌濬、刘岳昭，衡阳人彭玉麟，长沙人杨岳斌，新宁人刘长佑、刘坤一，浏阳人李兴锐，邵阳人魏光焘，包括曾国藩在内一共 11 人；升至巡抚者有益阳人胡林翼，湘阴人郭嵩焘，新宁人江忠源、江忠义，湘乡人刘蓉、刘锦棠、蒋益澧、李续宾，宁乡人刘典，凤凰人田兴恕，桂阳人陈士林等共 11 人；升至提督、总兵、布政使、按察使的多达 143 人。

关于戊戌维新时期的人才状况，据《辞海·中国近代史》统计：该辞海收录戊戌维新时期人物共 29 人，其中外籍 1 人，国内人物实收 28 人。在这 28 人中，湖南 6 人，占 21.42%；广东、浙江、江苏、清贵族分别为 3 人，各占 10.71%；福建、四川、江西分别为 2 人，各占 7.14%；贵州、河北、安徽、山西分别为 1 人，各占 3.57%。从统计结果来看，湖南人才要远远高于其他省份。

至于辛亥革命期间的人才状况，可以从多方面来看。先从资产阶级革命派来看，湖南的资产阶级革命派在全国资产阶级革命派中人数最多。据统计，1905 年孙中山在日本东京组建同盟会，参加筹备会的共 79 人，居首位的是湖南籍志士计 20 人，次为湖北 19

① 张集馨. 道咸宦海见闻录［M］. 北京：中华书局，1981：377.

② 王闿运. 湘军志［M］. 长沙：岳麓书社，1983：1.

人，再次为广东 16 人，以下为广西、安徽等省籍人士。又据 1905—1907 年在东京加入同盟会的名册统计，湖南籍者为 157 人；次为四川，127 人；再次为广东，112 人；湖北 106 人。[①] 再依据《辞海·中国近代史》做综合统计：该辞典收录辛亥革命时期人物共 72 人，除去外籍 3 人，实收国内人物 69 人。在这 69 人中，湖南为 17 人，占 24.63%，名列第一；广东 10 人，占 14.49%，名列第二；浙江 9 人，占 13.04%，名列第三；四川、湖北和清王室贵族分别为 7 人，各占 10.14%，并列第四。其他省份，如江苏为 4 人，福建 3 人，安徽 2 人，广西、河北、山东分别为 1 人。

新民主主义革命时期湖南人才群体更为凸显。一些学者通过对各种近现代人物词典收录人物进行区域性比较研究，发现湘籍无产阶级革命家群体人数居全国第一位，所占比重远远超过其他省份。比如：《中国现代史词典》（中国国际广播出版社 1987 年版）共收录无产阶级革命人物 672 人，其中前 5 名依次为：湖南 145 人，占 21.58%；湖北 71 人，占 10.57%；江西 55 人，占 8.18%；四川 47 人，占 6.99%；广东 45 人，占 6.70%。《简明中国近现代史词典》（中国青年出版社 1985 年版）共收录无产阶级革命志士 159 人，其中前 5 名是：湖南 48 人，占 30.19%；湖北 16 人，占 10.06%；江西、四川、广东各 12 人，各占 7.55%。《中国现代史名词解释》共收无产阶级革命志士 353 人，其中前 5 名为：湖南 73 人，占 20.68%；湖北 37 人，占 10.48%；四川 30 人，占 8.50%；广东 26 人，占 7.37%；江西、河北各 23 人，各占 6.52%。《中外历史人物词典》（湖南人民出版社 1987 年版）共收中国无产阶级革命志士 316 人，其中前 5 名是：湖南 78 人，占 24.68%；湖北 38 人，占 12.03%；四川 25 人，占 7.91%；广东 21 人，占 6.65%；江西、陕西各 16 人，各占 5.06%。《辞海·历史分册（中国现代史）》

① 郭汉民．同盟会“非团体联合”史实考［J］．湖北社会科学，1987（6）：34-41.

（上海辞书出版社 1980 年版）共收录无产阶级革命志士 252 人，其中前 5 名依次为：湖南 55 人，占 21.83%；湖北 27 人，占 10.71%；四川 24 人，占 9.52%；广东 18 人，占 7.14%；河北 17 人，占 6.75%。《中国现代史人物传》（四川人民出版社 1986 年版）共收录无产阶级革命志士 138 人，其中前 5 名依次为：湖南 41 人，占 29.71%；湖北 18 人，占 13.04%；广东 13 人，占 9.42%；四川 11 人，占 7.97%；浙江 9 人，占 6.52%。《中国近代历史词典》（江西人民出版社 1986 年版）共收录无产阶级革命志士 406 人，其中前 5 名依次为：湖南 110 人，占 27.09%；江西 53 人，占 13.05%；湖北 41 人，占 10.10%；广东 27 人，占 6.65%；四川 21 人，占 5.17%。《中国人民解放军将帅名录》（解放军出版社 1986 年版）共收录解放军将领 254 人，其中前 5 名依次为：湖南 73 人，占 28.74%；湖北 49 人，占 19.29%；江西 40 人，占 15.75%；福建 12 人，占 4.72%；四川 10 人，占 3.94%。湘籍无产阶级人才群体不仅数量众多，而且在全国无产阶级人才群体中居于核心地位。中华人民共和国建立后，在第一届中央人民政府的 52 名领导人中，湖南籍的有 10 人，占 19.2%。1955 年，给长期戎马倥偬、功勋卓著的军事领导人授勋，在授予元帅的 10 人中，湖南籍的 3 人；授大将的 10 人中，湖南籍的 6 人；授上将的 57 人中，湖南籍的 19 人。

从湖南本省情况来看。

《湖南省志・人物志》（第三十卷上册）为清朝时期至民国初年湖南名人立传共 656 人，其中清前期（鸦片战争前）122 人，清后期至民国初年 534 人。在清前期的 122 人中，嘉道时期的地主阶级经世派人士 43 人，占其总数的 35.25%强。在清后期至民国初年的 534 人中，湘军人物 106 人，占其总数的 19.85%强；维新人士 36 人，占其总数的 6.74%强；辛亥志士 162 人，占其总数的 30.33%强。如果说嘉道时期的地主阶级经世人才群体属于鸦片战争前后，时段特征尚不明显的话，那么，湘军人才群体、维新变法人才群体和辛亥革命时期的人才群体的时段特征则非常突出。据统计，三者人数共为 304 人，占其总数 534 人的 56.93%强。

另《湖南历代人名辞典》收录近代（1840—1919）人物 959 人，现代人物 1090 人。该辞典采用的是传统的历史分期法，即 1840 年至 1919 年为近代史时期，1919 年以后为现代史时期。其现代人物虽是按人物卒年录到 1990 年，实则基本上是属于中华人民共和国成立前人物，因此，按照我们采纳的中国近代史分期法，即 1840—1949 年分期法，两者可以合并，均为中国近代人物。这样一来，湖南近代人物应是 959 人与 1090 人之和 2049 人。在这 2049 人中，地主阶级经世派 17 名，占 0.83%；湘军 215 名，占 10.49%；维新人士 72 名，占 3.51%；辛亥志士 248 名，占 12.10%；无产阶级革命家 521 人，占 25.43%。五者总数为 1073 人，占总数的 52.37%。

近代湘籍人才群体在时间段上之所以比较集中，主要是与政治形势和阶级斗争形势密切相关。鸦片战争前后阶级矛盾和民族矛盾的激化，催生了地主阶级经世派。太平天国运动时期，湖南最早受到其冲击，又是主战场之一，阶级斗争异常尖锐，故湘军集团应运而生。戊戌维新运动期间，湖南是最富有生气的省份，维新人才涌现自在情理之中。辛亥革命和新民主主义革命期间，湖南均为首义地区，革命的大熔炉，更是锻造了一大批政治精英和军事精英。

二、地域分布相对集中

《湖南省志·人物志》（第三十卷上册）收录鸦片战争至 1919 年湖南近代人物 534 人，下册收录 1919 年至中华人民共和国成立后人物 823 人，建国后人物不多，只有 18 人。除去这 18 人，其他 805 人可视为 1919 年至 1949 年人物。这样，1840 年鸦片战争至 1949 年湖南近代人物的地域分布情况可分别见下列两表（表一和

表二）。

表一　鸦片战争至1919年湖南人才区域分布

地名	人才数	占人才总数（534人）%	名次
长沙	74	13.85	1
湘乡	49	9.17	2
湘潭	29	5.43	3
浏阳	22	4.11	4
宁乡	19	3.55	5
常德	14	2.62	6
新化	14	2.62	6
湘阴	14	2.62	6
隆回	14	2.62	6
慈利	14	2.62	6
醴陵	12	2.24	11
衡山	11	2.05	12
岳阳	10	1.87	13
凤凰	10	1.87	13
新宁	10	1.87	13
衡阳	9	1.68	16
平江	9	1.68	16
吉首	9	1.68	16
邵阳	9	1.68	16
双峰	8	1.49	20
安化	7	1.31	21
邵东	7	1.31	21
澧县	7	1.31	21
桃源	6	1.12	24
衡南	6	1.12	24
道县	6	1.12	24

续表

地名	人才数	占人才总数（534 人）%	名次
益阳	5	0.93	27
桃江	5	0.93	27
沅陵	5	0.93	27
保靖	5	0.93	27
攸县	4	0.74	31
郴县	4	0.74	31
祁阳	4	0.74	31
汉寿	4	0.74	31
桂阳	4	0.74	31
东安	4	0.74	31
龙山	4	0.74	31
大庸	4	0.74	31
资兴	3	0.56	39
常宁	3	0.56	39
新邵	3	0.56	39
溆浦	3	0.56	39
临澧	3	0.56	39
临湘	3	0.56	39
新田	3	0.56	39
花垣	3	0.56	39
嘉禾	3	0.56	39
黔阳	3	0.56	39
石门	3	0.56	39
永顺	2	0.37	50
芷江	2	0.37	50
涟源	2	0.37	50
衡东	2	0.37	50

续表

地名	人才数	占人才总数（534 人）%	名次
宁远	2	0.37	50
零陵	2	0.37	50
永兴	2	0.37	50
汨罗	2	0.37	50
茶陵	2	0.37	50
望城	2	0.37	50
华容	2	0.37	50
武冈	2	0.37	50
麻阳	2	0.37	50
洞口	2	0.37	50
宜章	2	0.37	50
耒阳	2	0.37	50
靖县	2	0.37	50
桑植	1	0.18	67
江华	1	0.18	67
祁东	1	0.18	67
蓝山	1	0.18	67
安仁	1	0.18	67
汝城	1	0.18	67
桂东	1	0.18	67
株洲	1	0.18	67
辰溪	1	0.18	67
临武	1	0.18	67
县籍不明	8	1.49	
总计	534		

表二　1919 年至 1949 年湖南人才地域分布

地名	人才数	占人才总数（805 人）%	名次
长沙	102	12.67	1
平江	55	6.83	2
浏阳	49	6.08	3
湘潭	43	5.34	4
醴陵	40	4.96	5
湘乡	31	3.85	6
宁乡	25	3.10	7
常德	18	2.23	8
益阳	18	2.23	8
衡阳	17	2.11	10
衡山	17	2.11	10
耒阳	16	1.98	12
邵东	15	1.86	13
祁阳	14	1.73	14
宜章	14	1.73	14
新化	13	1.61	16
双峰	12	1.49	17
株洲	12	1.49	17
茶陵	12	1.49	17
望城	11	1.36	20
湘阴	11	1.36	20
岳阳	11	1.36	20
华容	9	1.11	23
攸县	9	1.11	23
安化	9	1.11	23
郴县	8	0.99	26
资兴	8	0.99	26

续表

地名	人才数	占人才总数（805 人）%	名次
桃源	8	0.99	26
桃江	7	0.86	29
嘉禾	7	0.86	29
隆回	7	0.86	29
新邵	7	0.86	29
汨罗	7	0.86	29
邵阳	6	0.74	34
常宁	6	0.74	34
酃县	6	0.74	34
溆浦	6	0.74	34
桑植	6	0.74	34
临湘	6	0.74	34
慈利	5	0.62	40
新宁	5	0.62	40
东安	5	0.62	40
宁远	5	0.62	40
涟源	5	0.62	40
永顺	5	0.62	40
汝城	5	0.62	40
临澧	5	0.62	40
凤凰	5	0.62	40
新田	4	0.49	49
零陵	4	0.49	49
永兴	4	0.49	49
汉寿	4	0.49	49
沅陵	3	0.37	53
澧县	3	0.37	53

续表

地名	人才数	占人才总数（805 人）%	名次
江华	3	0. 37	53
花垣	3	0. 37	53
沅江	3	0. 37	53
芷江	3	0. 37	53
南县	3	0. 37	53
衡南	3	0. 37	53
娄底	3	0. 37	53
龙山	3	0. 37	53
祁东	2	0. 24	63
泸溪	2	0. 24	63
吉首	2	0. 24	63
衡东	2	0. 24	63
武冈	2	0. 24	63
城步	2	0. 24	63
石门	2	0. 24	63
古丈	2	0. 24	63
桂阳	2	0. 24	63
安仁	2	0. 24	63
麻阳	2	0. 24	63
保靖	2	0. 24	63
洞口	1	0. 12	75
黔阳	1	0. 12	75
桂东	1	0. 12	75
津市	1	0. 12	75
新晃	1	0. 12	75
通道	1	0. 12	75
大庸	1	0. 12	75

续表

地名	人才数	占人才总数（805 人）%	名次
会同	1	0. 12	75
辰溪	1	0. 12	75
县籍不明	6	0. 74	
建国后人物	18		
总计	823		

从上述两表来看，近代湖南人才地域分布有如下之特点：第一，随着经济文化的发展，人才有向城市集中之趋势。长沙为湖南省之首府，政治、经济、文化之中心，人才数量始终高居第一。紧邻长沙之湘潭，名次也相当靠前，1840 年至 1919 年，排名第三；1919 年至 1949 年，名列第四。常德与湘潭情况类似，1840 年至 1919 年，排名第六；1919 年至 1949 年，名列第八。衡阳与益阳变化较大，分别从 1840 年至 1919 年的第十六名与第二十七名上升为 1919 年至 1949 年的第十名和第八名；比较典型地反映了人才向城市集中的趋势。第二，湖南近代各时期人才领袖的家乡，人才比例较大。最突出的为曾国藩的家乡湘乡县，1840 年至 1919 年排名第二；1919 年至 1949 年，虽然湘军的时代早已过去，但由于传统的影响，湘乡的人才数量仍然很多，名列全省第六。由于我们统计的区域是按照中华人民共和国成立后来定的，故湘乡有一部分地方划归双峰县，例如曾国藩原属湘乡，后改属双峰县。如果把这个因素加进去，则湘乡排名的位次还要靠前。维新领袖谭嗣同、唐才常的家乡浏阳也是如此，1840 年至 1919 年排名第四，1919 年至 1949 年排名第三。1919 年至 1949 年比 1840 年至 1919 年还提升 1 个名次，当然除了传统因素外，与浏阳在新民主主义革命时期被称为红色革命的发源地之一也有关系。毛泽东的家乡湘潭人才突出，除了城市因素以外，还与毛泽东的领袖地位也有一定之关系。此外，左宗棠、郭嵩焘的家乡湘阴县，排名也比较靠前，在 1840 年至 1919

年为第六名，1919 年至 1949 年下降幅度较大，位列第二十名，究其原因，到底左、郭二人影响没有曾国藩大。但是，以县级而论，湘阴还是靠前的。第三，随着阶级斗争的程度或深或浅，人才也或增或减。如新宁、东安、道县靠近广西，是太平军进入湖南的第一战场，均发生过激烈的战斗。三地的人才 1840 年至 1919 年在全省的排名分别为 13、31 和 24。其人才数量主要是集中在太平军进入湖南的时期。但是到 1919 年至 1949 年时期，由于这三地非革命的主要地区，因而人才数量骤减，新宁和东安排名均为 40，道县则榜上无名。湘西是少数民族居住地，经济、文化为全省最落后地区，但人才数量并非排在最后，特别是在 1840 年至 1919 年时期。据统计，湘西 10 县市（龙山、桑植、大庸、永顺、保靖、吉首、凤凰、花垣、麻阳、古丈），在 1840 年至 1919 年时期，除古丈榜上无名以外，其他县市从龙山到麻阳，排名分别为 31、67、31、50、27、16、13、39、50，其中有些县市甚至远远超过较之经济文化发达的县市。原因何在？是因为清政府对少数民族实行民族歧视和压迫政策，导致湘西少数民族起义斗争不断，故人才亦相应增加。湘西在 1919 年至 1949 年人才排名位次总体情况有所下降，从龙山到古丈名次分别为 53、34、75、40、63、63、40、53、63、63，但贺龙领导革命的故乡桑植却上升幅度较大，由原来的 67 名升为 34 名，正好说明阶级斗争所带来的人才的变化。第四，综合因素之影响。此以醴陵为典型。醴陵在 1840 年至 1919 年排名第 11 位，1919 年至 1949 年排名为第 5 位，在县级层面上始终位列前茅，在全省也占相当突出之地位。其因素有三：一是醴陵地处湘江下游，而湘江下游正是近代湖南人才集结地。据陶用舒先生分析，湘江下游湘潭、长沙、宁乡、浏阳、湘乡、醴陵六市县，占湘江流域人才的 74. 63%，差不多占了全省人才的一半，醴陵自然沾被。二是醴陵文化传统深厚。自南宋始，醴陵市兴创了 9 所颇具规模的书院，即使在清初“不许别创书院”的文教控制政策之下，固执的醴陵人还是创建和重修了5所书院。其中，位居西山脚下的渌江书院以历史最久、规模最大、教学质量最高、培养出的人才最多，而成为湘东子弟求知究学的首选之所，培养了大批人才，近代人才李立三、程潜、陈明仁、左权等都曾在这里求学。三是领袖效应。醴陵是中共领袖李立三的故乡，由于他的影响，醴陵走出相当一批红色人才，如抗日名将左权及解放军高级将领耿飚、宋时轮等。故醴陵由1840年至1919年排名第11位升到1919年至1949年的第5位，自在情理之中。

三、人才类型畸形

《湖南省志·人物志》大致从鸦片战争以来到中华人民共和国成立后共为1357名湘籍人物立传，除开21名建国后人物，属于近代人物为1336名。这1336名人物按政治、军事、文化、经济和其他人才分类，其构成如下表：

1840—1949年湘籍人才类型表

人才类型	数量	人才类型所占人才总数之百分比	名次
政治	568	42.51	1
军事	419	31.36	2
文化	299	22.38	3
经济	22	1.64	5
其他	28	2.09	4
总数	1336		

这里有几点尚需说明：第一，这是大致的分类。因为有很多人物属于交叉型，有可能既是政治人才，又是军事人才或学者等，为方便起见，我们只能取其主要面貌者归类。当然，这就难免失之于精确，但也只能如此，别无他法。第二，政治人才不仅包括担任相当重要之官职且有影响之人物，也包括参加政治运动如戊戌变法、

辛亥革命之重要人物，还有农民起义领袖和无产阶级革命之政治人物。文化人才类型较为宽泛，它包括科学技术人员、学者、文艺界和宗教人士等。经济人才主要是指从事工商业活动者。其他人才包括民间巧工能匠、绿林人物等。

从表中可以看出，近代湘籍主要是政治和军事人才，两者合起来，占全部人才的74%左右。工商业人才稀少，只占1.64%。

近代湖南人才群体结构之所以畸形，究其原因，有客观方面的，也有主观方面的。

以客观而论，近代中国阶级矛盾、民族矛盾异常尖锐、复杂，政治斗争和战争成为中国近代历史的主要内容，湖南尤为突出。政治方面，洋务新政、戊戌维新、保路风潮、立宪运动、五四运动等，湖南均为中心。军事方面，太平天国运动、抗日战争和土地革命战争，湖南都是主战场；鸦片战争、抗击八国联军侵华战争、中法战争、中日甲午战争、自立军起义、辛亥起义、北伐战争，湖南或是次战场，或是重要的参与者、发动者、组织者；民国时期，军阀争战，湖南亦多为战场；少数民族起义，湖南最为频繁，据《辞海》条目统计，近代大规模的农民、少数民族起义有42次，其中发生在湖南的就有10次。这些情况，固然使近代湖南社会动荡不安，但也为湖南的政治军事人才脱颖而出提供了机会。

从主观方面来看，湖南人的观念和性格，虽有利于湖南政治军事人才的成长，但不利于经济人才的培养。湖南是内陆省份，经济长期落后，因而“重义轻利”“重农轻商”“学而优则仕”的传统观念根深蒂固；同时，自古以来，湖南人又形成了卓励敢死、刚劲朴实的独特性格。这种观念和性格相结合，极易促使湖南人从政或从军。湖南政治军事人才偏多，而经济和其他方面的人才稀缺，这也是一个重要的原因。

四、各人才类型之间文化程度差异较大

具体情况见下表。

1840—1949 年近代湘籍人才群体文化结构表

文化类型	科举功名			研究生	大学	中学	小学	文盲	其他	总计	文盲者所占百分比
	进士	举人	秀才								
政治	34	38	10	5	147	136	8	98	92	568	17. 25
经济	0	2	1	0	8	3	0	2	6	22	9. 09
军事	4	5	1	0	107	66	9	181	46	419	43. 19
文化	11	13	6	29	141	30	1	32	36	299	10. 70
其他	0	0	0	0	2	1	0	25	0	28	89. 28
总计	49	58	18	34	405	236	18	338	180	1336	
百分比	3. 65	4. 34	1. 34	2. 54	30. 31	17. 66	1. 34	25. 29	13. 47		

这里有几点也需说明：第一，百分比是以 1336 人为总数；第二，百分比精确到小数点后两位；第三，“文化类型”是指在校受过文化教育的程度，“自学”没有包括在内；第四，“文盲”指初小毕业以下者；第五，“其他”指有学历而难以表明文凭者，如私塾和科举特科等，其中有些文化程度还相当高。

从表中可以看出：第一，有文化者居多，大约占人才群体 74%，文盲只占 26%左右。第二，从文盲者所占比例来看，以经济类人才最低，其文盲仅占比例 9. 09%；次为文化类人才，为 10. 70%。文化类人才文盲率高于经济类，主要是该类人才包括文艺界人士如戏剧演员、电影演员在内，这部分人一般文化程度偏低，大多出身文盲，如果剔除这部分人，文化类人才文盲程度当低于经济类。文盲率最高者为“其他”类人才，大约为 89. 28%，这部分人主要是能工巧匠和绿林人物，一般出身贫寒，很少受过正规教育。次为军事人才类，文盲率为 43. 19%。该类文盲者主要集中

在湘军和无产阶级革命的军事人才群体之中。湘军虽以书生领军，但也有众多目不识丁的农民加入其中，他们依靠战功，获得官职，成为军事人才。这种情况，在无产阶级革命家当中也比较突出。无产阶级革命本是被压迫被剥削阶级的革命，其主体文化程度低下自是情理中。据统计，无产阶级革命军事人才总数为 162 人，其中文盲 69 人，文盲率为 42.59%。政治类人才群体文盲程度为 17.25%。该类文盲主要是农民起义领袖和无产阶级革命家中的政治人才。据统计，农民起义领袖总数为 38 人，其中文盲 31 人，占其总数的 81.57%。无产阶级革命家中的政治人才总数为 219 人，其中文盲 33 人，占其总数的 15.06%。两者加起来总数为 71 人，大约占近代湘籍政治人才文盲总数 98 人的 72%。第三，从高学历来看。高学历指进士、举人、研究生和大学学历。近代湘籍人才群体高学历共 546 人，大约占近代湘籍人才总数 1336 人的 40.86%。其中政治类 224 人，占高学历总数的 41.04%，人才总数的 16.76%；经济类 10 人，占高学历总数的 1.83%，人才总数的 0.74%；军事类 116 人，占高学历总数的 21.24%，人才总数的 8.68%；文化类 194 人，占高学历总数的 35.53%，人才总数的 14.52%。其他类 2 人，占高学历总数的 0.36%，人才总数的 0.14%。显然，高学历主要集中在政治、军事和文化领域，特别是在政治和文化领域。政治领域高学历人才比例较高，重要原因之一是传统的“学而优则仕”在起作用，这在清代尤为明显。在政治类高学历 224 人中，进士、举人共 72 人，占政治类高学历总数的 32.14%，这部分人主要是清朝的高官政要。至于文化领域高学历现象不难理解，主要是职业性质使然。第四，从各类人才文化综合程度来看，各类人才群体也参差不齐。所谓文化综合程度，主要是通过各类人才群体自身的文化构成比例的比较得来。为方便起见，我们将文化构成分为“高学历”“中等学历”“低等学历”“其他”和“文盲”五个部分。“高学历”包括“进士”“举人”“研究生”和“大学”等；“中等学历”包括

“秀才”“中学”“中专”等；“低等学历”主要指“小学毕业”学历。“其他”主要是指学历不明者，但接受过一定程度的初级教育。“文盲”，则指初小以下者，或完全不识字者。各类人才群体自身文化构成比例情况见下表：

1840—1949 年近代湘籍各类人才群体文化结构比例表

文化类型	人才总数	高学历		中等学历		低等学历		其他		文盲	
		人数	百分比	人数	百分比	人数	百分比	人数	百分比	人数	百分比
政治	568	224	39.43	146	25.70	8	1.40	92	16.19	98	17.25
经济	22	10	45.45	4	18.18	0	0	6	27.27	2	9.09
军事	419	116	27.68	67	15.99	9	2.14	46	10.97	181	43.19
文化	299	194	64.88	36	12.04	1	0.33	36	12.04	32	10.70
其他	28	2	7.14	1	3.57	0	0	0	0	25	89.28

主要通过高学历比例和文盲率两个指标比较，大致可以得出各类人才综合文化素质之排名，文化领域排列第一，次为经济，再次为政治，其他类和军事类分别为倒数第一和第二。

综合上述情况可以说明：第一，文化是近代湘籍人才群体成才的基本要素，尤其是在专业性较强的文化和经济部门。第二，文化基础虽然薄弱，但在实践中也能磨炼成才，不过这主要范围在实践性较强的政治、军事和其他部门。

第三节　近代湘籍人才群体的精神特质

关于近代湘籍人才群体的精神特质，学术界已做过不少的讨论，见仁见智的意见也有不少。我们认为，所谓近代湘籍人才群体的精神特质，对于近代湘籍人才群体来说，它应该具有共同性；对于该群体以外来说，它应该具有特殊性。它和湖湘文化的精神特质有着密切的关系，但又不是一回事，它应该是湖湘文化精神在特定的历史时期某些方面的突出表现。因此，我们考察近代湘籍人才群体的精神特质时，应该就其自身的表现进行分析。虽然不同的人才群体其精神的内涵不尽相同，甚至性质截然相反，但就其精神特质的一般形式而言，应该是相同的。经过分析，我们认为，近代湘籍人才群体的精神特质表现为以下几个方面：

一、以天下为己任的雄心壮志

“以天下为己任”本是儒家的信念，是中国知识分子的传统。儒家讲的“修身、齐家、治国、平天下”，落脚点是“天下”。范仲淹在《岳阳楼记》里更是以文学的手法抒发了“以天下为己任”的胸襟：“不以物喜，不以己悲；居庙堂之高则忧其民；处江湖之远则忧其君。是进亦忧，退亦忧。然则何时而乐耶？其必曰‘先天下之忧而忧，后天下之乐而乐’乎？”然而，这种精神的养成和发挥，不仅需要主观条件，也需要客观条件。古代湖南由于经济文化落后，在全国各省中地位很低，影响微不足道。据《汉晋春秋》载：吴楚之民脆弱寡能，英才大贤不出其土。吴楚之地就包括湖南在内。这种情况到清初也没有改变。著名学者刘献廷认为湖南是一个“荒陋之区”，讥讽湖南“无半人堪对语”。[①] 长沙知县更直斥“湖南自郡县以来，曾未尝先天下”[②]。此种情形，自然很难产生“以天下为己任”的抱负与自信。

近代以后，情况大变，随着地主阶级经世派人才群体崛起，此种精神渐成气候。鸦片战争前夕，清代统治已趋没落，各种矛盾错综复杂。为扭转局面，陶澍、贺长龄、贺熙龄等人，以解决民生问题为突破口，大力兴修水利、推行新政，坚决打击危害民生的不法商人和官吏。鸦片战争失败后，为挽救民族危亡，汤鹏撰写《夷务善后三十策》，详论募兵、练勇、修船、造炮、缉奸、设险诸事宜。

---

① 刘献廷．广阳杂记：卷二［M］．北京：中华书局，1957：67.

② 王闿运．湘军志［M］．长沙：岳麓书社，1983：1.

魏源作《海国图志》，探索强国御侮之道，提出“以夷攻夷”“以夷款夷”和“师夷长技以制夷”等观点，开近代中国学习西方之先河。然而，地主阶级经世派虽有“以天下为己任”之志，但由于清朝统治集团昏聩，兼之地主阶级经世派自身思想虽新，实功却不显赫，因而没有受到应有的重视。陶澍屡遭中伤；贺长龄被诬为“儒而不武，不足以奠严疆也”①；汤鹏郁郁不得志，如同曾国藩挽联所云：“著述成二十万言，才未尽也；得谤遍九州四海，名亦随之。”② 魏源亦终身不见重用。此时湖南人“以天下为己任”之精神，如同喷薄欲出之朝阳，隐现在云雾之中。

湘军大胜，湖南扬眉吐气，如释重负，成为全国之重心。天下一日不可无湖南，湖南人的自信达到极致。唐才常说：“道咸之乱，惟我湘士，翼戴王室，厥功最高，天下称之”③，大有以天下为己任，舍我其谁的英雄气概。辛亥革命时期的杨毓麟也说：“咸同以前，我湖南人碌碌无所轻重于天下，亦几不知有所谓对于天下之责任；知有所谓对于天下之责任者，当自洪杨之难始。”④ 地主阶级经世派萌芽在前，湘军集团凸显在后，“以天下为己任”成为湖南近代社会历代人才群体的最显著的精神特质和亮丽的风景线。甲午战争后，祖国危难之际，谭嗣同坚信：“万物昭苏天地曙，要凭南岳一声雷”⑤，救中国要靠湖南人。唐才常转述外国舆论称“振支那者惟湖南”，“士民勃勃有生气，而可侠可仁者惟湖南”。⑥ 熊希龄在《时务学堂公启》更是郑重地宣称：“吾湘变，则中国变；吾湘存，则中国存。”维新运动，湖南风气之开，几为荅行省冠。辛

① 赵尔巽．清史稿：第三八册［M］．北京：中华书局，1977：11619.

② 湖南省地方志编纂委员会．湖南省志：第三十卷人物志 上册［M］．长沙：湖南出版社，1992：245.

③ 湖南省哲学社会科学研究所．唐才常集［M］．北京：中华书局，1980：170.

④ 饶怀民．杨毓麟集［M］．长沙：岳麓书社，2001：36.

⑤ 谭嗣同．论六艺绝句［M］//蔡尚思，方行．谭嗣同全集．北京：中华书局，1981：77.

⑥ 同③178、170.

亥革命和新民主主义革命时期的人才群体发扬光大。辛亥革命领袖黄兴早在1900年就以诗明志："独立雄无敌，长空万里风。可怜此豪杰，岂肯困樊笼。一去渡沧海，高扬摩碧穹。"立志革命，寻求真理，振兴中华。无产阶级领袖毛泽东，意气风发，"指点江山，激扬文字"，早在五四运动中，他就响亮地提出："天下者我们的天下，国家者我们的国家，社会者我们的社会。我们不说，谁说？我们不干，谁干？"①

二、强烈的爱国热情

近代湘籍人才群体之所以以天下为己任，除了历史机缘和自信心大增以外，更深层的原因是强烈的爱国热情。爱国主义精神是湖湘文化深厚的传统，可以追溯到屈原。东周战国时期，王室衰微，诸侯纷争，在复杂的政治形势下，士人的国家观念普遍缺乏，但屈原却是例外，以身殉国。屈原虽非出生湖南，但对湖湘文化精神的形成和发展产生了很大的影响。此种精神，代代相传，特别是当祖国面临危机时，表现尤为突出。这方面的典型，南宋有面对金人南侵，主张坚决抵抗、反对妥协投降的湖湘学派的奠基人胡安国，他在向宋钦宗所上的《时政论》中，痛斥最高统治者"顾虑畏惧"，朝臣"欲偷安江左，贪图荣宠"；更有南宋末年潭州书院、湘西书院、岳麓书院的数百学生抵抗蒙古军队进攻长沙，守城达半年之久的义举。明末清初，湖南士民抗清斗争也是壮怀激烈。南宋抗金名将吴猎的后裔，岳麓书院山长吴道行眼看明朝大势已去，悲愤绝食而死。著名思想家王夫之先是举义兵于衡山，组织抗清斗争，失败后又埋首著述，完成"六经责我开生面"的重任，以寄家国之仇，终身不做清王朝臣民。

近代中国所面临的是西方列强入侵，"瓜分豆剖""亡国灭种"

① 中共中央文献研究室，中共湖南省委《毛泽东早期文稿》编辑组．毛泽东早期文稿［M］．长沙：湖南出版社，1990：390.

的严峻局势，湖南士民爱国热情由此激发，空前高涨。魏源著《海国图志》，对强国御侮之方颇多探索。左宗棠以古稀之年率兵出师新疆，为维护祖国统一、领土完整做出了卓越贡献。谭嗣同不惜以鲜血唤起民众，慨然表示："各国变法，无不从流血而成，今日中国未闻有因变法而流血者，此国之所以不昌也。有之，请从嗣同始！"唐才常临刑之前赋诗一首："保民心未遂，救国志岂移？身死魂不死，天地其我知！"① 辛亥革命，湖南壮士尤多。中华民国建立后，临时大总统孙中山专门表彰湖南革命烈士陈天华、杨卓霖、杨毓麟、郑先声等，称："按民国缔造之功，匪一手足之烈，睹兹灿烂之国徽，尽系淋漓之血迹。以上诸烈士，或谋未遂而身赴西市，或难未发而瘐死囹圄，或奋铁弹之一击，或举义旗于万夫，或声嘶去国之吟，或身继蹈海之烈……尚有烈士陈天华，前后屡图义举，均未获就，发愤著书凡数十万言，皆发扬民族之精义，至今家有其书。此次义师一呼，万方响应，实由民族学说灌输人心，已匪朝夕，故铜山崩而洛钟应，光复大业，期月告成。"② 无产阶级革命家群体更是如此。夏明翰为了祖国的明天，慷慨就义："砍头不要紧，只要主义真。杀了夏明翰，还有后来人。"毛泽东从小就有"国家兴亡，匹夫有责"的思想。日本灭亡中国的"二十一条"被揭露后，毛泽东吟诗："五月七日，民国奇耻，何以报仇，在我学子。"③ 蔡和森则在湖南高等师范学校读书时，和几个同学编写了《近百年来国耻史纲》，强调"做一个中国青年，应该立志团结一切爱国人民，拿出力量来抵抗列强，洗雪国耻"④。向警予主持溆

① 杜迈之，刘泱泱，李龙如．自立会史料集［M］．长沙：岳麓书社，1983：275.

② 中国社会科学院近代史研究所中华民国史研究室，广东社会科学院历史研究所，中山大学历史系孙中山研究室．孙中山全集：卷2［M］．北京：中华书局，1981：183.

③ 中共中央文献研究室，中共湖南省委《毛泽东早期文稿》编辑组．毛泽东早期文稿［M］．长沙：湖南出版社，1990：11.

④ 侯昌森．和森同志二三事［M］//人民出版社．回忆蔡和森．北京：人民出版社，1983：124.

浦学堂，以各种形式在学生中宣传反帝爱国思想：“堂堂中华，常受人欺，昂昂七尺，将为奴隶，安乐茶饭，恐难久吃，稍明时事，谁不忧惕。”① 邓中夏在北京大学积极参加反对“二十一条”的斗争，决心“清操厉冰雪，赤手缚龙蛇”；“五四”时期，他成为北京和湖南爱国学生运动的重要组织者。近代湖南还有一大批这样的仁人志士，正是他们的壮举，谱写了一曲曲爱国主义的诗篇，发出耀眼的光芒。

三、敢为人先

敢为人先，是近代湘籍人才群体精神另一特异之处，它表现为两个方面：

一是勇于探索和创新，具有独立之精神。此与湖南地理环境和传统文化习俗有关。著名学者钱基博分析道：“湖南之为省，北阻大江，南薄五岭，西接黔蜀，群苗所萃，盖四塞之国。其地水少而山多，重山迭岭，滩河峻激，而舟车不易为交通。顽石赭土，地质刚坚，而民性多流于倔强。以故风气锢塞，常不为中原人文所沾被。抑亦风气自创，能别于中原人物以独立。人杰地灵，大儒迭起，前不见古人，后不见来者，宏识孤怀，涵今茹古，罔不有独立自由之思想，有坚强不磨之志节。湛深古学而能自辟蹊径，不为古学所囿。义以淑群，行必厉已，以开一代之风气，盖地理使之然也。”②

杨毓麟把湖南人这种性格归结为“特别独立之根性”，指出“其岸异之处，颇能自振于他省之外”。他举例道：“自濂溪周氏，师心独往，以一人之意识，经纬成一学说，遂为两宋道学不祧之祖。胜国以来，船山王氏以其坚贞刻苦之身，进退宋儒，自立宗

① 戴绪恭．向警予传［M］．北京：人民出版社，1981：27.

② 钱基博，李肖聃．近百年湖南学风·湘学略［M］．长沙：岳麓书社，1985：1.

主。当时阳明学说遍天下，而湘学独奋然自异焉。"[①] 进入近代社会以后，"道咸之间，举世以谈洋务为耻，而魏默深首治之。湘阴郭嵩焘远袭船山，近接魏氏，其谈海外政艺时措之宜，能发人之所未见，冒不韪而勿惜。至于直接船山之精神者，尤莫如谭嗣同，无所依傍，浩然独往，不知宇宙之圻埒，何论世法"[②]。杨毓麟的举例，上自北宋周敦颐，下至近代维新运动的谭嗣同，当然不完全。其实上溯应至屈原甚至更早的时候，下限应当包括辛亥革命和新民主主义革命时期的人才群体。

冯友兰曾对楚人的"独立精神"有过一番议论，他说楚人"有极新之思想"，"不受周之文化之拘束"，[③] 并举屈原为例，说明这是一种文化精神的独立性。楚文化中的这种"独立根性"，并不仅仅体现在屈原这样的文化精英身上，而是处处可见的。楚人并不在乎别人称其为"蛮夷"，反而宣称"我蛮夷也"，表示了对中原王朝的蔑视，显示了强烈的自我意识和独立精神；楚人敢于自己称王而不待周王朝的封号，更是自我意识的强烈表现。而楚人这种自我意识强烈的"独立根性"，无疑是受到"九黎""三苗"精神的浸润和影响的。楚国本是蚩尤遗族"三苗"部族长期生活居住过的地区，春秋战国之际，"三苗"的后裔"荆蛮""苗蛮"也生活在这一块土地上。屈原流放沅湘，当地的土著仍是"苗蛮"等"三苗"后裔。楚人既与"九黎""三苗"有如此密切的关系，"九黎""三苗"的文化精神对楚人有着影响就是非常自然的事。[④]

近代以后，不仅魏源、郭嵩焘、谭嗣同受此影响，资产阶级革命派和无产阶级革命家也受到熏陶。黄兴和毛泽东就是典型的例

① 杨毓麟. 新湖南［M］//饶怀民. 杨毓麟集. 长沙：岳麓书社，2001：35.

② 张枬，王忍之. 辛亥革命前十年间时论选集：卷 1［M］. 北京：生活·读书·新知三联书店，1977：617.

③ 冯友兰. 中国哲学史：上册［M］. 北京：中华书局，1984：217.

④ 参见聂荣华，万里. 湖湘文化通论［M］. 长沙：湖南大学出版社，2005：68.

子。黄兴虽然拥戴孙中山，与孙中山精诚合作，但并不盲从。“二次革命”失败之后，孙中山在日本成立中华革命党，要求党员对孙中山个人宣誓效忠，黄兴坚决反对。毛泽东在中国革命过程中，无论在政治上还是军事上，既不照搬国际教条，更不屈服权威，而是坚定不移走中国自己的道路。从某种意义上说，如果没有这种独立根性，毛泽东就不成为毛泽东，中国革命也就不会那样顺利。

二是勇于任事，坚忍不拔。左宗棠指出：“吾湘之人。厌声华而耐艰苦，数千年古风未改。惟其厌声华，故朴；惟其耐艰苦，故强。”① 这种古风体现在近代湘籍人才群体身上，就是一旦认准目标，便全力以赴，百折不挠：陶澍清理财政、倡兴海运、改革盐政，均能“折衷群议”，当机立断。汤鹏“意气踔厉”，胆气勇壮，以御史小吏弹劾皇室宗亲。魏源在兴化护堤抗水，以性命相搏，终于保住大堤。曾国藩接连在岳州、靖江、湖口大败，却“打脱牙和血吞”“屡败屡战”。胡林翼自愿到艰苦贫困的贵州为官。左宗棠以古稀高龄，舁榇西征。郭嵩焘在骂声中西行，毫不气馁。曾纪泽毅然赴俄“修约”，“探虎口而索已投之食”。谭嗣同年轻时，为探寻救国救民真理，“束发远行游，转战在四方”，“尝于隆冬朔雪，挟一骑兵，七昼夜驰一千六百里，岩谷阻深无人烟，载饥载渴。比达，髀肉尽脱，濡裤血殷，见者目不忍视，而嗣同神色洋洋”。② 变法失败后，唐才常组建自立军，发动武装起义，血洒九天。陈独秀曾对湖南人的这种精神风气有过一段充满激情的描述和赞叹：“湖南人底精神是什么？‘若道中华国果亡，除非湖南人尽死。’……湖南人这种奋斗精神，却不是杨度说大话，确实可以拿历史证明的。二百几十年前底王船山先生，是何等艰苦奋斗的学者！几十年前底

---

① 左宗棠. 答浙臬杨石泉廉访［M］//左宗棠全集：书信一. 长沙：岳麓书社，2014：615.

② 钱基博，李肖聃. 近百年湖南学风·湘学略［M］. 长沙：岳麓书社，1985：790.

曾国藩、罗泽南等一班人，是何等‘扎硬寨’‘打死战’的书生！黄克强历尽艰难，带一旅湖南兵，在汉阳抵挡清军大队人马；蔡松坡带着病亲领子弹不足的两千云南兵，和十万袁军打死战；他们是何等坚韧不拔的军人！”①

这种精神，也为湖南的无产阶级革命家所继承和发扬。毛泽东十分重视意志的磨炼，认为“意志也者，故人生事业之先驱也”②。为了磨炼意志，他冬天冷水浴，夏天日光浴，还进行风浴、雨浴等各种锻炼。他豪迈地提出：“与天奋斗，其乐无穷！与地奋斗，其乐无穷！与人奋斗，其乐无穷！”③ 蔡和森“每日四时半起”，“冷水浴两次，早起一次，临睡前一次。又于雷风雨烈之时，冒风雨而行，已练习数次毫无风寒之感”，④ 学习特别勤奋，到法国留学，“猛看猛译”，“日惟手字典一册，报纸两页，以为常”⑤，很快就过了语言文字关，为学习马克思主义打下了基础。任弼时从小有大志，认为“世上无难事，只畏有心人。有心之人，即立志之坚者也，志坚则不畏事之不成”⑥。他留学苏联，刻苦学习，短时间内就掌握了俄语。更为重要的是，湖南无产阶级革命家的坚忍不拔的精神体现为对真理和信仰的执着。毛泽东说：1920 年冬，“我树立起对马克思主义的信仰，一旦接受了它，把它视为对历史的正确解释，我就再也没有动摇”⑦。1927 年大革命失败，腥风血雨，军权在握的贺龙、彭德怀，不顾个人荣华富贵，为了人民的解放事业，

---

① 陈独秀．陈独秀文章选编：上册［M］．北京：生活·读书·新知三联书店，1984：480.

② 中共中央文献研究室，中共湖南省委《毛泽东早期文稿》编辑组．毛泽东早期文稿［M］．长沙：湖南出版社，1990：71

③ 中共中央文献研究室．毛泽东年谱［M］．北京：人民出版社，1993：25.

④ 陶用舒．近代湖南人才群体研究［M］．长沙：岳麓书社，2000：687.

⑤ 蔡和森．蔡和森文集［M］．北京：人民出版社，1980：27.

⑥ 中共汨罗县委员会．任弼时［M］．长沙：湖南人民出版社，1979：15.

⑦ 埃德加·斯诺．红星照耀中国［M］．李方准，梁民，译．张葆霖，校．石家庄：河北人民出版社，1992：116.

毅然走上了革命的道路。

四、实事求是、勤勉笃实

此与湖湘文化传统有着莫大的关系，湖湘文化本具有经世致用的突出特征。所谓经世致用，即理论与实践结合经邦济世，这是中国儒家的一种优良学风，和“实事求是、勤勉笃实”的务实作风同出一辙。当然，有学者认为经世致用是中国传统学术的基本精神，不能将它视为湖湘文化精神特点。自然，也不能将“实事求是、勤勉笃实”的务实作风视为近代湖南人才群体的精神特质。王兴国先生对此曾有辨析，他说：“诚然经世致用是中国传统学术的重要特征之一，但是它在不同时期和不同地域的表现是有程度不同之区别的。例如清代汉学盛行时，在某些省份经世致用思想是不被重视的，但是在湖南却是始终一贯的，到了近代则在全国处于领先的地位。”①

王兴国先生所说不诬。清初湖湘文化讲究实学，王夫之是代表人物，他的理论追求和济世实践，正是经世济用的最好范例。清中叶乾嘉时代考据学盛行，学者们钻入故纸堆而把社会现实问题置于一边，湖南的汉学家虽也讲考据，但他们却能将考据研习经史与通晓时务结合起来。如王文清治汉学不囿于经史训诂而是兼及礼、乐、兵、农等有关国计民生的实学，以使学生能通经致用。陶澍不仅是一位推行政治经济改革的名臣，也是一位倡导经世致用的大学者。他与魏源、贺长龄等人一起身体力行，不仅在盐政、河政、漕运的改革方面有很大的成绩，还形成了一个影响很大的经世学派，对后来的湖湘文化产生了很大的影响。

此种学风，必定导致“实事求是、勤勉笃实”的务实作风。曾国藩可谓典型。他说：“近世乾嘉之间，诸儒务为浩博。惠定宇、

---

① 王兴国．略论近代湖湘文化的经世致用特点［J］．湖南大学学报（社会科学版），2004（6）：4.

戴东原之流钩研诂训，本河间献王实事求是之旨，薄宋贤为空疏。夫所谓事者，非物乎？是者，非理乎？实事求是，非即朱子所称即物穷理者乎？"① 曾国藩正是有了这种实事求是的理性认识和自觉追求，并将其贯彻到他的社会实践中去，才取得了那么大的成功。又如左宗棠，他在青年时代就十分重视经世之学，特别注重以下两个方面的学问：其一是地理学。左宗棠在道光十九年（1839）作了《舆地图说》一书，于山川、道里、疆域沿革和历代兵事莫不悉心研究探讨。其二是农学。左氏曾买田湘阴东乡柳庄，在此他不仅精研近人有关著述，且以古农法耕柳庄之田，在湘阴首倡种茶之风。纵观左宗棠一生，前40年孜孜于有关国计民生的实学，后30年则将其所学大展宏图于实践之中，他对实事求是的体会尤为深刻，临终他还在遗折中写道："上下一心，实事求是。则臣虽死之日，犹生之年。"②

除了陶澍、魏源、曾国藩、左宗棠等人之外，近代以降湖南还产生了一大批经邦济世的人物，他们在政治、经济、军事、外交、科学、学术等方面都有不俗的表现，为世人所称道。毛泽东可谓杰出代表。"实事求是、勤勉笃实"的务实作风在毛泽东身上得到了集中体现。青年求学期间，毛泽东受其老师杨昌济先生"知行统一"和"力行"思想影响，提出"学者务积功于实事"③ 的主张。他曾在《伦理学》一书的批语中写道："伦理学之正鹄在实践，非在讲求。"④ 他不但刻苦地学习书本知识，还特别重视社会实践，研读社会这本"无字天书"，曾多次与蔡和森等好友"游学"，深入农村了解民间疾苦。毛泽东青年时期形成的这种重力行、重践履的学风，在以后的政治实践中不断得到丰富和发展。他大力倡导理

① 曾国藩. 曾国藩全集：诗文［M］. 长沙：岳麓书社，1995：166.

② 左宗棠. 遗折［M］//左宗棠全集：第八册. 长沙：岳麓书社，2014：554.

③ 王兴国. 杨昌济文集［M］. 长沙：湖南教育出版社，1983：14.

④ 中共中央文献研究室，中共湖南省委《毛泽东早期文稿》编辑组. 毛泽东早期文稿［M］. 长沙：湖南出版社，1995：119.

论联系实际的马克思主义学风，在全党确立了实事求是的思想路线。实事求是思想路线的形成和确立，既是对重力行、重践履这一文化传统的继承，又是对它的超越。

第四节　近代湘籍人才群体的历史地位

近代湘籍人才群体在中国近代思想、政治、军事舞台上居于领军地位，形成“湖南人要么不说话，一说话全中国都在听”的恢弘气势。思想方面，地主阶级经世思潮之滥觞，洋务思想之发轫，新民主主义革命理论之集大成，主要是在湖南；维新思潮和辛亥革命思潮，虽然湖南不是开创者，但响应最力，且有自己的独到之处。政治方面，以湖南人才最多，影响也最大，从地主阶级改革派首领陶澍到无产阶级革命领袖毛泽东，中经维新激进派领袖谭嗣同、辛亥革命主将黄兴等人，无不在中国近代政治舞台上扮演重要的角色。军事上，湖南军事将领如云，出现“无湘不成军”的局面。

一、近代中国先进理论思想之先声

谈到此问题，需先明了何谓“进步思想”。我们认为，所谓进步思想，是能够顺应历史发展的需要，推动社会前进的思想和文化。它需符合两个条件：一是正确地揭示历史发展的规律，提出相应的历史任务和目标。具体到近代中国，就是反对帝国主义和封建主义，建立新民主主义社会，为进入社会主义社会创造条件。二是在不同的历史阶段，根据不同的历史条件，提出实现历史任务和目标的行之有效的办法。在近代中国，就是改革或革命。两者缺一不可。

我们说近代湘籍人才群体是近代中国先进思想理论的先声，是指他们或者是先进思想理论的创立者，或者是在接受和宣传先进思想理论方面最为坚定、最为得力，走在最前面。

（一）经世致用的重心

作为近代中国经世致用的重心，湘籍经世派当之无愧。当然，关于这个问题有不同的看法。第一种看法认为经世致用是中国传统学术的基本精神，不能将它视为湖湘文化精神特质。按照这种说法推论，以陶澍、贺长龄、魏源为代表的湘籍经世派，自然不应占有突出地位。对于这种观点，如前所说，王兴国先生曾有辩驳，我们同意王先生的看法，毋庸赘言。

第二种看法主要是茅海建先生的意见。他认为“经世致用”学说的提出，虽然是湖湘文化走向成熟的标志，但湖南仅仅是参与者和共同领导者，还不能说是“经世致用”学派的大本营。其论据有两条：一是龚自珍、林则徐、包世臣等“经世”大家非湘籍人士；二是湘籍人士中的有力人物此时仍任官外省，陶澍任江苏巡抚，贺长龄任江苏布政使（后改江宁布政使），魏源此时亦活动于江苏。如果再考虑到林则徐、包世臣等此时在江苏的经历，他由此得出结论：对于“经世致用”学派说来，江苏比湖南更像母地。[①]

茅海建先生眼光独到，论说不乏有力，但他的基本观点我们不敢苟同。

从茅先生的第一个理由来看，茅先生推崇龚自珍、林则徐、包世臣为“经世”大家，他们三人均非湘籍人士，固然不假，但“经世”大家还有魏源，而且按照传统说法，往往把他与龚自珍、林则徐相提并论，平分秋色。龚自珍以辛辣的语言揭露、批判封建社会的黑暗现实并在此基础上预示它行将崩溃而见长；林则徐是中国第一个从闭关主义走向开放主义，是睁眼看世界的第一人，且以反抗英国侵略而闻名于世；魏源则提出了建设性的改革主张，在中国近代史上第一个提出“师夷长技以制夷”的口号，其巨著《海

① 茅海建．也谈近代湖湘文化［J］．湖南师范大学社会科学学报，1989（1）：120.

国图志》风行海内外，产生了巨大的影响，对中国近代历史的进程，起到了积极的先导作用。至于包世臣，地位似在这三人之下。龚自珍、林则徐、魏源这三位经世头面人物，林则徐是福建人，魏源是湖南人，龚自珍是浙江人，没有一个是江苏人，即便算上包世臣，但包世臣也不是江苏人，而是安徽人。因此，单从经世的头面人物的省籍来看，是无法得出江苏更像“经世母地”的结论的。倒是从道光年间地主阶级经世派主要代表人物的省籍来看，恰恰说明湖南是经世的重心。人们所公认的道光年间地主阶级经世派的主要代表人物有：陶澍（湖南人）、林则徐（福建人）、魏源（湖南人）、龚自珍（浙江人）、贺长龄（湖南人）、包世臣（安徽人）、汤鹏（湖南人）、张穆（山西人）、吴挺（江苏人）、黄冕（湖南人）、俞德渊（甘肃人）、王凤生（江西人）等。上述12人中，湖南有5人，几乎占了一半，其他各省只有1人，江苏也仅1人。

茅海建先生的第二个理由是湘籍经世派的主要人物陶澍、贺长龄和魏源等，其活动是在江苏而不是在湖南，由此说明江苏的地位要高于湖南。这恐怕是茅先生的主要论据。这个问题从表面来看与我们所讨论的不是一回事，因为湘籍经世派不等于湖南经世派，前者活动的区域要大于后者；但是两者之间又存在相当的关联，如果去掉陶澍、贺长龄、魏源这三位重量级人物，于经世致用，湖南的地位自然大打折扣，我们诚不能不为之辩护。虽然陶澍、贺长龄和魏源等人的主要活动在外，于“经世致用”的成就也在外，但是他们经世致用思想的产生和形成与湖南的母体有着割不断的联系。湖湘文化本有经世致用的传统，经王夫之发扬光大，便在全国独占鳌头。陶澍、贺长龄、魏源三人均在岳麓书院求过学，而岳麓书院则是当时湖南宣讲和传播经世致用思想的重要基地，他们三人均深受其熏陶。从陶澍、魏源和贺长龄成长的过程来看，与其说他们的经世致用思想是在江苏形成和应用的，还不如说是湘系经世致用思想在江苏的发扬光大。

（二）洋务理论的创立者

洋务思想是19世纪六七十年代出现的一种新的思潮，尽管对它和与它相关联的洋务运动人们看法不一，见仁见智，但其主导方面的进步意义为越来越多的人所肯定，不过这是另一问题，不在本文讨论之列。本文所要说明的是，在洋务思想和理论方面，湘军人才群体扮演了创立者的角色，占有主导地位。

洋务思潮起源于湖南，不足为奇。湘军的头面人物，大都具有经世致用思想。经世致用和洋务思想，两者之间存在着某种必然的联系，其关节点就是注重实际。面对外国资本主义的侵略和其先进的科学技术，在当时的历史条件下，自然而然地会产生洋务思想。

最早产生洋务思想的是湘军首领曾国藩。他说："购买外洋船炮，则为今日救时之第一要务。凡恃己之所有夸人所无者，世之常情也；忽于所习见、震于所罕见者，亦世之常情也。轮船之速，洋炮之远，在英、法则夸其所独有，在中华则震于所罕见。若能陆续购买，据为己物，在中华，则见惯而不惊，在英、法，亦渐失其所恃。""购成之后，访募覃思之士，智巧之匠，始而演习，继而试造，不过一二年，火轮船必为中外官民通行之物，可以剿发逆，可以勤远略。"① 曾国藩这段话虽不长，却是洋务思想纲领性的表述。他揭示了洋务思想的基本内容和目的，即学习外国的先进技术，以镇压太平天国起义和抵抗外国侵略。镇压太平天国起义是短期目标，抵抗外国侵略则是长远目标。

湘军的第二号人物左宗棠几乎与曾国藩同时形成洋务思想。左宗棠学习西方的先进技术比曾国藩更有信心，强调要具有超过西方的积极进取精神。他说："中土智慧，岂逊西人？如果留心仿造，自然愈推愈精"，"意十年之后，彼人所恃以傲我者，我亦有以应之矣"。②

湘军人才群体不仅最早产生洋务思想，而且还出现了出色的洋

① 曾国藩全集：奏稿三［M］. 长沙：岳麓书社，1995：1603.
② 左宗棠全集：第十册 书信一［M］. 长沙：岳麓书社，1996：549.

务理论家，提出了比较完备的洋务理论，此以郭嵩焘为代表。郭嵩焘洋务理论的贡献在于：对西方世界做了全面的介绍，不仅重视西方的科学技术等物质文明，也非常重视西方的社会科学和精神文明；不仅主张学习西方的科学技术，而且在相当程度上还肯定了西方世界的政治制度、经济制度和文教制度等，表示欣羡之意，从而在一定程度上批评或否定了封建专制；提出了比较系统的维护国家主权的原则性与外交策略的灵活性相结合的外交理论。郭氏代表激进的洋务思想，表现了资本主义的倾向，对后来的维新思想的形成起到了开路先锋的作用。

在传播洋务思想和反对顽固守旧思想方面，湘军人才群体是主要力量。他们利用“湘军半中国，督抚半中国”之有利地位，或通过上奏，陈述洋务主张，影响朝廷；或著书立说，阐明洋务观点，批驳顽固守旧派；或通过书信，表述洋务思想。这方面比较典型的是曾纪泽。当时顽固派反对洋务思想的主体理论是“道器论”，他们认为：“立国之道，尚礼仪不尚权谋；根本之图，在人心而不在技艺。”[①]“读孔孟之书，学尧舜之道，明体达用，规模宏远也，何必令其习为机巧，专明制造轮船、洋枪之理乎?”[②] 他们认为，一旦重视“洋器”“洋学”，“天下皆将谓国家以礼义廉耻为无用，以洋学为难能，而人心因之解体”。针对这种陈腐观念，曾纪泽在《文法举隅》的序言中驳斥道：

> 士大夫方持不屑不洁之论，守其所已知，拒其所未闻，若曰：事非先圣昔贤之所论述，物非六经典籍之所纪载，学者不得过而问焉。夫先圣昔贤之论述，六经典籍之纪载，足以穷尽宇宙万物之理若道，而不必赅备古今万世之器与名。学者于口耳之所未经，遂慨然操泛泛悠悠茫无实际之庄论以

① 同治六年二月十五日大学士倭仁折［M］//沈云龙. 近代中国史料丛刊：第62辑. 台北：文海出版社，1973：4557.

② 中国史学会. 洋务运动：第一册［M］. 上海：上海人民出版社，1959：121.

> 搪塞之，不亦泥乎？上古之世不可知，盖泰西之轮楫旁午于中华，五千年来未有之创局也。天变人事，会逢其适，其是非、损益、轻重、本末之别，圣人之所曾言，学者得以比例而平骘之；其食饮、衣饰之异，政事、言语、文学、风俗之不同，尧、舜、禹、汤、文、武、周、孔之所不及见闻，当时存而不论，后世无所述焉，则不得不就吾之所已通者扩而充之，以通吾之所未通。则考求各国言语文字，诚亦吾儒之所宜从事，不得以其异而诿之，不得以其难而畏之也。今之学者，不耻不知，顾且为虚憍夸大之辞以自文饰，一旦有事，朝廷不得贤士大夫折冲樽俎之材而用之，则将降而求诸庸俗驵侩之间，诗书礼义无问焉，唯货利是视，其于交际之宜，措施之方，庸有当乎！①

其时，反对西学、洋务的所谓清流之士颇不乏人。曾纪泽的好友杨商农亦“不甚以洋务为然”，尝规劝他“不应讲求西学”，“来函谆谆恳恳，以清议为言”。对此，曾纪泽复函做了恳切而义正词严的回答。他首先揭露：今世所谓清议之流，不外乎三种：一种是“除高头讲章外，不知人世更有何书，井田、学校必欲遵行，秦汉以来遂无政事”的“泥古者流”；一种是“附会理学之绪论，发为虚悬无薄之庄言”的“好名之士”；而最下等的是“视洋务为终南捷径，钻营不得，则从而诋毁之”的庸俗官僚。然后写道：

> 中西通商互市，交际旁午，开千古未曾有之局，盖天运使然，中国不能闭关而不纳，束手而不问，亦已明矣。穷乡僻左，蒸气之轮楫不经于见闻，抵掌拊髀，放言高论，人人能之。登庙廊之上，膺事会之乘，盖有不能以空谈了事者。吾党考求事理，贵能易地而思之也。②

曾纪泽对顽固守旧思想的批判相当深刻、相当尖锐，兼之他的

---

① 曾纪泽．曾纪泽集：文集［M］．喻岳衡，校点．长沙：岳麓书社，2008：125-126.

② 曾纪泽．曾纪泽遗集［M］．长沙：岳麓书社，1983：343—344.

洋务思想十分丰富，且有独到之处，故赢得很高的声誉。谭嗣同在《浏阳兴算记》中高度赞扬说：19 世纪后半叶，当“湖南独以疾恶洋务名于全球”时，“然闻世之称精通洋务，又必曰湘阴郭筠仙侍郎、湘乡曾劼刚侍郎，虽西国亦云然。两侍郎可为湖南光矣”![①]郭、曾并称，曾纪泽当之无愧。

（三）维新思潮的左翼

19 世纪八九十年代出现的维新思潮，虽然发源地不在湖南，而在广东；旗手也不是湖南人，而是广东的康有为、梁启超。但是，湖南的维新思潮却自有特色，以谭嗣同、唐才常为代表的激进维新派，以左翼面貌出现，独树一帜，在维新思潮中自当占有重要之地位。

比较以康、梁为主体的维新思想，谭嗣同的激进，主要表现为两个方面：

一是彻底地反对君主专制的民主思想。康、梁等人，虽然也反对封建君主专制，要求建立资产阶级的民主制度，但是他们的民主制度不过是“设议院以通下情”的君主立宪制，是有限的民主，还不敢提出废除君主制度，更不敢把矛头直接指向清朝皇帝。谭嗣同则不然，明确要求废除君主专制制度。他说：“政亦不一（按：指《盛世危言》《庸书》等所说“君主”“民主”“君民共主”几种政体），当以兴民主为真际。”[②] 他尖锐地指出：“君为独夫民贼”“窃国大盗”，“两千年来，君臣一伦，尤为黑暗否塞，无复人理，沿及今兹，方愈剧矣”。他还把矛头直接指向清朝皇帝，指责他们是“贱类异种”，“凭陵乎蛮野凶杀之性气以窃中国”，“挟持素所不识之孔教，以压制素所不知之中国矣，而中国犹奉之如天，而不知其罪”![③] 他还从理论上论证了君主专制的非合理性。他说：

① 蔡尚思，方行．谭嗣同全集［M］．北京：中华书局，1981：173-174.

② 同①464.

③ 蔡尚思，方行．谭嗣同全集［M］．增订本．北京：中华书局，1998：337-338.

生民之初，本无所谓君臣，则皆民也。民不能相治，亦不暇治，于是共举一民为君。夫曰共举之，则非君择民，而民择君也。夫曰共举之，则其分际，又非甚远于民，而不下侪于民也。夫曰共举之，则因有民而后有君。君末也，民本也。天下无有因末而累及本者，亦岂可因君而累及民哉？夫曰共举之，则且必可共废之。君也者，为民办事者也；臣也者，助民办事者也。①

“君”不过是由民举而为民办事者，既由民举也必可为民废，这无疑使两千多年来维护封建专制的“尊君卑臣”伦常完全失去了理论依据，把资产阶级在完整意义上要求民主的概念第一次提了出来。梁启超在谈及谭氏《仁学》中有关的民主理论时曾说：“当时并卢梭《民约论》之名亦未梦见，而理想多与暗合，盖非思想解放之效不及此。”② 卢梭《民约论》曾为法国资产阶级革命做了理论准备，谭嗣同这个从中国固有民主演化出来的理论，也应作如是估价。

二是反对清朝统治的革命思想。正当康、梁等维新派醉心于改良时，谭嗣同却萌发了反清的革命思想，这是他激进的民主思想合乎逻辑的发展。他在《仁学》著作中揭露历代封建专制残暴统治之后，接着以凌厉的笔锋，历数清朝统治者的种种罪恶：割地赔款、丧权辱国、愚民黔首……他认为，事实已经很清楚地证明，乞求变法以救国，走日本明治维新和大彼得的道路是绝对走不通的，因为变法无疑会使民愚变为民智，民贫变为民富，民弱变为民强，而这恰恰会危及清朝统治者的一统专制，因此，他们绝不会实行变法新政，行引火烧身之举。变法之路既然行不通，那么效法法国革命起而造反，才是唯一出路。他说：“法人之改民主也，其言曰：‘誓杀尽天下之君主，使流血满地球，以泄万民之恨。’朝鲜人亦有言曰：‘地球上不论何国，但读宋明腐儒之书，而自命为礼义之邦者，即

① 蔡尚思，方行．谭嗣同全集［M］．北京：中华书局，1981：339.

② 梁启超．清代学术概论［M］//饮冰室合集：专集之三十四．北京：中华书局，1989：1.

是人间地狱。’夫法人之学问冠绝地球，故能唱民主之义，未为奇也；朝鲜乃地球上最愚暗之国，而亦为是言，岂非君主之祸至于无可复加，非生人所能任受耶？”①

谭嗣同的激进思想，绝非谭嗣同个人的思想，湖南维新派其他左翼人士大都与谭嗣同类似，他们均猛烈抨击封建专制制度，向往西方资产阶级民主制度。例如，樊锥揭露封建专制时代，统治者实行愚民政策：“自民之愚也久矣，不复见天日亦也甚矣。其上以是愚之，其下复以是受之。二千年沦肌浸髓，梏梦桎魂，酣嬉怡悦于苦海地狱之中，纵衡驰逐于醉生餍死之曲，束之缚之，践之踏之，若牛马然，若莓苔然，漫无所悟，一无所识，沉沉昏昏，瞢瞢阒阒。”这种“上权过重，民气不伸”的现象，必然造成“国势亦因之而弱”的恶果。他认为救国的方案是改君天下为公天下。“天下之理，天下公之，天下之事，天下公之。天下者，天下公之，公天下而为之，为之而效之，效之而成之。”② 他们同样也具有反清的革命思想，尽管这一思想产生的先后不同，程度不一，但最终还是达成共识，后来以他们为主体发动的自立军起义，便是证明。

虽然由于历史条件的限制和阶级的局限，以谭嗣同为首的湖南激进维新派在戊戌变法期间，其现实主张和活动仍没出改良主义范围，但他们激进的民主主义思想特别是反清革命思想，对后来的革命者产生过深远影响：邹容曾于谭氏遗像题词：“赫赫谭君故，湖湘志气衰。惟冀后来者，继起志勿灰。”③ 从中可见他对谭嗣同的敬佩。陈天华著《猛回头》，也称谭嗣同是“轰轰烈烈为国流血的大豪杰”④。最有影响的宣传反清的《黄帝魂》杂志，更把《仁学》

① 蔡尚思，方行．谭嗣同全集［M］．增订本．北京：中华书局，1998：343.

② 上引均见樊锥．开诚篇［N］．湘报，1898-3-9（24）．

③ 邹容．题谭嗣同遗像［M］//中国国民党史稿：第5册．北京：中华书局，1960：1242.

④ 陈天华．猛回头［M］//中国史学会．辛亥革命（二）．上海：上海人民出版社，2006：146.

的反清言论全部抄录进去，题为《君祸》。可以说，以谭嗣同为代表的激进思想，在改良思想和革命思想之间架起了桥梁，从这个意义上讲，把他们称之为思想的先导，也是名副其实的。

（四）宣传民主革命思想的主要喉舌

中国资产阶级民主革命思想的创立者和杰出的代表是孙中山，毛泽东指出：“中国反帝反封建的资产阶级民主革命，正规地说起来，是从孙中山开始的。”① 但是中国民主革命思想最活跃、最激进、最有影响的人才群体，却在湖南。黄兴、宋教仁、秦力山、陈天华、杨毓麟、章士钊、刘揆一、谭人凤、蔡锷等人以激烈的语言，把民主革命思潮不断推向高峰，成为宣传民主革命思想的主要喉舌。表现为：

一为与保皇派论战的主要对手。光绪三十一年（1905），宋教仁在日本东京创办《二十世纪之支那》杂志，同盟会成立以后在它的基础上创办《民报》，宣传孙中山的民族、民权、民生三大主义，同康、梁保皇派刊物《新民丛报》论战，宋教仁、陈天华等湘籍留日学生成为该报的主要撰稿人。

二是最早公开鼓吹反满革命，推翻清朝反动统治。此以秦力山和章太炎等人为代表。光绪二十七年（1901），秦力山在日本东京创办《国民报》月刊，“大唱革命仇满”，是海外最早提倡倾覆清朝的刊物。光绪二十九年（1903），由湖南衡山人陈范接办的上海《苏报》转向革命，聘请章士钊任主笔。该报不怕高压，不怕查封，大量刊载鼓吹革命的论说和文章，推荐邹容的《革命军》，发表章太炎驳斥康有为改良主义政见的论文，鼓吹革命。在“清末革命史中，内地报纸以放言革命自甘灭亡者，《苏报》实为孤证”②。

三是所创办的革命报刊和革命书籍数量众多，且言辞犀利，思

---

① 毛泽东选集：第二卷［M］. 北京：人民出版社，1993：563.

② 章士钊. 苏报案始末记［M］//中国史学会. 辛亥革命（一）. 上海：上海人民出版社，1957：275.

想深刻，影响巨大。此以杨毓麟的《新湖南》和陈天华的《警世钟》《猛回头》最为突出。在《新湖南》一书中，杨毓麟从一开始就以广阔的视野探索了20世纪的时代特征，把拯救中华民族的事业放在新世纪的世界全局来考察，并把“湖南人之性质及其责任”置于民族运动的整体中进行剖析，从而使自己的这一作品具有高出侪辈的思想深度。加上浓郁乡情的文字风格，扣人心弦。因此，该书自1903年4月第一版发行后，不到半年时间又有再版和三版刊行，在国内外广泛流传，在思想界和群众中产生了巨大的影响。陈天华在《猛回头》和《警世钟》中，从所处时代面临的重大政治问题出发，把反对帝国主义的侵略放在突出的地位，同时又与推翻清朝政府的反封建任务有机地结合在一起，使反帝爱国与反清革命统一起来，并力求用革命的手段，以期达到建立民主共和国新型政权的目的。他的这种思想理论，在当时是十分难能可贵的。因此，两书出版后，很快便重刊十余次之多，传遍城乡，震撼全国。由于陈天华“所著咸用白话文或通俗文，务使舆夫走卒皆能读之了解，故其文字小册散播于长江沿岸各省，最为盛行，较之章太炎《驳康有为政见书》及邹容《革命军》，有过之无不及。……就中以《猛回头》《警世钟》二种为效力至伟”①，在两湖地区影响尤大。在湖南，各学堂集资翻印，“备作课本传习”，深受广大师生和群众欢迎。在湖北，革命派设印刷局，散发给新军士兵传阅，由于文字“动人听闻，便于唱口”，易于为阅者熟记背诵，顺口唱出，起着“使动其愤怒复仇之心，而坚其反清革命之念”② 的重大作用。

（五）新民主主义革命理论的杰出代表

湘籍无产阶级革命家群体作为新民主主义革命理论的杰出代

① 冯自由．猛回头作者陈天华［M］//革命逸史：第二集．北京：中华书局，1981：120.

② 朱峙三．辛亥武昌起义前后记［M］//中国人民政治协商会议湖北省委员会．辛亥首义回忆录：第3辑．北京：文史资料出版社，1982：128.

表，表现为两个方面：

其一，新民主主义革命基本问题之积极探索者。

中国共产党成立伊始，首先面临的问题是中国革命的性质和党在民主革命阶段的纲领问题。这个问题是在陈独秀主持下解决的，其中湘籍无产阶级革命家做出了重要的贡献，承载党的民主革命纲领的中共二大政治宣言，就是由蔡和森和陈独秀、张国焘共同起草的。大革命时期，在国共合作的形势下，如何处理无产阶级与资产阶级、农民的关系，成为党迫切需要解决的问题。湘籍无产阶级革命家群体对这个问题进行了积极的探索，发表了许多文章，取得了丰硕的成果。比如，蔡和森的《外力、中流阶级与国民革命》，邓中夏的《论工人运动》《我们的力量》《劳动运动复兴期中的几个问题》，彭述之的《中国革命的根本问题》，刘少奇的《工人阶级在革命中的地位与职工运动方针》等，论述了无产阶级的领导权问题；蔡和森的《中国革命运动与国际之关系》，毛泽东的《中国社会各阶级的分析》《国民党右派分离的原因及其对于革命前途的影响》《湖南农民运动考察报告》等，论述了革命的性质、对象、动力和前途问题。这一时期，党的主要危险来自右的方面，湘籍无产阶级革命家群体对此警惕性较高，其理论观点相对正确。

土地革命战争时期是这一理论的形成时期，探索的重点是新民主主义革命的道路问题，湘籍无产阶级革命家群体是探索此一问题的中坚，代表人物主要有毛泽东、蔡和森、何孟雄、刘少奇等人。蔡和森的《党的机会主义史》，系统地批判了陈独秀的右倾机会主义错误，论述了中国革命的性质、特点、革命转变，以及农民在革命中的地位；毛泽东的《中国红色政权为什么能够存在?》《井冈山的斗争》《星星之火，可以燎原》《中国革命战争的战略问题》，何孟雄的《子敬来信》《政治意见书》，论述了农村包围城市、武装夺取政权的中国革命道路问题；刘少奇的《批评“退出黄色工会”的策略》《肃清关门主义与冒险主义》《关于白区的党和群众工作》等，论述了白区工作的理论与策略。这一时期，党的主要危险来自左的方面，尽管“立三”路线的代表人物也是湖南人，但从整体来看，湘籍无产阶级革命家群体是站在反“左”的立场上，是正确的代表。

抗日战争时期是这一理论的成熟时期。这一时期主要是探讨新民主主义革命的纲领，在完善这一理论体系的过程中，毛泽东是最杰出的代表。毛泽东的《战争和战略问题》《论新阶段》等进一步完善了新民主主义革命道路理论；他的《中国革命和中国共产党》《新民主主义论》《论联合政府》等则论述了新民主主义革命的总路线、基本纲领、新民主主义社会等问题，形成了新民主主义革命理论的完整体系。

其二，新民主主义革命理论之集大成者。

以毛泽东为主要代表的中国共产党人，根据马克思列宁主义的基本原理，把中国长期革命实践中的一系列独创性经验做了理论概括，形成了适合中国情况的科学的指导思想，这就是马克思主义普遍原理和中国革命具体实践相结合的产物——毛泽东思想，新民主主义革命理论是其重要的组成部分。新民主主义革命理论，概而言之，就是无产阶级领导的，以工农联盟为基础的，人民大众的，反对帝国主义、封建主义和官僚资本主义的新民主主义革命的理论。其基本点，一是认为中国资产阶级有两个部分，一部分是依附于帝国主义的大资产阶级（即买办资产阶级、官僚资产阶级），另一部分是既有革命要求又有动摇性的民族资产阶级。无产阶级领导的统一战线要争取民族资产阶级参加，并且在特殊条件下把一部分大资产阶级也包括在内，以求最大限度地孤立最主要的敌人。在同资产阶级结成统一战线时，要保持无产阶级的独立性，实行又团结又斗争、以斗争求团结的政策；在被迫同资产阶级、主要是同大资产级分裂时，要敢于并善于同大资产阶级进行坚决的武装斗争，同时要继续争取民族资产阶级的同情或中立。二是认为由于中国没有资产阶级民主，反动统治阶级凭借武装力量对人民实行独裁恐怖统治，革命只能以长期的武装斗争为主要形式。中国的武装斗争，是无产阶级领导的以农民为主体的革命战争。农民是无产阶级的最可靠的同盟军。无产阶级有可能和必要通过自己的先锋队用先进思想、组织性和纪律性来提高农民群众的觉悟水平，建立农村根据地，长期进行革命战争，发展和壮大革命力量。毛泽东同志指出，“统一战线和武装斗争，是战胜敌人的两个基本武器”，加上党本身的建设，就成为革命的“三个法宝”。以上这些，就是中国共产党所以能成为全民族的领导核心，并且创造出一条以农村包围城市，最后夺取全国胜利的道路的基本依据。

毛泽东思想虽然是全党集体智慧的结晶，但是以“毛泽东”冠名，表明毛泽东在“毛泽东思想”包括新民主主义革命理论的创建过程中，具有突出的贡献，占有首席的地位。除毛泽东以外，其他湘籍无产阶级革命家如刘少奇、任弼时等人，对这一理论也有重要的贡献。

二、社会变革的中坚

中国近代社会的一大主题是反对封建主义，围绕这个主题，中国的仁人志士奋起改革或革命。比较大的改革和革命包括鸦片战争前后的地主阶级改革派的改革、洋务运动、戊戌变法、辛亥革命和新民主主义革命。在这些社会变革中，湘籍人才群体发挥了中坚的作用。

（一）地主阶级改革派的核心

中国近代社会最早的改革，是以陶澍、林则徐为代表的地主阶级经世派的改革，他们整顿吏治、革新漕弊、改革盐政、兴修水利、救济灾荒、改革币制、禁止鸦片、整顿海防、抵抗外国侵略、主张向西方学习，在政治、经济、军事和思想文化方面进行了比较全面的改革，取得了相当的成效。其中，湘籍地主阶级经世派不仅人数多，而且最为活跃，起到了核心作用，尤以陶澍为最。活动于道光至光绪四年（1878）的黄彭年曾将陶澍和林则徐做了一个比较。他说：道光年间，有识之士“深虑夫弊之日滋，害之日甚，将至于不可穷结，忧及于国家，祸及于后世，思其患而预为之防”，“于是陶文毅公起而治其内”，“文毅既没，林文公继之，既治其内，复思治其外”。一个“起”，一个“继”，清楚地表明了陶澍救弊匡国的首创之功。台湾学者刘广京也指出：“陶澍和林则徐两人是道光朝群吏阘茸中的两个最杰出的人物。林则徐的历史意义在于认真查缴鸦片，不屈不挠，促成不可避免的中英战争；并在广州看出‘夷物不可歇手’和制炮造船的重要。陶澍的重要性则在于主持财政、经济方面的改革，对于江南的漕、盐、河三大政尤其有切实的贡献。内政和外交同样重要，陶澍与林则徐两人在历史上地位的高下是很难判别的。”① 虽然只是陶澍和林则徐的比较，还没有牵扯到湘籍经世派众多其他人物的改革活动，但也能说明湘籍经世派的核心作用。

（二）洋务运动的发动者

洋务运动是中国近代史上第一个现代化运动。曾国藩、左宗棠等湘军首脑人物，不仅最早产生洋务思想，而且还是这场运动的开创者和领军人物。曾国藩为典型代表，他最早创办中国第一家近代军事工厂——安庆内军械所，此为洋务运动之发端；最早提出购买“制器之器”的主张，成套引进外国先进机械设备，不单单如此，他与李鸿章共同创办的江南机器制造局，成为中国近代工矿企业的第一个母厂；最早认识到学习外国语言文字、掌握西方科技知识的重要，附设江南机器制造局兵工学校，招收学生学习有关机械工程理论，培养专业人才，又“另立学馆，以习编译”，他还领衔奏请

① 陈蒲清．陶澍传［M］．长沙：岳麓书社，2011：107-108.

选取“聪颖子弟。赴泰西各国书院及军政、船政等院，分门学习”，[①] 开中国近代留学之先；最早谋划我国海军建设，从轮船的制造，到海军的建制，从水兵的招募与训练，到海军经费的筹集和水师章程的制定等，都做了许多的探索，以后海军的发展基本上是按照他制订的蓝图进行的。左宗棠从事洋务的成绩也相当骄人，他在福建创办的马尾船政局，是当时中国最大的造船厂。他还重视民用工业和民办工业的发展，他在兰州建立的甘肃制呢局，为中国民办工业的开始，也是西北民族工业的起源。他还积极支持民办企业，帮助一些商人、富户投资办厂，发展民办工业。

（三）戊戌变法的劲旅

在戊戌维新运动中，湖南是全国最富朝气的一省，以谭嗣同、唐才常为代表的湖南维新派成为戊戌变法中的一支劲旅，在全国占有重要的地位。

首先，湖南维新派人数之多，影响之广，居全国之冠。据查，1979 年版《辞海》共收录戊戌维新时期全国有影响的维新人物 23 人，其中湖南 6 人，占总数 1/4 强，在各省中居第一位。1982 年版《中国近代史词典》共收录维新人物 43 人，其中湖南 12 人，亦占总数 1/4 强，居各省之首。不仅如此，湖南风气的开化，大批维新志士的涌现，也对全国各地亟图施展作为的志士仁人产生巨大的吸引力，纷纷来到湖南，从而出现了“志士渐集于湘楚”的可喜局面。除江西人陈宝箴，广东人黄遵宪，江苏人江标、徐仁铸是本省官员外，各地慕风和应邀来湖南的维新志士有：陈三立，江西人，陈宝箴子，留湘赞画新政；梁启超，广东人，时务学堂中文总教习；韩文举、欧渠甲、叶觉迈，均广东人，同任时务学堂分教习；李维格，江苏人，时务学堂西文总教习；等等。

① 曾国藩．奏带陈兰彬至江南办理机器片［M］//曾国藩全集：奏稿十二．长沙：岳麓书社，1995：7134.

其次，湖南维新运动起步早，兴起快。清光绪二十一年（1895），甲午战争刚结束，谭嗣同、唐才常、欧阳中鹄"先小试于一县"，于浏阳设立算学社，次年改建为算学馆。此"实为湖南全省新学之起点"，开全国之先。湖南维新运动不仅起步早，而且兴起也快。浏阳算学社设立不久，湖南和丰火柴公司于同年创办。二十二年（1896），湖南矿务总局成立。常宁水口山铅锌矿、宁乡清溪煤矿开办。又于省城设立阜南官钱局。二十三年（1897），校经学会成立。《湘学报》（旬刊）创刊。湘鄂间电报架成，开设电报局。时务学堂创办。平江黄金洞金矿、益阳板溪锑矿、新化锡矿锑矿、湖南宝善成机器制造公司等次第开办。二十四年（1898），创建湖南新军，改省城求贤书院为武备学堂。创设保卫局和迁善所。设立课吏馆。南学会成立，定期开讲。《湘报》（日报）创办。省会不缠足会、延年会、公法学会、学战会、法律学会、积益学会、公理学会以及一些府县的任学会（衡州）、舆算学会（郴州）、明达学会（常德）、群萌学会（浏阳）、致用学会（龙阳）、三江学会（会同）纷纷成立。湘鄂善后轮船局开业。化学制造公司创办。总而言之，从清光绪二十一年（1895）浏阳算学社设立至二十三年（1897）冬时务学堂成立，二十四年（1898）春南学会开讲，已迅速形成高潮。而全国及其他省份，运动高潮则是二十四年（1898）五月后"百日维新"期间才出现的。

再次，内容全面，成绩显著。包括经济、政治、宣传组织、文化教育等各个方面。短短两三年间，各项改革有声有色，举国瞩目。

最后，措施激进，影响深远。湖南的维新派不仅创办了一系列具有资本主义性质的工矿企业，而且还推出了若干具有资本主义倾向的政治举措，最突出的例子就是南学会和保卫局。南学会不仅是救亡御侮的政治组织，而且还具有地方议会的性质，谭嗣同对这一点很明确，他认为南学会可以参政、议政、订法律、选官吏、课财用、举人才，合群力变法。“国存而学亦足以强种，国亡而学亦足以保教，有学斯有会，会大而天下之权力归焉，复何为而不成乎?”① 在谭嗣同等人的推动下，南学会还促进了各种学会的建立。长沙有不缠足会、延年会、公法学会、学战会、法律学会、积益学会；浏阳有兴算学会、群萌学会；衡州有任学会；郴州有舆算学会；常德有明达学会；邵阳和岳阳则建立了南学会分会。据剑桥《中国晚清史》统计：当时全国共有各类学会 76 个，湖南以 16 个名列第一，占了总数的 21%。这些学会，对推动湖南群众的觉醒和维新运动的高涨，都发挥了不同程度的积极作用。还应特别指出的是，戊戌政变以后，唐才常发动的自立军起义，打响了反清专制的第一枪，实为辛亥革命之先声。

（四）辛亥革命的主将

辛亥革命是孙中山领导的，主帅是孙中山，但主将却在湖南。

首先，湘籍辛亥革命志士是中国内地反清革命之先锋。近代中国内地资产阶级民主革命的历史进程，是以黄兴的革命活动及其领导的华兴会的成立为嚆矢的。1903 年 7 月，黄兴从日本回到长沙，于次年 2 月 15 日成立了中国内地最早的资产阶级革命团体华兴会，同年便发动了长沙起义。这次起义是革命党人在中国内地及长江流域谋划的第一次起义，揭开了中部地区资产阶级武装夺取政权的序幕。在长沙起义以前，孙中山的兴中会曾领导发动过 1895 年广州起义和 1900 年惠州起义，但这两次起义均是在海疆地区。在中国内地由资产阶级发动和领导的起义，华兴会策划的长沙起义还是第一次。它虽然失败，但意义重大。时人评述：这次起义是“中国内地革命之先声”，自此，革命风潮“已弥浸三湘七泽矣”②。1906 年，同盟会成立以后，在同盟会湘籍会员黄兴、蒋翊武、刘道一、

① 蔡尚思，方行．谭嗣同全集［M］．增订本．北京：中华书局，1998：274.

② 彭楚衍．光复之经过［G］//中华民国开国五十年文献编委会．中华民国开国五十年文献：第二编第三册：各省光复．台北：正中书局，1963：48.

蔡绍南等人的策划和领导下，联络会党，发动了同盟会成立后的第一次大规模萍浏醴武装起义。这次起义使湖南人民大受鼓舞，正如当时日本友人在《革命评论》上所言的“吾人深信，作为全国革命军之中坚‘湖南革命军’，必有卷土重来之日”[①]。1911 年 5 月，清廷宣布“铁路国有”，又是“湘人率先反对”，掀起了席卷湘、鄂、川三省的保路狂潮。从以上史实可以看出，湘籍辛亥志士不仅是中国内地革命的先锋，而且他们所发动和领导的湖南人民的斗争，事实上成了反清斗争的主力军。

其次，湖南辛亥志士于创建同盟会最为得力。表现为两个方面：一是较早地确认和拥戴孙中山对于全国革命运动的领导地位，为各革命组织和革命力量的大联合（同盟会的创立）增强了凝聚力。1900 年惠州起义以前，孙中山主要是依靠南方会党和海外华侨策动武装起义，在国内（特别是知识界）并没有很大影响，1907 年原光复会几位领导人掀起的反孙浪潮和闹独立，便可说明这一点。孙中山领袖地位的确立和巩固，全赖湘籍辛亥革命志士章士钊、黄兴、宋教仁和陈天华扶助之力。章士钊将宫崎滔天所写的《三十三年之梦》加以节译，以《孙逸仙》书名出版，称孙中山为“近今谈革命者之始祖，实行革命者之北辰”，认为“谈兴中国者，不可脱离孙逸仙三字”，[②] 从而为孙中山领袖地位的确立做了舆论准备。黄兴、宋教仁、陈天华等华兴会领导人在同盟会成立前与孙中山会谈后，都对孙中山推崇备至，如陈天华认为孙中山是“本族屡失败而将来有望之英雄”，“世界之大人物”。[③] 黄、宋、陈三人当时都是留日学生中最具声望之人，他们的思想必然对同盟会领导体制的形成产生直接的影响。张继曾追忆当时的情况说：“在革命

---

① 萍乡市政协，浏阳县政协，醴陵市政协．萍、浏、醴起义资料汇编［G］．长沙：湖南人民出版社，1986：29.

② 黄中黄．孙逸仙［M］//中国近代史资料丛刊：辛亥革命（一）．上海：上海人民出版社，1957：90.

③ 章开沅，林增平．辛亥革命史：中册［M］．北京：人民出版社，1980：14、18.

事功上帮助总理的，第一个是黄克强先生”①，“当时，长江潜伏的实力全在克强先生掌握中，他首先尊崇总理做领袖，国内外的力量与此打成一片，同盟会才成立起来”。这里肯定的是黄兴，实际上是对整个华兴会和湖南革命党人的肯定。二是从组织上和思想上为同盟会的建立提供了坚实的基础。孙中山领导的兴中会自 1895 年广州起义失败以后，元气大伤，加之孙中山长期奔走海外，其组织实已处于瘫痪，难以充当筹组全国统一政党的骨干组织。而湖南革命党人建立的华兴会则不同，虽然比兴中会成立晚，但它在国内发生发展，基础较为广阔，长沙起义失败以后，力量没有受到大的损失，华兴会的主要骨干和大批会员逃至东京，实际上已为同盟会的成立准备了干部和群众的条件。同盟会筹备的联络工作和会务主要是依靠华兴会，特别是黄兴更成为其重心。时人回忆道：“留东青年，以黄兴为革命实行家，多倾心推重。益以张溥良、宋教仁、陈天华辈为之结纳，黄已操东京革命志士之牛耳。”② 出于对黄兴的敬仰，留学生结邀去拜见黄兴，“黄兴的寓处，成了东京激进学生的众所周知的集会场所”③。黄兴打破地域界限，联络各省同志先后成立了“革命同志会”和“大湖南北同盟会”，为进一步统一做了有效的准备。同盟会成立以后，显赫的会员主要来自华兴会，而不是兴中会，由此亦可看出华兴会及湖南革命党人在同盟会成立与发展中的重要作用。

再次，武昌起义的首应者。1911 年 10 月 10 日，武昌起义爆发。是月 22 日，湖南的革命党人便发动长沙新军起义，获得成功，宣布成立革命政权“中华民国湖南军政府”（次日复改为“中华民国军政府湖南都督府”）。湖南军政府成立后的第一件事，就是派

① 转引自刘泱泱. 湖南通史：近代卷［M］. 长沙：湖南人民出版社，2008：717.

② 左舜生. 中国近代史四讲［M］. 台北：三民书局，1982：283.

③ 薛君度. 黄兴与中国革命［M］. 杨慎之，译. 长沙：湖南人民出版社，1980：46.

湘军援鄂，先后有 4 批约 8000 人赴鄂作战。黄兴出任总司令，亲临前线指挥。湘军的入鄂作战和黄兴出任总司令，对于安定武汉前线的人心，消灭敌人的有生力量，巩固首义地区的胜利，促成各省的光复都发挥了重要的作用。当时在鄂亲历其事的革命党人就曾客观地评论：武昌首义后，“虽曰民众心理早已趋向独立自由，故清廷无所寄，而不得不土崩瓦解；然使武昌起义仅如昙花一现，则各省亦无从继起矣。阳夏之艰苦支持，自不得不归功克强”①，其中，更少不了湘军援鄂作战的功绩。

（五）新民主主义革命的领头人

中国新民主主义革命的胜利，是与各地无产阶级革命家群体的英勇奋斗分不开的，其中湘籍无产阶级革命家群体的功绩尤为突出，在中国革命史上占有重要的地位。

首先，湘籍无产阶级革命家群体是领导新民主主义革命取得胜利的政党——中国共产党的核心。这种核心作用表现为这几个方面：

一是这个群体是中国共产党的重要创始人和领导者。统一的中国共产党的成立，源于早期的共产党组织，当时全国有上海、北京、武汉、济南、长沙、广州等 6 个共产主义组织；国外有留学生建立的旅欧、旅日 2 个共产党组织。在这 8 个共产党的早期组织中，除武汉、济南和广州以外，都有湘籍人士参加。李达、李启汉、林伯渠、陈为人、李中、陈公培在上海，邓中夏、何孟雄、罗章龙、缪伯英、朱务善、李梅羹在北京，毛泽东、何叔衡、彭璜等在长沙，周佛海在日本东京，蔡和森、李立三在欧洲，都是共产党组织的发起人或参与者。中共“一大”13 名代表中，湘籍占 4 名。当时全国共有共产党员 53 名，其中湘籍就近 20 名。湘籍无产阶级

① 居正．辛亥札记［M］//梅川日记合刊．重版．台北：［出版者不详］1956：72. 此日记在武汉大学历史系中国近代史教研室编的《辛亥革命在湖北史料选辑》（湖北人民出版社 1981 年）中有收录。

革命家群体不仅在创立中国共产党方面起了重要作用，而且日益成为党的领导核心。在1921年党的“一大”选出的5名中央执行委员中，湘籍人士李达当选；在1922年党的“二大”选举的5名中央执行委员中，湘人蔡和森、邓中夏当选；1923年党的“三大”产生的9名中央执行委员，湘籍占了4个，5名中央局成员中湘籍有3人。四大9名中央执行委员，湘籍3人，5名中央局成员湘籍2人；“五大”8名政治局委员，湘籍3人，3名政治局常委中湘籍1人；“六大”5名政治局常委和3名候补常委中，湘籍常委1人，候补常委1人。遵义会议以后，中共中央逐步形成了以毛泽东为核心的领导集体，湘籍无产阶级革命家群体中有更多的成员进入到党的领导机构中。1943年3月，中央书记处改组，3名书记处成员毛泽东、刘少奇、任弼时均为湘籍。在1945年党的“七大”选举产生的领导机构中，书记处5名书记有毛泽东、刘少奇、任弼时3人为湘籍人士；13名中央政治局委员中，有毛泽东、刘少奇、任弼时、林伯渠、彭德怀5位湘籍，占38.5%；44名中央委员，湘人13名，占29.5%；33名中央候补委员，湘籍10名，占30.3%。

二是这个群体是中国共产党的理论骨干。李达是“五四”时期传播马克思主义的先驱者，先后发表《什么叫社会主义》《社会主义的目的》《战前欧洲社会党运动的情况》等文章，翻译《唯物史观解说》《马克思主义经济学说》《社会问题总览》3部著作，为中国共产党的成立和中国革命运动的开展做了理论准备。蔡和森是中国共产党党内系统传播“列宁建党学说”的第一人，他提出的建党思想和理论，对于中国共产党的建立有着直接的指导意义。此外，刘少奇关于党的建设思想，关于白区对敌斗争的策略思想；任弼时关于青年工作的思想；林伯渠、谢觉哉关于政权建设的思想；向警予关于妇女解放的思想；李立三关于工会工作的思想；彭德怀、贺龙、罗荣桓关于军事工作的思想；均对中国共产党的理论宝库有独特的贡献。当然，理论的集大成者当为毛泽东，前面已经提到，毋庸再言。

其次，湘籍无产阶级革命家群体是革命运动的组织专家。在党的创立时期和大革命时期，党的主要活动是开展工人运动、农民运动、学生运动和妇女运动。在这些运动中，湘籍无产阶级革命家群体均表现出色。工人运动方面，李立三被誉为“工人运动的杰出领导人”，邓中夏被誉为“工人运动的杰出领袖”，罗亦农被誉为“上海大风暴的重要领导人”。毛泽东是农民运动的杰出组织者，瞿秋白称他为“农民运动的王”，在他领导下，湖南农民运动成为北伐战争时期全国农民运动中心。向警予、缪伯英、蔡畅是妇女运动的杰出代表。向警予是中共中央首任妇女部长和首任中央妇女委员会书记，被誉为“大革命时期的模范妇女领袖”。缪伯英是中国共产党第一位女党员，大革命时期，她先后担任中共北方区委妇女部首任部长、中共湘区委员会妇委书记等职务，李维汉称赞她“在妇女解放运动和组织妇女参加反帝反军阀斗争方面，都做得出色，有显著成绩”[①]。蔡畅是革命根据地新型妇女运动的开创者，先后任江西省委妇女部长和中共中央妇委书记、中共中央东北局妇委书记，她配合革命战争，发动广大妇女参加农业生产劳动，确立妇女运动以生产为中心的方针，从而把妇女运动推向了一个新的阶段。任弼时是青年运动的杰出领袖和理论家，周小舟是“一二·九”学生运动的领导人之一，周里是解放战争时期湖南“第二条战线”的主要领导人。

再次，湘籍无产阶级革命家群体是革命军队的领导骨干和革命根据地的创立者。革命军队的领导骨干，若以人数论，湘籍占有相当比重，出现“无湘不成军”的说法。据统计，在 1955 年中国人民解放军第一次所授军衔中，10 位元帅中有 3 位湘籍，即彭德怀、贺龙、罗荣桓；10 位大将中有 6 位湘籍，即粟裕、陈赓、萧劲光、

① 中共湖南省委保持共产党员先进性教育活动领导小组办公室．学先烈 学先进 当先锋［M］．长沙：湖南人民出版社，2005：72.

黄克诚、谭政、许光达。1965 年以前授衔的 57 位上将有湘籍 19 位，177 位中将有湘籍 45 位，1359 位少将有湘籍 129 位，居全国省际之冠。中央军委 1989 年、1992 年两次正式确定的中国当代革命军事家 36 人，其中湘籍 15 位：毛泽东、彭德怀、贺龙、罗荣桓、粟裕、陈赓、黄克诚、谭政、萧劲光、许光达、段德昌、曾中生、蔡申熙、左权、黄公略，即 1 位统帅、3 位元帅、6 位大将和 5 位先烈。后来又有何长工、王震、杨得志、李聚奎、耿飚等名将逝世时，中央亦称其为军事家。若以贡献而论，湘籍无产阶级革命家群体作为革命军队的骨干则更为突出。表现为：一是他们是人民军队的主要缔造者。人民军队的创建，始于大革命后期著名的三大起义，即南昌起义、广州起义和湘赣边界秋收起义。其中，八一南昌起义，李立三是决策人之一，贺龙是起义的总指挥，参与起义的湘籍人士还有林伯渠、徐特立、粟裕、陈赓、王尔琢、郭亮、方维夏、颜昌颐、贺锦斋、朱克靖等；毛泽东则是湘赣边界秋收起义的领导者。三大起义的主角，湖南人居其二。二是人民军队的主要领导者。大革命时期，任弼时是中共中央军事运动委员会（后改称军事部）三人委员之一。土地革命战争时期，李富春一度代理中央军事部长，彭德怀任中华苏维埃共和国临时中央政府革命军事委员会副主席。遵义会议后，毛泽东进入新的“三人团”，成为全军军事工作的实际决策人。1937 年 8 月洛川会议后毛泽东一直担任中共中央革命军事委员会主席。1943 年 3 月刘少奇增补为军委副主席。1945 年 8 月改“中革军委”为“中央军委”，毛泽东继任主席，4 位副主席有刘少奇、彭德怀两位湘籍。人民军队各主要部队及其二级机构的军事指挥员，湘籍占三分之一以上。三是革命军事理论的主要贡献者。毛泽东、彭德怀、贺龙、左权、罗荣桓、谭政、粟裕、黄克诚、曾中生等均有军事理论著述，对于革命军事理论均有独到的贡献。特别是毛泽东，更是革命军事理论的集大成者。四是重大战役的主要指挥者。例如，土地革命战争时期，毛泽东领导的中央苏区第一、二、三次“反围剿”的胜利，成为中共战争史上的千古绝唱；红军长征途中，他所指挥的四渡赤水战役，用兵如神，使中央红军成功地摆脱了敌军的围追堵截，取得了战略转移中具有决定性意义的胜利。抗日战争时期，名震中外的百团大战是由彭德怀、左权指挥的。贺龙指挥的齐河村战斗，成了平原地区大规模歼敌的范例。粟裕组织的车桥战役，成华中敌后歼灭战的范例。解放战争时期，1947 年 8 月，陈（庚）谢（富治）兵团挺进豫西，陈（毅）粟（裕）兵团挺进豫皖苏边，与挺进大别山的刘邓大军构成“品”字形布局，揭开了战略进攻的序幕。1948 年 9 月，粟裕指挥的济南战役，全歼守敌，揭开了战略决战的序幕。彭德怀大战胡宗南，三战三捷。杨得志指挥的石家庄战役，是“夺取大城市之创例”。1947 年，粟裕所部歼敌 40 个旅，相当于当年其他解放军各战场歼敌的总和。罗荣桓是辽沈战役和平津战役的主要指挥者之一。粟裕是淮海战役的指挥者，淮海战役共歼敌 55 万，他所领导的华野歼敌 44 万，贡献最大。

中国革命道路是农村包围城市，武装夺取政权，创建农村革命根据地是其关键环节。在这方面，毛泽东可谓首创。他不仅从理论上最早提出了这个问题，而且在实践上也是第一人。秋收起义以后，他便率部向井冈山进军，开创了中国共产党领导的第一个农村革命根据地。其他的湘籍无产阶级革命家贡献也大。土地革命战争时期，全国先后建立了十几个革命根据地，其中除了由毛泽东领导的中央革命根据地以外，还有彭德怀、黄公略、王首道领导的湘赣根据地，彭德怀、黄公略、何长工等领导的湘鄂赣根据地，贺龙、邓中夏等领导的湘鄂西根据地。抗日战争时期，除陕甘宁外，湘籍无产阶级革命家开创的根据地有：贺龙的晋绥根据地，宋时轮、邓华等参与创建的冀辽热根据地，杨得志、黄克诚参与创建的晋鲁豫根据地，陈光参与创建的晋西南根据地，罗荣桓、陈光参与创建的山东根据地，刘少奇领导创建的苏北根据地，粟裕参与创建的苏中、苏南等一批根据地，等等，占抗日战争时期革命根据地总数的一半以上。解放战争时期，彭德怀、贺龙领导了西北解放区的创建，罗荣桓、李富春参与和领导了东北解放区的创建，粟裕、陈赓参与和领导了华中解放区的创建，粟裕、谭振林参与和领导了华东解放区的创建，他们创建的革命根据地，为最后夺取全国政权创造了条件。①

三、捍卫国家主权、民族独立的磐石

（一）近代爱国主义思想和实践的先锋

爱国主义是中华民族的光荣传统，但爱国主义的具体内涵，却不是一成不变的，而是随着时代的发展、社会的进步而变化着。江泽民指出："爱国主义是一个历史范畴，在社会发展的不同阶段、不同时期有不同的具体内容。我们所讲的爱国主义，作为一种体现人民群众对自己祖国深厚感情的崇高精神，是同促进历史发展密切联系在一起的，是同维护国家独立和广大人民的根本利益密切联系在一起的。"② 在近代中国，爱国主义的具体内涵，主要体现在：第一，改革内政，进行革命，推翻封建制度，实现国家的民主和富强。第二，反对侵略，学习西方，驱逐帝国主义，实现国家的独立和统一。

近代湖南以陶澍、魏源、贺长龄、汤鹏等地主阶级改革派为代表的第一个人才群体，就是上述中国近代爱国主义思想的开创者。他们把内政改革与学习西方结合起来，响亮地提出了"师夷长技以制夷"的口号。这些在对外关系中出现的新思想、新课题，也是中国近代爱国主义的重要内容和特点，更是古代爱国主义所无法企及的。因此，我们认为近代湖南第一个人才群体的爱国主义是中国近

① 参见刘华清．湘籍无产阶级革命家群体成长道路研究［M］．长沙：湖南人民出版社，2006：273-320.

② 江泽民．爱国主义和我国知识分子的历史使命［N］．人民日报，1990-5-3.

代爱国主义思想的萌芽，陶、魏等人则是其开创者。

清咸同年间，湖南形成了以曾国藩、左宗棠、胡林翼、郭嵩焘等洋务派为代表的第二个人才群体，进一步发展了陶、魏等所开倡的中国近代爱国主义思想。他们一方面发展和扩大了陶、魏所提倡的经世改革，把改革活动扩大到政治、经济、文化各个领域。另一方面，则将魏源提出的师夷长技的思想付诸实践，开始了学习西方科学技术以求自强的洋务运动，不仅主张学习西方的科学技术，而且还主张效法西方的某些政治经济制度。他们的爱国思想和实践活动，又比陶、魏等人前进了一大步。

19 世纪末，以谭嗣同、唐才常、熊希龄等资产阶级改革派为代表的湖南第三个人才群体，他们的爱国主义思想开始摆脱忠君思想的束缚，在中国近代史上第一个明确主张废除君主专政制度，建立资产阶级民主共和国，发展民族资本主义。他们的思想，表明中国近代爱国主义进一步深入。

20 世纪初，以黄兴、宋教仁、陈天华、蔡锷等为代表的资产阶级革命派，是近代湖南人才第四个群体。他们把爱国与革命结合起来，积极参加以推翻清封建王朝为目的的爱国主义革命运动。在近代中国，爱国和革命之间有着必然的联系。正如列宁所说的：当“中国愈落在欧洲和日本的后面，就愈有四分五裂和民族解体的危险。只有革命人民的英雄主义才能‘复兴’中国，才能在政治方面建立中华民国”[①]。要“复兴中国”，必须反对帝国主义；而要反帝，必先革命。陈天华指出：“我们要想拒洋人，只有讲革命独立，不能讲勤王。”[②] 这表明，以黄兴、宋教仁、陈天华、蔡锷等为代表的资产阶级革命派的爱国思想，达到了旧民主主义革命的极致。

以毛泽东为代表的湘籍无产阶级革命家是第五个人才群体，他

① 中国的民主主义和民粹主义［M］//列宁选集：第二卷．北京：人民出版社，1972：428.

② 刘晴波，彭国兴．陈天华集［M］．长沙：湖南人民出版社，1985：26.

们在马克思列宁主义指导下，以无产阶级为领导阶级，发动广大人民群众，把反对外国帝国主义的侵略与反对封建主义、官僚资本主义结合起来，与人民群众的解放结合起来，提出了直接的反对帝国主义的口号，从而开创了爱国主义的新局面，把中国近代爱国主义思想推向了新的高峰。

（二）挽救民族危亡的精英

在中国近代，每当中华民族面临危急时刻，湘籍人才群体总是挺身而出，站在斗争的最前列。他们或是积极参加抵抗外国发动的侵略战争；或是通过外交斗争，捍卫国家的主权；或是参加改革和革命，使祖国走向繁荣富强，以此免除外国帝国主义的奴役；或是著书立说，激发民众的爱国热情，提出救国方案。后两个问题我们前面已经涉及，不再重复，着重讲讲前面两个问题。

鸦片战争时期，地主阶级改革派就积极参加反侵略战争。鸦片战争前夕，面对外国帝国主义的咄咄逼人，贺长龄提出“治国有经，安内必先攘外”[①] 的原则，主张准备以武力抵抗侵略。鸦片战争发生后，贺长龄则在贵州派兵 2800 人，驰援广州，参加抗英战争。黄冕和魏源进入两江总督、钦差大臣裕谦幕府，筹办浙江防守事务。黄冕以文官参与军事，防堵英军，在余姚海口击沉敌船，活捉英侵略者军官突德等人。魏源曾赴宁波，亲自审讯英俘，了解敌情。又深入前线，协助裕谦防守定海，提出防守大计。除贺、黄、魏 3 名地主阶级改革派以外，湖南的爱国将领总兵郑国鸿、副将黄腾鸿、守备洪达科也表现非凡。在定海战役中，虽敌众我寡，又“天久雨，援兵阻风浪不能至。国鸿等往来泥淖中，激励将士，枪炮至热不能用，尤奋击不已”，歼灭英军“一千数百名”。定海失陷后，郑国鸿“单骑赴敌，身被数十余创”[②]，英勇牺牲。同时捐躯的还有黄腾鸿、洪达科。黄腾鸿手刃敌十余人，力竭而死。

---

① 赵尔巽．清史稿：第三八册［M］．北京：中华书局，1977：11618.

② 蔡冠洛．清代七百名人传：郑国鸿［M］．北京：中国书店，1984：916.

左宗棠是湘军集团坚决抵抗外国侵略的代表人物。19 世纪七八十年代，中国发生边疆危机。先是阿古柏匪帮在英国的支持下，侵入南疆，占领乌鲁木齐，俄国则乘机强占伊犁地区。1875 年，左宗棠不顾高龄，亲自率军入疆，经过一年多的战斗，收复除俄盘踞的伊犁以外的全部新疆。1880 年，左宗棠“舁榇西行”，决心武力收复伊犁。正是这种气壮山河、视死如归的英雄气概，迫使沙俄在中俄伊犁谈判中让步，交还伊犁。王定安说：整个新疆重新完整回到祖国，“左宗棠力排众议，独任其难，不惜竭天下全力以图，其深谋远虑，弭祸乱于已兆，不愧为古之社稷臣”①，确是符合实际的评价。新疆问题解决后，在此前后又发生日本侵犯台湾和法国入侵越南进而侵犯中越边境的事件。左宗棠痛斥主和派，力主抗战，亲自督办福建军务，派军援台，支持王德榜抗法，取得谅山大捷，重创法军。左宗棠抵抗外国侵略主要是在军事方面立下了不朽的功勋，曾纪泽则在外交斗争方面维护了祖国权益。他配合左宗棠的军事斗争，赴俄改定收回伊犁条约，义正辞严，据理力争，除收回伊犁外，又收回了伊犁南境乌宗岛山、帖克斯川流域、莫萨山口诸要隘大片领土以及其他一些权益。真所谓障川流而挽既逝之波，探虎口而索已投之食。② 这在晚清外交史上，是绝无仅有的事。

以毛泽东为代表的湘籍人才群体是中国近代史上抵抗外国侵略最耀眼的明星。抗日战争爆发后，在民族危亡之际，以毛泽东为首的中国共产党以民族利益为重，建立了抗日民族统一战线，实现了全民族抗战。毛泽东相继发表《论持久战》和《抗日游击战争的战略问题》等一系列重要著作，及时、科学地回答了中国人民抗日战争的前途、趋势以及主要战略方针等一系列重大问题，为中国人民的抗日战争指明了方向。在毛泽东和中共中央领导下，八路军、新四军等人民武装深入敌后，建立抗日根据地，广泛开展游击战

① 张振佩．左宗棠传［M］．海口：海南国际新闻出版中心，1994：33.

② 曾纪泽．曾纪泽遗集［M］．长沙：岳麓书社，1983：170.

争，成为敌后抗日战争的主力军，其中湘籍高级将领彭德怀、贺龙、罗荣桓、左权、陈赓、粟裕、王震、黄克诚、谭振林、宋任穷、张际春、萧劲光、杨得志等，均发挥了重要作用，左权为抗日战争还献出了年轻的生命。

应当指出的是，在抗日战争时期出现了以宋希濂、唐生智、黄杰等为代表的国民党湘籍爱国将领群体，虽然他们在近代湖南不是主流群体，不在五大群体之列，但是他们在抗日战争中却表现了高度的爱国精神，为保家卫国做出了应有的贡献。国民党中将宋希濂，先后参加“一・二八”抗战、“八一三”淞沪抗战、南京保卫战、兰封战役、武汉会战，屡立战功，被国民党政府授予华胄荣誉奖章。太平洋战争爆发后，所部编入远征军，在滇西缅北抗击日军，征战3年，歼灭日军3个师团，完全打通了中印公路，取得了滇西北反击战的彻底胜利，为世界反法西斯战争胜利做出了贡献。1946年获得国民政府颁发的青天白日勋章和美国政府赠与的自由勋章，被称为“鹰犬将军”。曾任国民革命军第四方面军总指挥的唐生智，临危受命，任南京卫戍司令长官，表示“誓与南京共存亡”，率15万人顽强抵抗。陆军一级上将黄杰，在古北口战斗，与侵犯日军激战五昼夜。1937年抗日战争爆发后，出任第八军军长，率部参加了淞沪会战、徐州会战。国民党上将张震在淞沪抗战中，率部与日军浴血奋战十昼夜，挡住日军。时又身先士卒，激励将士上战场，经过激烈战斗，终将日军击退。国民革命军第二十七军第二十三师师长李必蕃在山东战役中腹部中弹，临终前用军用地图反盖于胸，地图上写有遗言：“误国之罪，一死犹轻，愿我同胞，努力杀敌。”国民党陆军二级上将唐守治在淞沪会战时，与日本侵略军激战20多天，予敌以重创，最后粮尽弹绝，身受重伤。类似这样的抗日英雄还有很多，他们在反帝爱国战争中所表现出的崇高民族气节同样值得敬重。

（三）人民自发反帝爱国运动的组织者

近代中国人民自发的反帝斗争，起初阶段，主要是反洋教斗争，这一斗争，从19世纪60年代开始，一直到义和团运动达到高峰。湖南的反洋教斗争是其重要的组成部分。据载这一时期湖南规模较大、引人注目的反洋教斗争有3次，即湘潭衡州教案、周汉反洋教案和临湘教案。在反洋教斗争中，湖南的绅士充当了组织者和鼓动者的角色，其代表人物是崔谏、周汉和贺金生。

崔谏（1834—1902），湖南宁乡人，出身书香家庭，1875年乡试中举人。后任至贵州仁怀知县，“被吏议归”。平生“以攘夷卫道自任”，“守正不阿”。1861年5月始编撰《辟邪纪实》一书，揭露外国传教士种种侵略罪行，号召“黜异端以崇正学”。该书流传甚广，历久不衰，影响很大。就在崔谏编撰《辟邪纪实》的过程中，1862年四、五月，湖南爆发了湘潭衡州教案。崔谏的活动及其思想，对此次教案的爆发有着直接的影响。

周汉（1843—1910），湖南宁乡人。早年投湘军，参加过收复新疆的战争，官至陕西候补道。1884年回湖南度假，不满外国传教士在内地恃势横行，欺压人民，便大量散发反洋教宣传品，遭清廷革职。1897年，山东发生曹州教案，德国派兵强占胶州湾。这时，英国乘机迫使清政府开岳州为商埠，外国侵略势力渐入湖南。周汉万分愤慨，又复刊大量图书、揭帖，散布长沙、湘潭等十数州县，使省内反洋教斗争迭起。湖南省当局捉拿周汉，宁乡县应试生童数百人罢考抗议。后周汉病死狱中。

贺金声（1853—1902），湖南邵阳东乡（今属邵东）人。27岁中秀才。次年乡试落第后，以在籍绅士的身份乡居十余年。1892年，受任为邵阳东乡团总兼三府局局长。他颇为关心民间疾苦，尤其对西方列强侵华和传教士深入中国内地愤恨不已，为国家民族命运担忧。1900年，义和团运动风起云涌，八国联军大举侵华，湖南激发了规模巨大的衡州教案。他在乡到处张示揭帖，进行反帝宣传；并于接近衡州的大道沿线设置义茶亭，供应茶水干粮，鼓励群众前往支援衡州人民的斗争。湖南巡抚俞廉三委任他为巡防营“翼”字右营管带，令他募勇带往省城，名义上委官任职，实则对他暂予羁縻，免生他故。贺金生得知俞之阴谋后，准备招勇灭教，武装起义，后因事泄被杀。

崔、周、贺三人的反洋教斗争，虽有封建卫道士的立场，其理论和方法都很陈旧、愚昧，但其反侵略的爱国性质仍然应当肯定。

近代中国人民自发的反帝斗争的另一个重要内容是反对帝国主义对中国领土的蚕食和政治、经济权益的掠夺。在这方面，湖南的人才群体也是走在前面，起了带头作用。最典型的例子是 1903 年反对沙俄侵占我国东北三省的拒俄运动。拒俄运动首先是留日学生发起的，当时留日学生以湖南籍为最多，运动的骨干也多为湖南留日学生。黄兴是拒俄义勇队发起组织人之一，并教授队员枪法。拒俄义勇队被清廷解散以后，他又组织军国民教育会，走上反清革命道路。陈天华也是拒俄义勇队和军国民教育会重要成员。他还“日作书报以警世”，先后撰写了《猛回头》和《警世钟》两书，以血泪之声，深刻揭露了帝国主义列强侵略中国和清廷卖国投降的种种罪行，风行于世，激起无数青年反帝爱国热情。他鉴于各国新闻喧嚷瓜分中国情形，又啮指血作书数通，寄示湘中学子，要求国人预备死战。血书到湘后，全省士气高昂，甚至巡抚赵尔巽也大为感动，亲临各学堂宣读陈天华血书，并揭载于官报。陈天华此举，有力地推动了拒俄运动的高涨，对以后的反帝爱国运动也产生了深远的影响。

在拒俄运动的同时，收回利权运动也逐步高涨起来。在这场运动中，湖南较为突出。20 世纪初，湖南人民自发地开展和参加了四场声势浩大的收回利权运动，即粤汉铁路废约自办运动、保护矿业权益的斗争、抵制美货运动和保路运动。湖南的绅商特别是他们的政治代表资产阶级立宪派是这些运动的主要组织者和领导者。粤汉铁路废约自办运动是美国合兴公司违背合同延宕工期并擅自转移股权所致。早已对美国掠夺路权不满的湘、鄂、粤三省人民，群情激昂，要求立废合同，将粤汉铁路收回自办。湖南绅商各界率先发难，湖北、广东随即响应，收回路权的斗争很快席卷全国，其间湖南绅商各界代表起到了领头羊的作用。得到消息后，著名湘绅龙湛霖、王先谦、冯锡仁等举行会议，力主废约，并派王之春为代表赴沪，督促大买办大官僚盛宣怀与合兴公司进行废约交涉。不仅如此，他们还领衔成立了湖南铁路筹款购地公司，由龙湛霖、王先谦任总理，张祖同、席汇湘为总办，龙绂瑞为会办，汪槩、谭延闿、冯锡仁、黄自元、孔宪教、叶德辉为总议。湖南铁路筹款购地公司事实上成了粤汉铁路废约自办运动湖南的领导中心和全国的联络中心，在他们的领导下，斗争取得了一定的成效，并为后来更大的保路运动奠定了基础。1905 年湖南人民开展的抵制美货运动，主要是由于美国虐待和排斥华工所致。以省会著名资本家、长沙商务总会董事长王铭忠为首的湖南办理抵制美货事务公所是全省抵制美货运动的领导机关。此次运动给帝国主义和清政府以沉重打击，在一定程度上促进了中国民族资本主义发展。“保护矿业权益的斗争”主要是为了抵制帝国主义列强对湖南矿产资源的掠夺，参加者多为湖南绅商，核心人物为前刑部侍郎龙湛霖、前国子监祭酒王先谦、前山东布政使汤聘珍和主持湖南矿务总局的廖树蘅等人，他们成立湖南全省矿务总公司，制定章程，限制外商开矿，发动本省地主商人投资购地开采矿产，成效显著。保路运动以谘议局议长谭延闿为首的立宪派掌握了领导权，他们利用社会声望和政治优势，建立统一的保路运动的组织，广泛宣传发动，多方集股，并通过谘议局形成决议，向清廷施压，使湖南保路运动始终保持强劲势头。特别是在清廷宣布“铁路国有”政策以后，立宪派转向革命，为推翻清王朝的统治作出了贡献。

五四运动时期，毛泽东、邓中夏、彭璜等湖南先进知识分子是运动的领袖人物，发挥了重要作用。五四运动以后，特别是中国共产党成立以后，中国人民的反帝爱国运动进入了一个新的阶段，成为在中国共产党领导下的新民主主义革命的重要组成部分，湘籍无产阶级革命家群体贡献尤大。前面已有论述，此处不再重复。

第二章

湖南历史发展与近代湘籍人才群体

近代湘籍人才群体的形成，与湖南历史的发展息息相关。首先与湖南的民族演变有关。湖南的民族在长期发展过程中，有一个突出的现象，即自先秦以来，湖南的土著居民不断地与外来移民融合，民族血液不断更新，取长补短，有力地推动了湖南社会的发展，且形成了特立独行和开放的性格，对近代湘籍人才群体产生了深远的影响。其次，自先秦湖湘地区纳入楚国版图开始，特别是从秦始皇统一中国以后，湖南与全国其他地区的政治、经济联系日益密切，政治经济和文化教育事业不断发展，至明清之际，已经赶上或接近中原地区，这就为近代湘籍人才群体的成长，提供了肥沃的土壤。再次，在中国近代大变局的背景下，湖南处于风口浪尖，激烈的阶级矛盾、民族矛盾和其他社会矛盾，催生近代湘籍人才群体的出现。最后，湖南近代社会的发展，政治地位的提升，近代工商业的出现，特别是文化教育的变迁与兴盛，也为近代湘籍人才群体的形成提供了适宜的条件。

第一节　湖南历史上的民族与变迁

湖南是一个多民族的地区，在其变迁过程中，各民族之间互相融合。先秦时代，湖南的土著居民为蛮人、越人、濮人、巴人和楚人。秦汉以后，随着中原移民的不断迁入，汉民族成为主体民族。古代湖南移民较为频繁，从秦汉至明清前后七次。这对湖南民族成分的更新和政治、经济、文化的发展，影响甚大。

一、先秦湖南地区的居民和民族状况

传说中的尧、舜、禹在位时期，湖南主要为源于蚩尤“九黎”的“三苗”部落集团聚居地。后来建立楚国的楚人及苗、瑶、侗等民族，与“三苗”都有渊源关系。夏、商、西周三代，湖湘大地主

要居住五个古老的民族或部族群，即蛮人、越人、濮人、巴人和楚人。其中前三者最为古老，可称之为湖湘大地的“原住民”，后两者进入湖湘地区的时间相对较晚。

蛮人又称“荆蛮”或“蛮荆”（有时也称“荆”或“荆楚”）。所谓蛮，是中原华夏族人按方位对南方诸民族或部落的总称。一般认为，蛮人是远古时期曾经与炎、黄两大部落部族集团逐鹿中原的苗蛮——“三苗”的后裔，主要分布在洞庭湖南北，即今湖北、湖南两省及其临近地区。春秋战国时期，在兴起的楚人不断征伐挤压下，部分被融合进楚民族，部分则从滨湖平原溯沅水、澧水向湘西和湘西南迁徙，仍然保留着自身的民族特色和民族独立性，成为现今湖湘苗、瑶族的先民。

越人也是湖湘地区最古老的民族之一，最早广泛分布于除湘西之外的湘东北、湘东、湘中和湘南地区，及湘江流域和资水中下游地区。在春秋晚期至战国中期楚人进入湖湘以后，居住在湘北和湘中地区的越人群体南迁，集中徙居于湘南地区，及湘江中上游流域。直到秦汉时期，越人仍是这一地区的主要居民。此后，部分向西南和南方迁徙，部分仍留在湘南，成为现今湖湘侗族的先民。

濮人作为湖南的古老民族，散居在汉水流域及其以南如湘西北地区。“濮”，有时也称为“蛮”，由于支系和族群繁多，楚人统之为“百濮”。濮人曾经作为一个独立的部落参加了周武王伐纣灭商的战争。聚居在湘西的濮人后来成为秦汉时期史籍中所记载的“武陵蛮”和“五溪蛮”的主要民族构成成分，与前述“蛮人”一道，成为现今湘西和湘西南苗、瑶等少数民族的族源之一。

古代巴人，相传最初起源于鄂西清江流域，周初建立巴子国，其领地大致为鄂西和川东一带。进入战国时代之后，受强大的楚国势力所逼，巴国势力逐步向西退缩。由于湘西与鄂西、川东毗邻，春秋时代可能即有巴人进入湘西和武陵五溪地区。战国中后期，秦灭巴子国之后，川东失国的巴人大批流徙进入湖湘，散居于湘西北和湘西的蛮人、濮人居住地区。这一民族，也成为秦汉时期的“武陵蛮”和“五溪蛮”的构成部分，并成为现今湘西土家族的族源。

湖南的楚人和楚族，主要由两部分构成：一部分，发迹于湖北荆山、丹水和析水一带，作为“三苗”和“荆蛮”一个主要支系的楚人，其中有楚王室宗亲、贵族、南征将士及家属、派遣的地方官吏和楚灭国移民，以及随军而来的平民和商人；另一部分，是与南来楚人融合的、原湖南另一部分土著，但同样属于“三苗”和“荆蛮”族系的居民。此外，还融合了先已南下的部分华夏族成员和被征服的部分古越人和“蛮濮”族系成员。春秋以前，楚人主要分布在湘中、湘西北和湘东北地区，自吴起相楚征湘后，逐渐分布到湖湘各个地区，以长沙为中心的湘中地区最为集中，其他则分布在长沙、益阳、常德、临澧至湖北江陵的交通线上，在湘南和湘西南地区，楚人仅仅作为统治者和征服者，为数甚少。春秋战国时代，随着楚国的征服和军事、政治势力在湖南的扩张，楚人和楚族逐步成为湖南境内的主要居民。近几十年来，在湖南各地所发掘的楚人墓葬已达4000多座，遍布三湘四水，其数量和分布地域均远远超过古越人及其他土著族系。这证明，当时楚人和楚族在湖南居民中确实已逐步占据了优势和主导地位。[①]

二、秦汉以后湖南地区民族的变迁

秦汉以后，湖南地区民族的变迁，呈现三个趋势：

一是汉民族成为主体民族。秦汉数百年间，中国境内主体民族、统一的汉民族初步形成。作为秦汉统一封建国家一部分的湖南，汉民族同样也逐步形成并成为湖南境内的主体居民。湖南汉民族的成分，主要来源于春秋战国的500多年间已逐步“华夏化”的楚人和楚族。首先是秦汉时代从中原和关中地区不断南下进入湖南

① 关于先秦湖南地区的居民和民族状况，部分内容参见：聂荣华，万里．湖湘文化通论［M］．长沙：湖南大学出版社，2014：41-44.

的原华夏族系的成员。如秦始皇从关中征调50万大军“戍五岭”，分为“五军”，一军“塞”镡城，一军“守”九嶷。镡城，即今靖州、会同、黔阳、通道等地；九嶷，指九嶷山，今宁远、蓝山、江华等地。即五分之二的来自关中的秦军驻屯在湖南境内，后来落籍湖南的当不在少数。又如据《后汉书》记载，东汉永初二年(108)，黄河流域“连年水旱灾异”，故将一大批“饥困”百姓徙往当时的荆州，即今湖南、湖北一带。正是这些相继进入湖南的北方和中原华夏族系成员，与已逐步“华夏化”的楚人，以及部分土著“蛮越”族成员相融合，形成了湖南境内的汉民族。近几十年来所发掘的遍布湖南各地、形制和随葬器物均有别于楚墓的成千上万的汉墓，以及统一文字（秦篆、汉隶）和统一货币（五铢钱）等在全境的通行，都说明汉民族和汉文化确实已在湖南占据了优势地位，作为湖南的主体民族汉民族已经形成。

二是汉族的结构和成分多次发生变迁，特别是国家处于分裂战乱之际，或王朝统治动荡和新旧更替期间，变迁就更大。从东汉末三国鼎立到南北朝对峙的近400年间，大部分时间战乱频仍、灾祸连年、政局动荡不安，而北方和中原地区受害尤深。因此北方和中原人口多逃亡江南，至西晋末年形成严重的“流民”问题。《梁书·张缵传》记载，南朝萧梁时湘州（治今长沙市）刺史张缵任内，招纳“流人”，结果“户口增益十余万”。唐朝“安史之乱”后，战乱频繁，又引起北方人口大批南迁。据《旧唐书·地理志》记载：“中原多故，襄、邓百姓及两京衣冠，尽投江、湘，故荆南井邑，十倍其初。”“江、湘”，即当时的江州、湘州，今湖北、湖南。唐末五代，河南鄢陵人马殷率大军入踞湖南，以长沙为中心建立楚国，实际上也是中原人进入湖南的一次移民浪潮。马氏楚国灭亡后，马氏家族及其亲信虽被强迫迁往金陵等地，但这只是当年进入湖南的10万兵将的一小部分，除横尸沙场外，大部分后来都落籍湖南繁衍后代了。在马氏家族进入湖南的前后，还有一些大姓豪族也从境外徙入湖南。如马楚任命为天策府十八学士之一的廖匡图，其先世为虔州赣县（今江西赣州）人，唐昭宗光化元年（898）举族3000多人迁入湖南，后落籍衡山。又如，天佑三年（906），吉州（今吉安市）刺史彭玕率所部及其族1000余人归附马楚，马殷以玕为郴州刺史，其弟瑊为辰州刺史。还有，与廖匡图同为天策府学士的徐仲雅，原籍陕西秦中，也是唐末五代移居长沙的，遂成为湖南长沙人。这都增加了湖南境内汉民族中的外来移民的成分。宋、金对峙时期，北方人口再次大批南徙，又大大增加了湖南汉民族中外来移民，特别是北方移民人口的成分。据《文献通考·田赋考》记载："靖康之难"后，"中原士民扶携南渡，几千万人"，移居"有膏腴之田弥亘数千里"的"荆湖、两浙"。"荆湖"即今湖北、湖南。当时进入湖南境内的应不在少数。如湖南汉族中的张姓，不少都源于唐末由长安（今西安市）南下、避难于四川绵竹的国子监祭酒张琳。南宋时宰相张浚为绵竹张氏之后。张浚东下抗金，长期滞留湖南，卒葬衡山脚下。其墓在今宁乡官山。子张栻留居长沙并主讲岳麓书院多年，栻弟杓落籍于湖南宁乡龙塘。后张氏子孙在湖南繁衍，散居于宁乡、安化、益阳、新化、邵阳、祁阳、汉寿、沅陵、溆浦、泸溪等地。南宋灭亡后，在安化、宁乡一带起兵抗元的张虎，即张栻的曾孙。张虎兵败被杀，其子张惟考遂隐居安化三洲，为今天当地张姓之祖。又如，南宋末年进士、官至大理寺丞的杨大异，醴陵人，先世原籍弘农（今河南灵宝市）人，避中原丧乱南迁，遂落籍湖南醴陵。由于汉民族自魏晋以后的这类主要由北而南的不断迁徙，至宋元之际，在湖南境内汉民族居民中，南来的北方和中原人的成分显著增加，而原以楚人为主体的土著居民所占比例则大为减少。这是湖南汉民族内部结构的第一次大变迁。

湖南汉民族人口最大的一次流徙和内部结构的又一次大嬗变，发生在元明之际和明朝初年。与此前历代大多由北而南流动不同，这次主要是从东往西迁移，即史称的“江西填湖广、湖广填四川”。原因是元末明初的连年战祸兵燹，使湖南大部分地区田园荒废、庐舍为墟，原有人口大量散亡。而流入当时地广人稀的四川的湖南人又特别多。据嘉庆《湖南通志》记载：“历朝鼎革、荼毒生灵，惟元明之际为惨。”结果湘中地区的湘潭（含今株洲市）一带的原居民，即唐宋前的土著，仅剩下“数户”。“后之人多自豫章来”。豫章，即今江西省地。湘东的醴陵县，“古老相传，土著亦仅存十八户，余皆无复存在”。后来的居民，均明初从外省迁来的，而“尤以江西为最多”。据同治《醴陵县志》统计，醴陵县境内明代从江西共迁入 296 族，而其中 200 族是洪武年间迁来的。湘西地区，据光绪《永定乡土志》所载：大庸（今张家界市永定区）38 大姓 60 始祖中，有 24 姓 33 始祖是明初从外省迁来的，而其中 20 始祖来自江西。明代所发生的人口大流动，导致湖南境内汉民族的成分和结构发生了一次根本性的变化，即原土著和宋元以前来自北方和中原的汉族居民，大部分或外迁，或灭绝，代之是原籍江西以及江浙地区的移民在湖南汉族人口中占据优势地位。

从明清以来所撰修的谱牒看，现今湖南境内汉族各主要大姓，几乎都说自己祖籍江西某地，或江苏某地，而且大多数都是明代移居湖南的。这应是可信的和有据可考的。如以王夫之、王文清、王闿运、王先谦，即“湘学四王”为代表的湖南望族王姓为例。王夫之属衡阳王氏，其祖原籍江苏高邮，明永乐年间入湖南，落籍衡阳。王文清属宁乡王氏，系江西吉安王氏的分支，其祖于永乐初以指挥使屯长沙卫（今宁乡铜瓦桥一带），遂落籍。王闿运属湘潭王氏，源出太原王氏，其祖元末避乱居江西赣州，两代后再徙湖南，始迁衡阳，再迁湘潭，后子孙繁衍于湘潭、长沙各地。王先谦属长沙王氏，先世为江宁府（今南京市）人。正德年间，有王沾者通判岳州府，遂留居湖南，落籍长沙城北福善坊，是为长沙王氏之祖。湖南王氏四大主要支派，两支来自江西，两支祖籍江苏，而均为明代迁入湖南。

清初，湖南为李自成农民军余部和南明势力抗清的重要战场，后又有“三藩之乱”和吴三桂盘踞湖南。数十年战乱，再次使湖南的居民大批家破人亡和流离失所，造成湖南历史上汉民族又一次，也是最后一次较大的流徙。但这次流徙与明初相同，主要也是由东而西，即江西等地居民迁入湖南，而湖南人又再次大批进入四川、贵州。故魏源依然称之为“江西填湖广、湖广填四川”。这无疑进一步增加了湖南汉民族中江西等地移民的比重。

明清之际，汉族人除主要从东而西迁入湖南之外，其中也有一些支系和族群由南而北回徙，进入湖南。这主要是聚居于湘东和湘东南的酃县（现名炎陵县）、桂东、汝城、茶陵、攸县各县，以及平江、浏阳等县、市部分乡镇的“客家”人。如据1990年的统计，酃县全县总人口为175759人，其中“客家”人占60%，即10万以上。“客家”为汉族中的一个重要支系和族群，唐宋时南迁，主要聚居于广东东南部。湖南酃县等地的“客家”人，主要就是明清之际从广东迁来的，少数来自福建。如酃县“客家”的饶、邬、叶、伍等姓氏，都是清康熙、雍正年间从广东梅县迁来的。在酃县所调查的164支家族中，有60支是清代由广东迁来的“客家”，9支来自福建。又如浏阳县，原籍可考的“客家”人共39支，其中36支祖籍广东平远等地，清初迁入的有黄、刘、叶、邓、周等姓31支。他们聚居于东乡和南乡山区，一直保留了“客家”语言。自明清的大迁徙后，湖南汉民族内部结构基本稳定下来，在湖南的分布格局亦大体确立，此后再无什么大的变迁。

三是少数民族的形成且地域缩小。秦汉以后，在汉民族形成发展的同时，湖南境内的其他土著族群，也历经分合演化，相继形成和发展为各个单一的民族，现统称之为少数民族。但在不同的历史时期，其称谓、结构及分布地域，变迁较大。在两汉时期，先秦时原以“蛮濮”“夷越”“巴”人等名相称的族群，常常被统称之为

"蛮"，且按所处地域的不同，又常在"蛮"之前冠以不同的地名。从史籍记载看，当时湖南境内主要有"武陵蛮"（又称"五溪蛮"）、"长沙蛮"、"零陵蛮"、"桂阳蛮"等。这是一些以郡名相称的族群。此外，还有不少冠以县邑或其他小地名的"蛮"。如"澧中蛮""溇中蛮""酉溪蛮""零阳蛮"等。又《后汉书·南蛮传》记载："长沙蛮反叛，屯益阳"，"零陵蛮入长沙"，"武陵蛮六千余人寇江陵"，荆州刺史度尚"击零陵、桂阳蛮夷"。可见当时湖南四大郡，包括湘、资、沅、澧四水流域，都有"蛮夷"民族分布和聚居，而其中武陵郡内又最为集中。他们甚至屯兵益阳、攻入长沙，往北一直打到湖北江陵，其人数应相当多，势力颇为强大。此时的"蛮"，完全是地域性的族群称呼，实际上包括湖南土著的土家、苗、瑶、侗等民族的先民。

魏晋南北朝时期，"武陵蛮"和"五溪蛮""零陵蛮"，依然相当活跃，其范围内也还有"天门蛮""黔阳蛮""酉溪蛮"等局部地区性称呼。"长沙蛮"的称呼再未见诸记载，但同时对"蛮"又有了一些新的称号。如"巴陵马营蛮""湘州蛮""衡阳蛮"等。"巴陵"，即今岳阳、临湘等地，说明当时湘北也有"蛮夷"族活动。西晋永嘉元年（307），始析荆州之长沙、衡阳等郡置湘州，治今长沙，所称"湘州蛮"，应即两汉时的"长沙蛮"。从分布与活动的范围看，魏晋南北朝时期以"蛮"相称的民族地域，远较后来的少数民族聚居区为宽。

除"蛮"和"蛮夷"的称呼外，魏晋南北朝时期，开始出现了一些新的族称。从史籍记载看，主要是在武陵郡境内有"僚"人，零陵、衡阳一带有"莫徭"。学术界一般均认为，"僚"同先秦时代的"濮"有渊源关系，为后来仡佬（革佬）族先民。而"莫徭"即今天的瑶族先民。这表明，"僚"（仡佬）和"莫徭"已从"蛮"中区分出来，开始了形成各个不同的单一民族的过程。隋唐五代时期，湖南境内土著少数民族，从名称看主要分为"蛮"

“僚”“仡僚”“徭”“夷蜒”等。但仍常以其活动地域，冠以地名相称。如“武陵蛮”“石门蛮”“辰州蛮”“锦州蛮”“溪州蛮”“叙州蛮”“飞山蛮”“武冈蛮僚”“梅山蛮”“桂阳监徭”，长沙郡“夷蜒”、朗溪“僚”等。据《隋书·地理志》记载，“夷蜒”又名“莫徭”，也即“徭”。新出现的“仡僚”，也就是原“濮”人的后裔“僚”，“仡僚”应是侗族的先民，为古越人之后。唐代的朗溪县，为今会同、靖州、通道等县地；当时武冈，包括今天的武冈、城步、新宁、绥宁县地。这些地区至今仍为侗族主要聚居区之一，这些地区此时所称的“僚”，显然与“濮”和“仡佬”已没有关系，而是指侗族的先民。梅山，含今新化、安化等县地，唐属长沙郡地所说的“蛮”，实际上也就是当时长沙郡的“莫徭”和“徭”。唐辰州治沅陵，锦州治今麻阳，溪州治今龙山，叙州治今黔阳，飞山在今靖州自治县境，所称的“蛮”，依旧是对这些地区土著民族的一种泛称，应包括今天聚居于这些地区的土家族、苗族、侗族和瑶族的先民。从分布的情况看，隋唐时期，湖南土著少数民族生活与活动的地域，较前已有所收缩，主要集中于湘西、湘南及部分湘中地区。唐末五代，江西庐陵（今吉安市）彭瑊，与其兄彭玕率部投奔湖南马殷，授为辰州刺史。后彭瑊战败当地土著“蛮酋”，占据溪州，马氏又授其为溪州刺史。彭氏家族及所率田、向诸姓部属和百艺工匠，遂落籍上下溪州即今永顺、龙山、保靖诸地及其附近地区。彭氏数百年的割据和封闭式的统治，促进了湖南土家族的形成和发展，而彭氏家族及其部属的部分后裔，逐步融合于当地土著“蛮”族，也就成了今天土家族的另一个来源。

两宋时期，湖南土著少数民族，常被统称为“溪洞诸蛮”。王朝又曾按不同地域，将他们划分为“北江诸蛮”“南江诸蛮”等。沅水的支流酉水又称北河，“北江”系指沅水中游及酉水流域地域；“南江”，指沅水中上游及其支流辰水、巫水等地区。除此之外，史籍中以“蛮”相称的还有“梅山蛮”“邵州蛮”“辰州蛮”“桂阳蛮”等。在继续统称“蛮”的同时，两宋时对瑶族的单独称呼更加常见，如“徭人”“山徭”等。还有较多的“峒丁”“峒民”“洞蛮”的记载，即为后来侗族名称的由来。这说明继瑶族之后，侗族在两宋时也初步形成为一个单一的民族。在陆游《老学庵笔记》等两宋史籍中出现了“仡佬”称呼，学术界一般认为它应是侗族自称在历史上的一种汉译，为古越人之后。作为“蛮”族系统最重要组成部分的“苗”，从中分出来成为一个单一的民族族称，也始于两宋。在宋人朱辅所著《溪蛮丛笑》中，除“蛮”“徭”“僚”“仡佬”之外，已多次出现“苗”的称呼。叶钱的《溪蛮丛笑·序》第一次将“五溪蛮”分成五种：“曰苗、曰徭、曰僚、曰僮、曰仡佬。”朱熹出任湖南安抚使时，招抚“苗蛮”，特于岳麓书院右侧建“谕苗台”。可见，“苗”作为一个特殊族群的概念，当时已比较明确。两宋史籍中所出现的“土丁”“土人”的称呼，虽含义较为广泛，还不是单独的民族性的称呼，但在古“五溪”地区应主要是指土家族的先民，表明自唐末五代溪州为彭氏家族割踞之后，土家族作为一个单一民族，两宋时也开始逐步形成。由于宋神宗时（1067—1085），首先“开梅山”，在“梅山蛮”地区设置安化、新化两县，并实行“变徭为汉”的政策，原聚居于这一地区的徭人，或被迫南迁，或逐步被同化。据道光《宝庆府志》记载：章淳开梅山，设置新化、安化二县后，“流亡渐复，而新著籍者，强半江右吉安人”，“而土户反寥寥”，基本上变成以江西移民为主的汉族地区。继之，又“恢拓”“南江诸蛮”地区，先后设置沅州（治今芷江市）、靖州（治今县城），以及渠阳、时竹等县（今会同、绥宁、城步等县地），将当地土著“苗徭”“蛮僚”民族重新纳入统一的经制州县管理之下，进一步强化统治。这导致两宋时期，湖南境内各土著少数民族聚居和分布地区，较唐代又进一步收缩。

元明时期，湖南土著少数民族分布地区，已主要局限于湘西和沅、澧水中上游；其次，是湘南和湘西南。在当时留下的文献中，往往被统称为“蛮”，或“苗蛮”“蛮僚”等，但单独记载“苗”“徭”“峒丁”“山僚”“土民”“土蛮”，即今苗、徭、侗、土家等民族的资料日益增多。从元王朝开始，“以蛮治蛮”，在唐宋羁縻州的基础上建立了统治少数民族的土司制度，至明代在湖南境内发展为大小十八土司。即永顺、保靖、桑植三宣慰司，茅冈安抚司，南渭、施溶、上溪三土州，腊惹洞、麦著黄洞、驴迟洞、施溶溪、白崖洞、田家洞、上洞、下洞、五寨、竿子坪等十长官司，两江口土司。其地域，主要包括今天张家界市和湘西自治州所属各市县。居民则以今天的土家族为主，其次为苗族。在以腊尔山为中心的湘西和湘黔边方圆数百里苗族聚居的区域内，既未设置土司，又未派流官治理，逐步形成一块独特的所谓生苗区。从此对苗族开始有“生苗”“熟苗”的不同称呼。居住在“生苗”区内，不通汉语、不习汉俗的苗族人，被称为“生苗”；居住在土司或州县流官管辖区和苗汉杂居区，通汉语、近汉俗的苗族人，被称为“熟苗”。元、明时期所形成的湖南民族结构和分布格局，入清后大体沿袭下来。但也有些变化。首先，由于清王朝对湖南少数民族的多次军事镇压，特别是对苗民乾嘉起义的大规模血腥镇压，少数民族人口增长缓慢，尤其是苗族。在清代二百多年间，由于天灾人祸，湖南少数民族外迁的也不少。如今天仍聚居于湖北宣恩的部分苗族和广西南丹一带的田、唐等姓苗族，都是乾嘉起义失败后从湘西凤凰、永绥（今花垣县）等地迁去的。又如，自康熙到乾隆年间，从晃州（今新晃县）经贵州迁往湖北宣恩、恩施、咸丰等地的侗族，达千人之多。同时，随着清王朝对“苗疆”的开辟和“改土归流”的实施，大批汉族官吏、兵丁、商人以及一般平民百姓，涌入少数民族地区。这些“客民”，以各种手段逐步占据土著民族的土地，“客民”人数越来越多，原土著民族生活地域必然日趋缩小。如魏源《圣武记》记载：设厅之初，“永绥厅悬苗巢中，环城外寸地皆苗，不数十年，尽占为民地”。一方面由于“客民”（汉人）的大批迁入，带来了汉文化；在另一方面，自然又加强了当地土著民族与汉族的交往和交流，促进了汉文化在少数民族地区的推广和普及，各少数民族不同程度地都开始了“汉化”的过程。这也是清代以来，湖南居民和民族变迁的一种趋势。①

三、移民对湖南古代社会的影响

从上述情况看，湖南移民对于湖南民族的变迁作用甚大。具体说来，古代湖南大的移民浪潮有七次，每次均使湖南民族的结构发生变化：第一次发生在春秋战国时代，随着楚国占领和统治湖南，“楚”人大量进入湖南，成为湖南人口的主体。第二次是在秦汉时期，中原民族大量进入湖南境内，居于江湖平原地区；湖南原有土著民族大部分被迫进入山区和西南边境，成为湖南少数民族的祖先。第三次是在魏晋南北朝时期，北方和中原人口大批地举乡、举族、成群结队地南迁，使湖南人口发生了第三次大变迁。第四次为唐代。第五次为南宋。第六次和第七次分别为元末明初和明末清初，这两次规模最大，用林增平先生的话来说，“经过元末明初，明末清初两度移民，湖南居民族源和血缘就基本上实现了更新”②。

移民及其与之相关的民族变迁，对于古代湖南社会产生了重要的影响。这种影响，表现为政治、经济、文化、民族性格等各个方面。

政治上，由于汉民族成为湖南的主体民族，从而密切了湖南与历代封建王朝中央政府的政治关系，为湖南的发展，提供了相对稳定的政治环境。

经济上，由于生产技术和经营方式的交流与提升，从而有利于

① 关于秦汉以后湖南地区民族的变迁的纂写，部分内容参见伍新福．湖南居民和民族的历史变迁［J］．求索，2006（6）：233-236.

② 林增平．近代湖湘文化试探［J］．历史研究，1988（4）：10.

促进经济的发展。以唐宋移民为例。由于自唐初开始，尤其唐天宝后有大量移民迁入湖南境内，湖南土地开发与生产技术水平也随之不断提高，到唐元和时，湖南之湘中与衡州被称为“奥壤”之都府，[①] 湖南之地成为唐朝廷“每岁赋入倚办”之江南八道之一。[②] 唐太和三年（829）时又被人称之为“地称沃壤，所出常倍他州”[③] 之地，所有这些都标志着湖南已成为重要的粮食生产基地，但其中又以湘中、湘南（衡州）地区（即湘水流域）为主。宋代时，湘水流域在移民不断迁入的背景下得到持续开发，而湘西与湘西南等地之边远区域也因移民大量迁入使经济（主要是农业经济）发展较快。移民不仅促进了湖南农业的发展，也促进了湖南手工业的发展。移民对手工业的影响，主要体现在唐末五代时马楚移民政策对手工业的发展上。一是铸造技术。马楚国于乾化元年（911）开冶铸天策钱，文曰天策府宝，铜质浑厚，径寸七分，重三十铢二参。后晋天福五年（940）楚王马希范与溪州刺史彭士愁以立铜柱为盟，其柱高一丈二尺，入地六尺，重五千斤，无论是所铸铜钱，还是所铸铜柱，都表现出较高的铸造工艺水平。二是丝织业。马殷时，采用扬州人高郁的建议：“命民输税者皆以帛代钱”，大大提高了民间种桑养蚕的积极性，“未几，民间机杼大盛”，完全改变了“湖南民不事桑蚕”的生产局面。[④] 三是制茶业。开平二年（908），马殷听从高郁建议，“听民自采茶卖于北客，收其征以赡军”[⑤]，湖南种茶业得以迅速发展，制茶工艺也随之有很大提高，出现了“枕于茶”等名茶。另外，北宋神宗时，潭州浏阳县永兴场采银铜矿所集坑丁，皆四方浮浪之民，这些浮浪之移民对湖南采矿业的发展也做

---

① 参见薛政超．试论唐宋移民对湖南经济的影响［J］．邵阳学院学报（社会科学版），2009，8（3）：105.

② 同①.

③ 同①.

④ 吴任臣．十国春秋：卷七二高郁传［M］．北京：中华书局，1983：998-1000.

⑤ 赵德馨．中国经济通史：隋唐五代［M］．长沙：湖南人民出版社，2002：60.

出了自己的贡献。唐宋移民对于湖南商业的发展也有影响，主要体现在马楚政权当政之时。马殷不仅用免税等开放政策吸引各地商人来湖南做生意，还派人到各地去经营买卖，“于汴、荆、襄、唐、郢、复州置回图务，运茶于河南、北卖之，以易缯纩、战马而归，仍岁贡茶二十五万斤”，马氏的这些措施产生了积极的影响，“湖南由是富赡”。①

移民对湖湘文化的形成和发展所起的作用也很明显。单以湖湘文化形成而论，移民就起了重要作用。春秋以前，湖南的土著居民虽然也发展了自己的文化，但还不曾掌握和使用文字。第一次移民楚人入湘后，湖南土著居民便普遍地学习由楚国输入的文字。文字是文明的要素和标志之一，也是文化形成不可缺少的条件，湖湘文化的形成有赖于此。秦汉时期，随着第二次移民汉族成为主体民族，湖湘文化与中原文化进一步融合，形成了具有湖湘特色的汉文化。以后湖湘文化就是在这个基础上发展起来的。

移民影响到湖南士人的性格。多元化移民组成的异质人群是有开创性的人群，大凡背井离乡迁往他方的移民，一般都具有不同程度的开拓意识，自立自强和勤奋创业的精神。从心理品质上，移民一般是强于土著的。现代生物遗传理论也证明，杂居通婚，有利于优生优育。湖南古称“三苗”之国，从古即为多民族交错聚居之地，又多次融合外来移民，形成了新的血缘和新的群体。湖南人性格强悍，吃苦耐劳，勇于开拓，当与此有着重要关系。

第二节　湖南开发与人才的兴起

湖南人才群体蔚为大观，虽说是在近代，但并非凭空而降，近

① 王晓天．湖南经济通史：古代卷［M］．长沙：湖南人民出版社，2013：332.

代以前湖南的开发和人才的积累，为它准备了肥沃的土壤。先秦时代，随着开发，湖湘文化随之而起。秦汉以后，湖南的发展状况，已同中原地区大体相近。特别是两宋时期，是湖南发展的一个重要阶段。两宋时期湖南的经济发展比以前历朝都要突出。经济的发展推动了教育的发展，宋代湖南的书院教育为全国之前茅，人才也蔚然而起，产生了一批在全国有一定名气和影响的文化思想界名人。至元明清时期，随着人口的大量增加，农业粮食生产居全国中心地位，单独建省，两湖乡试南北分闱和教育的兴盛，湖南人才“骎骎始盛”。

一、先秦时代开发——湖南人才兴起之源

湖南是中国的内陆省，位于中国南部，地处长江中上游，东靠江西，西邻川、黔，南连两广，北接湖北。北有洞庭湖，故名“湖南”；又因境内纵贯东南的湘江是全省最大的河流，故简称“湘”。全省面积21.18万平方公里，占全国总面积的2.2%。

湖南历史悠久。远在中更新世（距今约100万年至10万年）的后期，湖南境内已有人类活动。约八九千年前，洞庭湖、湘中、湘西等地的人群，开始进入以原始农业和家庭饲养为主的定居生活，聚族而居，长期处于原始社会。

春秋战国时期，湖南进入奴隶社会，并入楚国版图，与中原联系更为密切，融为一体，成为中华文明古国的一部分；湖南境内生息繁衍的蛮、越、楚、濮、巴等族人民，都是中华民族大家庭的重要成员。在楚国的统治下，湖南经济以前所未有的规模获得发展，文化也日趋兴盛。特别是战国晚期，楚郢都陷落后，大批贵族南迁湖湘，更促进了这一地区的经济发展和文化的繁荣。从湖南各地挖掘的楚墓看，铁制农具包括锄、锸、铲、斧、锛、刀、削等已普遍使用；粮食生产除种粟之外，还广泛种植稻米、麦子、豆类等；用来祭祀的有牛、羊、鸡、凫等家禽，有鹄、鸿等猎物，有鳖、龟等

水产，还有甘蔗、蜂蜜、椒、姜等农副产品和经济作物，并且湖南地区已成为楚国重要的铜矿采炼和铜器铸造基地。手工制造品有各种各样的铜镜、漆木器、竹器、琉璃器以及丝织品。商业流通领域出现了货币蚁鼻钱，即铜贝，还有黄金货币，表明当时的商品经济已有相当的发展。并且商业的发展也促使了湖南各地城市的兴起，如澧水流域的鸡叫城，沅水流域的黄楚城，湘水流域的长沙城等等，其中以长沙城最有代表性。到目前为止，仅长沙地区所发掘的春秋战国楚墓即达3000座。发掘材料表明，战国时期的长沙已是楚人聚居人口稠密，手工业和商业都相当发达的城市。经济的发展，促进了文化的进步。此时的湖湘文化，有两大进展：一是掌握和使用文字；二是由楚人与湖南土著居民共同创造的文学艺术，包括诗歌、散文、音乐、绘画、雕塑、工艺、美术等，在春秋战国时都已经达到相当的程度与水准。这既是湖湘文化之源，也是湖湘人才之源。

二、秦汉魏晋南北朝开发——湖南人才兴起之基

秦汉魏晋南北朝时期，湖南得到进一步的开发。

秦始皇统一六国后行郡县、修驰道、统一币制与度量衡等举措，都在湖南得到施行。湖南地区的行政建置是在秦朝统治时期初步完成的。到西汉时期，湖南的郡县设置更为严密，同时封国遍及各地。魏晋南北朝时期，湖南先属孙吴，西晋短暂统一后，则依次归于东晋和宋、齐、梁、陈四王朝。自秦朝开始，历代封建王朝对湖南地区的控制和统治逐步强化，长期作为楚国一部分的湖南，在政治、经济和文化上逐渐同中原融为一体，成为统一的多民族国家不可分割的重要组成部分。

两汉期间，湖南的发展状况，已同中原地区大体相近。社会生产力的提高，封建经济、政治、文化的发展及其在各方面的成就，都十分明显。铁器、牛耕的普遍应用，农作物品种的增多与产量的

增加，使得湖南当时粮食不仅能够满足内需，而且还大量外调。手工制造业除原有的外，另增加了新的门类，如印染、刺绣、造瓷、造船等，某些手工业已达到全国领先的水平。如马王堆出土的轻薄素纱禅衣，其经纬丝纤度已达到与近代缫出丝的最精细的纤度相当的程度。交通运输业与商业也发达起来，利用洞庭湖和湘、资、沅、澧四水，沟通了湖南与中原地区以及大江南北的联系，同时在陆路上也开通了与两广的出入通道。商品流通中使用的货币除五铢铜钱等之外，还出现了铁钱币。东汉时期朝廷对于湖南境内的诸蛮夷采取一系列招抚和羁縻措施，促进了少数民族地区的发展。魏晋南北朝时期，由于全国政治、经济、文化重心逐步南移和北方人口南迁，湖南地处江南，相对而言受战祸兵燹又较小，社会比较安定，因此湖南地区得到进一步开发，经济、文化都有长足的进步和发展。农业上，随着耕地拓垦，水田灌溉面积扩大，以及牛耕的进一步推广，生产技术不断改进和提高，使得粮食作物有了很大程度的增产，湖南在当时已开始成为全国大米的重要产地和供应地。农业的发展带动了工商业的繁荣，以粮食为原料的酿酒业在湖南特别兴盛发达，独具特色的青瓷制造业和麻纺织业、造纸业、造船业以及金属制造业都有长进。各种产品的增多使得商业流通领域也十分活跃。

随着政治、经济的开发，湖南地区的文化也发展起来。“黄老之学”在当时的湖南已十分流行，在马王堆出土的汉墓中发现一大批医学帛书和两部我国迄今能见到的最早的天文学专著，还有三幅古地图，说明当时湖南的医学、天文与地理学已有一定程度的发展。文学艺术上，有长沙王太傅贾谊所作的《吊屈原赋》和《鹏鸟赋》，在中国赋史上极具地位。马王堆汉墓出土的墓葬中，还有大批的帛画与古乐器，反映出当时湖南在艺术上的突出成就。东汉时湖南耒阳人蔡伦发明了造纸术，为世界文明做出了贡献。

由于政治上同中央王朝关系的增进，湖南人更多地参与国家的政治生活，兼之经济、文化的发展，湖南人才初露锋芒，除蔡伦以外，还有蒋琬、黄盖、刘巴、桓阶、阴铿、欧阳頠等人，均为一代英才，在各个领域为国家和民族做出了贡献，不同程度地影响到中国历史的发展。特别是由于地区之间发展的不平衡，湖南这个时候出现了人才中心，除长沙以外，零陵是最重要的人才中心。汉末三国时期，零陵地区形成了第一个人才高峰。政治人才有刘优、蒋琬、刘巴、刘敏、刘邕、刘先、周不疑、唐谌、古朗等。军事人才有赖恭、杨怀、黄盖等。这些人在政治、军事领域均有建树。例如刘巴，其才干颇为诸葛亮称道，他说："运筹帷幄之中，我不如子初（刘巴字子初）。"周不疑，少有神童之名，才华横溢，曾为曹操设计攻取郴城。东吴著名将领黄盖，从孙坚起兵，能征善战；赤壁之战，诈降曹操，大获全胜。人才中心的形成，有利于人才的辐射，这就为而后湖南人才的兴起，打下了一个良好的基础。

三、隋唐五代两宋开发——湖南人才崭露头角

隋唐时国家由分裂重新走上了统一，湖南与中原的联系比过去加强，中央也加强了对于地方的控制。唐代宗广德二年（764），中央在衡州设立湖南都团练守捉观察处置使，简称湖南观察使，湖南之名由此始。大历三年（768），湖南观察使始迁往潭州（今长沙市），领衡、潭、邵、永、道、郴、连七州，因而湖南便有了一个政治、经济和文化的中心，此对湖南的开发意义重大。

隋唐五代时期，特别是在唐朝前期，湖南经济曾一度繁荣。其时，北方人口继续大量南徙，加之湖南战乱较少，人口自然繁殖较快，据载在唐贞观至开元年间，湖南境内的人口已达 123 万余人。同全国其他地区一样，湖南在唐朝的早中期实行的是"租庸调"制，"均田"制破坏后，又实行"两税法"。由于隋唐五代时期湖南各地兴修和扩建了许多水利灌溉工程，多数地区的水稻已实行一年两熟制。粮食作物除种水稻，还种小麦与粟黍等。经济作物有

桑、苎、麻、茶叶和棉花。手工业方面，以前的青瓷烧制工艺发展到釉下彩烧制工艺。长沙铜官窑的釉下彩瓷器代表当时国内瓷器生产的最高水平。其他手工业如纺织业，也由以前的麻纺为主变为丝纺与棉纺并举。此外传统的有色金属矿产的开采和冶炼，除了金、银、铜，还有朱砂和水银。隋唐五代湖南对外畅销的农副产品除大米外，主要还有瓷器与茶叶。长沙铜官窑的釉下彩瓷器不仅行销于国内的通都大埠，而且远销朝鲜、日本、印度和东南亚地区，甚至远达北非和南非。茶叶主要是销往北方各省，据载每年上交的茶税以百万计，可推知其销售额是相当大的，很可能湖南茶已压倒了江淮茶和福建茶，垄断了北方市场。其时，湖南对外的商道和交通线主要有四条，即通长江下游各地的商道，通中原的商道，通岭南两粤以及通巴蜀的商道。通长江下游的商道是水路，即沿湘江入洞庭，再顺长江以达扬州。唐时湖南的粮食出境和铜官窑的瓷器外销多由此道。至唐末五代，藩镇割据，此道受阻，对湖南经济影响至大。通中原的商道即顺湘江而入洞庭过长江，入汉水，进入荆襄地区，再由陆路以达中原。湖南的茶叶北销主要依赖此道。通岭南两粤的商道，自秦汉修驰道、凿灵渠、开峤路以来，一直有东西两道：一是循湘江而入广西，一是经耒阳、郴州而入广东，两道的会合点在衡阳。通巴蜀的商道也有两线：一是由洞庭过长江后经三峡而入川；一是经由澧水和沅水的支流酉水而入川。

两宋时期特别是南宋，是湖南发展的一个重要阶段。由于南宋偏安和北方中原人口大量南逃，全国政治、经济、文化中心转移到江南，从而为湖南的发展提供了机会。两宋时期湖南的经济发展比以前历朝都要突出。由于耕地面积扩大和水利工程大规模兴修以及生产技术的进步，湖南粮食生产获得了前所未有的发展。宋代以前，湖南粮食作物主要是稻和粟，两宋时期，湖南除推广水稻优良品种占城稻，又进行南北农作物交流，普遍种二麦（大麦与小麦），使得湖南粮食产量年年丰盈。朝廷每年都要从湖南调运大约 65 万石的漕米供京师和北方食用。湖南的茶叶生产每年也有113万余斤，约占全国茶叶产量10%。其他如种植业和养殖业也有一定程度的发展。种植业有棉、麻和各种果树，其中以柑橘最为突出。由于多山，湖南的森林资源十分丰富。养殖业主要是养蚕、渔业和猪、鸡、鸭、鹅等畜牧业。宋代湖南手工业无论是规模制作技术还是品种、产量，都较隋唐五代有新的发展。此外，陶瓷、纺织、造纸和酿酒，在工艺水平上都有新的突破。造船业，潭州已能制造装载漕米万石的巨舰。商业和交通，在隋唐五代的基础上更进一步发展与繁盛。

经济的发展推动了教育的发展。从中唐到五代，湖南先后出现了石鼓、岳麓两书院，是见诸记载的中国书院之始，开创了湖湘以重教育著称的先河。南宋时湖南的大部分州县都建立了学宫。书院作为讲学场所，同时兼具学校规模，以补州县学之不足，在南宋时尤盛。据载南宋时湖南全境有书院51所，分布于近30个县。其中闻名全国的有长沙的岳麓、城南，衡阳的石鼓，湘潭的碧泉诸书院。当时全国著名的四大书院（比较普遍的说法是庐山的白鹿洞书院、衡阳的石鼓书院、应天的应天书院和长沙的岳麓书院）有两所在湖南。

由于教育的兴盛，使得湖南开始出现人才蔚起的现象。中唐以后，在今湖南地区除澧州出了李群玉、李宣古等诗人外，湘资流域也出了刘蜕、胡曾等知名的作家及怀素、齐己两位诗僧。五代时马殷据湖南，其势力曾一度扩展到沅水、澧水流域，文化更有发展，在长沙聚集了一批文人，属湖南籍或定居湖南的有邓洵美、韦鼎、狄焕、廖昌图、廖凝等人。这些人的成就虽然不高，却形成了一种声势，对湖南地区的文风振起起了重要作用。此外，湖南在唐代出现了全国第一流的大书法家欧阳询、欧阳通父子及怀素，他们三人都是长沙人。欧氏父子的欧体与怀素的狂草，比湖南的诗文创作在全国更有地位和影响。两宋时期是湖南地方文化在全国形成自己特色的时期，其标志是形成了“儒、释、道三教”合一的理学中的重要学派——湖湘学派。随着湖湘学派的形成，出现了一批经学家。著名的经学家有易祓、丁易东、周尧卿等人。除经学以外，史学、地学、文学、艺术、医学及考据学等方面也都有非凡的建树，名人众多。史学家有路振、路纶、陶岳、王容、郑向、曹衍、汤璹、黄植、谭世选、袁申儒、丁特起等；地学家有李芾、释文政、陈田夫、宋刚仲、柳拱辰等。北宋时湖南文学方面无闻人，至南宋时所出的名诗人有刘翰、乐雷发；名词人有王以宁；散文家有邢天荣、义太初、钟将之、廖行之、侯延庆等；书法家有刘次庄、单炜；画家有武洞清和释仲仁；医学家有朱佐与宋永寿；考据学家有王观国和戴埴等。政治人才也不少。据清光绪朝《湖南通志》所列举两宋时期湖南县以上官吏390余人，其中进士达179人。零陵地区仍然是人才中心，唐宋年间也是它的第二个人才高峰期。据《湖南通志·选举志》统计：唐代湖南考取进士的25人，零陵地区9人，约占36%；宋代湖南考取进士的937人中，零陵地区373人，约占40%。又据《湖南省志·人物志》统计：以县以上官职、学术上有所成就、忠孝气节闻名于世为标准，宋代有湘籍人士390余人，其中出身进士的179人，零陵有41人，约占23%。唐宋两代，湖南共有状元6人，零陵地区占一半。唐宋两代，零陵地区还产生了一批作家、诗人、经学家、史学家等在全国有一定名气和影响的文化思想界名人。其中以理学家周敦颐最为有名。他创立了濂溪学派，其学说所形成的儒、佛、道三家合流的完整的哲学体系，为程朱理学的理论基础。故周敦颐被后世尊为“孔孟后第一人”，是上承孔孟、下启二程的硕儒，对当时及以后的思想学术界，都产生了极大的影响。

四、元明清开发——湖南人才“骎骎始盛”

元明清时期，政治上对湖南有着直接和重要影响的举措，一是对少数民族地区先是实行“土司制度”，后来又实行“改土归流”；二是湖南单独建省。土司制度是从元代开始的，元代在少数民族地区设置安抚司、宣抚司、宣慰司，用当地的酋长为官吏，称土司或土官。文官有土知府、土知州、土知县，武官有宣慰使、安抚使、招讨使等。少数民族人民由土司管理。明朝和清朝初年因袭了这种制度，并制定了一套贡赋、征调、驻防和承袭制度。土司制度实质上是对少数民族采取的“绥抚”政策，在当时的历史条件下，对于缓和少数民族地区的民族矛盾，稳定社会秩序，起到了积极作用。但是，随着形势的发展，这种制度落后性日益显著。土司统治，赋役无名，刑杀任意。土司为儿子娶亲，土民三年不得婚姻。一年之中向土民小摊派四次，三年又一大摊派。土司取之土民的钱粮田赋超过百倍。土司之间经常互相攻伐，给土民生命和财产带来巨大损失。土司制度易于导致地方割据，不利于中央对地方的统治。在这种情况下，雍正四年（1726）开始实行“改土归流”。所谓改土归流，也称土司改流，指把少数民族地区永久世袭的土官改为随时任免的流官。在废弃土司的地区实行和内地相同的政治制度，如丈量土地、征收赋税、编查户口、组织乡丁等。这些措施的推行，加强了中央王朝对边远地区的统治，促进了边远地区的发展以及与内地的经济、文化交流。所以，无论是实行土司制度还是“改土归流”，在不同的历史背景下，都是进步的政治措施。湖南独立建省始于清康熙三年（1664），这对湖南的发展更为有利。

元明清三代经济有了长足发展。元代统治时期，湖南人口，特别是洞庭湖地区的人口，大量增加，这为湖区的垦殖和以粮食为主的农业生产的发展创造了条件。忽必烈在位时和元朝前期，采取一系列招集逃亡、鼓励开荒、兴修水利、减免租税等政策措施，因而湖南的经济得到恢复和发展，粮食生产增长，棉花种植推广，茶叶产量增加，丝绵纺织、瓷器、造船等手工业也有新的发展，内外贸易扩大。

明代湖南的发展更大。元末明初的战乱，造成湖南人口大迁徙，原土著居民流散，江西等地的居民大量徙入，即所谓江西填湖南；明前期比较清明的吏治，以及一系列注重生产政策措施的施行，进一步促进了湖南的开发。首先是农业的发展。由于采取招徕流亡、奖励垦荒措施，又重视农田水利建设和改进农业生产技术，使得湖南地区各府、州、县，特别是洞庭湖区一带的粮食生产大面积地获得丰收。宋代曾有“苏湖熟，天下足”之谣，指的是长江三角洲的苏州、湖州一带，粮食生产发达，自给有余。而到了明中期，谚语则称“湖广熟，天下足”，表明其时湖广取代了苏湖，在粮食生产方面已在全国占有举足轻重的位置。其次是手工业和商业也有较大发展。明中晚期在长江下游和苏杭一带，手工业部门中已稀疏地出现了资本主义因素的萌芽，湖南地区与这些地区相比相对落后，资本主义萌芽还谈不上，不过手工业和商业的繁荣超过了往昔，却是显而易见的。例如纺织业，湖南地区各州、县均出产绢、绫、丝和棉布，其中棉布尤多且普遍。据载长沙府自明景泰七年（1456）始，每年以20万石粮食折征20万匹棉布，一半解京库交纳，一半留府备用。制瓷业，已由岳阳、长沙、衡阳等湘中发达地区向湖南边远地带扩展。20世纪80年代考古工作者在怀化所发现的龙井窑，考察其青花瓷的烧制工艺，认定较宋、元时代均有新的改进。其他如造纸业，也出现了诸如长沙府的浏阳纸，衡州府的耒阳纸等一些名优产品。商业方面，湖南地区已出现了一些商业重镇与贸易中心。如岳州府的巴陵，因其濒临洞庭与长沙，成为湖南北面的重要门户和沟通巴蜀与东南苏杭一带的枢纽。地处沅水下游和洞庭湖滨的常德府城武陵，已成为湘西的门户和周边市镇贸易的网络与货物集散地。位于湘江之滨的长沙府城，明中期已有人口42万，它连接南北与东西，是湖南地区最大的商业城市。在交通上，明代由于开通了黔滇，使得湖南的交通地位也比过去大大提高。因为其时南、北商贩欲入滇、黔，必须取道湘沅或就湘沅舟运过往，这样一来，湖南便一改往日那种边鄙的面貌和蛮夷的形象，开始进入汉文化的腹地。据载沅水流域，尤其中上游，进步最为明显。如辰州，明儒薛瑄《辰阳秋日》咏道："雄城百雉控蛮荒，山翠高低护女墙。万里梯航通六诏，五溪烟水下三湘。边氓久已渐华俗，远客频应望帝乡。地气于今同北土，旱秋时节雨生凉。"[①] 又如沅州，因其地处西南交通的丁字路口，这里向为"五溪古荒服，连延列边墉"，但"自从启明运，便已变华风。民俗竞佳节，适与中州同"。[②] 总之，由于交通格局的变迁，使得湖南地区的边陬蛮荒得到迅速的开发，"风土往时为异俗，车书此日混遐荒"[③]。沅水上游尚且如此，湖南其他地区可想而知。

清代前、中期是中国封建社会继续独立发展的时期，也是清王朝比较有作为和文治武功达到鼎盛的时期。在这种大背景下，兼之湖南单独建省和移民造成湖南人口大幅度增长，湖南的发展一度空前繁荣，耕地面积显著扩大。据统计，康熙二十四年（1685）湖南还只有13万余顷耕地，雍正二年（1724）即达30多万顷。乾隆三十一年（1766），更增至31.3万余顷。耕地面积的扩大，加上注重兴修水利和耕作方法的改进，推广双季稻，提高单位面积产量，又种植各种经济作物，诸如花生、红薯、玉米、桐油、茶油、棉花、苎麻、烟叶等，使得清代湖南的农业生产发展超过了前此任何一个朝代。明中期民间流行的"湖广熟，天下足"的谚语，到了清乾隆年间便一改而为"湖南熟，天下足"。大抵从乾隆初年开始，湖南的粮食生产水平就已赶上和超过了湖北。其他如手工业、矿冶业与商业以及交通，也都有相应的发展。并且在一些手工业部门，如岳阳地区的棉布生产行业，还出现了包买商，显示出资本主义萌芽的某些征候。

---

① 薛瑄. 薛瑄全集：文集卷之八［M］. 太原：山西人民出版社，1990：478.
② 同①102.
③ 同①482.

政治上的变革和经济的开发，带动了教育的发展和人才的培养。

元代的教育与人才的培养，虽然比不上宋代的灿烂辉煌，但是在某些方面也还是有着一定程度的发展。据记载，元代湖南地区重建、增修和迁建的路（州）、县学宫计达21所，并且还重建了在南宋年间毁于兵火的长沙岳麓书院，维持了衡州的石鼓书院。元代湖南地区重建与修复的书院有8所，约占全国总数的16%。元代的科举考试总共有20余次，湖南地区乡试中者271人，进士者143人，入选为官者86人，其入仕的比例在全国占8%。湖南在元代也出现了一批著名的学者和专家，如欧阳玄、李祁、胡天游、冯子振、陈泰、陈仁子、杨车舟、汤弥昌、欧阳龙生、李道纯、蔡栖云、徐渊、冷谦、曾世荣、王真人、妙铄、戴永坚、杨道圆等等。

明代湖南的学校教育远比元代发达。元末被兵燹损坏的学宫和书院在明代都陆续地得到恢复，并且还兴建了不少新的学宫和书院。特别是书院，在嘉靖年间兴建最多，约有25所。书院教育的发展促进了人才的兴盛。明代举行的会试82场，湖南进士题名者计达541人，其中状元、榜眼、探花各1人，分别为华容的黎淳、安仁的邓伟奇、临武的曾朝节。这些进士中官至显位的有在正统年间担任兵部尚书的宜章人邝埜，天顺年间担任两广总督的汝城人朱英、担任礼部尚书的华容人黎淳；在正德年间担任兵部尚书的华容人刘大夏，担任太子太保、户部尚书、谨身殿大学士的茶陵人李东阳；在嘉靖年间担任太子太师、左柱国、华盖殿大学士的巴陵人杨一清，担任太子太保、礼部尚书、文渊阁大学士的茶陵人张治，担任户部尚书的巴陵人方钝；万历年间担任户部尚书的临武人刘尧海，担任礼部尚书的临武人曾朝节；天启年间担任礼部尚书的湘潭人李腾芳；崇祯年间担任户部尚书的临湘人杨一鹏，担任礼部尚书兼东阁大学士、入参军机仍掌兵部事的武陵人杨嗣昌（不是进士出身，在洪武年间以监生升迁至兵部尚书者尚有衡山人茹瑺）等。与前代相比，明代湖南的人才格局已有新的突破，用晚清湖南经学家皮锡瑞的话说是“骎骎始盛”。其时可称道的文学人物，在明前期有文学家、诗人茶陵人刘三吾，湘阴人夏原吉，攸县人王伟；在明中后期有茶陵人李东阳，郴州人何孟春，巴陵人杨一清，宜章人邓庠，善化人黄学谦，益阳人郭都贤等。可称道的经学家有益阳人罗敦仁、罗喻义父子，有衡阳人王介之（王夫之长兄），临武人曾朝节等；史学家有湘潭人周圣楷，茶陵人谭希恩，醴陵人唐寅，华容人严首升、孙宜等；地学家有华容人黎淳，攸县人陈论，长沙人魏焕，衡州人杨佩，善化人吴道行等。

清代以后，由于湖南独立建省，两湖乡试南北分闱，促进了湖南教育的兴盛。除恢复清初被毁的各地学宫和书院外，在康熙至嘉庆年间，又在全省各地新创建了 71 所书院。并且湖南在各府州县还广设义学，作为初级教育的场所。这些义学，每州每县少则一所，多则十余所，同时遍及少数民族地区，使教育的发展出现了前所未有的兴盛局面。教育的兴盛与南北分闱，导致了湖南人才群体的蔚起。大约从嘉庆朝开始，湖南参加乡试、会试的中式人数，便较之前代有明显的增加。据载清自顺治九年（1652）开科至道光二十年（1840）凡 75 榜，湖南成进士者达 441 人，中举者则达数千人。其中官至总督、尚书、大学士的有陈鹏年（湘潭人）、彭维新（茶陵人）、杨超曾（武陵人）、陈大受（祁阳人）、罗源汉（长沙人）、刘权之（长沙人）、何凌汉（道州人）、赵慎轸（武陵人）、陶澍（安化人）、贺长龄（善化人）、易棠（善化人）、罗绕典（安化人）、李星沅（湘阴人）、劳崇光（善化人）、曾国藩（湘乡人）、左宗棠（湘阴人）16 人；官至巡抚、布政使、按察使和学政的有方显（巴陵人）、张奎祥（华容人）、罗典（湘潭人）、周克开（长沙人）、严如熤（溆浦人）、杨健（清泉人）、周系英（湘潭人）、郑敦谨（长沙人）、唐训方（常宁人）、胡林翼（益阳人）、江忠源（新宁人）、郭嵩焘（湘阴人）、贺熙龄（善化人）、胡达源（益阳人)、俞东枝(善化人)、严正基(溆浦人)、丁善庆(清泉人)、常大淳(衡阳人)、陈启迈(武陵人)、唐鉴(善化人)、何绍基(道州人)21人，这无论如何是以前不曾有过的现象。清末郭嵩焘曾称道湖南，国朝人文远过明代，洵非虚言。

元明清时期，湖南人才总的比重在全国有增加之趋势，尤其是在明清两代。据统计，明代湖南人才为688人，为明代以前湖南人才总数481人的143%，占整个湖南古代人才的33.5%。同时，明代湖南人才在全国总数的比重增加。根据各种名人辞典统计，明代以前，各朝湖南人才只占全国人才总数的0.5%左右；明代湖南人才却占全国人才总数的1%以上。清代湖南人才在本省整个古代时期和同时代全国人才总数的比重更大。鸦片战争前几千年湖南共有人才2050人，而清代的195年中，却有883人；时间占不到10%，人数却占了43%以上。同时清代的湖南人才数在全国的比重中也有提高，在各种人才辞典上均占全国人才总数的1%~2%。

明清两代，湖南人才不仅数量激增，而且质量也有很大的提升，产生了一批对全国具有影响的人才：明代有刘三吾、刘大夏、李东阳、杨嗣昌诸人。清代有思想家、经学家王夫之、李文炤、王文清、罗典；文学家有陈鹏年、张九越、唐仲冕、欧阳辂、郭步蕴；等等。此外，邓显鹤、严如熤、黄本骥等对史学、地理学、湖南地方文献等社会科学都有重要的贡献；许伯政、周学霆等人则在天文、医学等自然科学方面取得了重大的成果。特别应当指出的是清代在农民、手工业者、妇女、少数民族等下层群众中涌现了一批人才，而此时期湖南人才中，妇女占了一定的比重，这是以前从未出现过的。如女诗人就有：杜小英、徐青鸾、郭纯贞、郭步蕴、李源、夏继芳、秦邦淑、张九滋、凌兴凤、宋盛慎、陈昌凤、周寿龄、秦树英、欧秀松、江青枫、张昭姑、雷玉英、朱梅秀、郭佩兰、郭友兰、郭漱玉、王继藻、郭凤兰、文先谧、陈梅仙、黄婉璚、郭润玉、毛国姬、吴家楣、龙井心、罗贻淑、王璃、周絜、周诒端、周诒蘩、周雅宜等人。农民、工匠、少数民族中的人才也不少，仅苗族起义首领就有：吴二过、石满宜、吴天半、吴八月、石三宝、石宗四、石贵银、吴廷礼、吴廷义、吴陈受等 10 人。此外，清代湖南人才中，还涌现了一大批下层知识分子，如医生、诗人、书法家、教员、拳师、篆刻家、雕刻师、乐师、戏剧家、民间艺人等，都在各自领域内取得成就。上述群众中的人才数目很大，有 300 多人，占了湖南清代人才 40% 以上。清代湖南人才的广泛性，为以后人才的兴起提供了宽广的基础。

第三节　近代湖南社会发展与近代湘籍人才群体形成

进入近代以后，湖南社会的发展，有着自身的足迹。一是地位有了提升，表现为行政上单独建省和文化上自成一中心。虽然单独建省是在清初，但影响却是在近代。二是资本主义经济有了一定程度的发展，虽然比不上沿海地区，但毕竟为湖南社会的变迁增加了新的因素。三是教育特别发达，与湖南经济落后状态相比，表现出超前性，因而湖南士人要求改变落后面貌的愿望，也就越发强烈。近代湖南社会发展的这种特殊性，恰是近代湘籍人才群体形成的最适宜的天地。

一、湖南地位的变化，促进了湖南人才的迅速成长

近代以前，湖南在政治、经济和文化等各方面都落后于中原地区，在全国没有地位。政治上，远离政治中心，又迟迟没有单独建省，难以受到先进的政治、经济的影响和文化的熏陶，也缺乏人才脱颖而出的机会。经济上，春秋战国时期，中原地区已开始进入封建社会，而湖南大部分尚处在原始社会阶段，秦汉以后，湖南虽渐次开发，但仍落后于中原地区。文化教育更显不足，人才寥寥无

几，直到两宋，随着岳麓书院、石鼓书院的兴起和湖湘学派的开创，湖南的文化教育事业才开始赶上中原地区。近代以前，湖南人才之匮乏，原因在此。

但是，进入近代以后，情况大变。随着社会的进步，经济的发展，资本主义萌芽开始在各地出现，加以西方资本主义国家经济、文化的渗透，都对中国社会发生了深刻的影响。东南各省迅速发展，北方的中心地位开始动摇，特别在社会经济和文化思想方面东南各省的地位越来越重要，大有后来居上之势。湖南是北方各省和东南沿海往来的重要交通孔道，其地位也越来越重要。其地位上升，而又与人才有直接关系者主要表现为两点：

一是独立设省。湖南独立设省虽说是在清初，但对人才的影响却主要是在近代。独立设省后对湖南人才群体兴起有重要促进作用的是将原两湖（湖南、湖北）的乡试“合闱”改为“南北分闱”。这虽是一次地方考试制度的改革，其深远影响却远远超出了两湖的范围。最早指出“南北分闱”重要历史作用的是郭嵩焘。据王兴国先生在《郭嵩焘与湖湘文化》一文中考证，湖南自康熙三年（1664）成为独立的行省，经历任湖南巡抚赵申乔、潘宗洛、李发甲及光禄卿品谦恒、湖南布政使宋致等人多次奏请，终于在雍正二年（1724）实现“南北分闱”，湖南首次单独举行了乡试。据《清朝文献通考·选举考》记载：自“南北分闱”后，议定湖北中式50名，副榜10名，湖南49名，副榜9名，武举名25名，从此遂成定制。郭嵩焘对上述五人奏请“南北分闱”的历史功绩，给予了高度评价。他在《五贤祠碑记》一文中指出：“夫一事之成劳更历数百年，流连慨慕，其功有足思也。而创始愈艰，则其思慕也愈深。湖南之建行省，自分闱始也。集数公之心力，展转以求成。部议愈坚，请之愈勤。非有以表章而崇祀之，则又乌知百余年科名之盛，人才之奋起，所以成就之若是之艰难也！”①

“南北分闱”既可免除湖南士子参加乡试的旅途之苦与江湖风浪之险，又减轻了士子应试的经济压力；同时由于分闱之后，中举有定额，从而大大激发了湖南士子的功名进取心与应试积极性。

二是湖南自成一文化中心。据茅海建先生分析，中国文化在近代，大体可以形成三个区域，一是“受少数民族文化影响”而产生变异的北方地区，其中心在北京。二是“受西方资本主义文化影响”而产生变异的南方沿海地区，有广州和上海两个中心。三是继承了中国“正统的”文化传统的南方内陆地区，以湖南为中心。②大约从东晋之后，中国经济重心南移，文化作为上层建筑，其中心也随之南迁。到了清代，北方早已失去中国正统文化中心之地位。南方沿海文化虽先进，但非中国正统文化。由于历史、地理和文化传统之缘故，湖南成了中国正统文化的中心，但湖南的正统文化，也是一种变异的正统文化。它在保守中国正统文化的同时，也接受了沿海文化的某些因素。这种类型的文化，从性质上说，它没有沿海文化先进，但从人才学的角度，却能更容易适应当时的中国社会，让人才找到施展抱负的机会。具体而言，它有下列几种有利于人才成长和发挥作用的因素：

首先，中国近代是一个农业社会，农业人口占绝大多数，中国社会的主要矛盾是农民与地主阶级的矛盾。作为统治阶级地主阶级的代表清王朝首先要对付的是农民的起义和反抗，而要对付农民起义和反抗的思想理论武器是封建传统的三纲五常。作为中国正统文化中心的湖南自然派上了用场。湘军的创立者曾国藩是一位理学大师，深知此中玄机。他在《讨粤匪檄》中以维护中国传统文化相号

---

① 郭嵩焘. 五贤祠碑记［M］//郭嵩焘全集：第十五册. 长沙：岳麓书社，2012：661.

② 茅海建. 也谈近代湖湘文化［J］. 湖南师范大学社会科学学报，1989（1）：118-128.

召，实则是以封建卫道士自居。他先是攻击污蔑太平军“所过之境，船只无论大小，人民无论贫富，一概抢掠罄尽，寸草不留”。企图在社会各阶层中造成一种对太平天国革命的恐惧心理，将太平军孤立起来。然后是利用人们的私有观念，诋毁太平天国的公有制经济政策，说太平天国使“农民不能自耕以纳赋，而谓田皆天王之田；商不能自贾以取息，而谓货皆天王之货”。煽动农民、商人起来反对太平天国革命。再次是抓住深入人心的儒家思想和封建观念，攻击太平天国的宗教理论和反传统的革命精神。曾国藩在檄文中痛心疾首地说：“士不能诵孔子之经，而别有所谓耶苏之说、《新约》之书。举中国数千年礼义人伦、诗书典则，一旦扫地荡尽。此岂独我大清之变，乃开辟以来名教之奇变，我孔子、孟子之所痛哭于九原！凡读书识字者，又乌可袖手安坐，不思一为之所也！”①打着卫道的旗号，号召封建文人士子加入维护孔教的阵营，蛊惑那些虽对清王朝统治不满而又为孔孟思想所束缚的人反对太平天国革命。曾国藩此举，是他能够有效地组织起湘军与太平天国对抗的原因之一。

其次，湖湘文化作为一种变异的中国正统文化，具有相当的包容性，并不完全排斥外来文化，在当时的历史条件下，主要表现为不排斥西洋文明。即便是作为封建卫道士的曾国藩、左宗棠等人，虽然对西方的文化制度，在思想深处是鄙视的，但对其器械技艺，却赞叹不已。西方的利器火炮，曾国藩、胡林翼毫不犹豫地加以利用，这就溢出了封建正统观念的范围。这种倾向，为后来的以谭嗣同、黄兴、毛泽东为代表的激进分子所继承，他们甚至完全抛弃了封建正统观念，在更加广阔的天地，先后锤炼了一批批人才。

再次，和沿海文化相比，湖湘文化的政治责任心强。中国近代社会的主旋律是政治生活和军事斗争，政治和军事是成才的主要领

---

① 曾国藩．讨粤匪檄［M］//曾国藩全集：诗文．长沙：岳麓书社，1995：232.

域。在这方面，湖南具有突出的优势。在商业气息的熏染下，江南文人养成了懦弱、奢华的习气，善思辨，好清谈，鄙视官位，放弃了儒生应有的政治责任。在西方文化的侵袭下，他们又逐渐形成了重财轻“义”，利己而不为“国”的风气。在太平军扫荡之下，江南士子甚至见利忘“义”投靠了太平军。而湖南的儒生们仍感于“格物、致知、修身、齐家、治国、平天下”的“内圣外王”之道，新土地的拓荒者又使得他们质朴勇为、任侠尚气。对于传统文化的“义”和封建王朝的“国”，湖南士绅的责任感似乎要胜于江南。[①] 当传统的“义”和封建王朝的“国”一旦被突破而赋予新的含义时，湖南进步的士子又勇敢地站在时代的前列，投身于新的进步事业。这就是在中国近代的各个时期，湖南的政治家、军事家连绵不绝的原因。

二、近代湖南经济的变迁，促进了湖南人才的产生和发展

近代湖南的经济，受中国近代社会半殖民地半封建性质的制约，出现了两种互为矛盾的趋向：一方面，受自身经济运行规律和外国资本主义经济侵略的影响，自然经济逐渐瓦解，资本主义经济逐渐发展。另一方面，封建主义和外国资本主义的剥削与压迫，又严重地阻碍湖南民族资本主义经济的发展。

湖南资本主义经济的萌芽，始于明清时期，并对湖南社会经济发生了深刻影响。这种影响，主要表现在农业和手工业经济的商品化倾向。洞庭湖是重要的粮食产地，自给有余，粮食产品纷纷进入市场。据《岳州府志》记载：岳阳“产谷之乡”，各地商家云集，“四方采买，络绎转移”。经济作物由于耕地面积扩大，产品产量增加，苎麻、烟叶、茶叶、桐油、木材、香菇、木耳、棉花、蔗糖等，成为专门化的生产，不仅在省内进入市场，而且开始在全国各

① 参见茅海建．也谈近代湖湘文化［J］．湖南师范大学社会科学学报，1989（1）：120-121.

地销售。如安化等地的茶叶，就远销湖北、广东及西北各省，并由广州向国外出口。手工业也开始出现了资本主义性质萌芽的较大规模的作坊和手工工场。湖南有色金属较多，各地均在开采。道光年间，省内的铜、银、金、铅、锡、水银、硫黄等矿，多达 85 处。产量也比较高，如桂阳鹿子坳、铜盆岭两处矿场，年产量达 38 万斤上下。随着产品商业化倾向的发展，许多地主、官僚、士绅也开始进入商场，经营商业，甚至集资开矿建厂。经济的发展还促进了对外商业的发展。浙江商人将“苏花”等原料运来长沙、岳阳等地的织布工厂，然后收购制成品。商业资本的发展使一些具有经济实力的商人、厂主，人数逐渐增多，势力日渐扩大。他们的经济活动，促使湖南的自然经济渐次演变，成为湖南社会经济向近代发展的积极因素。

甲午战争以后，在爱国维新、务实强国思想的推动下，湖南的近代工业开始迅速发展起来。此为湖南资本主义经济发展的一个重要的里程碑。在湖南的近代工业中，以矿业为最，其次是交通、邮电、机电、轻工业。

矿业在湖南的发展，有着极为有利的条件。一是湖南矿藏资源丰富，素称“有色金属之乡”。二是湖南矿业有悠久的历史，一直居于全国重要地位，全省各州县都有大小不等的手工开矿工场。三是湖南山多田少，人口众多，劳动力资源丰富，无田可耕的农民成为矿工的后备来源。四是官府重视，《中国官办矿业史略》说：“官矿机构之最重要者，莫如湖南。”清光绪二十二年（1896），湖南成立“湖南矿务总局”。清宣统三年（1911），矿务局上交白银 71 万多两，占当年湖南财政总收入的 8.84%。湖南矿务局下属各矿有 30 多处，其中最重要的有常宁水口山铅锌矿、益阳板溪锑矿、新化锡矿山锑矿、平江黄金洞金矿。此外，全省各地还有许多规模较小的煤矿、铝矿、铜矿、硝矿、磷矿、黄矿、锑矿、银矿、铁矿、金矿。

总的来说，甲午战争后湖南的矿业虽有发展，但比较缓慢。主要原因是外国资本主义的侵略和封建主义的压迫所致。

第一是外国资本主义的侵略。帝国主义垄断了中国矿砂的销售，采取“抛潮压磅”“任意挑剔”等手段，使中国矿砂在销售中受到严重损失。廖树衡在记述铅锌矿砂转运至汉口，经英国亨达利洋行收购出口的情形说：“矿船到鄂，夷栈定买者任意挑剔，抛潮压磅，万石止作九千石。清光绪二十三年（1897）与亨达利订约时将选净之黑白铅亦交与该栈运出外国销售，所得之价，除先交山本每吨二十两外，所得赢项，与栈同沾，中六而栈四，原约限九个月电湘。初年虽践九月之约，一年之内，尚有一次报告，自二十五年（1899）以后，所谓红单者，历年未见一字，凭该栈酬付多少，官矿局遂混同接受。”① 此外，外商从中国用廉价购得矿砂运回本国冶炼后，又再运回中国销售，这种情况也阻碍了矿业的进一步发展。

第二是封建主义的压迫。光绪二十八年（1902），蒋德钧致书俞廉三，揭露许多封建官绅出卖矿权、贪污中饱的腐败现象：“晤盛杏荪侍郎（宣怀）、袁海观观察（树勋）及旧时同事，湘中旅沪亲朋，与各国洋行相识者，竟言湖湘矿产，痞徒抵押沪汉洋商者不下四五千处。又有恃官矿局执照，在外招摇者。若辈亦纷纷来寓见面，文职道府州县，武职提镇副参，科甲、举人、拔贡，色色有之，均以部章为口实，无论华洋商人，只要缴税，皆可办矿。伊等以矿山向洋行交易，得价多者银洋千元、七八百元，少者一二百元。所抵押之处，衡、永、郴、桂居多数。杏荪侍郎云：某洋行曾邀伊入股，称有湘矿百三十余契。查上海一埠，近日湖南人借此名目往来居住者，何止数千人……又有某国某人辗转介绍，或饵我以非常之大利，有许银三四百万者；或媚我以最恭之谄词，有膝行献

① 刘泱泱．湖南通史：近代卷［M］．长沙：湖南出版社，1994：382-383.

茶酒者，总要合办矿务，合办炼炉，应接不暇。”①

交通业方面，清光绪二十三年（1897）湘鄂两省联合成立官督绅办“鄂湘善后轮船局”，先后开辟湘潭至汉口，长沙至湘潭、常德、岳州等航线。戊戌变法失败后，改名为“两湖轮船公司”，并改由商办。清光绪二十六年（1900）开始修建由江西萍乡至湖南醴陵的铁路，全长90华里，以后又延长至株洲，这是湖南境内建造的第一条铁路。

邮电事业也开始起步。清光绪二十五年（1899），岳州邮政局成立，这是湖南最早的邮政机构。同年，长沙、湘潭、常德邮政局先后成立。当时邮政局由海关管理，直接为帝国主义分子所操纵，没有邮政的自主权，发展也很缓慢。

机电工业和轻工业开始发展。清光绪二十二年（1896）湖南宝善成机器制造公司建立，成为全省第一个近代民用机械工业企业。同年，又成立“善记和丰火柴股份公司”，为湖南最早的近代工厂，年产火柴约一万箱。湖南的传统产品湘绣也开始进入近代化生产。

辛亥革命以后，民主共和的形势使资产阶级的社会地位和政治地位有所提高，其代表人物进入内阁后制订一些发展实业的计划和措施，加上孙中山国民经济现代化思想的影响，因而一度出现振兴实业的热潮。至第一次世界大战爆发，加上以反对“廿一条”为中心的反帝爱国运动的推动，促使湖南工矿业迅速发展。尤其是作为战略物资的锑、铅、锌、钨、锰以及铁、黄金、铜、锡、石膏、硫黄等矿业，在第一次世界大战前夕备战时，特别是在大战期间价格陡涨的刺激下，迅速发展。至1916年全省新增各类矿场达8000场以上，矿工多达16万人以上。由于纯锑每吨由146元猛涨至1800元，到1916年全省新增锑矿和炼厂146家。1914年至

① 刘泱泱．湖南通史：近代卷［M］．长沙：湖南出版社，1994：383.

1918 年全省产锑 10.18 万吨，占世界产量的 80%，占全国的 90% 以上。

戊戌变法至第一次世界大战是湖南民族资本主义发展较快的时期。但是 1918 年大战结束后，随着帝国主义重新加紧对华侵略，国内军阀混战造成社会动荡不安，省内军阀苛索日紧，造成湖南民族工业，特别是矿业急剧衰落，仅有交通、邮电等少数部门在时兴时辍中略有进展。民族资本主义生存艰难，这种情况此后没有多少改变。至国民党反动统治崩溃前夕，湖南的民族工业趋于破产。

湖南近代经济的变迁，特别是资本主义经济的出现，从正反两个方面促进了湖南人才的发展。

首先，培养了一批从事工商业活动的经济人才。如廖树衡、廖基植父子。戊戌变法期间，廖树衡主持开采常宁水口山矿务。他采用开明窿法，“平地开一大口，宽深十数丈数十丈不等，迤逦斜下，作为坦坡，豁然开通，全无遮蔽”①。未数月，成效大著，产量剧增。廖树衡在水口山矿先后 8 年，赢利银 600 万两，成为湖南近代矿业先驱之一。因其办矿卓著成效，有功实业，被清廷奖二等商勋，加三品衔。廖基植接办水口山矿前后 16 年，加设西法厂十之四五，获利在 600 万两以上，奖四等商勋，加五品衔。梁焕奎为华昌炼锑公司董事长，清宣统元年（1909）正式开工生产，所出纯锑质量超过英国，获得新法炼锑专利权 25 年。这样，洋商不得再在湘省廉价收购锑品，对于抵制外国经济侵略起到了作用。在第一次世界大战期间，华昌炼锑公司产品迅猛增加，为其“黄金时代”。

其次，伴随着资本主义的兴起，产生了两个新兴的阶级，即资产阶级和无产阶级。前者为资产阶级政治人才的兴起提供了阶级基础，后者则为无产阶级革命家群体的出现提供了阶级基础。以后者为例。至五四运动时期，湖南产业工人已接近 22 万人。其中矿业

---

① 湖南省地方志编纂委员会．湖南省志：第三十卷人物志 上册［M］．长沙：湖南出版社，1992：500.

工人201500人（其中水口山矿务局6000人，锡矿山约100000人，锰矿业2500人，采金业约4000人，采煤业约5000人，锡矿业约1000人，膏盐业1065人，炼厂22000人）；工业工人8673人（其中和丰火柴厂700~800人，湘鄂印刷公司590人，造币厂2200人，醴陵瓷业公司750人，电灯公司91人，衡州电灯公司110人，麓山玻璃公司200人，湖南面粉公司232人，湖南第一纱厂1050人，湖南兵工厂300人，机械业约400人，湖南制革公司约60人）；交通业工人9110人（邮政816人，航运业约3000人，铁路5294人）。[①]

除产业工人外，湖南还有大量的手工业工人和城市服务业工人。湖南手工业一直比较发达，陶器、瓷器、制茶、鞭炮、刺绣、榨油、火药、铁冶、夏布、竹器等手工业在全国都有一定名气。五四运动时期，全省手工业工人大约在10万人。另外，随着城市和商业的发展，店员、船工、成衣、染坊、建筑、搬运、人力车夫以及服务行业的工人，也有约10万人。也就是说，到五四运动时期，湖南工人阶级已经形成了一支40万人以上的队伍。[②] 湖南工人阶级除具有无产阶级的一般属性外，还有以下四个特点：

第一，劳动条件差，工资低，受剥削严重。湖南产业工人一般每天工作12小时以上，矿工更长达16小时以上。工作条件恶劣，劳动无保障。耿飚曾这样记述他当年在常宁水口山铅锌矿做工时见到的情形：“矿场里到处都可以看到在地上痛苦翻滚着的人，他们嗓子眼里发出十分可怕的哀叫声。这是些犯了‘窿哈病’（铅中毒）的矿工，他们瘦骨嶙峋，发长如蓬，双目抠陷，肤色青灰，形同鬼魅，不断地有人在抽搐中死去。”[③] 据《农商公报》统计，湖

① 雷震寰．湖南工人运动史：民主主义革命时期［M］．北京：中国工人出版社，1994：551-552.

② 易永卿，陶用舒．现代湖南人才群体研究［M］．长沙：湖南人民出版社，2005：97.

③ 耿飚．耿飚回忆录［M］．北京：解放军出版社，1991：15-16.

南各矿在1915年死伤的矿工达2277人，占矿工总数的18.7%。同时，工人工资非常低廉。中国工人的工资在世界各国是最低的。据“五四”时期的统计，在同类工人中，中国工人的工资只有日本工人的四分之一，英国工人的七分之一。而湖南工人的工资，又低于全国工人工资的平均水平。据1925年前后统计，中国工人日工资平均0.5元，湖南各业工人大多低于这个水平。

第二，队伍不稳定，失业人数多。湖南工业受世界市场的影响巨大，特别是矿产品主要是供给出口，世界市场的需求直接决定生产状况，因而工人时聚时散，工作很不稳定。以锑矿为例，新化锡矿山的锑矿是湖南最有名的矿山，当时工人数约占全省矿工的一半。第一次世界大战期间，锑产品是重要的战争资源，世界需求大增，锡矿山工人曾达10万之众，可是，战争一结束，锑产品市场萧条，锡矿山工人急剧下降至2万余人。全省矿业工人1905年前不足5000人，1914年后增到20余万，而20年代后又降至五六万。[①]

第三，工人人数虽少，但非常集中。工人集中，是中国无产阶级的一个特点，而湖南工人阶级这一特点尤为突出。从行业来看，湖南产业工人集中于矿业，占了全省产业工人的九成；而在矿业工人中，锡矿山工人又占了50%左右。从地方来说，湖南工人集中于长沙、湘潭、新化、常宁等几个城市和极少数几个矿山。

第四，具有强烈的反帝反封建的革命精神。湖南近代产业工人，由于他们处于近代社会矛盾的交汇点，对帝国主义的侵略和封建主义的压迫，比其他民众有更深的感受，从而具有强烈的革命意识。因此，一旦危机爆发，他们总是站在斗争的最前列。比如，清光绪三十二年（1906），同盟会领导的萍浏醴起义，安源矿工和醴陵瓷业工人约有6000人参加；清宣统二年（1910），长沙工人发动

① 雷震寰．湖南工人运动史：民主主义革命时期［M］．北京：中国工人出版社，1994：19.

了震惊全国的长沙“反饥饿抢米风潮”；清宣统三年（1911），粤汉铁路长沙、株洲1万多名筑路工人参加了爱国保路运动；辛亥革命爆发后，衡州以码头工人、船工和泥木工人为主体的哥老会揭竿而起；1915年，袁世凯和日本签订卖国条约，长沙日本商店的中国工人集体罢工，抵制日货。据资料介绍，在中国共产党成立以前，湖南有文字记载的罢工就达44次。中国共产党成立以后，湖南工人阶级的革命性、组织性、战斗力进一步增强。在1922年由中国共产党劳动组合书记部湖南分部领导掀起的第一次罢工高潮中，影响比较大的罢工计有：长沙织造业工人罢工、粤汉铁路工人罢工、安源路矿工人大罢工、长沙铅印活版工人罢工、长沙缝纫工人罢工、长沙泥木工人罢工、长沙理发工人罢工、长沙笔业工人罢工、水口山铅锌矿工人大罢工。在五卅运动中，又爆发了长沙工人收回大金码头、焚毁日本趸船的斗争，湘潭工人抗议日商殴打女工的斗争，平江工人禁运英国煤油的斗争，安源、水口山、锡矿山工人举行反帝示威游行的斗争。在1927年上半年大革命高潮中，还爆发了以湖南工人为主体的收回湖南邮权、湘雅医院以及长沙、岳阳海关的斗争。

湖南工人阶级的斗争，充分表明他们能够成为革命的中坚力量，这是湘籍无产阶级革命家群体形成并不断发展壮大的阶级基础。湘籍无产阶级革命家群体中的谭震林、朱少连、王震等人就是从工人阶级中成长起来的。①

三、近代湖南教育的变迁，有利于湖南人才的兴盛

进入近代以后，湖南的教育事业不仅在数量和规模上日渐发达和兴盛，而且在教育体制上也发生了根本性的变化，从而有力地推动了湖南人才的兴起和发展。近代湖南教育的变迁，表现为以下几

---

① 有关湖南工人阶级的特点，参见刘华清．湘籍无产阶级革命家群体成长道路研究［M］．长沙：湖南人民出版社，2006：41-45.

个方面。

一是近代教育制度的建立。近代教育制度始于清光绪二十七年（1901）清廷新政的废科举和推行学堂教育体制。近代教育制度包括两个方面的内容：一是改革教育行政机构，加强管理；二是推行学堂教育体制。

在教育行政管理方面，湖南省的改革走在前列，光绪二十八年（1902）便成立了省学务处。传统的教育，权力分散，学政、藩司、道员、州县牧令，无一不可以过问教育事宜，又无一不可以尽推于他人，处于又管又不管的状态。名义上，学政是全省教育工作的最高长官，但实际上他只管科举考试，真正的教育事务他是不过问的。因此，省学务处的成立，使全省的教育事业有一个统一的筹划和管理机构，开始了教育行政专业化的进程。至光绪三十二年（1906）清政府成立学部后，各省裁去学政，改设提学使司，设学务公所作为办事机构，原学务处撤销。学务公所下设普通教育科、事业教育科、图书馆科、专门教育科、会记科、总务科，教育行政专业化进一步加强。1923 年根据湖南省宪法，专门设置教育司掌管全省教育事务，教育行政得以初步独立。1928 年，国民革命军进入湖南，奉国民政府之命，湖南省设立教育厅。教育厅的设立，提高了教育行政机关的职权和地位，有利于教育事业的发展。

近代教育制度建立的主要标志是推行学堂教育。中国的传统教育是以书院为重心，而书院教育主要又是为科举制度服务的。科举制度自隋唐至清代，已经推行了一千多年，到清末已是强弩之末，改革书院制度，推行学堂教育已成为历史的必然。学堂教育体制的具体内容是统一全国学制，把学堂分为七级：蒙养院收 3~7 岁幼童，学童 7 岁以上入学，初等学堂制 5 年，高等小学堂 4 年，中学堂 5 年，大学堂 3 年，通儒院 5 年。此外，还有实业学堂和师范学堂。教学内容除“四书”“五经”外，还要学习中外政治、历史、艺学等，从而也就大大拓宽了学生的知识面，有利于新思想的传播。在建立学堂教育体制方面，湖南也是走在前列。早在光绪二十三年（1897），巡抚陈宝箴就在长沙设立时务学堂，这是湖南旧式书院制度向近代学堂制度转变的肇始。旋因变法失败，书院制度改革一事便搁置起来。二十七年（1901）八月二日清政府下达各省书院改为学堂的命令后，书院改革在湖南又重新兴起，由省城渐次推及各地，到民国时期，学堂教育已基本上取代了书院教育，成为教育的主要形式。书院改为学堂，由过去以培养官宦之才为主的单一的教育模式转而为培养多种用途人才的教育模式，不仅有利于扩大生源，而且由于新知识领域的开辟和职业的需要，也推动了师范教育和各种实业教育的产生和发展。这样，一个多门类、多层次的近代教育体系，便在湖南逐渐形成。

二是近代学堂教育的发展。随着教育制度改革的进行，湖南各地各类新式学堂纷纷成立。据当时署理岳州关税务司超等帮办夏立士光绪二十八年（1902）记载，清政府改革教育制度的上谕下达后，“湘省奉办之事，争前恐后，颇觉认真。其大学堂系将岳麓书院（按，应为求实书院）改作，刻已略有端倪；中学堂照章程应设九处，年内已有五处开办；小学堂应设四十六处，其未开者尚有二十六处。风闻一州之中有设蒙、小各学堂四百余所者，均系散置各乡村祠社间。如是推广勤求，不遗余力，将来星罗棋布，真才实学，蔚起文明，岂非光远而自他有耀乎”①！清末湖南办学，基本上是官立、公立、民立同步进行，所以发展比较快。

首先是高等教育的兴办与发展。高等教育的兴办始于清光绪二十三年（1897）巡抚陈宝箴在长沙设立的时务学堂。次年，维新运动失败，时务学堂改为求是书院。二十八年（1902），湖南书院制度发生重大的变革，即改书院为学堂。求是书院首先改为大学堂，开设经学、史学、国文、地理、中外政治、物理、数学等八门课

① 刘泱泱．湖南通史：近代卷［M］．长沙：湖南出版社，1994：503-504.

程。三十年（1904），岳麓书院亦改为高等学堂。两校旋即合并为湖南高等学堂，这就是湖南大学的前身。此后至辛亥革命时，在省城长沙又先后创办了官办湖南医学堂、法政学堂、优级师范学堂、高等实业学堂、高等巡警学堂和私立景贤法政学堂等高等学堂。另外粤汉铁路公司创办了高等铁路学堂，美国雅礼会创办了雅礼大学堂。民国时期，大学教育有突破性进展。1923 年，由省教育司筹划，将原工业、法政、商业三所专门学校合并为湖南大学。至此，湖南开始有本省的公立综合大学。

其次是普通中小学教育的崛起和兴盛。随着清末教育制度的改革，湖南各府厅州县陆续开办了中小学教育。“自光绪二十八年（1902）迄三十年（1904），湖南所属各府，如长沙、宝庆、岳州、常德、衡州、永州、郴州、辰州、沅州、永顺及醴州、桂阳州，次第各设官立中学堂一所；其余各州县，则善化、宁乡、湘潭、新化，光绪二十八年（1902）各设立中学堂，是为府县立中学之始”。① 至宣统元年（1909），全省中学堂近 50 所，居全国第二，仅次于四川。湖南私立中学也很发达，在全国位列前茅。湖南近代小学教育开始于光绪二十六年（1900），是年在湖迹渡创办了长沙县明耻小学堂。二十八年（1902）冬，湖南省学务处在长沙开办官立半日学堂 12 所，招收 7~16 岁儿童入学。经此示范，小学教育发展较快。据统计，光绪三十三年（1907）全省高等小学堂 128 所，学生 6547 人，二等小学堂 94 所，学生 4151 人，初等小学堂 419 所，学生 11492 人；到三十四年（1908），高等小学堂 114 所，学生 8740 人，二等小学堂 166 所，学生 8509 人，初等小学堂 833 所，学生 25061 人。② 民国元年（1912），湖南规定初等小学教育为义

① 宋焕达．湖南中等教育之过去与现在［N］．湖南长沙大公报十周年纪念特刊 9，1925.

② 张朋园．中国现代化区域研究 湖南省，1860-1916［M］．台北：“中央研究院”近代史研究所，1983：173.

务教育，小学教育迅速发展。至1937年，各类小学已达28500所，学生119.46万人，为全国之冠。总之，在日寇侵入湖南前，湖南的中小学教育一直走在全国的前列。学前教育也有初步发展。

再次是师范教育和实业教育的兴起。在近代师范学堂产生之前，我国的师范教育没有形成系统，也没有专门培养教师的师范学校。清末新学制将师范教育与普通教育分设，独立的师范教育体系开始出现。

清光绪二十九年（1903），湖南在长沙设立湖南师范馆，这是湖南正规师范教育的开始。同年，师范馆迁入城南书院，称湖南全省师范学堂，次年改名为湖南中路师范学堂，专门招收长沙、宝庆、岳州等所属学生；另于常德创办西路师范学堂，招收常、醴、辰、沅、靖、永顺等所属学生；于衡阳创办南路师范学堂，招收衡、永、郴、桂等所属学生。另外，宁乡、浏阳、湘潭、新化、平江等县相继在长沙设立“驻省师范”。这些学堂基本上是为小学教育培养师资。私人办的师范教育和实业师范教育也开始出现。前者较为著名的有清光绪二十九年（1903）明德中学附设的速成师范班和清光绪三十一年（1905）朱剑凡在周氏家塾开办的师范班；后者有清光绪三十年（1904）私立修业农学堂附设的农艺师资科和私立衡粹女子职业学堂附设的艺术师资科。清光绪三十四年（1908），优级师范学堂开学，主要培养中学师资。1912年优质师范学堂改为湖南高等师范。至此，清末的湖南师范教育，初步形成了从初级到高级的学制体制。

民国初年，湖南的中等师范教育也有所发展。前清中西南三路师范学堂分别改称第一、第二、第三师范学堂。另外新设湖南第一女子师范学校和长沙师范学校。县立师范和乡村师范也有比较大的发展。

湖南的实业教育发端于清光绪二十八年（1902）创办的农务工艺学堂。清光绪二十九年（1903）又创办高等实业学堂。1912年后，高等实业学堂先后改名为高等军工业学校和湖南公立工业专门学校，最后并入湖南大学。此外在长沙还有一些私立或外资实业学堂。至清宣统三年（1911），长沙先后创设官立、私立和教会办的中等实业学堂共 10 所，其中有工业、农业、商业、交通、建筑等专业，中等职业教育体制初步形成。民国初年，在实业救国思想的影响下，湖南实业教育发展迅速。1912 年，全省共有实业学校 74 所，在校学生 4807 人。至 1929 年，全省职业学校有女校 158 所，学生 9328 人，男校 18 所，学生 3665 人。

三是社会教育发达。社会教育，又称平民教育、民众教育，泛指一切增进人民知识、技能，形成和改变人们思想意识的教育活动。通常意义则指学校教育和家庭教育以外的一切文化机构和社会团体组织对社会成员所进行的教育。近代湖南社会教育开始于清末维新变法之时，"五四"后，湖南民众教育逐渐发达，有"平民教育策源地"之誉。1920 年 7 月湖南学生联合会在长沙创办平民半日学校，得到各校响应，到同年 11 月止，长沙师范、省立第一男师范、周南女校，以及长郡、岳云、明德、修业等中学，均办有平民半日学校。不久湖南还出现了全国第一所专设平民学校，称之为模范平民学校。1924 年正式成立湖南平民教育促进会。此后三年内，各县成立 52 个平民教育促进会，开办 1710 处平民学校；另向偏远乡村发放平民教本 8 万册，发售平民读物 50 多万本。1929 年，湖南教育厅设立民众教育委员会，湖南民众教育获得长足发展。据 1932 年统计：民众教育实验区 3 县，教育馆公立 24 所，图书馆公立 82 所、私立 72 所，博物馆 3 所，古物保存所 6 所，通俗演讲所公立 90 所、私立 72 所，民众阅报处公立 2737 处、私立 611 处。由此可见湖南民众教育很有成效。

四是独具特色的军事教育。湖南最早的近代军事学堂是戊戌维新时期建立的湖南武备学堂。戊戌政变后，该学堂被迫停办。清光绪二十七年（1901），清政府诏令停止武科科举考试，于是新式军事学堂成了培养军队将佐的主要途径，并于清光绪二十九年（1903）湖南重新开设武备学堂。清光绪三十一年（1905），根据清政府颁布的《陆军学堂办法》，湖南武备学堂停办，设立湖南陆军小学堂。湖南陆军小学堂培养了大批的军事人才，其中不少人成了民国时期的高级将领，如唐生智、陈浴新、陶峙岳等就是该校的毕业生。民国以来的各个时期，湖南都创办了军事学校。比较著名的有湖南陆军讲武学堂和中央军事政治学校第三分校。国共两党的许多高级将领，如彭德怀、黄公略、王劲修、唐生明等都在湖南讲武堂学习过。抗日战争时期，湖南实施“战时教育”，军事教育更为发达。除推行“民众训练计划”外，还创办了国民党中央陆军军官学校长沙分校和大量的战时军事学校。其中最为出名的是国共两党合作举办的南岳游击干部训练班，为抗战培养了大批游击战争军事人才。湖南近代高级将领众多与湖南军事教育的发达有着密切的关系。

五是留学教育独步一时。19 世纪末 20 世纪初，大批中国学生为了寻求救国救民之路，纷纷出国留学，尤以留日为最，形成留日运动高潮。在这一高潮中，湖南可谓独树一帜，人数最多。据清光绪三十年（1904）统计，当时中国留日学生总数为 2395 人，其中湖南籍学生为 373 人，占全部留日学生总数的 11%。至 1910 年，湖南官费留学生 211 人，其中留学日本 200 人，留学美国 5 人，比利时 3 人，英、法、德各 1 人。民国初期，湖南留学生教育继续走在全国前列。1914 年至 1915 年，全国留日学生 1107 人，湖南为 123 人，居全国首位。清末民初湖南近代化得到较快发展，湖南留学生功不可没。

六是适应时代发展的工农教育和苏区教育。湖南的工农教育运动兴起较早，规模也较大。早在 1920 年初，毛泽东在湖南一师附小就创办了工人夜校。中国共产党成立以后，中共湘区委员会把开办工人夜校作为发动和组织工人的一条重要途径，创办了大量的工人夜校或工人补习学校。1927 年，湖南省总工会创办了湖南工人运动讲习所，专门培养从事工人运动的干部，其中大部分学员为工人出身。在农民教育方面，中共在其设立的长江湘江学校里，特设农村师范部和农民运动讲习所，专门培养农运人才。1926 年底至 1927 年初，中共在湘开办农民运动讲习所，为各县培养农民运动干部。19 世纪 30 年代，苏区教育蓬勃发展。为适应革命战争的需要，苏区创办了红军学校、干部学校以及政治、军事、党务、医疗、文艺等各种形式的训练班培养革命干部。1932 年中共湘赣省委创办了红军学校第四分校。1935 年以此为基础，在桑植办起了红军大学。两校先后培养了 1500 多名师团营连级干部。1935 年，在平江开办湘鄂红军军医学校。在普通教育方面，苏区还普遍建立了红色小学（初小）和列宁小学（高小）。苏区的社会教育卓有成效。苏区社会教育的普遍形式是设立平民夜校识字组，以扫除文盲。据统计，湘鄂赣苏区 1933 年，有夜校 807 所，学生 23700 人，识字班 2500 个，识字牌 2300 块，农民识字率达总人口的 30%。苏区还非常重视妇女教育。通过主办妇女半日学校、女子职业学校等，提高妇女的政治文化水平和就业能力。

第三章

湖湘文化演变与近代湘籍人才群体

人才的兴起，离不开社会政治、经济等诸多要素，但与之关系最为直接者，当属文化。近代湘籍人才群体也不例外，它是在湖湘文化哺育下成长起来的。湖湘文化经过长期演进，至两宋已成气候。北宋周敦颐开创理学，南宋形成湖湘学派，由此湖湘文化自成体系。明末清初“船山之学”是湖湘文化发展的又一个里程碑，对近代湘籍人才群体产生了广泛而深刻的影响。湖湘文化在发展过程中形成了自身的学术传统，对于近代湖南学子注重道德修养、注重实践和注重学习外来先进文化，作用极大。“经世之学”是湖湘文化的一个重要组成部分，也是湖湘文化一个最显著的特点，还是湖湘经世致用学术传统的重要载体。近代湘籍人才群体或改革，或革命，都是以经世之学为其理论基础。

第一节　“理学之邦”与近代人才群体的形成

湖湘文化发展至宋代，出现了“理学”，湖南由此以“理学之邦”闻名于世。“理学之邦”养成了湖南人特立独行之性格和注重道德修养之风气，此种性格和风气，对近代湘籍人才群体影响极为深刻。

一、湖南“理学之邦”之由来

湖南在北宋以前，学术思想不具有全国性影响与地位，直到北宋湖南周敦颐著《太极图说》《通书》，创立“濂溪学”，才标志着湖南学术思想在全国重要地位的确立。周敦颐是学术界公认的理学派开山鼻祖，在他及其弟子理学思想的影响下，催生了极具经世致用的湖南理学，或曰“湖湘学派”“湖湘文化”。湖南理学或湖湘学派的形成与发展，培育了一种特立独行，敢为天下先，敢于批判，锐意改革的湖南精神。[①] 在独具湖南特色理学的熏陶下，近代湖南人才得以兴盛。

理学，或称道学，亦称义理之学，是宋元明时期儒家思想学说的通称。理学，以宋儒论学多言天地万物之理而名。道学，以当时流行称谓且《宋史》有《道学传》而名。又因其始兴于宋代，又称宋学，与汉学相对。广义的理学，泛指以讨论天道性命问题为中心的整个哲学思潮，包括各种不同学派；狭义的理学，专指程颢、程颐、朱熹为代表的、以理为最高范畴的学说，即程朱理学。理学是北宋以后社会经济政治发展的理论表现，是中国古代哲学长期发展的结果，特别是批判佛教、道教哲学的直接产物。理学在中国哲学史上占有特别重要的地位，它持续时间很长，社会影响很大，讨论的问题也十分广泛。

理学的先驱者为北宋的周敦颐。周敦颐（1017—1073），字茂叔，道州营道（今湖南道县）人，后人称其为濂溪先生。周敦颐继承和发展了儒家思想，依托道士陈抟的《先天图》而作《太极图说》，提出一个系统的宇宙构成论。认为“无极而太极”，“太极”一动一静，产生阴阳万物，“万物生生变化无穷焉，惟人也得其秀而最灵”，圣人又模仿“太极”建立“人极”。“人极”即“诚”，认为“诚”是由“太极”派生出来的阳气的体现，是“纯粹至善”的，因而以“诚”为内容的人类本然之性亦是完善的。他宣传“诚”是“五常之本，百行之源”，是道德的最高境界，进而提出“主静”“无欲”的道德修养论，认为人们只要通过学习和修养，就能够“自易其恶，恢复善性”，使自己的一切言行都不违背封建的仁义礼智。他提出的太极、理、气、性、命等，成为宋明理学的基本范畴。

周敦颐在中国历史上第一次建立起一个儒、佛、道三家合流的

① 杨毓麟．新湖南［J］．湖南历史资料，1959（3）：68.

较完整的哲学体系，开宋代理学之先河，他本人也成为一代“道学宗主”，对后世产生了巨大的影响。清人黄百家在《宋元学案（上）·濂溪学案》按语中充分肯定周敦颐理学开创者的崇高地位。他说：“孔孟而后，汉儒止有传经之学，性道微言之绝久矣。元公崛起，二程嗣之，又复横渠诸大儒辈出，圣学大昌，固安定、徂徕卓乎有儒者之矩范，然仅可谓有开之必先。若论阐发心性义理之精微，端数元公之破暗也。”周敦颐被视为上承孔、孟，下启二程的硕儒。作为理学的奠基人的伊川二程（程颐、程颢），少曾师事周敦颐，受其影响颇深。清人黄榦（勉斋）说：“周子以诚为本，以欲为戒。此周子继孔、孟不传之绪也。至二程则曰：‘涵养须用敬，进学在致知。’又曰：‘非明则动无所之，非动则明无所用。’而为四箴以著克己之义焉。此二程得统于周子者也。”①

理学在北宋属于初创阶段。湘人周敦颐奠定的理学基础，经由程颐、程颢及其弟子的传播和广大，理学开始兴盛。理学再传入湖南则是由二程的高足弟子和再传弟子完成的。号称程门“四先生”之一，南宋时被东南学者奉为“程氏正宗”的理学家杨龟山（名时，1053—1135），哲宗绍圣初，任浏阳县令4年，在县城西北的一块“畜豕之所游，鼯狌狸鼠之所家”荒芜之地上，建起了“归鸿阁”，开办文靖书院，传播理学思想。南宋许多学者直接或间接出于其门。南渡后，一些中原、江浙学者避地江西、湖南等地，特别是一批程门弟子往往长期寓居，结庐舍传道布学，促进了理学在湖南的传播和湖南文化的发展。此后，理学大师张栻、朱熹等相继于湖南兴办书院，研讨学问，教授生徒，最终促成了湖湘学的崛起。

南宋时，理学在湖南的传播和发展大体可分为如下三个时期。

第一时期为胡安国、胡宏父子讲学南岳——湖湘学的创立时期。

---

① 范立舟．理学的产生及其历史命运［M］．西安：山西人民出版社，2001：143.

胡安国（1074—1138），字康侯，福建崇安人。哲宗绍圣四年（1097）进士，是私淑洛学而集大成者，曾提举湖南学事，南宋初年迁居湖南，在衡山著书立说，精研理学，创立碧泉书院，聚徒授讲，传播、捍卫二程理学。他曾针对有人诋毁二程理学的言论予以尖锐批评："孔孟之道不传久矣，自颐兄弟始发明之，然后知其可学。而至今使学者师孔、孟，而禁不得从颐学，受入室而不由户。本朝自嘉祐以来，西都有邵雍、程颢及其弟颐，关中有张载，皆以道德名世，公卿大夫所钦慕而师尊之。"其所著《春秋传》三卷，为南宋治《春秋》之宗，宋高宗高度评价"深得圣人之旨"。

胡宏（1106—1162），字仁仲，号五峰，胡安国之子。胡宏是湖南理学最重要的思想家，他幼事杨时（龟山）、侯仲良，而卒传其之学。迁居湖南后，游学讲道于衡山，"玩心神明，不舍昼夜"，前后 20 余年，衡湘人士景从，被仰为一代师表，培养了一批造诣颇深的弟子。重要理学家张栻出其门下，朱熹亦为其私淑弟子。著书《知言》等著作，积极宣传理学之要旨，张栻评价"其言约，其义精，诚道学之枢要，制治之蓍龟也"①。胡宏的学术思想深刻影响和丰富了湖湘文化，是真正意义上的卒开湖湘之学统的代表人物之一。

第二时期为张栻创城南书院、主讲岳麓——湖南理学盛极一时的时期。

张栻（1133—1180），字敬夫，号南轩，早年随父南宋宰相张浚由四川迁居永州（今湖南永州市），师从胡宏治二程之学，深得二程、胡宏学术思想之精要，尤重实践，反对空谈，批评那种"汲汲求所谓知，而于躬行则忽焉"的态度。黄宗羲称赞道："南轩之学得之五峰，论其所造大要，比五峰更纯粹，盖由其见处高，践履又实也。"② 自永州迁居潭州（长沙）主讲岳麓书院和城南书院后，

① 张栻．胡子知言序［M］//张栻全集．杨世文，王蓉贵，校点．长春：长春出版社，1999：756.

② 黄宗羲．按语［M］//宋元学案：卷五十南轩学案．北京：中国书店，1999：774.

致力于传播理学，会集四方学子，长沙成为湖南理学的圣地。至此，湖南理学才真正得以创立。掀起湖南理学高潮，则是朱熹来湘访张栻，研讨学术，即朱张会讲及以后。朱熹是宋代理学的集大成者，开创闽学一派。朱张的学术活动，促进了湖湘学的发展，并使理学传播中心由衡山转移到长沙。黄宗羲《宋元学案·南轩学案》评曰："湖南一派，在当时为最盛。然大端发露，无从容不迫气象。自南轩出而与考亭相讲究，去短集长，其言语之过者，裁之，归于平正。"张栻是被誉为与朱熹、吕祖谦并驾齐驱的"东南三贤"的理学家，一生著述颇富，刊行的有《南轩文集》44 卷，《论语解》10 卷，《孟子说》7 卷。其中《南轩文集》44 卷他死后朱熹为之编次刊刻。《南轩文集·序》对他的著述、学问做了高度评价，认为其论学"则又合周、程、张、邵性道之渊源，天人之精蕴，而独深其奥，抉其微，与诸子相发明"[①]。张栻学说在湖南陶冶了一大批弟子，成为湖湘学派的中坚力量。李肖聃在《湘学略》中说："南轩讲学于岳麓，传道于二江（指静江和江陵），湘蜀门徒之盛，一时无两。"[②] 这些弟子分布在湖湘各地，回去后纷纷效法师门，授徒讲学，传播理学。在《宋元学案》中有《岳麓诸儒学案》和《二江诸儒学案》，介绍南轩门人及再传弟子，成器者数十人，其中被称为"岳麓巨子"的有彭龟年、吴猎、游九功、胡大时等。他们的学术活动和政治活动使湖湘学派大为增色。故全祖望说："谁谓张氏之后，弱于朱子乎！"今人也肯定张栻为湖湘学做出的巨大贡献，如侯外庐主编的《宋明理学史》上卷中指出："张栻主岳麓书院教事，从学者众，因而奠定了湖湘学派的规模。"[③]

第三时期为湖南理学的进一步传播时期。淳熙七年（1180），张栻病逝于江陵后，其弟子多转而事陈傅良和朱熹。陈傅良

① 冯象钦，刘欣森．湖南教育简史［M］．长沙：岳麓书社，2004：48.

② 李肖聃．李肖聃集［M］．喻岳衡，校点．长沙：岳麓书社，2008：19.

③ 侯外庐，邱汉生，张岂之．宋明理学史［M］．北京：人民出版社，1984：338.

（1137—1203），字君举，号止斋，温州瑞安人。从永嘉事功学派薛季宣游，成为事功学派巨子。淳熙中，任荆湖南路常平茶盐事、转运判官，来到潭州，并到岳麓书院讲学。其学术主旨“言之必使可行，足以开物成务”，为重经世致用的湖湘弟子所接受，故“南轩卒，其弟子尽归止斋”①。湖湘学派吸取浙东事功学派之长，继续发扬重经世、重践履的务实学风，从而为湖湘学派增添了新的活力。朱张会讲岳麓、城南后，朱熹一直与湖湘学派保持密切的学术联系。绍熙五年（1194），朱熹受任荆湖南路安抚使、知潭州。他重建岳麓书院，昌明理学，一时湖湘学子云集，从学朱子。于是“湖湘正学大明”，湖南再度掀起理学高潮。众多学子中著名的有吴猎、郑一之、黎季忱、钟震、李璠、吴雄、李儒用等人，他们或从政，或从事学术研究，皆一时之雄，为湖南文化和学术再添佳色。毫无疑义，朱熹、真德秀的理学思想，尤其是他们经世致用的理论与实践，极大丰富了湖南理学的主体思想，推动了湖湘文化的发展。

两宋时期湖南理学创建以后，代有传人。特别是明清时代，湖南理学再度发展。先是明末清初的王船山，上承张栻，下启曾国藩；继之以清中李文炤、王文清、罗典、严如熤、欧阳厚均等人传承；终之以陶澍、曾国藩为代表，将湖南理学中的“经世致用”思想发挥到极致。综上所述，可以说湖湘学派是指以胡宏、张栻为首包括其门人在内的湖南理学家，以及其后湖南理学家对湖湘学派的继承和发展。

二、湖南理学的发达推动了湖南书院的发展

古代书院是思想文化传播和教育的主要载体。理学的兴起，推动了书院的发展，从而为人才的培养创造了条件。

宋代以前，湖南仅有 7 所初期形态的书院。宋代以后，随着理

① 黄宗羲．宋元学案：卷七十一岳麓诸儒学案［M］．北京：中华书局，1986：2368.

学的兴起，书院也发展起来。北宋时期，湖南地区创建的书院达12所，其中衡山的石鼓书院、长沙的岳麓书院已经具备相当规模。南宋时期，湖南书院发展较快，总数达到44所以上。在当时湖南的15个州、郡、军，59个县中，有12个州、郡、军，27个县，建有书院。其中岳麓书院等因为与理学的一体化发展，成为湖湘学派的活动基地，同时也吸引了朱熹、陈傅良等著名学者前来讲学。元代时，湖南共有书院41所，其中新建22所，恢复唐宋书院19所。明代湖南书院进入了迅速发展的时期，书院数量达124所，其中修复25所，新建99所，超过唐、宋、元三代的总和。明代湖南全省56县，设置书院的就有53个，可谓分布广泛。当时书院已推进到湘西、湘南许多偏僻的地区，如辰州（今辰溪）有书院5所，沅陵、溆浦、沅州（今芷江）各3所，黔阳、永顺各有1所。清中叶以后，湖南书院得到空前的发展。据有关统计，清代湖南书院达286所，遍布全省各县。其中浏阳、衡山、攸县、茶陵、新田、溆浦、酃县（今炎陵）、兴宁（今资兴）、宜章等县均有书院10所以上。

两宋以后，湖南的书院不仅数量大增，而且质量也发生了变化。

首先，书院的教育宗旨、教学方法和组织功能有了提升。北宋书院初兴，是由于“前代庠序之教不修，士病无所于学”，① 即在官学不兴的情况下作为官学的代替和补充。士子通过书院教育以求取仕进，这和官学的办学宗旨毫无区别。但是湖湘学者主持的书院，皆明确反对“干禄仕以盈庭，鬻词章而塞路”② 的官学学风，反对为了科举利禄的办学宗旨。他们认为，所以要在官学系统之外

① 朱熹. 衡州石鼓书院记［M］//朱子文集：卷七十九. 台北：德富文教基金会，2000：3948.

② 胡宏. 碧泉书院上梁文［M］//曾枣庄，刘琳. 全宋文：卷4392. 上海：上海辞书出版社，2006：406.

另外创办书院讲学，“岂特使子群居佚谈，但为决科利禄计乎？亦岂使子习为言语文辞之工而已乎？盖欲成就人才，以传道而济斯民也”①。这种“成就人材，传道济民”的教育宗旨，使湖南书院独立于地方官学之外，成为传播理学思想的场所，成为培养治国济民人才的场所。在教学方法上，北宋书院完全依附于科举，所传授者为文辞章句之学，因此流行的是那种诵习辞章的呆板而单一的教学方法。湖湘学者的教学方法灵活多样，不仅口授，也可以师生互相论辩；不仅由老师发问，也可以由学生问难；不仅要求泛观博览，而且要求躬行践履而不务空谈。此外，老师往往在要求学生自学的同时，给以学习方法的指导，诸如循序渐进、博约相须、学思并进、慎思审择等各种读书方法。

书院的组织功能也发生了变化。北宋书院是教学基地，只能实现其教育功能。南宋以后，湖湘学者使书院发展成为学术基地，增加了学术研究功能。在碧泉书院讲学时，胡安国完成了代表作《春秋传》，胡宏则完成了代表作《知言》《皇王大纪》等。张栻主教岳麓、城南两院时，撰述了《孟子说》《论语说》《南轩书说》等各种著作。学者们还以书院为基地展开学术讨论，除了师生之间经常就当时学术界争论得比较多的问题展开讨论外，不同学派的学者亦可在书院展开学术讨论，并形成了一种会讲制度。由于湖湘学者创办和主持书院，使得书院组织趋于成熟和完善，真正显示出自己的办学特色，并在此基础上形成了学派性书院。湖南书院能够发展到成熟和完善的阶段，完全是湖湘学者积极倡导书院讲学的结果。

其次，书院的地位和影响力不断加强。书院是否具有影响力，往往与其学术领袖的影响力息息相关。据《岳麓书院山长考》《岳麓书院名人传》等书籍记载，被奉为湖湘学术圭臬的岳麓书院，史料记载的山长有55位。他们大多数是著名学者和教育家，对书院

① 张栻．潭州重修岳麓书院记［M］//张栻全集．杨世文，王蓉贵，校点．长春：长春出版社，1999：693.

建设发展和人才培养起着重要作用。

此外，湖南书院的各种学术会讲活动也促进了湘学发展。书院的会讲活动，始于宋乾道三年（1167）张栻、朱熹的岳麓书院会讲。其时湖湘学子纷纷前往，岳麓书院出现“舆马之众至，饮池水立竭”的空前盛况，元代学者吴澄在《重修岳麓书院记》中就指出，朱张会讲之后，“岳麓之为书院，非前之岳麓矣”。[1] 此后，陈傅良、朱熹、真德秀等理学大师曾先后讲学于此，培养出以吴猎、赵方、彭龟年等人为代表的岳麓诸生，他们构成湖湘学派的主要学术力量，发扬创始人胡安国、胡宏等人的经世致用思想，力主抗金，彪炳史册。嘉靖年间，湛若水多次率弟子游历南岳，会讲于石鼓书院。阳明王门弟子季本、罗洪先、张元忭、邹元标等人，也曾先后到岳麓书院讲学，资料记载当时“四方之士从游甚众”。显然，这些讲学活动对于湖湘理学经世精神的发展传承是具有积极意义的。

总而言之，湖南传统的书院对于湘学精神的传承起到了巨大的作用，书院培养造就了大量湖湘士人。书院的普及以及文化传播活动，拓展了湖湘文化分布的广度；书院士人的学术研究与创新，提升了湘学精神的理论思维高度。湘学在历代书院的传承下，不断积淀，在特定的历史时期终于绽放出绚丽的光彩。

三、“理学之邦”对于近代湘籍人才群体的作用

综上所述，湖南作为“理学之邦”，内含两个因素：一为理学理论之发达，一为理学传播载体书院之发达。这两种因素，孕育近代湘籍人才群体。尤其湘系经世派和湘军集团这两个人才群体与理学关系密切，两者之间，有着某种直接的传承关系。

近代湘籍经世派严如熤、陶澍、贺长龄等人均就读于湖南理学

① 吴澄. 岳麓书院重修记［M］//陈谷嘉，邓洪波. 中国书院史资料. 杭州：浙江教育出版社，1998：322.

中心岳麓书院。严如熤和贺长龄还师从当时的理学大家罗典，罗典对他们的影响很大，从严如熤给罗典做的传记可见一斑。传中说：

先生立教，务令学者陶泳其天趣，坚定其德性而明习于时务。晨起讲经义，暇则率生徒看山花，听田歌，徜徉亭台池坞之间，隐乌皮几生徒藉草茵花，先生随所触为指示。忆甲辰冬夜，偕彭薄墅、向鲁斋、陶士升、周莲若、秦竹浯、李白桥、吴桃溪、罗麓西诸友同侍，有叩礼有犯无隐之义者，先生曰：汝知圣人勿欺之训乎！勿欺者，先勿自欺。古之人有其善而陈为其难。而责有感格之实者存焉，否则折槛引裾未能信其无欺矣。又有言居官不贪庶几良欤。先生曰：难言也，不贪荣利自好者勉焉，不贪于名君子或未之能，有贪名心，则察察为明，皦皦为洁，煦煦为仁，甚或假托圣贤以误世，且但不贪则恬淡寡营而已。国计民生奚赖焉。先生之以中道裁狂狷多类此。三十年来，大湖以南人材辈出，登甲第，内外蒙擢用，暨孝廉明经，以行品才猷文学著名者，数百人，门墙之盛为从来所未有。①

贺长龄也受恩于罗典。罗典对贺长龄寄予厚望，在他的悉心教导之下，贺长龄学识渐进。陶澍与罗典也有渊源关系。陶澍少时便随父亲陶必铨就读于岳麓书院。陶必铨（1755—1805），字士升，号萸江。曾肄业于长沙城南书院、岳麓书院，也是罗典的学生。终生以教书授徒为业，先后在乡村、县城、益阳等地设馆兴学。陶必铨一生研究学问，著述颇丰。② 陶澍一直跟随陶必铨，无论是陶必铨求学、教书、办事，陶澍都从未离开，即“自幼跬步弗离”。因此，由于父亲陶必铨的关系，陶澍受罗典的影响也较大。湘系经世派的其他人物如贺熙龄、唐鉴等人，受理学浸染也很深。唐鉴自身便是名重一时的理学大师。他自少研读理学性道，独宗洛闽程朱，

① 严如熤．严如熤集［M］．长沙：岳麓书社，2013：93-94.
② 陶澍．陶澍集［M］．长沙：岳麓书社，1998：246-247.

认为理学要义八字即可概括，“检摄于外，只有整齐严肃四字；持守于内，只有主一无适四字”①。他撰《清学案小识》十五卷，概述了清初程朱理学的发展，是当时权威性的学案著作。

由于岳麓书院和严如熤、陶澍、贺氏兄弟及唐鉴等人的激荡张扬，晚清的湖南成为理学气氛最浓厚的省区之一。在这种学术氛围的熏陶下，曾国藩、左宗棠、胡林翼、罗泽南、刘蓉等湘军人物无一不是坚定的理学信徒。

曾国藩早岁就研习理学，授翰林院编修后从唐鉴学。唐鉴诫曰：“当以《朱子全书》为宗。”② 曾国藩从此“一宗宋儒”，并按理学要求严格地身心修养训练。此后，曾国藩即使在戎马倥偬之时犹取《理学家传》等书批览，对程朱理学的虔敬态度可谓终生不改。左宗棠六岁起就攻读朱熹《四书集注》，达到“一字不许放过”的程度。并手抄陆陇其《读朱随笔》一册，力行“寡言”“养静”功夫。中年主讲醴陵渌江书院时又以朱熹《小学》为书院学规，日间著录，朔望月讲，都以阐发理学为主要内容。罗泽南家居时“究心洛闽之学”，终生崇奉程朱理学，著《人极衍义》《周易朱子本义衍言》等书以发挥理学要义。刘蓉早岁“潜心理学”，对程朱理学尊奉到了迷信的程度，他认为“夫程朱不可议，议程朱者非亡则诞”③。

第二节　“船山之学”对近代湘籍人才群体的熏染

“船山之学”为湖湘文化之奇观，是古代湘学过渡到近代湘学

① 陆宝千. 刘蓉年谱［M］. 台北：台湾“中央研究院”近代史研究所专刊. 1979：23.

② 曾国藩. 曾国藩全集：日记一［M］. 长沙：岳麓书社，1995：92.

③ 梁启超. 梁启超论清学史二种［M］. 朱维铮，校注. 上海：复旦大学出版社，1985：120.

的桥梁，博大精深。从曾国藩到毛泽东，中经谭嗣同、黄兴等人，无一例外都受过其熏染；近代各湘籍人才群体，无不从中吸取思想养料。以个人而论，可以说“船山之学”的创立者王夫之对近代湘籍人才群体影响最大。

一、古代湘学过渡到近代湘学的伟大思想家

“船山之学”的创立者是王夫之。王夫之（1619—1692），字而农，号薑斋，因晚年筑室石船山下，后人称为船山先生。湖南衡阳人。“船山之学”便是其理论学说的统称。王夫之少时读儒家经典，注重实际，关心时事，喜从人问四方事，凡江山险要、士马食货、典制沿革，皆极意考究。14岁中秀才，崇祯十五年（1642）中举人。李自成农民起义军攻破北京，大明皇朝灭亡，吴三桂引清军入关，王夫之投笔从戎，加入南明抗清斗争。南明永历政权灭亡后，誓不出仕。此后40余年中，著述百余种，内容涉及哲学、政治、法律、军事、历史、文学、教育、伦理、天文、历算，以及佛道等。最主要的代表作有《周易外传》《尚书引义》《读通鉴论》《张子正蒙注》《噩梦》《宋论》《黄书》等。他是中国历史上一位伟大的唯物主义思想家。

政治思想方面，王夫之主张统一，反对分裂，充分肯定秦始皇统一中国的业绩；主张改革，具有“趋时更新”的“法后王”思想；提出“循天下之公”，“不以一人疑天下，不以天下私一人”；[①]主张选贤使能，“以天下之禄位，公天下之贤者”[②]。

在哲学上，王夫之总结和发展了我国历史上的唯物主义思想，用“道”和“器”来阐明精神和物质的关系，提出“天下唯器而

---

① 王夫之．黄书：宰制［M］．北京：中华书局，1979：17.

② 王夫之．读通鉴论：卷三［M］//船山全书：第一〇册．长沙：岳麓书社，1988：134.

已矣”[1]，“据器而道存，离器而道毁”[2]。即认为精神性的“道”是由物质性的“器”所产生的。在认识论方面，强调知行统一。他还发展了中国古代朴素的辩证法思想，在张载“一物两体”思想的基础上，提出“合二以一者，既分一为二之所因有”。认为世界上没有不含矛盾的事物，运动是阴阳对立引起的，是事物固有的属性，从而否定了从老子到宋明理学所持的形而上学的绝对静止观。他运用“理势统一”的历史进化思想研究和分析历史，认为“理在势中”，国家的治乱存亡，制度的迁移更举，皆“理势之必然”，从而得出人们必须善于审时度势、及时变法的结论。

王夫之的学术思想，从其渊源看，同湖湘学派有着密切的关系，在许多方面明显体现出对湖湘学的承续和发展。在人性论方面，湖湘学的传统肯定人欲合理，认为“圣人不绝欲”。王夫之也是如此，并进一步提出和论证了“理寓于欲”和“理欲皆自然”的命题，认为“离欲而别无理”，批判程朱理学和陆王心学所宣扬的“存天理，灭人欲”的理欲分离说，认为理欲都是人性，是合一的，不能离开人欲去找纯粹的天理，也不能离开天理去找纯粹的人欲，天理与人欲相依不相离。在知行观方面，王夫之批判程朱的“知先行后”的唯心主义知行观，明确提出“知行始终不相离”，肯定“行”的主导作用。湖湘学虽属理学学派，但主张把理学同经世致用结合起来，讲求务实。湖湘学派的这一学术宗旨也给王夫之以很大影响。王夫之以毕生的精力研究传统的经学和史学，但他批判理学和王学末流的空疏、荒诞，致力于传统理学和史学的辨析、总结，注重以史为鉴，习经致用。

湖湘学在元、明两代沉寂数百年后，经王夫之继承、发扬而复盛，并且通过王夫之而对近代湘学产生了很大的影响。湖南近代出

---

① 王夫之. 周易外传：系辞上传［M］. 北京：中华书局，1977：203.

② 王夫之. 船山全书：第一册［M］. 长沙：岳麓书社，1988：861.

现的几个人才群体，大都十分推崇王夫之，并深受其思想的影响。谭嗣同称赞道："五百年来学者，真通天人之故者，船山一人而已。"① 所以他不仅以"私淑船山"自称，而且十分自觉地学习其"精义之学"，在有关论著中经常引据、发挥其唯物主义的道器论和变化日新的辩证法思想。从曾国藩、郭嵩焘、王闿运、刘人熙、杨昌济等人的日记中都可以看出，《船山遗书》是他们的案头必备之书，经常从研读中吸取有关经学、哲学、史学、文学、政治、经济等多方面的思想营养。特别是船山"严春秋夷夏之防，抱冠带沉沦之隐"的民族主义思想，在清末更成为一面反满革命的旗帜，不少革命志士皆因"少读船山遗书，慨然有兴汉灭满之志"。正如梁启超相当客观而概括地指出的那样："船山在清初湮没不彰，咸同以后，因为刊行遗书，其学渐广，近世的曾文正、胡文忠都受他的熏陶，最近的谭嗣同、黄兴亦都受他的影响。清末民初之际，智识阶级没有不知道王船山的人，并且有许多青年作很热烈的研究，亦可谓潜德幽光、久而愈昌了。"② 船山学对近代湘学的影响，于此可见一斑。从这点看，王夫之不愧为近代湘学转型的先驱者。

二、"船山之学"与湘军人才群体

彰显"船山之学"之功，首推湘军人才群体。"船山之学"虽然体系博大精深，内涵极为丰富，但由于王夫之具有极强烈的民族主义思想，拒绝归顺清朝，所以其浩繁的著述在清初湮灭不彰。直到两百年后的 19 世纪 40 年代才有邹汉勋、邓显鹤整理编校的《船山遗书》问世，但搜集不全，流传亦不广。

在镇压太平天国中崛起的以曾国藩为代表的湘系汉族地主官僚集团，多为儒士出身，善于总结前人得失，吸取前人优秀成果，鉴古知今。早在道光二十五年（1845），郭嵩焘即与邓显鹤有来往，

---

① 梁启超．清代学术概论［M］．上海：上海古籍出版社，1988：19-20.

② 梁启超．儒家哲学［M］//饮冰室合集：第 12 册．北京：中华书局，1989：62.

到过邓氏所居之南村草堂拜谒。湘军集团的另一位创业者江忠源也是邓显鹤的好友。还在与太平天国殊死搏斗的戎马疆场，曾国藩即令收集、整理、刊刻船山遗书。此书在清同治元年（1862）由曾国荃策划重刻，由欧阳兆熊主其事，张文虎、刘毓崧等人分任校雠，开工于安庆，完事于金陵。曾国藩校阅了三分之一以上的篇幅，“订正讹脱百七十余事”①。经过曾国藩、曾国荃兄弟的几年努力，《船山遗书》于清同治四年（1865）十月正式出版，共 56 种 280 卷，其规模、内容都远远超出了邓显鹤所编。郭嵩焘十分感慨“其遗书五百卷，历二百余年而始出，嗟既远而弥芳”②。清同治九年（1870），郭嵩焘担任长沙城南书院院长，在修复书院的同时，又建立船山祠堂，并亲自做碑记、撰祠联，盛赞王夫之为“元明两代一先生”。清光绪二年（1876），行将出使英国之际，专门向朝廷上了一道《请以王夫之从祀文庙疏》，指出：“所著经说，言必征实，义必切理，持论明通，确有据依。亦可想见其学之深邃。而其他经史论说数十种，未经采取甚多。其尤精者《周易内传》《读四书大全》，实能窥见圣贤之用心而发明其精蕴，足补朱子之义所未备。”③ 此奏为礼部所格，未获批准，郭嵩焘曾为此“垂涕竟日”。清光绪七年（1881），王夫之诞辰的这天，在郭嵩焘发起创立的禁烟公社和思贤讲舍的一次纪念船山的仪式上，他指出：“禁烟公社与思贤讲舍相附丽。初定章程，岁凡四集，以屈子、周子及船山先生及曾文正公生日，略志景仰先贤之意。”④ 由于曾国藩兄弟和郭嵩焘等人对王夫之大力推崇，船山之学风靡湖湘，影响全国。

王夫之是反清志士，而曾国藩等湘军集团是拯清廷于困境的重臣，他们为什么推崇船山之学？船山之学对他们产生了何种影响？

① 曾国藩．曾国藩全集：诗文［M］．长沙：岳麓书社，1995：277.
② 郭嵩焘．郭嵩焘诗文集［M］．杨坚，点校．长沙：岳麓书社，1984：538.
③ 郭嵩焘．郭嵩焘奏稿［M］．长沙：岳麓书社，1983：351.
④ 郭嵩焘．郭嵩焘日记：三［M］．长沙：湖南人民出版社，1982：216.

关于第一个问题，晚清以来一直众说纷纭。最具代表性的是章太炎的“忏悔说”。章在1933年上海太平洋书店本《船山遗书·附序》中说：“以曾氏壹志为胡清效死，晚犹刻而农（王船山字而农）书以悔过。其言之感人，岂有量也。世之诵其书者，勿扭于曾氏前事可也。”然而，此说大可商榷。首先，如前所述，曾国藩等人重刻《船山遗书》是在清同治元年（1862），清同治四年（1865）正式完工。正值曾国藩为挽救清廷统治大力镇压太平天国之际，怎么可能为之而忏悔呢？其次，曾国藩在刊印船山遗书时，做了大量删纂，把王夫之反清复明的言论剔除，以此表明忠于清廷的立场。单凭这两点，怎么可能得出“忏悔”的结论呢？

第一个问题和第二个问题有连带之关系，关于这两个问题，当代学者均有解释，比较有代表性的意见有两种：第一种看法以郑焱为代表。他认为，曾国藩等人之所以推崇船山之学，一是以“船山之学”有关儒家的“仁”“礼”思想来整合传统的伦理纲常，防止再次爆发大规模的农民起义；二是借船山学说来消除封建统治集团内部的“朋党之争”；三是推崇王船山为儒学大师，以此光大湖湘文化。第二种看法以周辉湘为代表。他指出，湘军人才群体之所以推崇王夫之并受其影响，主要是两个方面的原因和表现：一是利用和改造王夫之的“尊王攘夷”学说，提出“师夷以制夷”的主张；二是利用和改造王夫之的“西学中源说”，作为向西方学习的重要理论依据。

上述两种解释，第一种郑焱的看法，除了肯定王夫之在学术方面对湘军集团的积极影响以外，另外在政治方面，主要是强调湘军集团利用船山之学为封建统治服务，无进步性可言。第二种周辉湘的意见，主要是强调在向西方学习方面船山之学对湘军集团的积极影响。

这两种解释，都有各自的道理，但由于都是部分的解释，因而又不全面和完整。综合这两种解释，结合当时的历史背景，我们认为，以曾国藩为代表的湘军人才群体之所以推崇王夫之，原因是多方面的，船山之学对其影响也是多方面的，且有一个演变的过程。

撇开学术影响不谈，但就政治影响而论，起初在湘军集团与太平天国农民起义军激烈搏斗的时期，以曾国藩为代表的湘军集团推出船山之学，主要是为了对付农民起义，特别是为了防止大规模的农民起义再次爆发。对付和防止农民起义的理论武器主要就是以“仁”“礼”思想为核心的封建伦理。王夫之是儒学大师，他的思想没有超出儒家“仁”“礼”思想的藩篱。他“注《正蒙》数万言，注《礼记》数十万言，幽以究民物之同原，显以纲维万事，弭世乱于未形”[①]。他论述道：“礼者天理自然之则也”[②]，“夫礼之为教，至矣大矣，天地之所自位也，鬼神之所自绥也，仁义之以为体，孝弟之以为用者也”[③]。可见他对“仁”“礼”特别看重，其目的是为了维护封建纲常。这一点正好与曾国藩合拍。曾国藩也是个封建礼教的卫道士，在政治实践中自然要效忠于封建君主，维护封建君主统治。危及封建君主统治，除封建统治集团内部自身相互倾轧以外，不外乎两种情况：或是农民起义，或是异族入侵，或是这两种情况同时出现。王夫之所处的时代，危及明王朝统治的先是明末张献忠、李自成领导的农民大起义，后是清军队入关，两相比较，对明王朝统治威胁最大的还是清入关，故王夫之虽然也痛恨农民起义，指责张献忠、李自成起义犯上作乱成为清帮凶，但“两害相权取其轻”，他把“尊王攘夷”放在首位，重点是抵抗清军队。

曾国藩湘军集团所处的形势与王夫之类似，清王朝也面临太平天国农民起义和外国资本主义入侵的夹攻。对于太平天国农民起义和外国资本主义入侵，曾国藩湘军集团也有一个“两害相权取其轻”的问题。不过曾国藩湘军集团与王夫之不同。王夫之是把清当

① 《王船山遗书》序［M］//曾国藩全集：诗文. 长沙：岳麓书社，1995：278.

② 王夫之. 船山全书：第六册［M］. 长沙：岳麓书社，1988：819.

③ 王夫之. 读通鉴论［M］. 北京：中华书局，1975：645.

作“夷”，当作主要的敌人；而曾国藩湘军集团是把西方列强当作夷，把清王朝当作效忠的对象，把太平天国农民起义作为镇压的对象。之所以不同，还是因为历史背景不同。王夫之的时代，一方面是清统治者实行民族歧视和民族压迫政策，对汉族统治尤为残酷，另一方面王夫之也难以摆脱历史的局限，不可避免地保留大汉族主义狭隘的民族观，这两个方面的结合，使王夫之自然而然把清当作“夷”，当作主要的敌人。而湘军的时代不同。清贵族入主中原以后，建立起来的是清贵族和汉族地主阶级的联合专政，曾国藩等湘军集团的首脑人物本身就是统治集团的一员，他们自然不会再把清视为“夷”，他们所说的“夷”，指的是外国侵略者。在清王朝处于太平天国起义和外国侵略的夹攻下，在当时太平天国起义成为清王朝统治主要威胁的情况下，曾国藩湘军集团自然把主要矛头指向太平天国。不过，在西方侵略者咄咄逼人的情况下，曾国藩湘军集团也有一个“尊王攘夷”的问题。即便在湘军与太平天国激烈搏斗的时候，虽然湘军集团把“攘夷”放在次要地位，但仍含有“攘夷”的因素。例如曾国藩就曲解了太平天国的“拜上帝”教，不顾其宗教外衣所包裹的革命内容，把它当作西方的天主教加以排斥，进而把镇压太平天国与“攘夷”联系起来。他在给友人的信中表白：“逆匪崇天主之教，弃孔氏之经；但知有天，无所谓君也；但知有天，无所谓父也；灭中国之人伦，从夷狄之谬妄……乃尧舜以来之奇变，我仲尼之所痛哭于九原（泉）者也。”①

随着太平天国起义的失败，曾国藩湘军集团的重心转向“攘夷”，为此发起了洋务运动。洋务运动的目的是“师夷长技以制夷”。为了排除封建顽固守旧派的阻挠，曾国藩湘军集团利用和改造了王夫之的“西学中源”说与“器体道用”说。王夫之是“西学中源”说的始作俑者。当时对于西方的自然科学，思想界普遍表

① 曾国藩．曾国藩全集：书信一［M］．长沙：岳麓书社，1990：473.

示怀疑，他则比较客观地认为西方文化也有某些长处，并在此基础上，进一步指出这些长处是中国古代圣贤早就有的。“西夷之可取者，唯远近测法一术，其他则皆剽袭中国之绪余”①。这是一种早期的“西学中源”说。但是王夫之的出发点不是倡导西学，而是论证西学不如中学，保持崇古尊祖，天朝上国观念。他认为：“近世洋夷利玛窦之称天王，敢于亵鬼倍亲而不恤也，虽以技巧之文归之狄而已矣。”② 显然，王夫之等人的“西学中源”说，主要是防范和抵御西学的影响，反映封建士大夫对西方文化的虚骄心态。但是，“西学中源”说毕竟有利于学习西方的科学技术，故曾国藩等人接过王夫之的“西学中源”观，把反对西学的旧西学观改造演变成师事西学的新思潮，为“西学东渐”披上了合法外衣。

王夫之的“器体道用”说也为曾国藩等人所利用。王夫之在解释体用关系时指出：“体以致用，用以备体”，同样，本末、道器之间的关系也是“物之有本末，本者必末之本，末者必本之末”。“道为器之本，器为道之末，此本末一贯之说也。”在他看来，“用”包含着本体的效用、功能和属性，“用”附于“体”，体用之间并没有鸿沟。他同时坚持变者用也，不变者体也。他又进一步把它引导到分析社会现象，把“道”与“器”规定为社会治理原则，伦理规范和社会制度的关系，坚持“事随势迁，而法必变”的社会进化论和变革观。曾国藩和郭嵩焘等人从中找出“体用论”，并根据自身需要对“体用”加以解释，构成洋务思潮的又一新西学观，即“中体西用”论。

三、“船山之学”与湖南维新人才群体

“船山之学”对湖南资产阶级维新派影响也很大。维新志士谭

---

① 王夫之. 船山全书：第一二册：思问录外篇［M］. 长沙：岳麓书社，1992：635.

② 王夫之. 周易外传［M］. 北京：中华书局，1962：159.

嗣同自言“为学专主船山遗书，辅以广览博取”[①]，赞颂船山“膺五百之运，发斯道之光，出其绪余，犹当空绝千古”[②]。在哲学、政治思想，以至文风各方面，他都深受王船山的影响。正是抱着“为天地立心，为生民立命，以续衡阳王夫之之绪脉”[③] 的信念，谭嗣同投入了湖南维新运动。此外，湖南维新运动的参加者唐才常“素服王船山之学说”[④]，皮锡瑞称船山“负绝人之姿，为举世不为之学”[⑤]，欧阳中鹄更取号“瓣薑”（王船山号“薑斋”），以示敬仰。他们和时务学堂年轻学生蔡锷、林圭一样，都深受船山学说的感染熏陶，奠定了变革思想的基础。船山学说在维新时期受到如此的尊崇和具有广泛的影响并不偶然。王船山身处天崩地裂的变动时期，著作中很注重兵事致强之道，而甲午战争后的中国也恰逢千年来未有之奇变，亟求富强之策，两者相应，极易产生共鸣。恰如谭嗣同所言，“今之世变，与衡阳王子所处不无少异，则学必证诸实事，以期可起行而无窒碍”。[⑥]

比较曾国藩湘军集团，湖南维新志士在运用“船山之学”时有两点不同：

一是在运用王夫之的“器体道用”说时，曾国藩集团从中引申出“中体西用”，目的在于推行洋务运动，仅限于学习和引进西方的科学技术，而不涉及政治制度的改革。湖南维新志士则不然，他们从王夫之的“道不离器”的观点中，得出器变道亦变的结论。谭

---

① 蔡尚思，方行．谭嗣同全集：石菊影庐笔识［M］．增订本．北京：中华书局，1998：138.

② 蔡尚思，方行．谭嗣同全集：论艺绝句六篇［M］．增订本．北京：中华书局，1998：77.

③ 蔡尚思，方行．谭嗣同全集：兴算学议［M］．增订本．北京：中华书局，1998：164.

④ 周辉湘．论王船山思想对湖南近代三大人才群体的影响［J］．船山学刊，2003（3）：21.

⑤ 皮锡瑞．经学历史［M］．周予同，注．北京：中华书局，1959.

⑥ 郑焱．王船山与近代湖湘文化［J］．湖南社会科学，1988（试刊）：73-74.

嗣同论述道："故道，用也，器，体也。体立而用行，器存而道不亡"，"器既变，道安得不变"，"不力治今之器，徒言古之道，终有何益"。① 这样就突破了当时占主导地位的器可变而道不可变，西方技艺可学而政治制度不可取的思维框架，要求"酌取西法，以补吾中国古法之亡"②。不单单如此，湖南维新志士还进一步运用王夫之的"趋时更化"的进化发展理论，作为变法的理论依据。王夫之认为天地宇宙间一切都在永恒的发展变化之中，所谓天地之化日新，如果事物久不变动更新，必趋腐败，所以"守其故物，而不能日新，虽其未消，亦槁而死"③。湖南维新人士从中引发出"天以新为运，人以新为生"④，"道与时为推移，器于世为变通"的变革观念，疾呼在民族危亡、国将不国之际，必须废弃过时的旧法而采用应时的新法，且要求一切"尊新"，以达"新民""新学""新心"的目的。

二是在曾国藩集团利用王夫之的"尊王攘夷"说时，采纳的是王夫之的"仁""礼"封建纲常名教等消极的东西，他们所说的"攘夷"，虽然将"夷"界定为西方资本主义列强，表现了近代民族主义的观点，有其进步的一面，但也有转移中国人民斗争的视线，为清王朝统治服务的目的。湖南维新志士则充分发挥王夫之学说中含有的"不以一人疑天下，不以天下私一人"反君主专制主义思想，称其为"纯是兴民权之微旨"⑤，并把它和已开始传入中国的西方民主观念相混合，提出带有近代民主主义性质的主张。在这方面，谭嗣同尤为典型。他指出："生民之初，本无所谓君臣，则皆民也。民不能相治，亦不暇治，于是共举一民为君"，所以"君

① 蔡尚思，方行．谭嗣同全集：报贝元征［M］．增订本．北京：中华书局，1998：197.

② 同①201.

③ 王夫之．船山全书：第一二册［M］．长沙：岳麓书社，1996：434.

④ 蔡尚思，方行．谭嗣同全集［M］．北京：中华书局，1981：2.

⑤ 蔡尚思，方行．谭嗣同全集［M］．增订本．北京：中华书局，1998：464.

也者，为民办事者也；臣也者，助办民事者也”。[①] 对于封建纲常名教，谭嗣同给予辛辣的批判，《仁学》尖锐地指出：“君为独夫民贼”，“窃国大盗”，封建君主制度是封建社会万恶的根源，“两千年来，君臣一伦，尤为黑暗否塞，无复人理，沿及今兹，方愈剧矣”。谭嗣同等湖南维新志士批判封建专制主义的目的是为了推行西方资本主义的民主制度，实行议会政治。他们指出：“五洲强弱盛衰之枢纽，恒于议院觇之，报馆书其伟论，流布环球，若血轮灌注周身，脑筋知觉运动其百体，无或窒滞。”主张“民权与君权两重”。在民族观方面，湖南维新志士则继承王夫之反满的民族意识。王夫之亲眼看到满洲贵族入关，对汉族为主的广大人民进行血腥屠杀的惨相，激起了他深刻的民族仇恨。在民族利益和忠君两者之间，他把民族利益放到首要地位。认为维系君臣名分只是“一时之大公”，而保卫民族利益则是“古今之通义”，前私而后公，公重而私轻，认为君权“可禅、可继、可革，但不可使异类间之”。王夫之这种民族利益高于君主利益的思想，突破了传统的“忠君”观念的束缚，是中国古代爱国主义思想的高峰。

谭嗣同等湖南维新志士几乎是毫无批判地接受王夫之的民族观念，发展为反满的革命思想。谭嗣同对清朝贵族实行残酷的民族压迫和腐朽的黑暗统治进行了无情揭露，指斥满清贵族“其土则秽壤也，其人则膻种也，其心则禽心也，其俗则毳俗也”，指出其入侵是“马足蹴中原，中原墟也，锋刃拟华人，华人靡也”。而对中国的统治是“锢其耳目，桎其手足，压制其心思，绝其利源，窘其生计，塞蔽其智术；繁跪拜之仪以挫其气节，而士大夫之才窘矣；立著书之禁以缄其口说，而文字之祸烈矣”[②]！他带着痛切的心情，以凌厉的笔锋，历数清朝统治者的种种罪恶：割地赔款、丧权辱

① 蔡尚思，方行．谭嗣同全集［M］．增订本．北京：中华书局，1998：339.

② 同①58.

国、愚民黔首……他把推翻清朝贵族统治与救国结合起来，认为事实已经很清楚地证明，乞求变法以救国，走日本明治维新和“大彼得”的道路是绝对走不通的，唯有效法法国革命起而造反，才是唯一出路。他说：“法人之改民主也，其言曰：‘誓杀尽天下君主，使流血满地球，以泄万民之恨。’朝鲜人亦有言曰：‘地球上不论何国，但读宋明腐儒之书，而自命为礼仪之邦者，即是人间地狱。’夫法人之学问冠绝地球，故能唱民主主义，未为奇也；朝鲜乃地球上最愚暗之国，而亦为是言，岂非君主之祸无可复加，非生人所能任受耶?”① 从表面来看，谭嗣同等湖南维新志士是在重复王夫之的狭隘的民族观，比较曾国藩湘军集团是一种倒退，但考虑到清王朝事实上已成为外国资本主义的附庸，成为阻碍中国社会进步的反动力量，从这个角度看，谭嗣同等湖南维新志士的反满，是可以理解的。

四、“船山之学”与湖南辛亥革命人才群体

辛亥革命时期，湖南的资产阶级革命派于“船山之学”，最显著的特点就是高扬其民族精神，大倡反满革命。之所以如此，总而言之是资产阶级革命的需要，分开来说是由两个原因造成的：

一是清光绪二十六（1900）随着义和团运动的失利和八国联军攻入北京，穷途末路的清王朝突出地表现出清贵族的狭隘性，一方面下令清军配合帝国主义镇压义和团运动；另一方面确立“量中华之物力，结与国之欢心”的方针，百般讨好外国帝国主义，大肆出卖国家主权，与帝国主义国家签订了空前丧权辱国的《辛丑条约》。这表明清王朝已完全成了“洋人的朝廷”，不推翻清王朝统治，中国不仅没有出路，还面临着亡国灭种的危险。在这种情况下，湖南的资产阶级革命派杨毓麟、秦力山、黄兴、周震鳞等人“决定以根

① 蔡尚思，方行．谭嗣同全集［M］．增订本．北京：中华书局，1998：343.

本推翻清朝，光复中华，建立共和政体为以后革命的奋斗目标”；其步骤是“首先利用满汉不平等的积年界限，宣传鼓动民族革命，然后进一步推动民权革命”；方法是“从文化教育事业入手，兴学办报，制造舆论，尽情抨击清朝政府的腐朽政治，特别着重揭露它丧权辱国的媚外政策，从而唤起全国人民的爱国革命思想”。[①] 从维新到革命这是湖南志士的一大转变。关于这一转变，杨毓麟自己稍后曾经说过：“乃者，庚子实试行之，举事不成，奋为鬼雄，而‘种界’二字劖入湖南人之脑中者，如压字机器之刻入纸背焉。”[②]

二是为了抨击康有为等保皇派。清光绪二十八年（1902）9月，《新民丛报》第16号发表了《南海先生辨革命书》一文，竭力宣扬所谓“凡物合则大，分则小；合则强，分则弱”的观点，并为清朝统治者歌功颂德，企图以此来对抗当时正在兴起的反清革命运动。宣称“吾中国革命诸人，号称救国者，乃欲分现成之大国为数十小国，以力追印度。人不分割我，而我自分割之，天不弱亡我，而我自弱亡之，何其反也！俄罗斯所以为大国者，岂不以旁纳诸种之故？满洲之合于汉，开蒙古、回疆、青海、卫、藏万里之地，为中国扩大之图，教化既益广被，种族更增雄厚，乃大有益于中国者也”[③]。显然，康有为理论之一，乃以满汉一合为一种族，作为消弭反满革命的根据。

要推行民族革命，驳斥康有为的谬论，最有力的理论武器之一就是王夫之的民族主义。王夫之的民族情绪极为强烈，尤其是对清入主中原更是深恶痛绝。他多次说：“夷狄者，歼之不为不仁，杀之不为不义，诱之不为不信。何也？信义者人与人相与之道，非以

① 周震鳞．关于黄兴、华兴会和辛亥革命后的孙黄关系［G］//湖南文史资料选辑修订合编本：第1期．长沙：湖南人民出版社，1981：75-76.

② 杨毓麟．新湖南［M］//饶怀民．杨毓麟集：论著．长沙：岳麓书社，2001：32.

③ 同②29-30.

施之夷狄者。”[①] 因为这个缘故，湖南的资产阶级革命志士都信奉王夫之的民族主义学说，在同康梁保皇派论战时，都运用这一利器。其中最为得力者，当属章士钊。他借王船山鼓动汉族从事光复的思想，大加发挥，斥清廷为“夷狄盗贼”，痛言“不忍见数百年无君父之国”，疾呼国人起而驱除“异族”盗贼，重兴沦亡之国。

应当指出，虽然湖南资产阶级革命派倡言反满革命是以王夫之的民族主义为蓝本，但也有发展，集中表现为两点：

一是反满和反帝是联系在一起的，从某种意义上说，反满是为了反帝，反满是手段，反帝才是最终目标。陈天华在批驳康有为的保皇说法时很明显表达了这个看法。他一针见血地指出，清政府已经完全沦落成了“洋人的朝廷”。他说：“你道今日中国还是满洲政府的吗？早已是各国的了！那些财政权、铁道权、用人权，一概拱手送与洋人。洋人全不要费力，要怎么样，只要下一个号令，满洲政府就立刻奉行”，因此“我们要想拒洋人，只有讲革命独立，不能讲勤王”。[②] 杨毓麟也指出清政府实际上已成为列强侵略中国的奴才与工具，“满洲政府为之伥，而列强为之虎；满洲政府为之囮，而列强为之罗”[③]。所以反帝必先反满，要争取国家独立，必先推翻清政府。

二是并非极端排满，而是把满族贵族与满族一般人民区别开来，斗争的目标是满族贵族统治者而不是满族人民。杨毓麟指出：清廷“二百年来之历史，皆爱新觉罗氏之罪状也。自光绪初政以迄于今，皆那拉氏西邸卖官之贸易所、梨园歌舞之淫乐图也”[④]。杨毓麟设想的是：在排满革命与反帝爱国的目标下，汉族人民首先要团结起来，再团结包括满族人民在内的其他民族，建立一个全新的

① 王夫之．读通鉴论：下［M］．北京：中华书局，1975：103.

② 刘晴波，彭国兴．陈天华集［M］．长沙：湖南人民出版社，1982：76.

③ 饶怀民．杨毓麟集：论著[M].长沙：岳麓书社，2001：44.

④ 同③55.

中央政府，以抵抗洋人的侵略，“以排满与排外二重之刺激力，迸入于汉种之心目，乃可以言吸集。汉种能自相吸集，且能提携满、蒙、卫、藏使自相吸集，而后能集权于亚洲中央政府以抵御白祸”①。

从以上两点来看，湖南资产阶级革命派在一定程度上突破了王夫之的狭隘民族观，形成了近代的民族主义，这是对王夫之民族观的扬弃，符合当时时代的潮流。总之，湖南资产阶级革命派从王夫之那里吸取思想养料，高举反满民族革命，在推翻清王朝统治的斗争中发挥了巨大的作用。当然，由于时代的局限，湖南资产阶级革命派的民族观仍然保留大汉族主义的意识，但那瑕不掩瑜。

五、“船山之学”与船山学社学人

辛亥以后，由于西方社会科学知识的涌入和新教育制度的确立，王夫之对湘省士人的影响已远不如前，但作为本省先贤，他的学说在知识分子中依然受到一定的重视。船山学社的成立，可为一例。

船山学社成立于 1914 年，发起人为刘人熙。船山学社的成立，是对时代的回应。辛亥革命推翻了清王朝的封建专制统治，建立了中华民国，但是并没有出现人民所期待的结果，相反却是袁世凯专权，妄图复辟帝制；军阀混战；帝国主义侵略有增无减；民不聊生；社会混乱，道德沦丧，旧道德受到冲击，新道德尚未立足。处于南北交通要冲之湖南，则更黑暗。“在民国成立后的八、九年间，南北军阀在湖南的交替统治频繁，使湖南政局飘摇不定。1911 年至 1920 年间，湖南都督（督军、省长）先后九易其手……”② 北洋军阀、黔军、桂军、湘军等都大肆出入湖南，导致战祸兵变接踵

① 饶怀民. 杨毓麟集［M］. 长沙：岳麓书社，2001：31.

② 黄纲正，周英，周翰陶. 湘城沧桑之变［M］. 长沙：湖南文艺出版社，1997：175.

而至，湖南人民深受其害。在这种情况下，刘人熙认为唯有提倡传统道德、保存国粹才能拯救民国，而具有高尚道德最可效法的人就是“上继孔孟，下启后贤，自濂溪以来，未能或之先也”① 的王夫之。他认为王夫之不顾个人安危得失去遁世著书以传圣人之道是高尚的道德情操，给后人能带来“一曰砺廉耻，一曰明责任，一曰惩慆逸，一曰祛顽旧”② 的鞭策作用。他希望以重建精神道德来拯救国家与社会，亦即船山学社成立之目的。

船山学社自成立后十余年间，聚集了一批知识分子，在研究王夫之学术思想和培养人才方面都取得了相当成就。例如，在培养人才方面，船山学社于 1917 年开办船山中学校，1921 年创设湖南自修大学，1922 年船山学社附设“实习学校”。湖南自修大学和附设“实习学校”学友、学生计有毛泽东、何叔衡、李维汉、贺民范、夏明翰、易礼容、罗学瓒等。这些人才在新民主主义革命和社会主义革命历史时期都做出了巨大贡献。

船山学社虽然成员庞杂，主流也主要是研究“船山学”中的伦理道德，但并不仅仅限于此。特别是其中的先进分子，多方面继承和扬弃王夫之的思想，将它汇入湖湘新文化。概而言之，大致表现为以下几个方面。

一是民族主义思想。船山学社的社员、主讲者之一杨昌济对王夫之的民族主义思想予以表彰，阐释说：“船山一生卓绝之处，在于主张民族主义，以汉族之受制于外来之民族为深耻极痛，此是船山之大节，吾辈所当知也。”③ 对其现实意义也予以充分肯定，指出：“今者五族一家，船山所谓狭义之民族主义不复如前日之重要，然所谓外来民族如英法俄德美日者，其压迫之甚非仅如汉族前日之

① 湖南船山学社．船山学报：1［M］．长沙：湖南师范大学出版社，2009：18.
② 同①59.
③ 杨昌济．杨昌济集［M］．王兴国，编注．长沙：湖南教育出版社，2008：512.

所经验，故吾辈不得以五族一家，遂无须乎民族主义也。”[①] 在近代条件下，把民族主义的锋芒指向帝国主义者，并非只有杨昌济，其他会员也大都有这种思想。王瀚声以王夫之“仁”之观为内容做讲演，但却贯穿着反帝的爱国思想。他认为“仁者以无欲为体”，“仁者负改良社会之任”，号召青年学子“急急自勉”以振兴国家。针对时弊，揭露和谴责帝国主义的侵略行径：“列强不德，侵我海权，以九十九年之租借，为强占之地，日俄战起，画我东三省地域为战区，为环球中立绝无之先例。迩日欧洲大战，波及我山东租借地之青岛，不得已，援日俄中立之例，画百里以为蚁斗之穴。”[②]“受役则失其自由，欧洲战祸，波及神州，我国宣布中立，顾全邦交至矣。山东滨海之同胞，忽遭蹂躏，吞声饮泣，呼吁无门，哀我惮人，何以堪此。”[③] 船山学社所宣扬的王夫之的民族主义思想，对青年人教育颇大。青年毛泽东受此影响，激发了他的爱国主义热情。他在《讲堂录》中，有把君臣之义视为“一时之正义”，而把“民心”向背、人民和民族的利益视为“万世之通义”的记录，这显然与王船山的“三义”说是直接相通的。正是有这样的认识，所以当袁世凯接受日本政府 1915 年 5 月 7 日的最后通牒，订立丧权辱国的“二十一条”时，毛泽东在一本揭露袁世凯卖国罪行的小册子《明耻篇》的封面奋笔题词明志：“五月七日，民国奇耻；何以报仇？在我学子！”[④] 这 16 个字充分表达了他慨然以雪耻救国为己任的满腔热忱。

二是公欲即理说。杨昌济等人赞同王夫之“人欲之大公，即天理之至正”的反对宋明理学中禁欲主义的思想，将之与西方伦理思

---

① 杨昌济．达化斋日记［M］．长沙：湖南人民出版社（内部发行），1977：47.

② 湖南船山学社．船山学报：2［M］．长沙：湖南师范大学出版社，2009：752.

③ 同②755.

④ 中共中央文献研究室，中共湖南省委《毛泽东早期文稿》编辑组．毛泽东早期文稿［M］．长沙：湖南人民出版社，2008：10.

想相结合，提出“禁欲主义以理性抑压感情，决不为欲望若快乐所动，此乃极反于人性之自然者也”，“感情欲望者，行动之原动力也，无之则行为不能成立，苟欲抑压之殄灭之，是使行为不可能也；且不独行为不可能而已，自己亦灭，自己既灭，则其所尊重不措之理性，亦不得不同归于灭，此岂非甚大之矛盾耶”![①] 青年毛泽东也反对把理欲对立起来，并把它发展为反对封建纲常理教和凭借所谓“天理”或“神权”压抑人性的封建统治者及其国家机器的思想。在《〈伦理学原理〉批注》中他提出在自己理性支配下，实现“精神之个人主义”，即“充分发达自己身体及精神之能力”，“至于最高”，从而使自己“内而思维、外而行事皆达正鹄”。[②] 他说：“个人有无上之价值，百般之价值依个人而存，使无个人（或个体）则无宇宙，故谓个人之价值大于宇宙之价值可也。故凡有压仰个人、违背个性者，罪莫大矣。故吾国之三纲在所必去，而教会、资本家、君主、国家四者，同为天下之恶魔也。”[③]

三是知行关系说。杨昌济对王夫之知行学说深有同感，说：“知则必行，不行则为徒知，言则必行，不行则为空言……博学、深思、力行，三者不可偏废。博学、深思皆所以指导其力行也，而力行尤要。力行为目的，而博学、深思为方法。”[④] 与之相同，蔡和森、毛泽东等人也都十分强调知行的辩证合一。1918 年 6 月，蔡和森提出“吾人今兹之所急者：一方要有适当之储养，一方要有适当之练习；得同时行之者，上也；一先一后者，次也；终于一才者下也”[⑤]。毛泽东特别强调“行”之重要性。在读《伦理学原理》

---

① 杨昌济．各种伦理主义之略述及概评［J］．东方杂志，1916，13（2~4）．

② 中共中央文献研究室．毛泽东传：1［M］．逄先知，金冲及．主编．北京：中央文献出版社，2013：34.

③ 毛泽东．《伦理学原理》批注［M］//中共中央文献研究室，中共湖南省委《毛泽东早期文稿》编辑组．毛泽东早期文稿．长沙：湖南出版社，1990：151-152.

④ 杨昌济．杨昌济集：［M］．王兴国，编注．长沙：湖南教育出版社，2008：246.

⑤ 蔡和森．蔡和森文集：蔡林彬给毛泽东［M］．北京：人民出版社，1980：1.

时，他论说“其知也，亦系经而知之”，指出人的认识，是从经验、实践而来，而不是先天获得的。他还批注道：“美学未成立以前，早已有美。伦理学未成立以前，早已人人有道德，人人皆得其正鹄。种种著述皆不过钩画其实际之情状，叙述其自然之条理。”①他还在一定程度上，把“行”与改造社会的革命实践活动联系起来，指出“无论什么事有一种‘理论’，没有一种‘运动’继起，这种理论的目的，是不能实现出来的”②。

第三节　湖湘学术传统对近代湘籍人才群体的孕育

至南宋湖湘学派出现，湖湘学术传统逐渐形成。湖湘学术传统根植于湖湘文化，一经形成，又有力地推动湖湘文化的发展。湖湘学术传统一为躬行践履，二为经世致用，三为兼容并蓄。湖湘学术传统，无论是在学术、思想方面还是在政治等社会实践方面，为近代湖南人才群体所继承和发扬，直接或间接地影响到整个近代中国社会。

一、湖湘学术传统与湖湘文化之关系

关于湖湘文化的定义，学术界有种种不同的看法，综合起来，大约有广义和狭义之分。广义的湖湘文化，是指在现今湖南地域范围内形成和发展起来的颇具特色的地域文化，它以屈原为代表的荆楚文化与外来的中原文化和湖南本土的苗蛮文化相结合为源头，是湖南各族人民具有特色的民风、民俗、社会心理、社会意识和科技

① 毛泽东.《伦理学原理》批注［M］//中共中央文献研究室，中共湖南省委《毛泽东早期文稿》编辑组. 毛泽东早期文稿. 长沙：湖南出版社，1990：216-217.

② 毛泽东．“湖南自治运动”应该发起了［M］//中共中央文献研究室，中共湖南省委《毛泽东早期文稿》编辑组. 毛泽东早期文稿. 长沙：湖南人民出版社，2008：464.

文化等的总和。狭义是指宋代以来今湖南省区范围之内的区域性文化，其内涵与本质是一种理学型的文化。

从湖湘文化的狭义来看，将南宋湖湘学派的创立作为湖湘文化的开端，从学术的角度有其道理。因为从周秦汉唐直至赵宋前期，湘中虽间出一二文人雅士，但此时湖湘实无学术可言，更谈不上自成学术流派。因此，论述湖湘的学术传统从南宋湖湘学派讲起，并且以湖湘理学学术传统作为主干，符合历史实际。然而，这不等于湖湘学术传统与湖湘文化（广义上的湖湘文化）毫无关联，相反，它植根于湖湘文化土壤之中。这从理学开山祖周敦颐的身上便可看出。

湖湘学派作为理学一分支，虽然形成于南宋，但其开创者却为北宋的周敦颐。周敦颐其理学继承《易传》及道家某些思想，以太极为理，阴阳五行为气，变化无穷，形成宇宙构成图式；以“诚”为“人极”，通过“主静”“无欲”，借以“立诚”，达到道德最高境界。他写过一篇著名的《爱莲说》，以莲花的清净香洁比喻人性的至善高洁，表达他对洒落人生境界和超越的人格理想的追求。他喜欢山水名胜，甘于淡泊，向往隐居生活，借此摆脱世间名利欲望的束缚，以求得宁静幽远的心境。宋蒲宗孟说他：“生平襟怀飘洒，有高趣，常以仙翁隐者自许”[①]，“乘兴结客，与高僧道人，跨松萝，蹑云岭，放肆于山巅水涯，弹琴吟诗，经月不返”[②]。他自己也作诗道：“老子生来骨性寒，宦情不改旧儒酸。停杯厌饮得醪味，举箸常餐淡菜盘。事冗不知筋力倦，官清赢得梦魂安。故人欲问吾何况，为道舂陵只一般。”[③]

从周敦颐的哲学思想和生活情趣来看，他受道家思想的影响比

① 周敦颐．元公周先生濂溪集［M］．长沙：岳麓书社，2006：137.

② 周敦颐．周敦颐集［M］．梁绍辉，徐荪铭，等，点校．长沙：岳麓书社，2007：169.

③ 周敦颐．任所寄乡关故旧［G］//濂溪志 八种汇编．王晚霞，校注．长沙：湖南大学出版社，2013：37.

较大。道家的思想早在春秋战国时期随着楚人南下传入湖南，成为湖湘文化的组成部分，读书颇广的周敦颐，不可能不熟悉。他曾对道家典籍《英真君长生金丹诀》十分欣赏，读后写有《读英真君丹诀》，赞曰："始观丹诀信希夷，益得阴阳造化机。子自母生能致主，精神会后更知微。"到战国中晚期，受道家出世思想影响，湖南还形成了一个隐士阶层，他们以老庄道家思想无为自然哲学为其基础，否定世俗的名利、权势、虚荣、金钱财富；以保全生命为其思想宗旨，认为保全生命的最佳办法是热爱自然、顺从自然，把自我投入到那无限伟大的大自然中去。显然，道家这种思想和情趣与周敦颐相当合拍。不过，周敦颐虽然受道家思想影响较深，却没有道家那种出世的消极思想。他为官30余年，以伊尹的志向为志向，把君子政治人格的理念付诸政治实践之中，始终致力于国家的治理。在治理国家、服务社会的政治实践中，他遵奉的是儒家礼治原则，说明他与儒家的出仕思想是一脉相承的。事实上，他创立理学，就是为了给儒学提供哲学理论支撑，以完成复兴儒学的使命。他在《太极图说》中坚持和强调儒学的价值立场，以儒家"中正仁义"的伦理规范作为"立人极"的准则，以实现"示人以日用常行至近至切之理"的目的，便是此意。表面看，周敦颐的从政与隐士情结、儒家的入世思想与道家的出世思想相互矛盾，但在宋人看来，何者有为，何者无为，何时当出仕，何时当归隐，是一种复杂微妙的学问。按《易经·艮卦》："彖曰：艮，止也。时止则止，时行则行，动静不失其时，其道光明。"《艮》之义为"止"，但"止"并不是静止不动，而是不随意妄动。如何止，如何动，一切都要遵循时势，谓之"与时偕行"。周敦颐的道家隐士情结，所取是其淡泊名利，并非消极无为。所以周敦颐的《爱莲说》以菊为"花之隐逸者"来意喻道家情趣，以牡丹为"花之富贵者"比喻世俗富贵，而独喜莲为"花之君子"。他所崇尚的"君子"风度实际上是一种身在世俗、心在方外的生活意境，是儒家士人中正清直的道德人格。正是他的超越世俗、淡泊名利的品质和积极有为的精神，才成就他理学开山祖的重要地位。①

周敦颐是个个案，再以南宋湖湘学派整体而论，与湖湘文化也息息相关。作为儒家文化的复兴思潮，湖湘学派可以追溯中唐以后以柳宗元为代表所倡导的儒学复兴运动、古文运动。这场运动是一种由儒家士大夫个人发起的自下而上的学术文化思潮，因而地域性是其重要特点，而柳宗元在这一时期的学术论著均是在偏僻的湖南永州地区完成的，他是唐宋以来很早从事地域性儒学建构的儒学学者。他在永州放逐的十年，是其一生唯一致力于学思写作的时期。这段时间，他在知识界的声誉日隆，虽然身处南荒也有不少青年士子远来求教。毫无疑问，柳宗元在湖南的十年治学、讲学活动，对湖湘地区的儒学建构与传播产生了重大影响。从儒学复兴意义上说，南宋湖湘学派与柳宗元所建构的湖湘地区的儒学，是一脉相承的。

二、湖湘学术传统之特征

如前所述，湖湘学术传统，形成于南宋湖湘学派的开创，因此，讲湖湘学术传统，自当从湖湘学派讲起，并且以此为主线。我们认为，湖湘学术传统之特征，概而言之，大致有三：一为躬行践履，二为经世致用，三为兼容并蓄。

湖湘学派的躬行践履，首先是从伦理践履的价值导向开始的。作为宋代理学的分支湖湘学派，同宋代理学一样，都是以“心性”“义理”为主题，以儒家伦理纲常为旨归，在这点上，湖湘学派与其他理学派并无二致。故数百年来，湖湘学派一直标榜自己为理学正统，并以此来激励、劝勉湖南的士子。理学家真德秀安抚湖南时，就曾专作《劝学文》，要求湖南士子潜心理学，在湖湘学派的

① 参见刘宗贤．周敦颐的理学思想及其在宋明理学中的地位［J］．齐鲁学刊，1996（5）：81.

著作中探寻为学的根本。清乾嘉以后，讲求训诂考据的汉学风行天下，“湖湘尤依先正传述，以义理、经济为精阂，见有言字体音义者，恒戒以逐末遗本，传教生徒，辄屏去汉、唐诸儒书，务以程、朱为宗”①。即使有一些湖南学者研治汉学，也不像吴、皖等地的汉学家那样把汉学和理学对立起来。相反，他们仍坚持以义理之学为本，肯定宋学与汉学的统一。道光年间创办的湘水校经堂是湖南汉学的主要基地，但创办者吴荣光认为校经堂的学术主旨是汉宋并重，主张“奥衍总期探郑（玄）许（慎），精微应并守朱（熹）张（栻）”②。湖南少数汉学家之一的邹汉勋，一生致力于考证典礼，但除汉学外，又自称“于心性之学则恪守宋儒”。

虽然湖湘学派后学者以正统理学自居，推崇程朱理学，但实际上与程朱正统理学有较大的不同，在心性义利观和道德修养方面有自己的特色，比较注重伦理践履的价值导向，在理论上表现为两点：一是强调天理与人欲的同一性。这方面的首创者为湖湘学派的奠基人胡宏。他提出“性为大体”的性本论，认为“性即天”，“性具万理”，“性体心用”，“性”是标志宇宙本体的最高哲学范畴。在这里，“性”不是单纯之天性，单纯之物性，单纯之人性，而是天地人之共性。从这种本体论出发，在天理人欲问题上，他提出“天理人欲同体而异用”的理欲观，认为“天理人欲，同体而异用，同行而异情，进修君子，宜深有别焉”。在他看来，天理和人欲发源于同一本体——性，在形而上的性本体中处于同等地位。这就是说，天理和人欲都合乎人的本性，都有形而上的本体依据。显然，这同正统理学的“存天理，灭人欲”大相径庭，从而弥补了正统理学脱离日用之实而谈道德性命的空疏，从本体论方面为伦理践履提供了哲学基础。二是提出存养为功夫之本，突出伦理道德的践履性。此以湖湘学派的重要人物张栻为代表。正统理学在道德修

① 罗汝怀．绿漪草堂文集：卷首［M］．刻本．1883（清光绪九年）：5.

② 吴荣光．湖南述别［M］//岳麓书院续志：卷三．长沙：岳麓书社，2012：607.

养方面是主张先涵养后省察，把“知”放在首位，而张栻主张“存养体察，固当并进，存养是本”①，看重的是“行”。他说：“人固有秉彝，若不栽培涵泳，如何会有得？古人教人自洒扫应对进退、礼乐射御之类，皆是栽培涵泳之类……而后存养，是枵腹不食而求饱也。”②

虽然湖湘学派的躬行践履，主要以伦理道德为特征，但又不限于此，而是发展为具有普遍意义的学风。胡宏以躬行践履为教育宗旨，提出“力行”是为学的最高境界，说：“学，行之上也，言之次也，教人又其次也。”③ 张栻主教岳麓书院后，发扬了注重躬行践履的学风，在哲学上强调“知行互发”，在教育上主张“学贵力行”，使湖湘学派以重视躬行践履而著称于世。经过长时间的积淀，躬行践履遂成为湖南的学术传统。明中叶以后，王阳明心学兴起，但是王学在湖南传播的过程中，由于受到湖湘学风的制约，基本没有出现空谈心性、束书不观、游谈无根的现象。至王夫之则特别强调“行”的作用，认为“行焉可以得知之效也，知焉未可以得行之效也”，并批判了“离行以为知”的治学方法，从而使湖南的躬行践履这一学术传统得以发扬光大。

二是经世致用。所谓经世致用和经邦济世都是讲理论与实践结合，为社会服务。经世致用思想可以追溯到孔子，传统儒学是一种入世哲学，孔子不遗余力地宣传他的思想，目的就是要改变春秋末年社会动乱礼崩乐坏的局面，恢复他理想中的社会秩序。另外，作为一种思想体系，儒家思想的一个重要特点就是不尚思辨，它不像其他哲学思想用极强的思辨性去解释诸如世界的本源、今生与来世或者人世与鬼神的关系问题，而是教化人们如何行事，如何治理国家。可以说儒家思想从其产生之时，就具有强烈的经世传统，其经

① 张栻．答乔德瞻［M］//南轩集：卷二十七．台北：广学社印书馆，1975：930.
② 张栻．答胡季随［M］//南轩集：卷三十二．台北：广学社印书馆，1975：804.
③ 胡宏．胡宏集［M］．北京：中华书局，1987：329.

世精神，就是要关心时政、关注国事、针砭时弊，救国于危难之中。湖湘经世致用的思想也可以追溯到先秦两汉时期，深受墨家“有本之者，有用之者，有源之者”的影响，主张用前人的知识与经验和社会需要作为真理的是非标准。但是，虽然儒家和墨家均有经世精神，由于他们不讲究思辨，缺乏哲学理论支撑，故从严格意义上讲，还没有形成学术传统。

构成系统的经世致用的学术理论体系是湖湘学派。理学的开创者周敦颐在《通书》中就系统地阐述了“诚”的思想，他所说的“诚”，实际上就是“实事实理”，讲的是学问为社会服务。他说：“诚者，圣人之本”，“大哉乾元，万物资始，诚之源也”。[①] 他把“诚”视为人极，作为人之本体，从而为经世致用的思想，提供了哲学基础，使经世致用的思想真正成为湖南的学术思想。这一思想，被后来的理学家、思想家所继承并发扬光大，遂成为湖南的学术传统。例如，胡安国主张“通经致用”，他著《春秋传》，通过注释《春秋》，宣传康济时艰、抗金复国的政治主张，在实践层面首开湖湘文化强调经世致用之风。胡宏虽然终身布衣，但是却始终关心现实政治，曾言“窃且惟古圣人之言，无不入时事者”[②]。认为与现实的政治时事紧密结合，是圣人立言的基本宗旨。由此他坚决反对那种“多寻空言，不究实用，平居高谈性命之际，亹亹可听，临事茫然”[③] 的空洞心性之学。他所著《知言》《皇王大纪》，皆透露着强烈的经世致用的精神。胡宏有匡扶社稷之志，对古今政治发表了一系列颇有卓识的议论，其中《上皇帝万言书》最为集中地体现了他的社会政治理想。张栻突破先儒“罕言利”的思想传统，明确提出“仁义之行，则无不利”，认为“义”不能脱离

① 周敦颐. 周敦颐集：通书［M］. 梁绍辉，徐荪铭，等，点校. 长沙：岳麓书社，2007：14.

② 胡宏. 胡宏集［M］. 北京：中华书局，1987：126.

③ 同①.

"利"而存在，指出"道德性命初不外乎日用之实"。身为南宋中兴名相张浚之子，他不仅自身政绩卓著，而且还培养了一大批具有经世之才的弟子，其中赵方、吴猎等人还是能带兵打仗的卓越将领。明清时期涌现的湖湘人才也多以经世著称。明代主持岳麓书院的山长叶性、陈纶、熊宇、张凤山、吴道行、郭金台等人承袭湖湘学派的经世学风，进一步弘扬了理学经世的传统。王夫之为经世致用理论的集大成者，其承认客观物质世界的实有性，并用"诚"来表示其客观实有性。"夫诚者，实有者也，前有所始、后有所终也。实有者，天下之公有也，有目所共见，有耳所共闻也。"① 在这里，王夫之用"目所共见、耳所共闻"的感性实在性来表示"诚"，表明"诚"在王夫之哲学体系中具有与程朱理学完全不同的含义。程朱理学也强调"诚"之真实无妄的含义，但他们强调的是作为本体存在的"理"的真实无妄，因而流于空疏。王夫之注重"诚"的客观物质的感性实在性，抹去了"诚"的形而上学的本体论证。"诚也者，实也，实有也，固有之也。无有弗然，而非他有耀也。若夫水之固润固下，火之固炎固上，无所待而然，无不然者以相杂，尽其所可致而莫之能御也。"② 以此为基础，王夫之主张把学术研究建立在经世致用的基础上，并提出了经世致用的具体措施，涵盖政治、经济、学术等各个方面，从而推动了实学思潮的发展。

三是兼容并蓄。湖湘文化本来就具有兼容并蓄的传统，至湖湘学派的创立，则发展为学术传统。学术上，湖湘学派没有门户之见，对于不同派别均能兼容并蓄。湖湘学派的奠基者周敦颐之所以能为儒家伦理完成"推本太极"的任务，就在于他大胆吸收、引进道家、佛家的宇宙理论和修养方法，用"无极""主静"等思想和范畴来建构新的学术思想体系。胡安国是《春秋》之学大家，他的学术成就是由于他"遍览诸家"，"遂集众传"的结果，即"事按

---

① 王夫之：尚书引义：卷三说命上［M］. 北京：中华书局，1976：70.
② 王夫之. 船山全书：第二册［M］. 长沙：岳麓书社，1988：353.

《左氏》，义采《公羊》《穀梁》”，而不局限于义理一派。

南宋理学派别众多，其中主要有朱熹客观唯心主义学派，陆九渊以心为本体的主观唯心主义学派。在各学派展开旗帜鲜明的斗争中，湖湘学派却不偏一说，兼容并蓄，取长补短，自成一家之说。在这方面，张栻可谓典型代表。他之所以成为宋代湖湘理学之集大成者，就在于他的学说和当时的各家各派特别是同朱熹和陆九渊两派均有兼容关系。在哲学宇宙观上，他既采纳朱熹的学说，以太极、理等作为宇宙的本体；又吸收陆九渊的观点，突出心对万物的主宰性；并把太极与心、理与心互相等同，因而具有融心学、理学为一体的色彩。

在知行问题上，张栻对二程、朱熹的观点做了调整和修正。虽然他采纳了二程、朱熹“知先行后”的观点，承认“所谓知之在先，此固不可易之论”。但他对“知先”的作用又做了限定，认为“知先”的知，只能是一种粗知，而要达到精知，则要通过行，所以他主张知行互发。他批评知而不行，忽视行的思想，指出“今人之不践履，直是未尝真知”。他认为离开了躬行的所谓知，仅是一种臆度之见，是不完全的认识。可以看出，张栻的重点是放在“行”方面，因而受到朱熹的批评：“湘中学者之病，诚如来教……只说践履，而不务穷理，亦非小病。”[①] 这也说明，张栻重躬行践履的学风与朱熹的思想迥异。

在治学方法上，张栻也集朱、陆两家之长而去其短。当时陆九渊主张发明本志，朱熹主张泛观博览。张栻既对陆学的简易功夫提出批评，又对朱熹的泛观博览加以指责。他说：“专于考索，则有遗本溺心之患；而骛于高远，则有躐等凭虚之忧，二者皆其弊也。……要当昭示以用工之实，而无忽乎细微之间，使之免溺心

① 朱熹．答詹体仁［M］//朱子全书：二十一．上海：上海古籍出版社，2002：1705.

之病，而无躐等之失。”① 主张既要“先立乎其大”，致知明心，又要日积月累，通过一事一物的居敬穷理，使之达到“涣然和顺”的境界，以认识心中的天理。张栻把朱、陆的治学方法结合起来，兼有二者之妙，这是张栻超出朱、陆的地方，也是朱熹称赞张栻之学的由来。朱熹说：“己之学乃铢积寸累而成，如敬夫，则于大本卓然先有见者也。”②

湖湘学派不仅对理学内部派别兼容并蓄，对理学以外的学术派别也取这种态度。南宋浙东学派反对空谈性理，讲究事功，与理学相对立，但湖湘学派并没有因此而排斥，相反却与之多有交流，从中吸取思想养料。特别是张栻逝世后，恰值浙东学派永嘉学者陈傅良在湖南讲学，于是湖湘弟子纷纷从学于他。这件事，曾引起理学家朱熹十分不满，他说：“今永嘉又自说一种学问，更没头没尾，又不及金溪。大抵只说一截话，终不说破是个甚么，然皆以道义先觉自处，以此传授。君举（指永嘉学者陈傅良）到湘中一收，收尽南轩门人，胡季随亦从之问学。某向见季随，固知其不能自立，其胸中自空空无主人，所以才闻他人之说，便动。”③ 朱熹在此所说陈傅良“收尽南轩门人”，可见湖湘弟子从学永嘉学派的盛况。湖湘学派汲取浙东事功学派之长，继续发扬重经世、重践履的学风，从而为湖湘学派增添了新的活力。

湖湘学派的兼容并蓄，给后世湖南学者以深刻影响，遂扩充为湖南的学术传统。不仅湖湘理学派注重兼容并蓄，湖湘的其他学派也有这个特点。如前所述，清乾嘉以后，注重考据训诂的汉学盛极一时，似有一统天下之势，但湖南学者不为所动，即便是汉学者，也坚持从理学中汲取思想养料。岳麓书院除继续传习理学外，受乾

① 张栻．答陆子寿［M］//张栻全集：南轩文集 卷二十六．杨世文，王蓉贵，校点．长春：长春出版社，1999：920.

② 脱脱，阿鲁图．宋史：张栻传［M］．刊本．1346（元至正六年）．

③ 黎靖德．朱子语类：卷第一百二十三［M］．北京：中华书局，1986：2961.

嘉考据学兴盛所致，还传授以训诂考据为中心的汉学。先后出任山长的李文炤、王文清、旷敏本、罗典、王先谦等学者本人即为诂经考史的汉学家，他们在主持书院期间大力提倡汉学，并将自己在经学研究上取得的成果传授给学生。在他们的影响下，岳麓书院因有汉学之盛。但正如钱穆先生所言："清儒考证之学，盛起于吴、皖，而流衍于全国，独湖湘之间被其风最稀。"① 考据学虽兴盛一时，但是湖南仍然坚守着程朱理学的传统。主持书院的汉学家们一边以群经教授诸子，一边将程朱之学与汉学相结合，形成了汉宋合流的风气。而书院的生徒们则在恩师的影响下于汉学、宋学之间做出了兼采、会通的选择。如山长罗典学生陶澍所言："汉人言象数，宋人言义理，不可偏废。无义理，则象数为诞；离象数，则义理为虚。"② 山长欧阳厚均学生曾国藩则"耻谈门户之争，善求汉宋之和"，将汉学的实事求是与宋学的即物穷理两大为学宗旨相衔接。

三、湖湘学术传统对近代湘籍人才群体的孕育

湖湘学术传统，无论是在学术、思想方面还是在政治等社会实践方面，为近代湖南人才群体所继承和发扬，直接或间接地影响到整个近代中国社会，部分地改变了当时的政治格局与学术风气，在中国近代史上留下了"国家不可一日无湖南"之赞誉。湖湘学术传统对近代湖南人才群体的影响，概括起来，主要体现在下列几个方面。

一是重视道德修养和践履。在这方面，道咸时期的封建士子尤其是湘军人才群体堪为近代湖南之先例。晚清为中国历史上三千年未有之大变局，时局纷乱，国衰民贫，内忧外患，严重冲击着传统的社会秩序。严峻的国情给心忧天下的湖湘理学士人们提供了实现内圣外王之道的平台和机会，他们推崇礼教，标榜德治，热衷于封

① 钱穆．中国近三百年学术史［M］．北京：商务印书馆，2005：638.
② 陶澍．陶澍集：洪氏易通序［M］．长沙：岳麓书社，1998：58.

建秩序的重建；他们谨守《大学》“身修而后家齐，家齐而后国治，国治而后天下平”之轨辙。魏源“究心圣贤学，沉潜宋儒程朱诸书，饬言动，敦伦理，以克己为功，竞竞守先儒‘此心常在腔子’一语”①。曾国藩专重修养且持之以恒，“每日不拘何时，静坐半时。体验来复之仁心”②。胡林翼深明“人之所欲无穷，而物之可以足我欲者有尽。……可乐者常少，而可悲者常多”③，平日多以“慎”字自勉。左宗棠兢惕自持、反躬自问，“时时提起念头检点戏言戏动，内重则外轻，而过自寡矣”④。简而言之，对道德修养的格外看重并不遗余力地孜孜追求，已经成为晚清湖湘理学士大夫们的群体性特征之一，尤其是湘军官员。《清史稿》称他们“虽治绩不必尽同，其贤（德）者至今尤娃人口，庶几不失曾、左遗风”⑤。湘军将领不仅重视自身的道德修养，也重视对士兵灌输封建道德思想。“每逢三八操演，集诸勇而教之，反复开说至千百语，但令其无扰百姓。……每次与诸弁兵讲说，至一刻数刻之久，虽不敢云说法点顽石之头，亦诚欲以苦口滴杜鹃之血。”⑥ 着重强调“第一教之忠君，忠君必先敬畏官长，义也”⑦。罗泽南、王鑫、李续宾、胡林翼等人都重视士兵的礼仪教化。胡林翼主张“以居敬穷理之功，为除暴安良之用”⑧，要求部下将领能“讲明义理，以为教战之方”⑨。正是湘军重视思想道德教育，激发了他们为维护圣道、拯救皇权而凶悍顽固、敢打敢拼的暴戾之气。“盖经典涵濡礼

① 刘华邦．桂东县志：李克钿传［M］．刻本．1866（清同治五年）．
② 曾国藩．曾国藩全集：日记一［M］．长沙：岳麓书社，1995：138.
③ 胡林翼．胡林翼集：二：家书［M］．长沙：岳麓书社，2008：1075.
④ 左宗棠．左宗棠全集：书信二［M］．长沙：岳麓书社，2009：85.
⑤ 赵尔巽．清史稿：卷四百四十七［M］．北京：中华书局，1977：12511.
⑥ 曾国藩．曾国藩全集：书信一［M］．长沙：岳麓书社，1990：208.
⑦ 曾国藩．曾国藩全集：批牍［M］．长沙：岳麓书社，1995：235.
⑧ 胡林翼．胡林翼全集：中［M］．上海：上海大东书局，1936：74.
⑨ 姚绍崇．论语衍义：卷七［M］．墨君轩刊本．同治年间．

义沦浃，忠孝激劝，智勇自生。”①

自戊戌维新思潮兴起，理学受到了猛烈的批判，但并不意味着重视伦理践履的湖湘学术传统因此而中断，所否定的只是理学中以维护三纲五常为核心的封建伦理道德的内容。事实上，无论是以谭嗣同为代表的湘籍维新志士还是后来的辛亥资产阶级革命派，都非常重伦理道德建设，只不过是以资产阶级的伦理道德来代替封建主义的伦理道德而已。就算是后来的无产阶级革命家毛泽东，受湖湘文化的这一学术传统精神影响也很深。毛泽东的老师杨昌济对于曾国藩服膺程朱理学、重视个体道德修养很推崇，认为曾国藩抓住了自己主张的大本大原。毛泽东也有同感，曾说：“今之论人者，称袁世凯、孙文、康有为而三。孙、袁吾不论，独康似略有本源矣。然细观之，其本源究不能指其实在何处，徒为华言炫听，并无一干坚立，枝叶扶疏之妙……愚于近人，独服曾文正，观其收拾洪杨一役，完满无缺。使以今人易其位，其能如彼之完满乎？”② 毛泽东在致黎锦熙的信中指出，本源者，宇宙之真理，人生之根本，实现了立德、立功、立言之三不朽。出于此种认识，毛泽东一度成为道德救国论者。后来，他在创建中国共产党和人民军队的过程中非常重视道德建设，当与此有关。

二是主张学以致用，关注时政，以天下为己任。中国进入近代社会以后，随着阶级矛盾和民族矛盾的尖锐，空谈心性义理于事无补，于是湖湘文化的经世致用思想便日渐凸显。从汤鹏、魏源等开始，一大批湖湘精英人士纷纷继承湖湘文化的经世致用传统，“以澄清天下为己任”，强调“明道”“救世”，“以实事程实功，以实功程实事”，学以致用，经邦济世，服务现实。这个时期湖南的经

---

① 左钦敏．湖南团练私议：上编［M］．刻本．1899（清光绪二十五年）．

② 毛泽东．致黎锦熙信（1917年8月23日）［M］//中共中央文献研究室，中共湖南省委《毛泽东早期文稿》编辑组．毛泽东早期文稿．长沙：湖南出版社，1990：85．

世致用，表现出这么几个特点：其一是在学术上，出现了三大经世派别，即理学经世学派、今文经学经世学派和霸王经世学派。这三大学派尽管治学路子不同，具体主张也不尽一样，但在强调经世致用这一点上却有异曲同工之妙。其二是具有强烈的爱国主义精神。从魏源、曾国藩的“师夷长技以制夷”到谭嗣同的变法图存和黄兴的反满救国，再到毛泽东的反帝反封建的新民主主义革命，虽然爱国主义的阶级性质和内涵不尽相同，但反对外国帝国主义的侵略，捍卫民族独立和国家主权的宗旨却是一脉相承的。其三是要求政治改革和社会变革。无论是地主阶级经世派要求刷新政治，还是湘军集团推行洋务运动和维新志士主张建立资产阶级民主制度；无论是黄兴领导的资产阶级革命还是毛泽东领导的无产阶级革命，尽管也有阶级性质和内涵的不同，但在政治和社会变革的诉求方面却有相通之处。其四是在深度和广度方面突破了传统的经世致用的范围，不再仅仅聚焦于政治，而是引申到社会各个领域。例如，谭嗣同直面民族危机和社会危机，不仅主张刷新政治，而且他还以更加广泛的新思维思考中国经济落后的原因，提出“奋兴商务”的主张，挑战中国传统儒学的轻商观念。杨昌济则把经世致用的思想引用到教育领域，主张改革旧的教育制度。早在出国留学前的清光绪二十四年（1898），他在南学会按照谭嗣同的布置所写的《论湖南遵旨设立商务局宜振兴农工之学》一文中就提出了“振兴商务，固为今日之要图，而商务之本源，尤在农工之学”的求实学的主张。留学归来后，杨昌济全面地接受了西式教育思想和方法，形成了培养人全面发展的现代教育观念。他认为，教育的最根本目的在于培养人“生存于社会之能力”。

近代湖南的经世致用，不仅催生了一大批政治、军事、学术人才，经济人才也逐渐增多，这是前所未有的现象。关于近代湖湘经世致用的学术传统的影响，我们后面有专节论及，此处不再详述。

三是向西方学习。近代湖南思想文化史上一个最醒目的现象，就是重视向西方学习。这既是时事所迫，又是湖湘文化兼容并蓄的学术传统符合逻辑发展的必然结果。杨树达先生说过：“自王船山先生以后，湖南人笃信民族主义，因欲保持自己民族，故感觉外患最敏，吸收外来文化最力，且在全国为最先。”① 这批吸收外来文化最力的湖南人有魏源、曾国藩、左宗棠、郭嵩焘、谭嗣同、黄兴、毛泽东等人。魏源提出“师夷长技以制夷”，开创了向西方学习的先河。曾国藩、左宗棠继承魏源“师夷长技以制夷”的思想，提出学习西方科学技术，并付诸实践，开创了洋务运动。郭嵩焘为洋务运动的理论家，尤为可贵的是他能突破洋务派奉行的“中体西用”文化观，虚心学习，利用一切机会，对西方各方面情况进行深入、细致、客观的观察了解和分析研究，从而把握西方文化科学的精神实质。他说：“西人格致之学，所以牢笼天地，驱役万物，皆实事求是之效也。”② 这样，郭嵩焘就把中国人对西方文化的认识，提高到精神思想的本质方面。谭嗣同进而主张学习西方的政治经济制度，发起了以建议院、兴民权为中心的维新变法运动。到 20 世纪初，黄兴、宋教仁、陈天华等既主张抵制西方国家的侵略，维护民族的独立和国家的主权，又主张学习西方的民主政治和共和政体，从而把“师夷”的命题，提高到一个新的阶段。五四运动时期，学习西方的科学、民主成为压倒一切之强音，其中不乏全盘西方之倾向。对此，毛泽东提出独到见解，认为中西文化要结合，要取长补短。“中国文化及一切旧制度不必尽然；而西欧文化用之于我，不必尽是。斟酌国情，古制之善者有之，其不善者改之；西制之可采者取之，其不采者去之。”③ 以后毛泽东把马克思列宁主义与中国革命实践结合起来，走的也是这样一条思路，成就了中国革命的胜利。

---

① 杨树达．积微翁回忆录［M］．北京：北京大学出版社，2007：71.

② 郭嵩焘．郭嵩焘日记：第三卷［M］．长沙：湖南人民出版社，1982：766.

③ 转引自陶用舒．近代湖南人才群体研究［M］．长沙：岳麓书社，2000：680.

由湖湘文化兼容并蓄的学术传统演化而来的向西方学习的思想，不仅在思想文化和精神方面予湘籍人才群体以极大的影响，开阔了视野，增加了新的知识和思想养料；而且还另辟培养人才的新途径，即举办新式学堂和海外留学，直接学习西方的新文化。关于这方面的情况，前面已经涉及，此不赘述。

第四节 “经世之学”对近代湘籍人才群体的催发

“经世之学”又叫“经世致用之学”。经世致用原是中国儒学的基本精神之一，但与湖湘文化结合以后，中经南宋湖湘学派的创立和明清之际杰出的思想家和学术大师王夫之的努力，逐渐形成了湖湘文化的鲜明特色。特别是到了近代，更是在全国占有突出之地位。“经世之学”，从思想观念、实践和学风等方面对近代湘籍人才群体的形成有着重要的作用。

一、近代湖湘“经世之学”兴起之缘由

所谓经世致用，是指以入世为前提，以致用为旨趣，以明道为救世目标的一种治学和人生态度。具体表现为：在政治上，主张关心社会时势，讲求实际；在学术上，主张理论联系实际，反对高谈义理；在实践上，主张面对现实，大力革除社会弊端，并提出改革的措施。

经世致用是中国儒学的基本精神之一。儒学的理想人格是“内圣外王”，这种人格不仅要求具有内在的道德境界，而且还要有外在的社会担当，不仅要“成己”，而且要“成物”。孔子“修己以安百姓”的主张，实际上已点出“内圣外王”之学的真谛。孔子之后，“儒分为八”，“修己”与“治人”的和谐统一，渐渐演变成各执一端的“内圣”之学与“外王”之学。“内圣”路径强调内在

的道德修养，追求成贤成圣，倡导者以孟子为代表；“外王”路径强调外在的治平大业，追求济世济民，开拓者以荀子为代表。南宋以前，在社会上占主导地位的是“外王”之学，秦皇、汉武、唐宗在外王路线的指引下，建立了赫赫功业。南宋、元、明时期，程朱理学逐渐兴起，“内圣”之学达到顶峰。传统儒学的经世精神在宋明理学对伦理本体、心性修养的极力突出面前显得黯然无光，导致士人“束书不观，游学无根”、“无事袖手谈心性，临危一死报君王”的局面。明末清初，朝代更替，农民起义此起彼伏，民族矛盾日趋激化，社会动荡不安，人民生活困苦。有感于宋明理学空谈误国之弊，在王夫之、顾炎武、黄宗羲等人倡导下，清初“经世致用之学”一度勃兴，并在社会上产生了重要影响。王夫之等人的思想涉及经济、政治、国家、民族、法制、教育风俗、人情等各个方面，启迪人们去思考和探索改革时弊的途径，形成了与前代迥异的新思想、新学风。但是，随着清朝统治的建立和巩固，统治者提倡立理学，独尊程、朱。清推行文化专制主义，大兴文字狱；同时，又以编纂《四库全书》为手段，笼络学者。高压与利诱双管齐下，士人学者不敢妄谈时政，只能埋在故纸堆里，校勘辨伪，皓首穷经，于是考据学大兴，而经世之学却被淹没。

嘉道年间，经世之学再度兴起。这主要是由两方面的因素造成的：一方面，乾隆之后，尤其在鸦片战争以后，清朝统治由盛转衰，吏治腐败、经济危机，外有强敌入侵，内有人民反抗。民族危亡、内忧外患、民不聊生的社会现实使一部分志士仁人开始对国家和民族的前途进行深刻反思，对国计民生、时事政治，再也不能不闻不问。魏源曾十分典型地描述了当时危机对知识分子所造成的深刻影响以及经世之学兴起的历史必然性：“荆楚以南，有积感之民焉，距生于乾隆征楚苗之前一岁，中更嘉庆征教匪征海寇之岁，迄十八载畿辅靖贼之岁，征海寇始贡京师。又迄道光征回疆之岁，始筮仕京师。京师，掌故海也，得借观史馆秘阁官书，及士大夫私家著述、古老传说，于是我生以后数大事及我生以前上迄国初数十大事，磊落乎耳目，旁薄乎胸臆。因以溯洄于民力物力之盛衰，人材风俗进退消息之本末。晚侨江淮，海警飚忽，军问沓至，忾然触其中之所积，乃尽发其椟藏，排比经纬，驰骋往复，先取其涉兵事及所论议若干篇，为十有四卷，统四十余万言，告成于海夷就款江宁之月。”① 另一方面，清朝统治者的文化专制主义也在发生变化，已经不像清朝前期、中期那样严格控制思想界。乾隆末年，曾明令禁止文字狱；嘉庆多次下谕，宣布广开言路。这也给经世之学的兴起提供了机会。

湖湘经世之学的兴起，除了全国的共同因素影响外，还与独具特色的湖湘文化有关。湖南偏离中原，自然条件优越，地处南北、东西交通要冲，在古代易为其他民族侵犯。加以地多山区，民族杂居，生活艰苦，因而养成了湖南人民尚武、剽悍、耐苦的民风。司马迁曾说：“其俗剽轻，易发怒。”② 又引预言家楚南公的话：“楚虽三户，亡秦必楚。”在这种民风的孕育下，湖南古代产生了伟大的爱国主义诗人、政治家屈原，以及著名的忧国忧民的注重现实的改革家贾谊。中经南宋湖湘学派的创立和明清之际杰出的思想家和学术大师王夫之的努力，逐渐形成了湖湘文化的鲜明特色：“在政治上主张抵抗侵略，反对强暴，反对卑躬屈节，宁愿牺牲自我，也不向恶势力屈服，表现了政治上的坚定性；在思想上主张追求真理，一旦形成自己的思想，就不愿轻易改变，反对随波逐流，与世浮沉，表现出思想上的坚毅性；在行动上主张脚踏实地，埋头苦干，大刀阔斧，雷厉风行，不怕困难，百折不挠，反对投机取巧，畏首畏尾，言行不一，浮而不实的作风，厌声华而耐劳苦，表现出

---

① 中华书局编辑部．魏源集［M］．北京：中华书局，1983：166.

② 司马迁．史记：货殖列传［M］．北京：中华书局，1981：878.

行动上的坚韧性。”[①] 正是这种政治上的坚定性、思想上的坚毅性和行动上的坚韧性，促成了经世之学在湖南的兴起。

二、近代湖湘经世之学之突出地位

注重经世致用，提倡治学和践履相结合，是湘学的精神特质和一以贯之的思想传统，特别是到了近代，更是在全国占有突出之地位。表现为：

一是形成近代中国最早经世治学之中心。著名历史学家孟森的《明清史讲义》对此有明确地说明：“澍，湖南安化人，嘉、道以后，留心时政之士夫，以湖南为最盛，政治学说亦倡导于湖南。所谓首倡《经世文编》之贺长龄，亦善化人。而澍以学问为实行，尤为当时湖南政治家之巨擘。”[②] 此点我们前面已有论述，不再详论。

二是有理论有纲领。近代湖南不仅最早提倡经世之学，而且还有理论有纲领。鸦片战争前后地主阶级经世派经世致用的最大特色是倡导更法改革，故又称地主阶级改革派，魏源为其思想家、理论家。一方面，他继承和发展了中国古代的辩证法观点，强调“气化无一息不变者也，其不变者道而已，势则日变而不可复者也”[③]；另一方面，又吸取了西方天文学知识，抛弃了“天地静而不动”的陈腐观念，指出：“天地乃运动之机器”，“地与各政，皆循环于日球外，川流不息，周而复始”。[④] 根据上述理论，形成了魏源的改革观。强调“天下无数百年不弊之法，无穷极不变之法，无不除弊而能兴利之法，无不易简而能变通之法”[⑤]。他还提出“师夷长技以制夷”的主张，契合到时代的主题。

① 饶怀民．近代湖湘文化的源流、结构及其特征［J］．湖南师范大学社会科学学报，1988（1）：89.

② 孟森．明清史讲义：下册［M］．北京：中华书局，1981：618.

③ 中华书局编辑部．魏源集［M］．北京：中华书局，1983：48.

④ 魏源．海国图志：卷下［M］．长沙：岳麓书社，1998：2189.

⑤ 同③432.

湘军人才群体多为理学经世派，其代表人物为曾国藩。一方面，对理学的信仰，决定了曾国藩对封建礼教的顽固坚持。他说："三纲之道，君为臣纲，父为子纲，夫为妻纲，是地维所赖以立，天柱所赖以尊。"① 另一方面，受经世致用思想的支配，把经济作为独立的一门，以突出其重要地位。他还接过魏源的"师夷长技以制夷"的口号，将其发展为洋务理论。

谭嗣同经世致用的理论来源之一是霸王经世之略，也就是浙东学派陈亮的事功之学。陈亮主张"义利双行，王霸并用"，他认为将"王"与"霸"，"义"与"利"割裂开来与对立起来，不仅在理论上是站不住脚的，而且在实践上也是有害的。他主张将二者统一起来，从而形成了一种注重事功的经世致用思想。谭嗣同和唐才常都十分推崇永嘉之学。谭嗣同在1896年致唐才常的信中说："来书盛称永嘉，以为可资经世，善哉言乎。往者嗣同请业蔚庐（刘人熙），勉以尽性知天之学，而于永嘉则讥其浅中弱植，用是遂束阁焉。后以遭逢世患，深知揖让不可以退萑符，空言不可以弭祸乱，则于师训窃有疑焉。夫浙东诸儒，伤社稷阽危，蒸民涂炭，乃蹶然而起，不顾瞀儒曲士之訾短，极言空谈道德性命无补于事，而以崇功利为天下倡。揆其意，盖欲外御胡虏，内除秕政耳。使其道行，则偏安之宋，庶有豸乎。今之时势，不变法则必步宋之后尘，故嗣同于来书之盛称永嘉，深为叹服，亦见足下与我同心也。"② 这段话说明，谭嗣同在早年就已经接触浙东学派的功利之学，只是由于其老师刘人熙的批评，才一度放弃此学。但是后来，他通过自己的实践，目睹国家危弱气象，开始怀疑刘人熙的批评，重新认识永嘉功利思想的现实价值。所以，他充分肯定唐才常的"盛称永嘉"，是与自己"同心"。正是因为谭氏对于永嘉学派的重视，所以他在《仁学·自序》中将永嘉归之于墨学中的"任侠"派："墨有两派：

① 曾国藩．曾国藩全集：家书二［M］．长沙：岳麓书社，1995：936.

② 蔡尚思，方行．谭嗣同全集［M］．北京：中华书局，1981：529.

一曰‘任侠’，吾所谓仁也，在汉有党锢，在宋有永嘉，略得其一体。”① 谭嗣同经世致用思想的另一来源则是在对王夫之“器体道用”论的继承与创造性转换的基础上所提出的“以太为体，仁为用”的观点。用“器”表示近代资本主义物质文明，用“道”表示资本主义的精神文明，以道器不可分割的思想强调物质文明与精神文明的统一关系，主张既要学习西方资本主义的器物文明，也要学习他们的制度文明。他认为“学不一，精格致乃为实际，政不一，兴民权乃为实际”②。

在近代中国，经世致用的核心内容对内是政治变革，对外是把反对外国帝国主义的侵略和向西方学习结合起来。黄兴、宋教仁、陈天华、蔡锷等湘籍资产阶级革命志士在当时的历史条件下，把这两项历史使命推向了极致。他们把内政变革发展为反满革命，把建立资产阶级民主共和国作为向西方学习的最终的政治成果，在中国近代史上谱写了新的一章。

以毛泽东为代表的湖南无产阶级革命家群体在接受了马克思主义以后，进一步将经世学发展为实事求是的思想路线，提出了马克思主义和中国革命实践相结合的原则。蔡和森说：“马克思列宁主义在世界各国共产党是一致的，但当应用到各国去，应用到实际上去才行的。要在自己的争斗中把列宁主义形成自己的理论武器，即以马克思列宁主义的精神来定去适合客观情形的策略和组织才行。”③ 毛泽东也指出：“认清中国形势，乃是认清一切革命问题的基本的依据”④，提出“没有调查没有发言权”⑤ 等原则，从而将实事求是这一流传了两千多年的关于学风的古代命题，加以革命的改

① 蔡尚思，方行．谭嗣同全集［M］．北京：中华书局，1981：289.

② 同①367.

③ 蔡和森．蔡和森十二篇文章［M］．北京：人民出版社，1980：21.

④ 毛泽东选集［M］．北京：人民出版社，1993：633.

⑤ 同④109.

造，发展为充满生机的哲学命题，成为我们认识世界、改造世界的思想理论武器。

三是形成群体。在经世致用的旗帜下，近代湖南或以思想一致相结合，或以事功相结合，或者是两者兼而有之，形成了五大人才群体，即地主阶级经世派、湘军集团、维新志士群体、辛亥革命志士群体和湘籍无产阶级革命家群体。此为学术界所公认的湖南特有的现象，有关这方面的论著较多，不再重复。

最后是成效最显著。此点前面已有论述，不再重复。

三、“经世之学”对近代湘籍人才群体的催发

“经世之学”的兴起，对近代湘籍人才群体的形成有着重要的作用。这种作用，可以从思想观念、实践和学风等几个方面来分析。

首先从思想观念来看，各人才群体内部和各人才群体之间互相影响、互相传承，形成了经世致用的共同理念。这在地主阶级经世派和湘军人才群体之间表现最为明显。以时代和事功而论，地主阶级经世派和湘军集团属于两个人才群体，但以学术旨趣而论，则可视为一个学术群体。他们不仅都主张经世致用，而且又互为师友、互为乡籍、互为同事。

曾国藩直接师事唐鉴，学术较多理学色彩，但他同样具有经世致用的精神，讲求经世之学。左宗棠与贺熙龄有师承关系，与贺长龄及陶澍也属师友关系，受他们的影响较大，对科举制艺不感兴趣，醉心于经世之学，所以精研《皇朝经世文编》，“丹黄殆遍”①，且对“荒政及盐、河、漕诸务，将求其书与其掌故，讲明而切究之”②。罗泽南在创立湘军之前未曾与曾国藩谋面，但两人神交已久，曾氏对他的学问十分钦佩，将其弟国荃、国华托付给他。罗泽

---

① 罗正钧. 左宗棠年谱：卷一［M］. 长沙：岳麓书社，1983：7.

② 左宗棠全集：第十册 书信一［M］. 长沙：岳麓书社，1996：12.

南有远大的抱负，他“不忧门庭多故，而忧所学不能拔俗而入圣；不忧无术以资生，而忧无术以济天下”①，尤留意经世之学，“穷阴阳之变，旁及州域形势”②。在家乡“假馆小方，究年汲汲”，培养出李续宾、李续宜、王鑫、王开仍、蒋益澧等一批经世之才，他们以后都成为湘军的骨干。刘蓉也是湖南士子群中有影响的人物，他与曾国藩相识较早，学术倾向也基本一致，反对汉宋之学，认为汉宋学风“泯泯棼棼，学术坏而人心风俗随之”③，主张为学当匡世济民。此外，郭嵩焘、江忠源、李元度、欧阳兆熊等人，也都是这一经世士人群体中的重要骨干。他们从其先贤前辈开创的经世致用的湖湘学风中濡染出来，继承其学术传统，力图以所学实现治国平天下的理想。

王夫之可谓经世致用思潮复兴的先驱者。谭嗣同的两位老师欧阳中鹄和刘人熙对王夫之都推崇备至。欧阳中鹄自号“瓣薑”，是因为王夫之号“薑斋”，乃取“瓣香薑斋”之意，表示对王的仰慕。刘人熙曾深入研究过王夫之的著作，认为是“救世良方”。受两位老师的影响，谭嗣同立志要“为天地立心，为生民立命，以续衡阳王子之绪脉”④。谭嗣同受魏源影响也很深。魏源是今文经学家。所谓今文经学，是产生于西汉时期的一个研究儒家经典的派别，此派学者将儒家经典视为政治学著作，并力图从中刺取其微言大义，为当前的政治现实服务。今文经学自汉代中绝之后，直到清代后期，才由庄存与、刘逢禄等人将它复兴起来。魏源就是直接受了刘逢禄的影响而治今文经学的。魏氏曾明确提出要“以经术为治术”。谭嗣同对魏源非常推崇，称之为近年经世伟人，由此可见他受魏氏经世思想影响之深。谭嗣同等维新派的经世致用思想，对辛

① 钱基博，李肖聃．近百年湖湘学风·湘学略［M］．长沙：岳麓书社，1985：16.

② 同①190.

③ 同①44.

④ 蔡尚思，方行．谭嗣同全集［M］．北京：中华书局，1981：164.

亥革命时期的湖南革命党人有着直接的影响。蔡锷是时务学堂的学生，其子蔡端回忆他时说“他景仰谭嗣同、唐才常，认为他们是坐言起行的人，是为了国事宁愿牺牲自己生命的人，是自己学习的榜样。他加入了唐才常主持的自立会，并于1900年由日本赶回国内参与唐才常领导的自立军武汉起义。起义失败，唐才常等多人死难，先君因奉派去湖南联系，幸免于难，但眼见师友惨遭杀害，深受刺激，哀痛逾恒。回到日本后，遂改原名艮寅为锷，意在砥砺锋锷重新做起，决心学习军事，预作久远的准备”①。黄兴曾入两湖书院读书，师从邹代钧等人，是唐才常的前后同学。黄兴也曾参加自立军起义，唐才常被杀，他痛哭。他从维新变法失败中吸取教训，以务实的态度走向了革命的道路。其他辛亥时期湘籍反清志士，如秦力山、沈荩、樊锥、陈犹龙、龚春台、杨毓麟、李云彪、姜守旦、刘静安等人，大多与蔡锷、黄兴经历类似。

以毛泽东为代表的无产阶级革命家经世致用理念的养成与上述情况相似。毛泽东的老师杨昌济先生为湘中大儒，湖湘文化的经世致用的传统在他身上烙印很深。他尝引王船山关于“圣贤”“豪杰”的论述，强调“豪杰而不圣贤者有之矣，未有圣贤而不豪杰者也”②，对于提倡经世致用的湘籍人士魏源和曾国藩的著述，他特别留意。他把魏源的《皇朝经世文编》立为常课，每天看数十页。曾国藩的家书、日记和文章，他一一拜读。对曾氏提倡“经济”之学，极表称颂，并补充道：“曾文正谓经济之学，当以能树人立法为主，余谓改良社会之物质生活，能为百年大计者，乃是真人才。”③ 对曾氏赋予考据学实事求是之旨以新解，标举求实精神以救宋学之弊，杨昌济拳拳服膺：“近世汉学家言，薄虚悟而尚实证，夫其尚实证是也。然但求实证于古而不求证于今，但求实证于文字

---

① 蔡端．蔡锷集：事略［M］．北京：北京文史资料出版社，1982：1.
② 杨昌济．达化斋日记［M］．长沙：湖南人民出版社，1978：90.
③ 同②81.

而不求证于事物，又岂得谓实哉？”[①] 杨昌济的这些思想通过言传身教深深影响到毛泽东。青年时期毛泽东就主张：“闭门求学，其学无用。欲从天下万事万物而学之，则汗漫九垓，遍游四方而已。”[②]

其次从实践来看。“经世之学”的指向必定是实践，正是实践，造就了近代湖南一批批人才群体。具体而言，近代湖南人才群体的形成大致有这样几个途径：

一是利用执政地位，积极倡导改革，建功立业。此以地主阶级经世派最为典型。陶澍在两江任上，针砭时弊，进行了一系列财政改革：漕政方面由河运改海运；盐政方面由纲盐改票盐；币值方面由银块改铸币……成效显著，成为近代中国经济改革的先驱。贺长龄在道光年间历任南昌知府，山东、广西、江苏福建按察使、布政使，擢贵州巡抚，再升云贵总督。为官 40 年，勤于职守，有惠政。山东所属多水患，他导民开沟洫，兴水利，收获倍增。在贵州，主张查禁私种罂粟和吸食鸦片。整饬吏治，练营伍，储粮备荒，恤孤抚幼，劝课桑棉，教以纺织，创建书院义塾，士民称赞，成为有清一代名臣。

二是应运而生，积极作为。此以湘军人才群体为典型。湘军头面人物本有经世致用之意识，也为经世致用储备了相当之知识，但是，这只是一种潜在的意识和潜在的才能。真正使他们成为一个人才群体，是在湘军创办以后，在镇压太平天国的过程中形成的，不仅他们的潜能得以实现，而且还得到了发展。曾国藩以书生领军，本不懂军事，战争初期，指挥作战，屡屡败北。但他从战争中学习，最终指挥湘军，以少胜多，击败了太平军，堪称中国近代杰出的军事家。不仅如此，在镇压太平军的过程中，曾国藩又屡见外侮

① 杨昌济．达化斋日记［M］．长沙：湖南人民出版社，1978：90.

② 中共中央文献研究室，中共湖南省委《毛泽东早期文稿》编辑组．毛泽东早期文稿［M］．长沙：湖南出版社，1995：587.

无以自卫，更在经世之学的启发下，探求西学、容纳西学，发起了洋务运动。这样，又为经世致用之学发展，开辟了一条广阔的新路，自身也增加了洋务才干，成为同治中兴之名臣。左宗棠知识渊博，尤重实学，早习兵法，太平天国起义为他施展才干提供了舞台，脱颖而出，成为一代名将。不过，其显赫功绩主要是在担任重臣以后：一为收复新疆，一为举办洋务新政，一为抗法。由此说明即便像左宗棠这样雄才大略的人物，也离不开实践的台面。湘军的另一巨头胡林翼，早年以科举入仕，虽满腹经纶，又有“以天下为己任”，“以安民利物为志”，[①] 但一直郁郁不得志。直到太平天国起义爆发，方为他施展才干提供机会，成为湘军的核心骨干和首脑。其经世思想和事功，体现在其实际工作的各个方面。在政治上，强调整顿吏治，“政贵安民”；对民的治理，则要“宽猛兼施”：一方面大办保甲团练，强化统治，严厉镇压反抗，另一方面则禁止苛捐杂税，蠲缓钱粮，保证人民最起码的生活条件；重视人才，在湖北设“诸才馆”，广交天下英才。在经济上，胡林翼重视财政，认为“民以财为元气，国以民为元气”，[②] 他主张采取坚决措施，严禁钱漕、盐课、厘金、税赋征收中的贪污肥私，整顿财政，在保障正供的条件下轻徭薄赋，发展生产。主政湖北时，他采取革浮费、禁贪污、设捐纳、增盐课、抽厘金、铸钱币等措施，每年增加财政收入几百万两，使湖北成为湘军饷源的重要基地。在军事上，胡林翼从实际出发，指出八旗绿营“承平日久”，“已不可恃”，主张另辟新径，招募勇丁。在贵州办团练，建立“黔勇”；在湖北裁绿营，立楚军，加强湘军。根据与太平军作战的实际情况和长江中下游的地理特点，他制定了“力争上游、节节东下”的战略决策，提出“以水道为纲”的战略原则和比较符合实际的战略战术。特别是他在湘军中调和矛盾，为维护曾国藩的统帅地位发挥了

① 梅英杰，等．湘军人物年谱：一［M］．长沙：岳麓书社，1987：199.

② 胡林翼．胡林翼集［M］．胡渐逵，邓立勋，校点．长沙：岳麓书社，2008：652.

重要作用，有人称其为“湘军灵魂”。

三是投身于政治变革或革命事业，在斗争中成才。湘籍维新志士、辛亥革命志士和无产阶级革命家群体都属于此类。此类人才群体与前两类不同，前两类人才群体都是封建统治阶级的一员，要么本身就是封疆大吏，要么是依靠战功跻身于仕途，与旧的政治制度和旧的经济基础有着密切的联系，因此他们的经世致用都带有很大的统治阶级的阶级局限性和历史局限性。而后一类人才群体大都是年轻的知识分子，没有显赫的政治地位和社会名气，又是作为腐朽的封建统治对立面而出现的，不像前两类人才群体思想比较保守，因而他们的经世致用，无论是广度还是深度都要远远超过前两类人才群体，其成才速度也特别明显。谭嗣同成为中国近代耀眼的资产阶级改革家，黄兴成为辛亥革命的主将，毛泽东更成了无产阶级革命领袖，都是因为这个缘故。

应该指出，上述三个成才途径主要是着眼于政治、军事人才，除此之外，还有别的成才途径。例如，有的人虽然政治上军事上没有建树或建树不大，但因关心时事、著书立说而成为思想家理论家，这也是经世致用的一种表现，成才的一种形式，如魏源、汤鹏、郭嵩焘等；有的以主张实业救国通过举办实业而成为实业家的，如熊希龄、朱昌琳、廖树衡、蒋德钧、张通典、欧阳中鹄、邹代钧、梁焕奎等；有的因主张教育救国而在教育领域做出卓越贡献的，如杨昌济等。此类人物，多不胜举，在此不一一列举。

再次，经世致用不仅是湖南人才群体的共同理念，成才的途径，而且还是湖南士子的一种学风，此种学风，反过来对于促进湖南人才的成长又起了重要的作用。此种学风的形成，除了时代的客观需要、经世名家的标杆作用和经世人士的学术交流等因素以外，与教育界人士和社会进步人士特别是改革家和革命家的大力倡导有着重要的关系。

鸦片战争前后，岳麓书院山长欧阳厚均首开此风。他继承和发展了岳麓书院长期以来的经世致用传统，“以培养人才为务”，又有自己的特色。他强调“以蕲培植人才为有体有用之学”，而“不徒区区文艺之末也”。所谓体，是根本；所谓用，是运用。即在教育中实行体、用结合，既有高深的理论，又能在实践中具体运用。这样才能培养“致君泽民”的经世纬国人才。李元度称其“弟子著录三千人，多以节义功名显”①。湘军的著名人物曾国藩、左宗棠、胡林翼、罗泽南、刘蓉、李元度等人，都是岳麓书院学生，且都师从欧阳厚均。在欧阳厚均的带动下，此后湖南近代各经世名家在通籍履任之后，往往不忘乡里教育，或兴创书院、学堂，或办族学、义学，昌明学风，弘扬文教。

至甲午战争后的戊戌维新运动时期，湖南的经世致用的学风愈益浓厚。当时湖南新政开始领域最早、投入精力最多、所得成绩最著名的就是教育。发端者则为清光绪二十一年（1895）谭嗣同发起创办的浏阳算学馆。成效最大者，当为时务学堂。时务学堂培养了一大批人才，使之成为维新运动、自立军起义和辛亥革命的骨干力量和中坚人物，梁启超对此深有感触，他说：“吾在时务学堂虽仅半年，所得高材生甚多。自我亡命赴日，一班四十人中有十一人随我俱去。后唐先生才常在汉口实行革命，十一人中死难八人。”②不单单如此，时务学堂还促进了湖南各地新式学堂的建立和书院的改革。毛泽东主编的《湘江评论》说：“湖南之有学校，应推原戊戌春季的时务学堂。”“此时的学校，大多以鼓吹革命为学风，学生竞相研究所谓经世的学问，抵掌讨论的，不外国事如何腐败，满政府如何推翻，怎样进步，怎样建设种种问题。”③

降至世纪之交，随着中华民族半殖民地程度的进一步加深，中

① 张作功，古夫．湖湘文化与湖南教育［M］．北京：教育科学出版社，2006：138.

② 梁启超．湖南教育界之回顾与前瞻［N］．长沙大公报，1922-09-03.

③ 李锐．早年毛泽东［M］．沈阳：辽宁人民出版社，1993：217-218.

国已完全沦为列强的附庸，湖南人自觉肩头经世的责任更加重大，因而学习的风气益为浓烈，一个突出的现象是到国外留学成风，为全国之最。这些留学生，很多是抱着“游学外洋者，为今日救吾国唯一之方针”[①] 的目的去的，因此他们不仅学习西方先进科学技术，而且还吸收西方先进思想理论武器，从事反清革命活动。在他们当中，涌现出一大批人才，如黄兴、陈天华、杨毓麟、宋教仁、秦力山、谭人凤、蔡锷、程潜、焦达峰、陈作新等辛亥革命骨干人物，均为留日学生。

“五四”时期，出国留学有了新的动向，由原来留学日本为主转向法国为主，出现了留法勤工俭学运动。这一运动在“五四”前夕已经兴起，当时人们向往“科学”与“民主”，而“自由、平等、博爱”思想的故乡法兰西，更是青年学生心目中的楷模。经过五四运动的推动，赴法勤工俭学运动迅速走向高潮。从 1919 年 3 月到 1920 年 12 月 15 日，全国赴法的共 20 批，1600 余人，其中湖南人最多，300 余人。除此以外，湖南另有两件事引人瞩目。一是女子结伴赴法。1919 年 12 月，向警予、蔡畅等“以赴法勤工俭学，将来回国，振兴实业教育为鹄的”[②]，组织湖南女子勤工俭学会。湖南先后抵法的女生共有 12 人，居全国留法女生 20 人总数的一半以上，成为留法勤工俭学女子最多的省份。另一件事是有两个“老学生”，一为徐特立，一为葛健豪。徐特立年已 43 岁，担任过省临时议会副议长，在湖南教育界享有盛名。他决心做一个“扶拐棍的老学生”，以便成为“一个有学问的新人物”。葛健豪系蔡和森之母，时年 54 岁，不畏艰难，毅然同子女一同赴法做工和受中等教育，这在“五四”时期的中国社会绝无仅有，受到了社会的尊敬和钦佩。留法勤工俭学运动虽说属于旧民主主义革命的范畴，但其意义并不仅限于此，更为重要的是为后来的无产阶级革命造就了

① 佚名．劝同乡父老子弟航关游学书［J］．游学译编，第 6 期．

② 佚名．女子留法勤工俭学会成立［N］．湖南大公报，1919-12-03.

一批人才，如蔡和森、李立三、李维汉、罗学赞、李富春、张昆弟、萧山等，都是在留法期间接受马克思主义的。同时留法勤工俭学运动也为湖南造就了一批教育和科技人才。

总而言之，19 世纪末 20 世纪初的留学热潮，特别是留法勤工俭学运动，从某种意义上说，是湖南经世致用学风的深度发展。

第四章

近代湘籍人才群体对近代湖湘文化的影响

近代以来，湖南风云激荡，人才辈出。在湖湘文化优良传统的熏陶、养育下，一代又一代的湖湘儿女，世代相承，前赴后继，曾先后形成以陶澍、魏源为代表的清代嘉道经世派；以曾国藩、左宗棠等为代表的湘军集团；以谭嗣同、唐才常等为代表的戊戌维新派；以黄兴、宋教仁等为代表的辛亥革命志士，以及毛泽东、蔡和森、刘少奇等为代表的无产阶级革命家等五个人才群体。这是近百年来三湘大地的杰出人物和优秀代表。他们面临国家内忧外患的局面，发出学习西方的惊世呼喊，提出经世致用、改革时政的主张，展开维新变法，举行反清革命，直至新民主主义革命的兴起，做出了无愧于时代和人民的回答。他们在继承湖湘文化传统的同时，又将新时代的精神与需求、西方的先进文化引入湖湘文化，使湖湘文化走向近代，并得到不断地更新、重塑和创新。

第一节　湖南嘉道经世派人才群体与湖湘文化的近代转型

清代中期即清嘉庆帝、道光帝的统治时期，这是世界历史的18世纪末至19世纪的中期。西欧和北美各主要国家，经过地理大发现、宗教改革和文艺复兴运动，已确立资本主义制度，社会生产突飞猛进，国力日益强盛，并加紧对外渗透和侵略。但是对于清王朝而言，这却是一个老大帝国日薄西山、风雨飘摇的年代，是其经过前期康熙、乾隆时期的繁荣强盛，开始走向内外交困、衰亡没落的时期。以政治家陶澍、贺长龄，思想家魏源为代表的湖湘人士，继承湖湘文化经世致用的传统，提出“师夷长技以制夷”的主张，开展一系列改革，使古代湖湘文化开始了向着近代的转变。

一、清嘉、道年间日趋衰落的国家形势

清嘉庆元年（1796），乾隆帝弘历退位，禅让其子颙琰。此时，

清王朝虽然外表仍是风光，但内囊却早已破败。乾隆中期以后，武备废弛，吏治败坏，贪贿成风，加之水利失修，连年河决，漕运阻滞，社会矛盾日益尖锐。嘉庆四年（1799），乾隆帝逝世，颙琰亲政。嘉庆帝力图振作，首先逮捕奸权和珅。但不久，两湖、四川爆发白莲教大起义，东南沿海发生蔡牵、朱濆起义，北方发生天理教起义并曾攻入皇宫。清王朝虽将之镇压下去，但终究顾此失彼，疲于应付。嘉庆帝“崇俭勤事，辟地移民”，所行虽“皆为治之大原”，“而吁咈之风，未遽睹焉”，[①] 清王朝国势不见好转，却愈益衰弱。

嘉庆二十五年（1820），嘉庆帝逝世，其子旻宁继位，以明年为道光元年（1821）。道光朝历时 30 年，其国势仍在无可逆挽地坏下去，甚至更为严重。此时，政治腐败日甚，社会矛盾加剧，农民起义屡有发生。最为严重的是，国家边患日趋严重。民族分裂主义分子活动嚣张，并勾结边外势力，在西北制造事端、发动叛乱。俄国势力不断向东扩张，吞并中亚诸国，将侵略矛头直指我西北边塞。在东南沿海，西方英、美等国鸦片走私集团通过种种手段，向我国大肆输入鸦片，以致我“中原几无可以御敌之兵，且无可以充饷之银”[②]。道光十八年（1838），道光帝以林则徐为钦差大臣，“查办广东海口事件，节制该省水师”[③]。次年，命林则徐“禁贩鸦片”。二十年（1840），英国政府为维护英国鸦片走私集团的利益，向我国发动战争。二十二年（1842）八月，清王朝因战争失败，被迫与英国签订丧权辱国的《南京条约》。二十四年（1844），又与美国、法国分别签订《望厦条约》《黄埔条约》。这些条约，规定中国向英国割地、赔款和向英、美、法等国开放口岸，允设置领事并予领事裁判权等。

---

① 赵尔巽．清史稿：第三册［M］．北京：中华书局，1976：616.
② 林文忠公政书．湖广奏稿：卷五［M］．影印本．北京：中国书店，1991：104.
③ 赵尔巽．清史稿：第四册［M］．北京：中华书局，1977：674.

清王朝蒙受的战争，加重了人民的负担，使社会矛盾更为激化，全国各地农民起义此起彼伏，特别是两湖、两广一带更是烽火遍地，民变四起。道光十一年十二月（1832 年 1 月），赵金龙领导湖南瑶民在江华县起义。次年六月，广西贺县盘均华瑶民起事。二十一年十二月（1841 年 1 月），湖北钟人杰组织天地会众起事。二十三年五月（1843 年 6 月），湖南曾如炷阻止谷米出境起事。次年四月，湖南耒阳又发生杨大鹏领导的抗粮起义。二十六年（1846），湖南宁远、祁阳发生胡有禄、王宗献起义。二十七年九月（1847 年 10 月），天地会首领雷再浩发动湖南新宁县瑶民举行起义。二十九年十月（1849 年 11 月），雷再浩余部李元发再次领导新宁瑶民起义。清王朝惊恐万状，调兵遣将，分赴各地，焦头烂额。更为严重的是，后来波及全国 14 个省份、历时 14 年之久的太平天国农民起义，此时正紧锣密鼓策划之中，即将破土而出。

道光朝的国变，使国家内忧外患，民不聊生，时人称之为“三千年未有之巨变”。从此，中国被迫向世界开放，从一个闭关锁国的国家变成对外开放的国家；从一个领土完整、主权独立的国家，变为一个领土被侵割、主权不完整的半殖民地半封建国家。在这样一个千古奇变之下，由于清王朝长期以来的因循守旧、颟顸敷衍，满朝文武浑浑噩噩、醉生梦死，而大多数读书人仍沉溺于经文诗赋、科场制艺之中，不思奋发，无所作为。正如青年曾国藩所说，是一个不痛不痒、不黑不白的社会。

在思想文化上，自清初以来的近百年中，曾兴盛一时并为中国文化做出杰出贡献的汉学，已经由盛而衰，风光不再。清康熙朝以来，由于皇帝本人的亲自倡导，并实行严厉的思想控制，中国的知识分子已不能关心社会，只能将头埋进故纸堆，去钻研那些与现实无关的古老学问，进行考据训诂，造成了空前绝后的汉学时代。在帝王的主持之下，组织了编刊《康熙字典》《四库全书》《全唐诗》等的重大文化工程，对先秦以后的文化，进行了一个全面深入的大总结。在这个时代，一大批先秦两汉典籍得到整理，并产生了一大批如段玉裁、孙诒让、汪中等的学术大家。但进入嘉、道年间以后，由于政治经济危机的日益深重，社会愈趋动荡，清王朝已无力继续保持思想文化上的高压专制政策。而相当一部分知识分子，对那“繁称杂引，游衍而不得所归”的烦琐考证深感厌倦，力图从古代经籍文卷中脱身而出，以研究迫切需要解决的社会现实问题。迫于这一形势，乾隆末年，清王朝曾明令禁止文字狱，嘉庆初又颁发谕旨广开言路，放松了对于思想和言论的控制。国家解除枷锁，士子消除了恐惧，从而使广大知识分子投身于社会现实，不仅有了必要性，而且也有了可能性。后来，梁启超在撰写《清代学术概论》时，总结这一现象说道：“嘉、道[①]以还，积威日弛，人心已渐获解放”，士人可以“相与指天画地，规天下大计”。

于是，就是在这样一个百孔千疮的国家，这个充满内忧外患的时刻，一部分正直的官员和怀抱良知的知识分子，忧心如焚，开始探讨国家与社会的种种弊病，寻找医治的种种良方，以挽救国家的危机，弥补社会的缺漏。这一支队伍中，由湖南人组成的阵营显得格外的醒目，这就是湖南嘉道经世派的人才群体。

湖南嘉道经世派人才群体，就是在这样一种政治、文化背景下应运而生、脱颖而出了。

二、湖南嘉道经世派人才群体的兴起

湖南的知识界，自明末清初王夫之以后，到清乾隆末年，几乎沉寂了一百来年，教育与文化事业的恢复和发展极其缓慢，知识界队伍单薄，各方面人才寥若晨星。据清光绪十年（1884）开雕的《湖南通志》“选举志四·进士三”统计，清代会试从顺治九年（1652）开科至雍正元年（1723），历71年，凡23榜，湖南中进士

---

① 梁启超．清代学术概论［M］//饮冰室合集：第8册．北京：中华书局，1989：69.

者69人。又据“选举志九·举人五”载，清代湖广乡试，从顺治三年（1646）开科至雍正元年（1723），历77年，凡26榜，湖南中举人者508人。[①] 此一阶段，计71~77年。

在这一批进士、举人中，后来在政治上崭露头角、跻身清王朝统治集团，官至巡抚、总督、六部尚书和授大学士的仅有四位。他们是陈鹏年（湘潭人），官至河道总督；彭维新（茶陵人），官至户部尚书，授协办大学士；杨超曾（武陵人），官至广西巡抚，户部、吏部尚书；胡期恒（武陵人），官至甘肃巡抚。官至布政使、按察使和学政的五人，即刘昌臣（武陵人），任山东学政；张明先（安乡人），任江南学政；杨绍（武陵人），任直隶布政使；王之锜（湘阴人），任安徽按察使；车鼎晋（邵阳人），任福建学政。另有由贡生而至布、按两使的一人，方显（巴陵人），任贵州按察使。

在他们之中，有的人后来成为著名的文人学者，以进士出身的有诗人车万育（邵阳人）、经学家李文炤（善化人）；以举人出身的有诗人郭金门（善化人）、车无咎（邵阳人）、王元复（邵阳人），地理学家和经学家邓可策（新化人）等。

造成这一状况的主要原因，一是由于明末清初湖南地区遭受连年战火，一直处于战乱与动荡之中。先是张献忠所率大顺、李自成大西军余部入湘，继是南明左良玉军、清朝南下军队和吴三桂叛军的先后进入，反复剿杀，使三湘四水惨遭屠戮，人民流离失所，全省学宫、书院均遭破坏，社会不得安定。二是自明代以来，湖南隶属湖广行省，学子应赴乡试，必须前往湖北武昌，道途远阻，且中隔洞庭湖，波涛汹涌，士子皆视为畏途而裹足不前。每届乡试，湖南入闱者仅3000人，而湖北则达10000余人。故清代的前半个世纪，湖南教育尚未发达，应赴省试、会试者少，而中式者更属寥寥。

---

① 曾国荃，李瀚章，卞宝第，等．湖南通志：选举志四至十一［M］．刻本．长沙：1885（清光绪十一年）．

康熙十九年（1680）五月，清军克复沅州，吴三桂集团彻底覆灭，湖南地区得以安定下来。随着社会的渐趋稳定，全省各地学宫、书院重新兴起，士子赴学者愈多。特别是湖南行省建置的最终完成，湖广乡试的南北分闱，使湖南成为一个单独的行政省份，长沙成为全省的政治、文化中心。

湖南自行在省会长沙举行乡试，极大地鼓舞了全省的学子士人，因而参加乡试、会试的人数，较之前代明显增加。长沙省城的贡院，初建考棚时即有号舍八千五百间，乾隆十二年（1747）减至五千间，后历有添建，至道光以前为七千二百六十四间。[①] 由此可知，通省参加乡试者每届达七八千余人，应该说这是湖南教育发展的一个重要反映。

两湖分闱，使湖湘学人中式者明显增加。据清光绪《湖南通志》“选举志”之“举人”“进士”条载，从雍正二年（1724）两湖分闱到乾隆六十年（1795），湖南乡试共 32 榜，其中恩科 8 场，全省中举者 1943 人（含副榜）；而同一时期，会试 31 榜，其中恩科 5 场，湖南中进士者 202 人（含明通榜）。此一时段，时间亦为 71 年，而全省中举人数为前一时段的 3. 8 倍，进士人数为前一时段之近 3 倍。

在这一批得中进士、举人的队伍中，后来官至巡抚、总督、六部尚书、军机大臣，授大学士的有四人。他们是陈大受（祁阳人），任吏部尚书，授协办大学士；罗源汉（长沙人），任工部尚书；刘权之（长沙人），任军机大臣，授大学士；唐仲冕（善化人），署理巡抚。官至布政使、按察使和学政的有罗典（湘潭人），任四川学政；周克开（长沙人），官至道员，署布政使；周鸣銮（长沙人），任四川按察使；周系英（湘潭人），官至山西学政、吏部侍郎；张经田（湘潭人），官至贵州粮储道，署布政使。另有由贡生

① 刘采邦，张延珂．长沙县志：卷之十二典礼：贡院［M］．刻本．长沙：1871（清同治十年）．

而至布、按两使的二人，即张奎祥（华容人），官至开归陈许道、署河南按察使；严如熤（溆浦人），官至贵州按察使。以上诸大员，均为饱读诗书之辈，而唐仲冕、罗典、严如熤则为享誉湖湘的学者，对于湖南人才的培养与发展起了非常重要的作用。

雍正、乾隆两朝在三湘四水出现的杰出人物，除了进入清朝统治集团，身膺清王朝部院大臣和封疆大吏的以外，还有一大批在思想文化、科学科技上具有卓越成就的人物，如经学家、教育家王文清（宁乡人）、旷敏本（衡山人）、余廷灿（长沙人），诗人张九钺（湘潭人）、周锡溥（湘阴人）、张九镡（湘潭人）、吴檀（新化人）、欧阳辂（新化人）、郭步蕴（女，湘潭人），史学家王万澍（常宁人）、吴思树（新化人）、周宣猷（长沙人）、段起玲（新化人）、杨可震（新化人）、孙占鳌（零陵人）；书画家易祖栻（湘乡人），天文地理学家孙良贵（善化人）、万年醇（华容人）、许伯政（巴陵人）等。以上名家，有的出身于举人、进士或贡生，有的甚至并非科举正途出身。

湖南教育在这一时期的迅速恢复和发展，还得益于其时主政湖南的一批地方官员，包括巡抚与布、按两使，学政及部分府州县主官。

首先是康熙朝后期，巡抚赵申乔、潘宗洛、李发甲先后四次上奏清廷，剀切陈辞，据理力争，请求湖南与湖北分闱乡试，李发甲并发动捐资在省会长沙创建贡院。雍正元年（1723），刚刚登基的雍正帝正式批准湖南巡抚的请求："湖南士子赴湖北乡试，必经由洞庭，湖水浩瀚无涯，六、七月间风浪尤险，间有覆溺之患。朕心深为恻然，或至士子畏避险远，裹足不前，又非朕广育人才之意"；遂命"湖南地方建立试院，俾士子就近入场，永无阻隔之虞"。于是，雍正二年（1724）二月，两湖正式分闱，湖南省在长沙举行第一次乡试，全省近万名生员入闱，从此开始了湖南科举考试的新局面。

其次是湖南的一些地方官员对于学校的重视。明朝末年，湖南各地的学宫和书院大多毁于兵燹。清朝统治在湖南建省以后，前往各地主政的官员，均将修复学宫、书院作为首务，恢复考试制度，并设置学额、拨给学田、发放盘费。不仅如此，清代前期，还在全省新建了一些学宫和书院。康熙后期至雍正时期，在全国各少数民族地区实行“改土归流”，湖南因此新设一些府、厅、县，如永顺府、乾州厅、凤凰厅、永绥厅和永顺、桑植、保靖、龙山、安福等县，均设置相应的府、厅、县学等机构。康熙至乾隆年间，湖南各地，不仅原有书院全部得到恢复，而且新设书院更多，以致每县均有书院，甚至一县几所书院。[①] 特别是省城岳麓书院的重新恢复和发展，长沙城南书院的设置，衡州府石鼓书院的重建，均系湖南巡抚出面奏准，动用公帑并倡导募捐而成。康熙、乾隆皇帝亲自为之题匾，许多硕学名儒在此执教讲学，从而巍然成为湖南教育的重镇，成为培养湖南人才的重要基地和渊薮。

这一状况，为后来湖南文化教育事业的进一步恢复和发展，为下一代即嘉庆、道光时期湖湘人才的崛起，创造了条件，并打下坚实的基础。

据清光绪《湖南通志》“选举志”载，从嘉庆三年（1798）到道光二十九年（1849），湖南乡试共 26 榜，其中恩科 8 场，中举者 1580 人（含副榜）；而大致在同一时期，即从嘉庆元年（1796）至道光三十年（1850），会试计 27 榜，其中恩科 9 场，全省中进士 213 人。此一阶段，时间仅 51～54 年，虽中举者较前少了 363 人，但中进士者却比前一时段还多出 11 人。

在这一批人中，于嘉庆、道光朝即官至总督、巡抚、六部尚书的有：杨健（清泉人），任湖北巡抚；赵慎畛（武陵人），任闽浙总督；陶澍（安化人），任两江总督；何凌汉（道州人），任工部

① 参见伍新福．湖南通史：古代卷［M］．长沙：湖南人民出版社，2008：811-817.

尚书；贺长龄（善化人），任云贵总督；常大淳（衡阳人），任湖北巡抚；罗绕典（安化人），任云贵总督；易棠（善化人），任陕甘总督；李星沅（湘阴人），任两江总督，共 9 人。同样是这一时期，官至布政使、按察使和学政的有：彭浚（衡山人）、聂铣敏（衡山人）、李象鹍（长沙人）、贺熙龄（善化人）、胡达源（益阳人）、俞东枝（善化人）、丁善庆（清泉人）、唐鉴（善化人）等，计 8 人。

嘉庆、道光两朝湖南在思想文化、科学科技方面涌现的杰出人物，较之政界人物毫不逊色。他们中间有杰出的思想家魏源、汤鹏（益阳人），著名的学者和教育家袁名曜（宁乡人）、余正焕（长沙人）、罗琦（善化人）、欧阳厚均（安仁人）、陈起书（郴州人），诗人晏贻琮（新化人）、李沆训（沅陵人）、郭汪灿（湘潭人）、张家榘（湘潭人）、黄本骐（宁乡人）、陈起诗（郴州人）、何庆元（桂阳人）、黎光地（益阳人），史学家黄本骥（宁乡人）、邓显鹤（新化人），地理学家邹汉勋（新化人）、李克钿（桂东人），医学家方堃（巴陵人）、周学霆（邵阳人）、曹崧（清泉人），天文学家左宗植（湘阴人）等。

然而，更为重要的是，嘉庆、道光两朝湖南所产生的杰出人物，不仅在人数上超过了以前顺治、康熙两朝与雍正、乾隆两朝，而且在学术成就与影响的深度和广度上，都超过了以前的这两个时段，达到了一个相当的高度。其中一部分人物，由于有着相同的政治抱负、政治思想和学术渊源，又经常在一起磋商学术、交流思想，甚至从事共同的社会政治活动，从而形成一个群体，这就是以陶澍、贺长龄、魏源为代表的清代湖南嘉道经世派人才群体。

陶澍则是这个群体的核心与领袖人物。

陶澍（1779—1839），字子霖，号云汀。早年入岳麓书院，“英年积学有声”，名师余廷灿、罗典“极爱重之”。[①] 陶澍自幼随父读书，也受到岳麓学风的影响。为学以程朱为宗，好谈义理，注重经世，倡言“通经学古而致诸用”“研经究史为致用之具”。[②] 魏源称其“少负经世志，尤邃史志、舆地之学。所至山川，必登览形势，访察利病”[③]。嘉庆七年（1802），陶澍中进士，后历任翰林院编修、安徽布政使。道光三年（1823），升安徽巡抚。五年（1825），调任江苏巡抚。十一年（1831），升任两江总督兼两淮盐政。十九年（1839）积劳成疾，在南京病逝。

在巡抚、总督任上，陶澍始终将自己提倡的“有实学斯有实行，斯有实用”的主张付诸实践，大力整顿吏治，兴修水利，整治河工，严禁鸦片，倡导文教，改革盐政、漕运，推行银本位制，政声卓著，勋绩粲然可见，巍然而成为一代名臣。

陶澍位高名重，作为湖南人才群体的带头人，他善于发现人才、敢于荐举人才。任京官时，陶澍即与在京湘籍人士交厚，如何凌汉、贺长龄、李在青、谢振定、周系英、魏源等，都团结在他的周围。后来主政江苏、两江，贺长龄、李星沅、唐鉴、魏源、陈起诗、罗琦、瞿家鏊、黄冕等一批湖湘人士在其属下，或为属吏，或为幕僚，跟随陶澍在两江地区实行漕粮海运，推行票盐制，整顿吏治，兴利除弊，共同开创改革大业。此外，还有唐仲冕、严如熤、汤鹏、邓显鹤、黄本骥等湘籍官员、士绅，与陶澍志同道合，声息相通，或时相往还，或音问常通，为之建言献策，赞襄盛举。这一大批人，已经形成为一个以陶澍为核心的群体。

其实，以陶澍为代表的清代嘉道经世派人才群体，是一个全国性的人才群体。这个人才群体，集聚了当时全国的第一流人才，如

① 陶澍．例赠儒林郎翰林院编修显考黄江府君行述［M］//陶澍全集：六．长沙：岳麓书社，2010：238.

② 陶澍．惜阴书舍章程［M］//陶澍全集：六．长沙：岳麓书社，2010：323.

③ 魏源．太子太保两江总督陶文毅公行状［M］//魏源全集：第十二册．长沙：岳麓书社，2004：730.

林则徐、贺长龄、魏源、龚自珍、姚莹、包世臣、俞德渊、汤鹏等，而这个群体的主体为湘籍人士，其领袖和核心为陶澍，最杰出的思想代表则是魏源。

魏源（1794—1857），原名远达，字良图，又字默深，湖南邵阳县金潭（今属隆回县）人。父魏鲁邦，曾与严如熤会于北京，"兼闻经世之学"。魏源早年入岳麓书院，深受湖湘文化经世致用学风的熏陶，曾与湘南名士李克钿、何庆元等为学友，一面究心理学，"沉潜宋儒程朱诸书"[①]；一面以经世之学相切磋，凡"经史及宋、元、明、当代儒生之书，悉究其源流，而务适于用"。嘉庆十九年（1814），魏源随父入京，在此结识了一批名流，如在京官员陶澍、贺长龄，著名学者龚自珍、汤鹏、姚莹、徐松等，大大开阔了眼界。在京期间，魏源曾问汉学于胡承珙，问宋学于姚学塽，又从刘逢禄受今文经学。今文经学中丰富的变易观，引起了他浓厚的兴趣，使他早已萌发的变革意识更为强烈，并为之提供了理论依据。从此，魏源进一步加深了对今文经学的研治。

道光五年（1825），魏源再到江苏。此时，陶澍、贺长龄、林则徐均任职江南，分别任江苏的巡抚、布政使、按察使，正踌躇满志，实行改革。他们邀请魏源入幕，参与江苏政务的策划。魏源得以与通晓天文地理、水利盐漕的李兆洛、包世臣、汪士铎等著名学者交往，得到了施展经世致用抱负的社会与文化环境。在这里，他针对最为迫切的盐务、漕运、河工"三大政"，进行深入研究，撰写《筹鹾篇》《筹漕篇》《筹河篇》等一批经世之作，提出了一系列具有真知灼见的主张。

在江苏幕府中，魏源还应江苏布政使贺长龄的邀请，编辑《皇朝经世文编》一书。此书由贺长龄主持，魏源编辑，从清初至道光五年各家奏议、文集、书札和方志等文献中，选录"存乎实用"的

① 清同治桂东县志：卷十五艺文［M］. 刻本 . 1866（清同治五年）.

文章2236篇，分为学术、治体、吏政、户政、礼政、兵政、刑政、工政八个门类，汇为一书，共120卷。道光六年（1826），《皇朝经世文编》编竣付梓，在全国流传甚广，“数十年来风行海内，凡讲求经济者无不奉为椠镬，几于家有其书”①。而在湖南，此书的影响更为广泛，“三湘学人，诵习成风，士皆有用世之志”②。《皇朝经世文编》不仅成为清代嘉道经世派人才群体的代表作，而且被清代中期及其以后主张经世致用、倡导改革的人士奉为圭臬。

鸦片战争时期，魏源在两江总督裕谦幕。时裕谦奉命赴浙江督办军务，魏源得以在浙江前线参加抗英斗争，并亲眼目睹清代军事政治的腐败，以及英国侵略军的坚船利炮。道光二十一年（1841），林则徐因受投降派诬陷而被贬黜，自广东北上。途经江苏时，林则徐会见魏源，彻夜交谈，并将所组织编辑的《四洲志》等资料全部交付，嘱其在此基础上编撰一部《海国图志》。从此，魏源开始了这一划时代著述的撰写，并于次年年底完成。《海国图志》是近代中国第一部内容全面丰富的世界大百科全书，它第一次完整而系统地向国人介绍了世界各国在历史、地理、政治、经济、军事、文化等各方面的情况，并义无反顾地提出了“师夷长技以制夷”的主张。

贺长龄也是清代嘉道经世派人才群体的重要代表人物。贺长龄（1785—1848），字耦庚，号西涯，晚号耐庵，湖南善化（今长沙）人。嘉庆十二年（1807）中举人，次年成进士，选庶吉士，授编修。道光初，历任南昌知府，山东、广西按察使，旋任江苏、江宁、福建布政使。后调署山东巡抚，转任贵州巡抚，升云贵总督。《清史稿》论贺长龄“儒而不武，不足以奠岩疆”③，系指其平定云

① 转引自郑焱．近代湖湘文化概论［M］．长沙：湖南师范大学出版社，1996：29-30.

② 黄濬．花随人圣庵摭忆［M］．上海：上海古籍书店，1983：200.

③ 赵尔巽．清史稿：第三八册贺长龄传［M］．北京：中华书局，1976：11618.

南永昌回民起事之失。但贺长龄怀经世之志，为官 40 年，勤于职守，多有惠政，不失为一位很有作为的政治家。他在山东，修水利，治河道，民以富饶。在贵州九年，整饬吏治，缉捕盗贼，储粮备荒，恤孤抚幼，劝课桑棉，创办书院义学，刊刻经籍，士民皆感其德。特别是在江苏，他辅佐陶澍创行漕粮海运，发起编辑《皇朝经世文编》，使经世致用思潮大兴于时，影响深远。

邓显鹤为湖湘老儒，亦为湖南嘉道经世派人才群体的代表人物之一。邓显鹤（1777—1851），字子立，一字湘皋，湖南新化人。嘉庆九年（1804）举人。任宁乡县训导 13 年，晚年主讲宝庆濂溪书院。他工诗古文，曾客游燕、齐、淮阳、岭南，以诗文名噪一时。他倾其一生致力于湖湘文献的整理和研究。道光十六年（1836），收集资江流域各地今古诗词，编成《资江耆旧集》。十九年（1839）又在此基础上，编辑《沅湘耆旧集》，三年后刻成，收入湖南自晋以来 2029 位诗人的诗作 19110 首，共 240 卷，为湖南第一部诗歌总集。又增辑明末周圣楷《楚宝》一书，撰《宝庆府志》《武冈州志》。更为重要的是，他通过长期努力，访求王夫之遗书 50 余种，组织邹汉勋、左宗植、左宗棠等一批学者，编成《船山遗书》180 卷，于道光二十年（1840）在长沙开雕。这是王夫之著作第一次大规模出版，王氏之学从此开始彰显于世。此外，邓显鹤还为纪念明末为保卫长沙而惨烈牺牲的蔡道宪，收集其著作，编辑刊刻成《蔡忠烈公遗集》；收录宋代理学家道州人周敦颐的著作和有关周敦颐的文献纪述，编刊《周子全书》；复广搜佚文，重加编次，编刊元朝湖南浏阳人欧阳玄《圭斋集》。

在清代嘉道经世派人才群体中，邓显鹤年龄较长，学问渊博，与陶澍、魏源、唐仲冕、严如熤、汤鹏、左宗植等交往密切，并带动和影响了一大批湘籍学人士子。他毕生以教书授徒、整理故籍为业，刊刻了湖南历史上多部非常重要的文献，后来梁启超称之为“湘学复兴的导师”，应该说是不无道理的。

清代嘉、道年间，湖湘学界曾有“湖南四杰”[1]之称，即魏源、左宗植、陈起诗和汤鹏。汤鹏亦是清代嘉道经世派人才群体中的代表人物。汤鹏（1800—1844），字海秋，湖南益阳人。善为文，具文采，“当世目为异才”。道光三年（1823）中进士，历官礼部主事、军机章京、户部主事，道光十三年（1833）任会试同考官。十九年（1839）升山东道监察御史。在任内，一月三上奏章，弹劾不避权贵，声震朝野。汤鹏著述繁多，最重要的为《浮邱子》，共91篇，每篇数千言，论述治国之道与学术思想。又有《明林》16卷，总结前代得失，实有所为而发。汤鹏亦善诗，生平诗作达三千余首，因愤世嫉俗，故多感慨抑郁、沉痛悲愤之作。

清代湖南嘉道经世派人才群体，除了上述陶澍、魏源、贺长龄、邓显鹤、汤鹏等代表人物以外，还有一大批在嘉道间崭露头角、出类拔萃的人物。这一大批人物，大致可分为政治、军事和思想文化两个方面，也可以说是分别在事功和思想上起到重要作用、发生了重要影响的人物。

一类是政治、军事方面的人才，即主要是进入清统治集团，担任了清朝地方督抚、两司或朝廷部院大臣，对清朝中央和地方政治具有重要影响的人物。其中有曾任山东、甘肃布政使，升任湖北巡抚，革除陋规、勤于民事的杨健；历任广东布政使、广西巡抚和闽浙、云贵总督，力除弊端、政声卓著的赵慎畛；历任都察院左副都御史、工部尚书，为官勤奋廉明、政绩显著的何凌汉；曾任安徽按察使、湖北布政使、浙江巡抚，后任湖北巡抚的常大淳；曾任山西按察使、贵州布政使、湖北巡抚，后任云贵总督，颇著官声、清正廉洁的罗绕典；官至云贵、两江总督，在任内整饬江河、清理盐务的李星沅；曾任浙江、江宁布政使，一度代理两江总督的唐鉴；曾任职河南、江南、贵州，官至布政使，深得陶澍器重、声望益高的

① 郭嵩焘．卷三十三湘阴县图志［M］//郭嵩焘全集：第七册．长沙：岳麓书社，2014：1357.

李象鹍等。

这一类人才，同时也风度翩翩，学养深厚，多有著述传世，其中罗绕典、唐鉴还是著名的学问家，在思想文化上对后来产生了很大的影响。

一类是思想文化方面的人才，即主要是以学问见长，教书授徒，勤于著述，成就显著的人物。其中有贺长龄之弟，曾任湖北学政，长沙城南书院山长，倡立湘水校经堂的贺熙龄；以文学著称，历任编修、少詹事，典试云南、视学贵州，以整饬士风、培育人才为己任，晚年主讲城南书院的胡达源；历充编修，主持贵州、广东乡试，后任广西学政，后主讲岳麓书院二十余年、弟子知名者甚众的丁善庆；历任编修、侍读、岳麓书院主讲，注重经世致用之学，为陶澍、严如熤所推重，号称“楚南人物”的袁名曜；曾任同知、知府，官至兵备道，为政清平、兴利除害，深得陶澍、林则徐赏识，后主讲长沙城南书院、以化育人才为己任的罗琦；曾任户部主事，官至监察御史，博通经史，主持岳麓书院二十余年的欧阳厚均；曾任编修、兵备道、盐巡道，政绩昭著，后主讲城南书院的余正焕；幼有才名，学政汤金钊以国士相待，与魏源、陈起诗、何庆元等友善往还，潜心学术、勤于著述的李克钿；中国近代舆地学的奠基人，与魏源、何绍基并称为“湘中三杰”的邹汉勋；等等。

清代嘉道经世派人才群体，堪称人才济济，辉耀一时，而为嘉、道间政坛、文坛所瞩目。这个群体由于其湖南地域性的作用，在学术思想、价值取向上都受到湖湘文化的深刻影响，但因为他们所处的时代，是从传统的古代社会向新型的近代社会过渡的阶段，因为湖湘文化本身所具有的包容理念和进取精神，清代嘉道湖南经世派人才群体又在继承湖湘文化传统的同时，将新时代的精神与需求引进了湖湘文化，使传统的湖湘文化开始了向近代的转型。

三、湖湘文化的近代转型

古代湖湘文化作为一个具有明显地方特征的学术流派，形成于南宋时期，是北宋周敦颐理学思想发展到南宋以后所产生的，而其最鲜明的特征，就是“圣人之功，无非实理”“有其体必得其用”的“实体达用”思想。[①]

这种以“实”为根本特征的学术思想，认为宇宙本体是一种实体存在，强调“徇名求实”“学贵力行”和注重实践，并提出了“儒者之政，一一务实”的社会政治思想。

湖湘学派这一求实的学术传统，历经元、明，又有了发展，特别是在明末清初，达到了一个新的高峰。明清之际的王夫之，继承和发展了南宋湖湘学派的“实体达用”思想。他在“道”与“器”，“理”与“气”的问题上，使道归之于器、理归之于气；在达用观上，则批判理学走向空疏、虚诞的弊端，突出了经世致用的学术精神。王夫之的思想对后世产生了深刻和广泛的影响。

湖南嘉道经世派人才群体，在整体上是湖湘学派在新形势下的集合体，有社会政治代表人物，也有思想学术代表人物，其学术源流、思想价值取向和社会政治主张，基本上都是一致的。他们不仅全面地继承和发展了自南宋时期发育起来的理学，又深深地受到明末清初王夫之思想的浸染，而且还合乎时代的潮流，使传统的湖湘文化开始向着近代化转型。

作为一种传统文化形态的湖湘文化，走向近代化的转型，主要表现在三个方面，一是要求进行社会变革，二是主张抵抗西方列强的侵略，三是倡导学习西方。

如前所述，以陶澍为首领的湖南嘉道经世派人才群体，就是由于乾隆、嘉庆朝以来社会的日益堕落、国家的日益衰败而崛起的。他们之所以发奋读书、钻研经世致用之学，就是为了给这个百孔千

① 朱汉民．理学通论［M］．北京：高等教育出版社，2016：129.

疮、病入膏肓的国家开出一服处方，甚至进行几场手术。所以，这个群体几乎所有的成员都对其时社会、国家的情势痛心疾首，并大声疾呼，力主变革，寻找救世的良方。魏源认为世事以变为恒，主张“变古便民”，并尖锐地指出：“天下无数百年不敝之法，亦无穷极不变之法，亦无不易简而能变通之法”①；“小变则小革，大变则大革；小革则小治，大革则大治”②。汤鹏亦说：“事有积之已久则弊，而守之以固则枯；坏之已甚则匮，而处之以聩则愚”，因此“君子不能毋尚变”，“可变则变者智也，不变不止者勇也。变然后宜，宜然后利，利然后善者，仁也，义也”。③

陶澍出自社会底层，从小对社会底层的艰难、民间百姓的疾苦，耳濡目染，深有体会。他从嘉庆七年（1802）授翰林院庶吉士起，即开始了漫长的从政生涯，先后任职于京师、四川、贵州、福建和两江地区（安徽、江苏、江西），长达37年，其中在两江地区19年，而职任封疆（安徽、江苏巡抚，两江总督）17年。在积重难返的清代官场，陶澍亲目所睹、亲耳所闻，无不痛心疾首，但决不同流合污、沆瀣一气，而是力图改变这一现实，实行改革。早在京师任御史时，他就以敢言著称，曾上疏数十封，言吏部重签、河工冒滥、各省吏治腐败，指出州县积弊八条，如多摊捐款、预备赏号、派办供给、委员需索等。任安徽布政使，清查积年亏欠，雷厉风行，一举了结。

特别是在两江地区，陶澍面临两江政务“三大政”出现的种种弊端，毅然实行一系列改革。一是致力河工，兴修水利。两江地区水网密布，故治水为第一要务。陶澍在担任安徽巡抚期间，致力于治淮，先后主持治理寿州城西湖、凤台焦冈湖、凤阳花源湖，在怀

① 魏源．淮南盐法轻本敌私议序［M］//魏源全集：第十二册．长沙：岳麓书社，2004：249.

② 魏源．圣武记：七［M］//魏源全集：第三册．长沙：岳麓书社，2004：291.

③ 钱基博．近百年湖南学风［M］．北京：中国人民大学出版社，2004：9.

远开河数道，导水入淮，使安徽很快出现“嘉禾满大田”的丰收景象。任江苏巡抚，疏浚吴淞江，以通海口。及任江督，挑挖浏河、白茆河，治理丹阳练湖、常州孟渎，“吴中称为数十年之利”。二是漕粮海运。其时，江南水利失修，漕政弊端横行，造成漕运中阻，影响“天庾正供”。道光五年（1825），陶澍除旧革新，创行海运，经数月筹备，于次年正月雇集商船1562艘，载粮赴津，往返两次，运米1633000多石，成效大著。时人赞美云：“海运则不由内地，不归众饱，无造船之烦，无募丁之扰，利国便民，计无逾此。”①魏源则指出：“海运利国利民利官，为东南拯敝第一策。”三是改革两淮盐政，实行票盐制。两淮盐务自嘉庆末年以来，败坏已极，口岸滞销，商情困顿，盐课大量拖欠，私盐充斥市场，严重影响了清政府的财政收入。道光十年（1830），陶澍升任两江总督，兼理两淮盐政，立即着手清理盐务，裁撤各种浮费陋规，然后设局给票，允许商人买票运销。结果盐价大减，销路顺畅，促进了两淮盐业的发展。

陶澍在两江地区的社会改革，并不是单枪匹马孤立地进行的，他所倡领和影响的群体中，不少的人都在追随着他，从事着同样的事业。其时，贺长龄担任江苏布政使，是陶澍推行改革的最重要助手。试行漕粮海运时，他亲赴上海查勘海口，择定航线，招募沙船，布置一切。取得成功以后，他将有关文件整理汇编为《江苏海运全案》一书，为以后办理漕粮海运提供理论政策与方法的依据。魏源则是陶澍两江改革最重要的智囊。他参与漕粮海运的策划和运筹，分析利弊，答客解难。改革盐政，他提出“救弊先其急，议改淮北，试行票盐，裁浮费，减盐价，以轻商本”。在治河方面，他代陶澍撰写《东南七郡水利略叙》《湖北堤防议》等文，对治理东南江河、变患为利起了重要作用。素抱经世之志的陈起诗、汤彝，

① 赵尔巽．清史稿：第一三册食货志［M］．北京：中华书局，1976：3565.

时在陶澍幕府，协助改革淮北盐政，试行票盐法。嘉、道间在两江担任知县、知府的黄冕、罗琦，条陈海运之利，兴利除弊，治河修堤，是陶澍、贺长龄的得力下属。

在全国其他省区，湖南嘉道经世派人士同样不遗余力地呼吁改革，力行实政。湖北巡抚杨健，倡捐治水，整修堤堰，深得民戴。闽浙总督赵慎轸，整顿军伍，规划营制，增设福建水师，使军容为之一变。浙江巡抚常大淳，讨平海寇，整顿盐政，奏免浙漕，拨款赈灾，颇具政绩。贵州布政使罗绕典，力陈黔省鼓铸制钱"五难"，改革铅厂章程，清查库款，增加库储，购备荒粮。贵州布政使李象鹍，严禁奸人欺压苗民，又设置义园，祭祀乡贤。

湖湘文化向近代化的转型，所表现的第二个方面，即是面对西方资本主义国家的侵略，主张实行积极的抵抗。

清代乾隆、嘉庆时期，我国已面临外国资本主义势力入侵的问题，东南沿海，英国鸦片走私集团在中国进行罪恶的鸦片走私活动，导致清朝白银大量外流，对国家财政造成严重影响；在西北边塞，俄国侵略势力正由西而东，步步扩张。"强邻窥伺，暗煽横飞"，终至道光二十年（1840）发生英国侵略中国的鸦片战争，并迫使清政府签订丧权辱国的《南京条约》。从此，中国领土被割占、主权被侵夺，成为一个半殖民地半封建的国家。

在这一个危机酝酿和爆发的过程中，湖南嘉道经世派人才群体密切地关注到这一严重局面，并为此而做出自己的努力。早在鸦片战争发生之前，他们就警惕着时局的发展，防范外国资本主义国家的武力侵扰。道光十二年（1832），英国侵略分子胡夏米等，曾多次驾船从广东沿海北行，刺探情报，测绘地形。陶澍采取措施，"即委常镇道王瑞征驰往吴淞海口，会同该管镇道密派巡洋舟师，三面迎住，使之不得近岸，兼断其驶北之路"①，并命苏松镇总兵

① 中国第一历史档案馆. 鸦片战争档案史料：第一册［M］. 上海：上海人民出版社，1987：115.

关天培“亲自督押”，驱逐出境。道光十八年（1838），鸿胪寺卿黄爵滋奏请禁止鸦片，引起朝野争论。湖南嘉道经世派人才群体坚决支持黄爵滋，都是坚定的禁烟派。陶澍立上《筹议严禁鸦片章程折子》，赞称黄爵滋的主张为“救时之急务”，并提出禁烟章程八条。① 随后，他在江苏各属收缴烟土 16000 余两，强令海船交出 41000 余两，一并销毁。这是全国最早的大规模禁烟、销烟行动，堪称林则徐“虎门销烟”之先声。贺长龄时任贵州巡抚，主张查禁私种罂粟和吸食鸦片，指出：“惟有鸦片既能贫人又能殀人，一人嗜之，须费平民数口之奉，一日迷之，遂为终身莫解之忧。”②

道光二十年（1840）鸦片战争爆发，湖南嘉道经世派人才群体除陶澍已于年前去世外，不少人参加了抗击英国侵略的战争。署福建按察使常大淳，出驻漳州、泉州一带，防御英军的进犯；魏源、黄冕在两江总督裕谦幕，参加浙东的抗英战役；沙翊清在提督杨芳幕，参加广东的抗英战争。太常寺卿唐鉴，愤切广东战事的不利，上疏弹劾昏庸无能的钦差大臣琦善和广州将军耆英。英军沿海北犯，湘潭人、江南道监察御史黎吉云上奏，极言“岛夷不可纵，款议不足恃，条用兵事甚悉”，又弹劾投降派，“言词切直”。③ 清朝在战争中失败，湖湘之士无不扼腕痛心。两江总督李星沅鉴于海防的重要，上疏清廷，请创建外海水师。原山东道监察御史汤鹏撰写《夷务善后三十策》，详论募兵、练勇、修船、造炮、缉奸、设险诸事宜，乞尚书转奏。

湖南嘉道经世派人才群体在国家面临外敌入侵、生存遭到危难的时刻，力主抵抗，毫不妥协，是湖湘文化深厚爱国主义传统在新

① 陶澍．复奏筹议严禁鸦片章程以塞漏卮折子［M］//陶澍全集：四．长沙：岳麓书社，2010：392-398.

② 贺长龄．禁贩卖鸦片栽种罂粟示［M］//贺长龄，贺熙龄．贺长龄集 贺熙龄集．长沙：岳麓书社，2010：410.

③ 左宗棠．前江南道监察御史黎君墓志铭［M］//左宗棠全集：第十三册．长沙：岳麓书社，1996：347.

时代的表现，也是传统湖湘文化向近代转型最具感情色彩的表现。湖南嘉道经世派人才群体也是一个爱国者的群体。

湖湘文化走向近代化的第三个方面，则是其对于外来先进文化兼容并蓄的态度，即他们学习西方的主张。道光十三年（1833），陶澍鉴于清朝白银不断外流，洋钱大量涌入，造成严重银荒，曾提出仿照西方铸币方式，铸造银币的主张。湖南经世派学习西方的最重要表现，即是魏源“师夷长技以制夷”主张的提出。鸦片战争后，魏源根据《四洲志》及中外文献资料，编成《海国图志》一书。该书对富国强兵、抵御外侮之方颇多探索，提出一系列学习西方的主张。在求强方面，提出学习西方技术制造战舰、火器，以及选兵、练兵、养兵之法，以改革中国军队；在求富方面，提倡创办民用工业，允许私人设厂局，自行制造与销售轮船和器械等，以使国家富强。魏源还开始注意到西方的政治，向往美国既不专制，又不世袭的民主制度，称赞不设君位、不立王侯，实行民主共和的瑞士为“西土桃花源”。

湖南经世派特别是魏源学习西方思想的提出，不啻石破天惊，振聋发聩，在整个思想界、知识界引起极大震动，产生了强烈的反响。清代前中期的中国思想界、知识界，在总体上对于中国以外的世界处于蒙昧无知的状态，特别是对于西方及其近百年的发展浑然不觉，自以为天朝上国尽善尽美、无所不有，是为世界的中心，万邦来朝。他们蔑称外国为“夷狄”，不齿于与之交往，视西方制造的钟表、器械甚至枪炮船舰，为“雕虫小技”“奇器淫巧”。然而，就是在这样一种思想氛围下，特别是在中国战败于西方，被迫接受不平等条约，国人对于西方充满着仇愤的政治情势下，魏源提出“师夷”的主张，是需要极大的思想勇气的。这表明湖南经世派人物头脑清醒、思想开明，已经认识到中国落后于西方，应该“睁眼看世界”，“以夷为师”。

湖南嘉道经世派人才群体学习西方思想的产生和提出，是湖湘文化经世致用传统在新时代的表现，也是传统湖湘文化向近代转型最具有理性的表现。这表明，湖湘文化是一种与时俱进的文化形态和社会思潮，而引领这一思潮的湖南嘉道经世派人才群体是一个进步的朝气蓬勃的社会群体。他们对于新时代提出的两大课题，即怎样面对外来侵略、怎样面对外来文化，都做出了无负于时代的回答。

第二节　湘军集团人才群体对湖湘文化的继承与发展

道光三十年（1850）正月，道光帝逝世，其子奕訢继位，以次年为咸丰元年（1851）。然而，咸丰尚未开元，大清朝即发生了一场惊天动地的大事变，把清王朝的局面搅得一片糜烂。这就是爆发于广西的太平天国农民起义。此时，湖南嘉道经世派群体的主要代表人物陶澍、贺长龄、赵慎轸、何凌汉、李象鹍、胡达源、汤鹏、贺熙龄等均已去世，邓显鹤、李星沅则于咸丰纪元仅数月之久逝世。时代的使命，国家的召唤，湖湘文化的熏陶，加上上一辈湖南嘉道经世派群体的精心培育，使得三湘大地又产生出一个新的人才群体，这就是清咸丰年间在湖南崛起，兴盛于咸丰、同治和光绪时期的湘军集团人才群体。

一、太平天国的兴起与天下大乱

晚清湘军集团人才群体，是清代太平天国农民起义爆发的直接产物。道光三十年（1851 年）十二月十日，广东落第士子洪秀全创立的“拜上帝会”，经过多年酝酿，在广西桂平县金田村发动起义，近代史上空前规模的，并对中国近代社会造成重大影响的太平天国农民运动终于爆发。

太平天国农民起义，是清代中期社会矛盾急剧恶化的必然结果，也是清王朝长期以来国家腐败统治的后果。太平天国起义爆发以后，迅速在广西全面蔓延，清朝广西当局以及朝廷派来的军队一触即溃。太平天国在广西攻城略地，封王建国，并于清咸丰二年（1852）五月冲出广西，进军湖南。十一月，太平军攻占岳州，跨出湖南。咸丰三年（1853）正月，攻克武昌，随后水陆两路，顺江东下，攻克长江重镇九江、安徽省会安庆，二月十日攻克江苏省会南京，并在此建都，改名天京，正式建立起与清王朝对峙的政权。

在太平天国战争的影响下，全国各地处于下层的人民纷纷响应，发动起义，全国迅速陷于一场空前的大乱。湖南、广东、江西各地会党蜂起，中原、西南和西北地区狼烟遍地。中原捻军起义，贵州苗民、云南回民和陕甘回民的暴动风起云涌。清王朝统治的天下，此起彼伏，肉腐鱼烂，已经没有了一片净土。

在以太平天国农民起义为中心的全国各族人民起义的猛烈冲击下，清朝统治的腐败彻底暴露。其各级政府外强中干、色厉内荏，对于面临的危机毫无知觉，及至事发，初则上下相瞒，继则张皇失措，听任事态恶化。后任贵州巡抚的曾望颜曾分析太平天国兴起的原因："其故总由历年不办会匪，不拿真贼，一味讳饰，遂致贼腥日肆，匪党日多"，待一朝惊醒，早已"蔓延邻省，祸及天下"。[①]而清朝的常备军八旗和绿营，虽在清前期堪称劲旅，骁勇善战，纵横全国，但因承平日久，骄奢淫逸，营务废弛，早已失去了当年横扫天下的雄风。京师的八旗兵"三五成群，手提鸟笼雀架，终日闲游，甚或相聚赌博，问其名色，则皆为巡城披甲，而实未曾当班，不过雇人顶替，点缀了事"[②]。外省军队，甚至骑兵没有马，水勇不习水，武器生锈，炮台失修。至临操演检阅之时，骑兵临时雇用马匹，水勇招引渔民冒名顶替。这样的军队当然不堪一击。因此，

① 金毓黼．太平天国史料［M］．北京：中华书局，1959：500.

② 转引自朱汉民．湘军与晚清中国［M］//湘军：第一卷．北京：社会科学文献出版社，2013：2.

太平天国兴起之后，两年多的时间，就从华南广西奔杀到华东各省，占领长江以南大片地区。清王朝的社会统治秩序被打得支离破碎，一片混乱，儒家的思想文化体系遭到前所未有的冲击，摇摇欲坠。

在这样的一种形势下，清朝廷气急败坏，除派遣八旗、绿营前往镇压之外，还谕令其在籍官员于各地举办团练，与太平军作战，并镇压各地发生的农民起义。自咸丰二年（1852）十月至三年（1853）二月，咸丰帝将举办团练的政策推行全国各省，先后任命了四批团练大臣，企图通过他们组织起各地的士绅，挽救清朝统治集团的危亡。这四批团练大臣，包括前刑部尚书陈孚恩、前刑部侍郎曾国藩、前广西巡抚周天爵、工部侍郎吕贤基、翰林院编修李鸿章等，共计 45 人。

在这四批团练大臣中，唯曾国藩不同凡响，独树一帜。他以举办团练的名义，将湖南的士绅文人组织起来，并改练为勇，建立起一支既不同于团练，又有别于绿营的军队。于是，一个以军事为主要特征、以湖南人为主体的人才群体——湘军集团产生了。

二、湘军集团的崛起

清咸丰二年（1852）十二月，湘乡绅士罗泽南、王鑫奉湖南巡抚张亮基命，率所组建的湘乡团练一千人抵达长沙，协助省城防守。与此同时，在籍礼部侍郎曾国藩奉咸丰帝谕旨，来到长沙，帮办湖南地方团练。

曾国藩（1811—1872），原名子城，字伯涵，号涤生。湖南湘乡白杨坪（今属湖南双峰县）人，出生于富裕农民家庭。曾国藩早年研读理学，非常勤奋。道光十四年（1834）中举，十八年（1838）中进士。入翰林院，授编修。二十九年（1849）任礼部侍郎，后兼署工部、兵部侍郎，咸丰元年（1851）、二年（1852）又兼刑部、吏部侍郎。

早在少年时期，曾国藩就“器宇卓荦，不随流俗，既入词垣，遂毅然有效法前贤澄清天下之志”[①]。面临国家危机四伏的局面，曾国藩与其友人江忠源、郭嵩焘、刘蓉、罗泽南等，忧心忡忡，经常彻夜纵谈，慷慨陈词。咸丰帝登基以后，曾国藩在友人的鼓励下，连连上书，大胆揭露社会的黑暗与腐败，并提出在军事、财政等各方面进行改革的主张。曾国藩的激进上书，虽然引起了新皇帝的不快，但在湖南的文人士绅当中博得很高的声誉。刘蓉即说道：“大疏所陈，动关至计，是固言人所不能言、不敢言。……雅量及此，庶能任天下之重者。”[②] 其弟曾国荃也说：“兄……封章迭上，皆能言其大体，衡其至要，非若他人之毛举细故。是以无论在朝在野，凡属知道之君子，不特耳目中素闻其名，亦且心意中推重其学。位望日高，闻誉日隆，兢业日甚，而后道德乃日进也。扩而充之，名世无难矣。”[③]

咸丰二年（1852）六月，曾国藩奉命充江西乡试正考官，随即出都。七月二十五日行抵安徽太湖县，因闻母亲去世，丁忧回籍。十二月，守制之中的曾国藩奉到寄谕，命他“帮同办理本省团练乡民搜查土匪诸事宜”。时太平军已掠过湖南，进攻湖北，并攻陷武昌。曾国藩在亲友劝诫下，来到长沙，以团练不足为，乃改弦更张，在罗泽南所率湘乡团练的基础上，仿明朝戚继光束伍成法，逐日操练，另起一军。于是，在中国近代史上产生了重大影响的湘军正式兴起。曾国藩也就成为湘军集团最主要的代表人物。

次年夏，曾国藩移驻衡州，继续编练湘军，并创立水师。

曾国藩抵达长沙之时，湘军集团的另一位重要代表人物左宗棠也来到长沙。

左宗棠（1812—1885），字季高，号湘上农人，晚号朴存阁老

① 黎庶昌．曾国藩年谱：卷一［M］．长沙：岳麓书社，1986：5.

② 钱基博．近百年湖南学风［M］．北京：人民大学出版社，2010：39.

③ 曾国荃．致伯兄［M］//曾国荃集 五 家书．长沙：岳麓书社，2008：49.

人。湖南湘阴人。出生于耕读之家。青年时即胸怀大志，钻研有用之学，曾以“身无半亩、心忧天下”自勉。入长沙城南书院，从贺熙龄学。道光十二年（1832）中举，后三次会试不第，遂“绝意仕进”，一心钻研经世致用之学，先后主讲醴陵渌江书院、就馆安化陶家。早年的左宗棠，虽仅为一介布衣，但志高才大，早已“名在公卿间”[①]，甚得陶澍、贺长龄、林则徐、贺熙龄等的器重，被称为“国士”“奇才”。青年左宗棠与胡林翼甚为相得，常“风雨连床，澈夜谈古今大政”[②]。咸丰二年（1852），太平军攻打长沙。左宗棠在亲友的劝诫之下，进入湖南巡抚幕府，先后辅佐巡抚张亮基、骆秉章，整顿全省财政、吏治，协助曾国藩创办湘军，筹兵、筹粮、筹饷，“内清四境，外援五省”，使湖南安定下来，并成为湘军的重要基地。

湖南大批的学人士子，早就抱有“天下兴亡、匹夫有责”之志，并相聚一起，磋商经世和救世之计。湘军创建以后，他们纷纷投袂而起，弃笔从戎，投入湘军阵营，并成为湘军的骨干力量或核心成员。他们多有秀才、举人或进士的功名，有的甚至担任清朝的中下级官员，心有大志，胸怀韬略，其中著名的还有罗泽南、王鑫、江忠源、胡林翼、郭嵩焘、彭玉麟、杨岳斌、李续宾、李续宜、江忠义、刘长佑、刘坤一、刘蓉、刘岳昭、刘锦棠、魏光焘等，其中罗泽南、江忠源、胡林翼、郭嵩焘、彭玉麟、刘坤一、魏光焘等为重要的代表人物。

理学家罗泽南，不仅是湘军最早的创建者，而且带出了众多湘军名将，以致被后人称为“湘军之母”。

罗泽南（1808—1856），字仲岳，号罗山，湖南湘乡石牛湾人。

① 赵尔巽．清史稿：第三九册列传［M］．北京：中华书局，1976：12023.

② 罗正钧．左文襄公年谱：卷一［M］．台北：商务印书馆，1981：42.

出生于贫寒的塾师家庭，“家业零落，四壁萧然，至不能具值粥”[①]。咸丰元年（1851）举孝廉方正，青年时就读长沙城南书院，又奔走四乡，充童子师。虽然贫困潦倒，但心志不移，“奔走衣食之余，窃自乘夜读书，冀成先志”，“萤灯糠火，夜以继日”。咸丰二年（1852），太平军进击湖南。罗泽南与弟子王鑫、李续宾、李续宜、蒋益澧、杨昌濬等在乡倡办团练，镇压衡山一带会党起义，保知县。年底，率湘勇赴长沙，协同曾国藩将之扩编为湘军。后率部援江西，旋占领安福、泰和，迁同知。次年十月，屯衡州，协助曾国藩改定湘军营制，镇压衡州、永兴等地会党。

江忠源是湖南最早创办团练、与太平军激战的人物，同时也是湘军中第一位担任巡抚大员、跻身清王朝封疆大吏的将领。

江忠源（1812—1854），字岷樵。湖南新宁人。为诸生时，“留心当世务，以气节相尚”。道光十七年（1837）中举人，旋与同乡刘长佑至北京，拜访曾国藩。曾一见即以两人“皆有戡乱之才”，而江忠源“必立名天下，然当以节烈死”。[②] 二十七年（1847），率乡勇镇压雷再浩起义，授知县，历任秀水、丽水两县事。咸丰元年（1851），大学士赛尚阿任钦差大臣，赴广西镇压太平军。江忠源奉命招集新宁乡兵，号称楚勇，出省作战。晚清王定安著《湘军记》，认为“湘人以书生杀贼，自忠源始”；而“楚军之兴，湘军之萌”，此为湘军之萌芽矣。[③] 江忠源率楚军入桂后，在桂平、永安等地进攻太平军。次年，解桂林围，升知府。随即于全州蓑衣渡截击太平军，并追至长沙，留守湖南。三年（1853）春，镇压浏阳征义堂周国虞起事，晋道员。旋调署湖北按察使，镇压湖北通城、崇阳等地群众反清斗争。旋奉命帮办江南军务，中途解南昌围。回军援湖北

---

① 郭嵩焘．罗忠节公年谱［M］//熊治祁．湖南人物年谱：第二册．长沙：湖南人民出版社，2013：579.

② 朱孔彰．中兴将帅别传：卷三［M］．长沙：岳麓书社，1989：23.

③ 王定安，朱纯．湘军记：卷一自叙［M］．长沙：岳麓书社，1983：4，3.

田家镇，兵败，突围出。不久，授安徽巡抚，据庐州防守。次年元月，太平军攻克庐州。江忠源兵败援绝，投水死。赠总督，谥忠烈。有《江忠烈公遗集》传世。诸弟江忠浚、江忠济、江忠义及旧部刘长佑、刘坤一皆为名将，而江忠义、刘长佑、刘坤一则位至封疆。

晚清时期，言湘军即有“曾、左、彭、胡”之称，其“胡”即胡林翼，“彭”即彭玉麟，均为湘军四大首领之一。

胡林翼（1812—1861），字贶生，号润芝，湖南益阳人。出生于官宦家庭，父即嘉庆朝进士胡达源。胡林翼从小聪颖异常，很得陶澍欢喜，被招为女婿。随益阳名儒蔡用锡学，又于长沙城南书院受业贺熙龄。与左宗棠为莫逆之交，常相互研讨学问，议论时弊。钻研经世致用之学，尤于地理学、兵学颇有成就，曾绘制《大清一统舆图》，为我国早期较为完善的全国地图。他于道光十五年（1835）中举，次年中进士，授编修，后充会试同考官、江南乡试副考官。二十六年（1846）分发贵州，历任安顺、镇远、黎平知府及贵东道，强化团练、保甲，镇压黄平、台拱、清江、天柱等地苗民起义，并参与镇压湖南李沅发起义。咸丰四年（1854）春，奉命出黔入湘，与太平军作战，从此加入湘军集团。是年七月，升四川按察使，仍驻防岳州。九月，调湖北按察使，赴援九江。

彭玉麟（1816—1890），字雪琴，湖南衡阳人。生于安徽怀宁县三桥镇，其父先后任三桥镇和合肥梁园镇巡检。17 岁时，随父回原籍衡阳渣江镇，因族人干没其产，陷入贫困。次年，父忧愤死，玉麟奉母避居府城石鼓书院，并从老生问经义、学诗书。后因家贫，入衡州协标，充司书。27 岁时，得衡州知府高人鉴赏识，取为府学附生。湖南学政陈坛曾目为国士。道光二十九年（1849）冬，随衡州协赴新宁镇压李沅发起义，历时半年，转战黔、桂，以功补外委。后受清泉（今衡南县）富商杨江聘，赴耒阳经理典铺。咸丰三年（1853）丁母忧，因常大淳之子常豫之荐，曾国藩强邀，入湘军，在曾国葆营帮办营务。后经国葆力荐，与湘阴外委杨载福各募水勇一营，充营官，其专治湘军水师自此始。

晚清著名的外交家、思想家郭嵩焘，也是湘军的重要代表人物。

郭嵩焘（1818—1891），字伯琛，号筠仙，晚自号玉池老人，又称养知先生。湖南湘阴人。出生于诗书之家。自幼随父读书，19岁入长沙岳麓书院，深受湖湘文化熏陶，并结识曾国藩、刘蓉，成为莫逆之交。道光十七年（1837）中举。鸦片战争爆发后，入浙江学政罗文俊幕。时英军攻袭浙江沿海，郭嵩焘“愤然言战守机宜”。二十七年（1847），第五次参加会试，得中进士，授翰林院庶吉士。两年后，因母亲、父亲先后去世，回籍守制。

咸丰二年（1852），太平军攻打长沙。湖南巡抚张亮基聘请左宗棠襄助军务，郭力为之劝，促其成行。曾国藩丁母忧回籍，清廷命帮办团练，曾国藩以重孝在身拟疏请辞。郭前往曾府，说服其接受朝命，墨绖从戎。后在曾国藩幕协助筹集军饷，协助湖南巡抚骆秉章办理捐输、创设厘金；与夏廷樾、罗泽南等率湘军援救江西，建议江忠源创建水师，为曾国藩创办湘军和湘军的发展起了非常重要的作用。

湘军创立后，立即投入与太平天国的战争。咸丰四年（1854）正月，湘军练成，曾国藩发布《讨粤匪檄》，出师衡州，正式宣布对太平军作战。此时，湘军分水、陆两军，罗泽南与塔齐布等领陆师，彭玉麟、杨载福等统水师，共计一万七千余人，初战长沙靖港失利，但在湘潭大胜，随后攻克岳州、城陵矶，进取崇阳、咸宁，攻占武昌、汉阳。罗泽南以功升知府、授宁绍台道，与塔齐布并称“塔罗”；彭玉麟、杨载福分别以功升知府、副将，号称“彭杨”，顿成湘军名将。后罗泽南留曾国藩军，协助指挥作战，据兴国，夺占田家镇，加按察使衔，又进陷广济、黄梅。

咸丰五年（1855）春，罗泽南率部进入江西，攻九江、湖口，取弋阳、广信、德兴、义宁等地，加布政使衔。同年，胡林翼升任湖北布政使，率所部湘军回援武汉，署湖北巡抚，会合曾国藩部围攻武汉。旋湘军水师于湖口受挫，被太平军截为外江、内湖两部，湘军困守江西年余。时太平军再陷武昌，罗泽南率五千人西援，攻占崇阳、浦圻、咸宁等地，囤军武昌城下。咸丰六年（1856）三月，督军攻城，中弹重伤，卒于军营。谥忠节，有《罗忠节公遗集》等传世。

不久，湘军内湖水师冲出湖口，与外江水师会合，军势复振。次年冬，曾、胡合军再克武昌，胡林翼实授湖北巡抚。从此，胡林翼苦心经营，调兵遣将，出谋划策，并大力整顿湖北吏治，引荐人才，筹划饷需，办理厘金、盐课、捐输，使湖北成为湘军的又一个重要基地。作为湘军的首脑人物之一，胡林翼曾多次向朝廷推荐左宗棠等，又极力调节湘军与满蒙贵族、地方官府之间以及湘军将领之间等各方面关系，对于湘军在政治、军事上的成功起了十分重要的作用。

咸丰六年（1856），太平天国发生“天京事变”，湘军趁机反攻，再克武汉，并控制江西大部。咸丰七年（1857），胡林翼率部出援庐州（今合肥），八年（1858）攻克九江，九年（1859）谋取安庆。咸丰十年（1860）七月，曾国藩以钦差大臣兼两江总督，督办江南军务。左宗棠奉命襄办曾国藩军务，在长沙募练五千楚勇，进援江南。曾国藩与胡林翼联手谋皖，于次年八月攻克安庆，取得与太平天国战争的关键性胜利。彭玉麟以功升安徽巡抚，力辞，改任水师提督，复授兵部侍郎。左宗棠楚军进入江西，屡败太平军黄文金、李世贤部。然而，就在这湘军迅速发展、如日中天之时，胡林翼却因积劳成疾，在任病逝。赠总督，谥文忠。有《胡文忠公遗集》《读史兵略》等传世。

同治元年（1862），曾国藩奉命统辖苏、皖、浙、赣四省军务，指挥湘军三路东下，以曾国荃部陆师、彭玉麟与杨岳斌（以“载福”避讳改）水师夹江而下，攻击南京；左宗棠部楚军由赣入浙，进逼杭州；幕僚李鸿章另组一军，是为淮军，进攻江苏。是年五月，曾国荃与彭玉麟、杨岳斌率领湘军水陆进抵南京城下，实施包围。同年，左宗棠担任浙江巡抚，率军入浙，力挫太平军李世贤、汪海洋部，旋于二年（1863）四月升任闽浙总督。同治三年（1864）三月，左军攻克杭州。六月，曾国荃部湘军攻克南京，取得与太平天国的决定性胜利。湘军将帅们纷纷加官晋爵，获得殊荣，曾国藩封为一等侯，左宗棠、曾国荃封为一等伯。四年（1865）春，左宗棠节制福建、广东、江西三省各军，追剿太平军余部，在署广东巡抚郭嵩焘的配合下，于十二月在广东嘉应州将之全部歼灭。太平天国最终宣告失败，湘军集团达到鼎盛时期。

湘军战胜太平天国以后，稍作部分裁撤，又奉命前往各地镇压其他地区人民起义。首先是中原地区。同治四年（1865），曾国藩奉命督办剿捻军事。五年（1866），督办直隶、山东、河南军务，指挥与捻军的作战，但师久无功，回任两江。同年，曾国荃任湖北巡抚，左宗棠调任陕甘总督，参加剿捻战争。后曾国荃因屡战不利，辞职回籍。左宗棠统师入陕，转战晋、冀、豫、鲁，最后于同治七年（1868），会合李鸿章淮军等部击败捻军。

曾国藩于同治六年（1867）授武英殿大学士，次年任直隶总督。九年（1870）赴天津查办教案，再回两江任，最后于同治十一年（1872）在南京逝世。赠太子太傅，谥文正。有《曾文正公全集》传世。

在西南地区，为与苗民军和回民军的战争。早在咸丰九年（1859）至同治二年（1863），湘军便奉命开入四川，平定蓝大顺起义与入川之石达开部太平军。同治五年（1866），贵州苗民起义方兴未艾。席宝田等先后率湘军援黔，至十一年（1872），将持续18 年的苗民起义镇压下去。同治六年（1867），刘岳昭、周达武等部湘军入滇，历时 6 年，于十二年（1873）五月将云南回民起义镇压。

在西北地区，为与陕甘回民起义军的战争。陕甘回民起义爆发于同治二年（1863），随即迅速扩大，西北各地一片糜烂。清廷先命杨岳斌统兵前往，但久不奏效。七年（1868），左宗棠率湘军回陕，着手西北军事。他在政治上制定耕战结合、剿抚兼施的方针，在军事上，则“先秦后陇，三路进兵”，于十二月平定陕北。随即进军甘肃，先后占领肖金镇、董志原，于次年六月强攻回民军马化隆部据点——金积堡，迫使马化隆投降。同治十年（1871）十月攻克河州（今甘肃临夏）。同治十二年（1873）十月攻克肃州（今甘肃酒泉），结束与西北回民军的战争。湘军在西北战场的胜利，标志清朝长达二十余年的国内战争基本结束。

从 19 世纪 70 年代开始，外国资本主义国家又接二连三地发动了对我国的军事侵略。此时，江忠源、罗泽南、胡林翼、李续宜、曾国藩、刘蓉、蒋益澧、刘典等湘军将帅已先后去世，作为国家的武装力量，湘军又投入到抵抗外国侵略的战争中。

首先是光绪初年收复新疆的战争。其时，我国新疆发生严重危机，同治五年（1866），中亚浩罕国军官阿古柏侵入我新疆，后悍然建立所谓哲德沙尔汗国；同治十年（1871），俄国则侵占北疆重镇伊犁。至同治末的近十年里，清廷命将出师，但劳师糜饷，毫无成效。同治十二年（1873），左宗棠平定陕甘，为进兵新疆打开通道。次年即上疏朝廷，力主出师，收复失地。光绪元年（1875），左宗棠受任钦差大臣督办新疆军务，指挥以湘军为主力的军队出关，征讨侵略军。军队由前敌总指挥刘锦棠带领，历时两年，长驱三千余里，收复新疆全境。左宗棠因功授大学士，晋二等侯。左宗棠收复新疆，是晚清时期我国反侵略战争取得的第一个辉煌胜利。

接着是光绪九年（1883）至十一年（1885）发生的中法战争。光绪九年（1883），法国不断加强对越南的侵略，对我西南边境安全造成极大威胁。以左宗棠、彭玉麟、杨岳斌为代表的湘军将帅力主援助越南、抵抗法国，左宗棠并组织恪靖定边军，开赴越南前线。后王德榜率湘军将士，配合冯子材等军，浴血奋战，取得镇南关大捷。同时，彭玉麟晋兵部尚书，督办广东军务，负责华南沿海防务；曾国荃任两江总督，主持东南江防海防，援台援越，都对抗击法国侵略战争做出了重要贡献。光绪十一年（1885），在战争处于危急关头之时，左宗棠任钦差大臣督办福建军务，指挥福建前线战事，组织恪靖援台军，渡海作战；杨岳斌任帮办左宗棠军务，急赴福建，后亲率湘军渡海入台，对抗击法军入侵、稳定东南局势起了重大作用。

最后是光绪二十年（1894）爆发的中日甲午战争。此时，左宗棠、刘长佑、彭玉麟、曾国荃、杨岳斌、曾纪泽、郭嵩焘等均已逝世。刘坤一督办关外军务，魏光焘率部开赴前线，充当了后期湘军抵抗外来侵略的中流砥柱。刘坤一、魏光焘成为后期湘军的重要代表人物。

刘坤一（1830—1902），字岘庄，湖南新宁人。廪生出身，曾任教谕。道光末，随江忠源、刘长佑在乡办团练，镇压李沅发起义。太平天国起义后，入江忠源楚军幕。咸丰五年（1855）入刘长佑部楚军，帮办军务，转战湖南、江西、广西等地。同治元年（1862）升广西布政使。三年（1864），袭破广西会党之贵县平天寨，捕杀其首领黄鼎凤。次年升江西巡抚，继续参与镇压太平军余部的战争，平定江西斋教，截堵捻军。光绪元年（1875）升任两广总督，五年（1879）调两江总督。次年应诏筹议海防，主张广东自造轮船，用以守备海口。十六年（1890）重任两江总督，次年受命帮办海军军务，主持修筑镇江都天庙一带炮台。

魏光焘（1837—1916），字午庄，邵阳县金潭（今属隆回县）人。出身穷苦，早年投入湘军，从曾国荃攻吉安。后办老湘军营务，随左宗棠赴陕甘镇压回民起义，供职陕甘营务处。光绪初，累官平庆泾固道。在任修路植树，劝课农桑，颇有政绩。光绪七年

（1881）任甘肃按察使，十年（1884）任甘肃新疆布政使，勤于治事，精于理财，西北军务报销均经其手综核。

光绪二十年（1894）中日甲午战争爆发，刘坤一、刘锦棠、魏光焘等湘军将帅力主抵抗，陈湜、余虎恩等湘军宿将也纷纷请战。清廷乃以刘坤一任钦差大臣督办关内外军务，并起用老将刘锦棠。刘锦棠闻命即起，但赶到湘乡县城却因病逝世。湘军的家乡湖南更是浪涛汹涌、同仇敌忾。巡抚吴大澂招集湘军旧部在长沙誓师，北上抗日，湘军将帅子弟如李续宾之子李光久、左宗棠之子左孝同、曾国藩之孙曾广钧等都加入了这支队伍。1895 年，刘坤一驻节山海关，统制关内外陆军百余营。辽河一战，全军溃败。魏光焘率部开赴辽东战场，投入反攻海城之役。日军进犯清军辎重粮台所在地牛庄，魏光焘以三千兵力抵抗日军两万精锐之师，奋勇督战，重创敌军，但因弹尽援绝全军覆没。刘坤一正拟挥师反攻，但议和停战令下，尽管深为不满，也只能罢兵。

甲午战争的牛庄一战，宣告湘军集团退出历史舞台，其历时近半个世纪的生涯到此结束。作为原湘军集团的个别人物后来仍旧在政治舞台上发挥作用，但已不是湘军集团人才群体的整体活动了。

经过长达近半个世纪的战争，湘军会合其他军队，将以太平天国为中心的全国农民大起义镇压下去，又多次参加对外反侵略战争，挽救了清王朝的统治，造成了清王朝“同光中兴”的局面。一大批湘军将帅因此先后进入清统治集团，成为清王朝的封疆大吏。计自咸丰三年（1853）起，至光绪末年止，先后有江忠源、胡林翼、曾国藩、刘长佑、左宗棠、曾国荃、刘坤一、彭玉麟、杨岳斌、李续宜、郭嵩焘、唐训方、刘蓉、刘岳昭、刘典、蒋益澧、杨昌濬、江忠义、田兴恕、陈士杰、李桓、刘锦棠、曾纪泽、魏光焘、李兴锐、王之春、潘效苏等湘籍 27 人担任巡抚、总督或部院大臣，其中曾国藩等 11 人任总督。此外，还有虽然是通过科班途径得任督抚或部院大臣，但与湘军关系密切并对湘军的发展起到一定作用的湘籍人士，如劳崇光、胡兴仁、黎培敬、郑敦谨、谭钟麟、陈启泰、陈启迈、唐炯、谭继洵、夏旹、徐树铭、聂缉椝、张百熙、瞿鸿禨等 14 人。至于通过参加湘军建功立业，而担任布、按两使和提镇大员的，则为数更多，据不完全统计，仅实职实授的即有 311 人。①

清咸丰至光绪年间，湖南通过传统教育与科举考试也培养了一批人才。据清光绪《湖南通志》“选举志”记载，从咸丰元年(1851)到光绪八年(1882)，湖南乡试共 16 榜，其中恩科 4 场，全省中举者 1133 人（含副榜）；而咸丰二年(1852)到光绪九年(1883)，会试 15 榜，其中恩科 4 场，湖南中进士者 157 人。此一时段，仅 31 年，然所中举人、进士人数亦为可观。但其中只有很少的一部分人，在后来进入了湘军这个庞大的人才群。

湘军的成功，在全国引起了极大的震动。湘军及其参与的国内战争和对外反侵略战争，所造就的人才，其群体之大，人数之多，功业之盛，影响之广泛深远，令人瞩目。光绪初年，撰写《湘军志》的王闿运即云：“湘军则南至交趾，北及承德，东循潮、汀，乃渡海开台湾，西极天山、玉门、大理、永昌，遂度乌孙，水属长江五千里，击柝闻于海。自书契以来，湖南兵威之盛未有过此者也。”②

梁启超也说：“湘军之声誉，东至东海，南逾岭南，西辟回部，西南震苗疆，至今尚炙手可热，三湘民族之大有影响于全国。”③直至民国时期，还有湖南人在其“学生运动会歌”中唱道：“大哉湖南，衡岳齐天”，“风强俗劲，人才斗量，湘军英武安天下，我辈

① 湘军人物简表［M］//湘军：第十卷．北京：社会科学文献出版社，2013：324-396.

② 王闿运．湘军志：卷一［M］．长沙：岳麓书社，1983：1.

③ 梁启超．中国地理大势论［M］//梁启超全集．北京：北京出版社，1999：938.

是豪强”。①

三、湘军人才群体对湖湘文化传统的继承与发展

湘军人才群体是一个政治性的军事集团，但更为重要的，它是一个在湖湘文化的养育与熏陶下成长起来的人才群体。

如前所述，湘军人才群体的代表人物主要是一批知识分子，多为秀才、举人甚至进士出身。即以担任了清朝督抚、部院大臣的27人来看，其中进士3人，举人及贡生7人，生员13人，行伍2人，农民2人。而在此科班出身的23人中，曾国藩、左宗棠、胡林翼、郭嵩焘、江忠源、刘长佑、曾国荃、陈士杰8人曾就读长沙岳麓书院或城南书院，问学于湖湘名儒欧阳厚均、丁善庆、贺熙龄、胡达源等，深受湖湘文化的熏陶，并成为湖湘文化的坚定信仰者和忠诚的传承人。就是这样一个群体，将传续千年的湖湘文化继承下来、传衍下去，并根据形势的要求，为这一文化形态的发展做出了自己的贡献。

湘军人才群体对于湖湘文化的继承和发展，主要表现在以下三个方面。

首先，是湖湘文化之理学思想进一步加强，理学的色彩较为浓厚。

湘军人才群体的主要代表人物，都深受理学思想影响，是理学的忠实信徒。曾国藩中进士入京以后，从著名理学家唐鉴“问检身之要、读书之法”。唐鉴告诫“当以《朱子全书》为宗”。曾国藩从此“一宗宋儒”，按理学要求进行严格的身心修养训练，在京师士人中名声日高，成为理学名家。同时又刻苦钻研经世致用之学，把天下宜考究的大事定为官制、财用、盐政、漕务、钱法、冠礼、昏礼、丧礼、祭礼、兵制、兵法、刑律、地舆、河渠十四门，认为

① 转引自梁小进．晚清湘军集团及其对近代中国的重要影响［Z］//曾国藩故居管理所．曾国藩研究导报．内刊．11期：4.

都是需要探究的急务。左宗棠受教于理学家贺熙龄，遵从其“辨义利，正人心，谕多士，以立志穷经为有体有用之学”[①] 的教诲，专心于义理经世之学，后主讲醴陵渌江书院，依朱子《小学》为学规八则，“以诏学者”。罗泽南一生钻研程朱理学，“考求先圣贤为学之要旨，身体力行，至明且笃”[②]。后授徒长沙，时贺长龄、唐鉴皆家居，罗“往语学问，甚洽，过从无虚日”。著有《周易附说》《姚江学辨》《西铭讲义》《小学韵语》《皇舆要览》等理学著作。刘蓉于程朱专笃不疑，青年时期即“不事科举”，与曾国藩、罗泽南“力求程朱理学，蹑而从之。尤务通知古今因革损益、得失利病，与其风俗及人才所以盛衰，慨然有志于三代，思一用其学术以兴起教化，维持天下之敝，不乐贬道以求仕进”[③]。其平时所言，多为义理经世之道，并著《思辨录疑义》一书，探讨“性命之本原、学问之旨要”[④]。罗泽南、李续宾和彭玉麟先后为理学创立者周敦颐修复茔墓。彭玉麟并收集有关周敦颐史料及朱熹阐释，编辑《希贤录》一书，为之作序。郭嵩焘以朱熹重要的理学著作《近思录》为“入德之门”，“流览所及四十余年”，并为之作注，成《朱子原订近思录注》一书，十四卷，近十万余言。[⑤]

湘军人才群体对于理学思想的注重，比较上一代嘉道经世派人才群体，明显地浓厚得多。这主要是因为道光、咸丰之际，世风日下，官场腐败已极，社会环境恶化，即将并已经发生大乱。因此，湘军人才群体的代表人物刻苦地钻研理学，欲以明义、利之辨，挽回世道人心。特别是太平天国利用基督教教义，独尊上帝，宣布天

① 唐鉴．御史贺君墓志铭［M］//唐鉴集．长沙：岳麓书社，2010：150.

② 郭嵩焘．罗忠节公年谱：卷上［M］//郭嵩焘全集 五．长沙：岳麓书社，2012：461-462.

③ 郭嵩焘．陕西巡抚刘公墓志铭［M］//郭嵩焘全集 十五．长沙：岳麓书社，2012：527.

④ 思辨录疑义：序［M］// 刘蓉．刘蓉集：二．长沙：岳麓书社，2012：345.

⑤ 郭嵩焘．朱子原订近思录［M］．辽宁省图书馆藏抄本．另见严佐之．清郭嵩焘注近思录及其“宗朱”之学［J］．历史文献研究，2016（1）：1-22.

下男子皆兄弟、女子皆姊妹；反对孔孟，反对菩萨鬼神和崇拜祖宗，彻底地否定现存社会的土地制度、礼仪制度和意识形态。因此，曾国藩为代表的湖湘士绅高举起理学的旗帜，动员士绅阶层，为卫道而战，重建社会的统治秩序和意识形态。曾国藩在湘军出师时所发表的《讨粤匪檄》，就指斥太平天国“举中国数千年礼义人伦、诗书典则，一旦扫地荡尽”，“所过郡县”，即关帝、岳王之庙，以至佛寺、道院、城隍、社坛，无庙不毁，无像不灭，“此岂独我大清之变，乃开辟以来名教之奇变……凡读书识字者，又乌可袖手安坐，不思一为之所也”![①]

中国儒家知识分子“修身、齐家、治国、平天下”的理念，和对于理学境界的追求，使得湘军集团的代表人物在担任清朝地方督抚以后，多能致力于战后的恢复和重建。首先是两湖地区，由于左宗棠辅佐湖南巡抚，强力推进湖南的治理；胡林翼就任湖北巡抚后大力整顿全省的吏治、财政、文教，使两省最先安定下来。接着是广西，刘长佑担任巡抚，尽管战事频仍，凡新收郡县，蠲缓钱粮，禁兵勇骚扰，修复书院，补行乡试，地方渐趋复苏。在江浙、福建，两江总督曾国藩恢复江苏，浙江巡抚左宗棠、蒋益澧重建浙江，左宗棠任闽浙总督后对福建的整理，使残破的富庶之区又恢复生气，重新走向繁荣。光绪三年（1877），华北地区发生大旱，史称“丁戊奇荒”，曾国荃到灾情最严重的山西出任巡抚，救灾治荒，不遗余力。左宗棠经营西北，恢复生产，修桥筑路，植树造林，甚得时誉。

一般来说，湘军集团代表人物从事战后的恢复和重建，主要从以下几个方面进行。

一是整顿吏治，裁撤军队，重新恢复统治秩序。刘长佑任直隶总督，并进行军事改革，将所部湘军改为练军。曾国藩和彭玉麟则

① 曾国藩．讨粤匪檄［M］//曾国藩全集：第14册．长沙：岳麓书社，1995：232.

改湘军水师为长江水师，使之成为经制之师。此后彭玉麟不任朝廷职官，而专以巡阅长江水师为事。左宗棠任闽浙总督时，改革台湾军政事务；任陕甘总督时改革西北部分州县的行政体制，并提出和促进新疆、台湾建置行省，对西北、台湾的社会进步与发展起了很大作用。

二是招集流亡，减免厘税，兴修水利，修复城垣，恢复生产和流通。曾国藩在南京，左宗棠在浙江，曾国荃在山西，均采取这样的措施。此外，为使地方尽快得到恢复，左宗棠、曾国荃还组织湘军修渠浚河，修路植树，捕蝗打狼，参加救灾。曾国藩、左宗棠先后任两江总督，恢复陶澍、贺长龄推行的海运制、票盐制。左宗棠在陕甘，改革茶政，实行票茶制。曾国荃在山西，还对一些落后地区实行摊丁入亩的改革，废除了陈旧的赋税制度。

三是修复书院学宫，补行乡试；开设书局，刊刻书籍；设置志局，编辑方志，恢复社会的文化教育事业。战争期间，各地的书院、学宫、寺观、祠庙均被破坏，版籍荡然，祀典弛废。湘军集团代表人物非常重视所在地区文教事业的恢复，甚至亲与其事。曾国藩、曾国荃占领南京后，即设金陵书局，刊刻包括“二十四史”、《船山遗书》在内的大量典籍。后曾国荃在湖北设置崇文书局、山西设濬文书局，左宗棠在福建设正谊堂书局，亦刻书不少。修复书院、恢复科考，是湘军代表人物最先着手的工作。同治三年（1864）南京攻克伊始，曾国藩首先修复江南贡院，恢复和补行乡试。左宗棠、曾国荃甚至破除成例，分别实行陕甘、两江分闱，极大地促进了当地教育事业的发展。

湘军代表人物所做的这一系列工作，很快收到实效，大致在数年、十数年之后，各地社会渐趋安定，经济文化逐渐恢复并有所发展。

多年以来，有论者认为：湘军代表人物在平定地方以后，进行战后重建，使社会经济、文化得到恢复，其修复书院、学宫，恢复科举考试，续修地方志，设置“忠义”，为在战争中牺牲的将士和死难的义士、烈妇立传，不过是封建统治秩序的恢复和巩固，是湘军人才群体思想封建保守性的反映。

笔者认为，湘军集团之与太平天国及全国各地农民起义的战争，毫无疑问，代表了清朝封建统治集团的利益，这是湘军集团阶级与时代的体现。我们不能要求湘军集团拿出一个什么新的社会制度，来取代旧的社会秩序；或者创立一个什么新的思想文化体系，来代替儒家思想。只看他们在战后所进行的重建工作，就已经是具有积极意义的了。

湘军人才群体对于湖湘文化的继承和发展，其第二个方面的表现，是湖湘文化群体学习西方思想向深层次的发展。

湘军人才群体具有较浓厚的理学色彩，但并不影响他们以开明、开放的姿态面对现实、面对世界。作为嘉道经世派人才群体的后继者，他们继承前辈特别是魏源学习西方的思想，并将之付诸实践，有的甚至将这一思想引向深入，发扬光大，达到了前人未能达到的高度。

湘军代表人物都是清朝道光年间的过来人，曾对道光二十年（1840）发生的战争倍加关切，高度重视，有的还是参与者，因此对于西方的坚船利炮有所认识，记忆犹新。随后，在与太平天国的战争中，又发生第二次鸦片战争，他们或多或少地有所感触，有的还与西方人士相互往来，甚至出访或驻节西方国家，从而进一步看到了西方先进的科学技术，对西方社会及其文化有较为深入的了解。因此，他们在担任地方督抚大员以后，全盘接受魏源“师夷长技以制夷”的思想，并身体力行，开展学习西方先进科学技术的活动。

曾国藩是晚清洋务运动的开创者。早在咸丰十年（1860）冬，他曾就借洋兵助剿问题复奏清廷，提出“将来师夷智以造炮制船，尤可期永远之利”[1] 的设想。次年七月，他以购买外国船炮之事复陈朝廷，提出“购成之后，访募覃思之士，智巧之匠，始而演习，继而试造，不过一二年，火轮船必为中外官民通行之物，可以剿发逆，可以勤远略”[2]。同年，他创办安庆内军械所，仿造枪炮、轮船，次年制造出一台蒸汽机，同治二年（1863）制造出一艘轮船。安庆内军械所的创办及其机器、轮船的制造，标志晚清洋务运动的兴起，从此揭开中国社会近代化的序幕。

后来，曾国藩派容闳赴美国购买机器，与李鸿章创办了一个大规模的机器制造厂——江南制造局。几年后，曾国藩曾说道：“鄙意本在设局制造，俾各处仿而行之，渐推渐广，以为中国自强之本……风气渐开，即中国振兴之象也。”可知曾国藩创办洋务的目的，在于倡导一种新的风气，以实现国家自强，追求“永远之利”。

左宗棠也是洋务运动的重要代表。他很早就产生仿造轮船的想法。同治二年（1863）初，他曾在致总理衙门信中表示：“将来经费有出，当图仿制轮船，庶为海疆长久之计。”[3] 次年，他就招募工匠仿造出一艘小火轮，在西湖试航。同治五年（1866），他班师回闽以后，创办了我国第一座机器造船厂——福州船政局。后来，左宗棠又将洋务事业推广到西北，先后创办西安机器局、兰州制造局、兰州火药局，制造枪炮、子弹和抽水机、灭火机、织呢机等民用机器，还创办了我国第一座机器织呢厂——兰州织呢局。

曾国藩、左宗棠确实起到了首开风气的作用。在他们的倡率之下，湘军的其他代表人物也纷纷起而开办洋务，杨昌濬创建浙江机器局，刘璈举办台南机器局，曾国荃扩建金陵机器局，刘坤一架设

---

① 曾国藩．遵旨复奏借俄兵助剿发逆并代运南漕折［M］//曾国藩全集：奏稿二．长沙：岳麓书社，1995：1272.

② 曾国藩．复陈购买外洋船炮折［M］//曾国藩全集：奏稿三．长沙：岳麓书社，1995：1603.

③ 左宗棠．上总理各国事务衙门［M］//左宗棠全集：第十册 书信一．长沙：岳麓书社，1996：485.

江南电线。

在创办新式企业的同时，湘军代表人物非常重视学习西方科学技术和语言文字。曾国藩在江南制造局内设立江南制造学堂，左宗棠在福州船政局设置福州船政学堂，曾国荃在南京创办江南水师学堂，招收青年才俊，学习西方语言文字、自然科学和制造机器、驾驶轮船的技术。他们还在各新式企业创办书局，组织翻译出版西方科技书籍。同治十年（1871），曾国藩与李鸿章还正式提出派遣幼童出洋学习的主张，从而开创了向国外大规模派遣留学生的事业。

以上可见，湘军人才群体确已将嘉道经世派“师夷长技以制夷”的思想付诸行动，不愧为上一代湖湘人才群体的继承者与践行者。左宗棠任两江总督时曾在督署建陶澍、林则徐祠，并为之题联：“三吴颂遗爱，鲸浪初平，治水行盐，如公皆不朽；卌载接音尘，鸿泥偶踏，湖间邗上，今我复重来。”[①] 表白自己为陶、林二公的后来人。魏光焘为魏源之族孙，为表示对于先人思想的继承，在甘肃刊刻《海国图志》，并请左宗棠为之作序。

接触与学习西方，必然涉及中外交往及其礼仪问题。在这些方面，湘军洋务派领袖的思想是较为开明通达的。

同治六年（1867），清朝廷曾就与外国“修约事宜”，饬滨海沿江通商口岸地方将军、督抚大臣各抒所见。曾国藩复奏认为：“与外国交际，最重信义，尤贵果决。我所不可行者，宜与之始终坚持，百折不回；我所可行者，宜示以豁达大度，片言立定，断不宜若吐若茹，稍涉犹豫之象，启彼狡辩之端。”至于“修约”内容，他认为：外国要求在中国修铁路、行轮船、行盐、设栈等事，“害我百姓生计”，“则当竭力相争”，不能同意；而“请觐、遣使、

① 左宗棠．江宁陶文毅林文忠两公祠［M］//左宗棠全集：第十三册 家书·诗文．长沙：岳麓书社，1996：478.

开拓传教三事”，“其害稍轻”，不与力争。[①]

对此“预筹修约事宜”，左宗棠与曾国藩意见大致相似，亦认为“有可迁就者，有不可迁就者”。其“议请觐”，“自不必以中国礼法苛之，强其从我”；“议遣使”，“正赖以……诇各国之情虚伪，而戢公使之专横”；“议开拓传教”，“惟不令教民得恃为护符，遇有教士干涉公事，袒庇教民，则地方士民公同排斥，官从而维持之，尚可随时补救”。而议“铁路、信线”“内地设行栈，内河驶轮船”“贩盐、挖煤”诸事，则“或以民情不便，或以事多窒碍”，“所关非细”，“断难允从”。[②]

其时，朝内外不少人特别纠结于“请觐、遣使”二事，坚持外国公使“请觐”必行跪拜礼，反对中国派遣公使出洋。曾、左意见一出，影响朝野，对与各国顺利修改条约起了重要作用。

更为可贵的是，湘军代表人物随着洋务实践的深入，在不断地加深对于西方的认识。同治五年（1866）五月，左宗棠奏请创办福州船政局时曾指出：“中国之睿知运于虚，外国之聪明寄于实；中国以义理为本，艺事为末；外国以艺事为重，义理为轻。”[③] 同治十年（1871）七月，曾国藩在奏请派遣幼童出洋留学时也说道：“西人学求实济，无论为士、为工、为兵，无不入塾读书，共明其理，习见其器，躬亲其事，各致其心，思巧力递相师授，期于月异而岁不同。”[④] 他们都注意到了中外国家的差异与中、西文化教育的不同。彭玉麟的洋务思想也渐见开明，曾为洋务运动思想家王之

---

① 曾国藩．遵旨预筹与外国修约事宜密陈愚见以备采择折［M］//曾国藩全集：奏稿九．长沙：岳麓书社，1995：5786-5787.

② 左宗棠．上总理各国事务衙门［M］// 左宗棠全集：第十一册 书信二．长沙：岳麓书社，1996：59-60.

③ 左宗棠．拟购机器雇洋匠试造轮船先陈大概情形折［M］//左宗棠全集：第三册 奏稿三．长沙：岳麓书社，1996：63.

④ 曾国藩．拟选聪颖子弟赴泰西各国肄业折［M］//曾国藩全集：奏稿十二．长沙：岳麓书社，1995：7332.

春《各国通商始末记》和改良主义思想家郑观应《盛世危言》作序，提出“或战或和，不必尽归一致”①，“海禁大开，亦当知某国何以兴，某国何以衰。知己知彼，洞见本原，方有着手之处，岂徒尚皮毛、购船炮而已乎”②。

光绪十四年（1888），清朝廷曾发生一场修造铁路之争，反对者以修铁路将毁庐墓、破风水、影响民生为辞。时任两江总督的曾国荃于次年正月上奏说：“法历久而必变，政因时以制宜……风气一开，即法令亦不得而遏”；铁路“不开于今日，必开于将来，势为之也……不若坚自强之定见，而先立始基”，“逮落成以后，向之所称有害者，未必尽然。而征兵、运漕随发随至，装货、搭客倏往倏来，如轮船之共称便利、有可决其必然者”。③ 明确指出铁路的修筑乃大势所趋，非法令、政制所能阻遏，已经具有较为远大的眼光了。

在学习西方的问题上，湘军人才群体中思想最为突出和先进的，是洋务运动的杰出思想家郭嵩焘。咸丰八年（1858）初，郭嵩焘奉命到京，供职史馆，后入直南书房。次年，英法联军侵犯大沽，他被派赴天津帮办僧格林沁军务，旋因不合辞去。是年，他上奏“海防与驭夷之道”，提出天津添设战船、内江设立水师和饬令谙习夷语者来京传习，以通知夷情的主张。同治元年（1862）七月，郭嵩焘由李鸿章保奏，任苏松粮储道，旋改两淮盐运使。次年调署广东巡抚。五年（1866）春，因与总督瑞麟不合，开缺回籍。十三年（1874），郭嵩焘应诏赴京。次年二月简放福建按察使，旋回京，在总理衙门上行走。

郭嵩焘不仅最早提出学习西方语言文字的主张，而且在洋务派

① 彭玉麟. 各国通商始末记叙［M］//彭玉麟集：中册. 长沙：岳麓书社，2003：280.

② 彭玉麟. 盛世危言序［M］//彭玉麟集：中册. 长沙：岳麓书社，2003：285.

③ 曾国荃. 复陈修造铁路疏［M］//曾国荃集 奏疏. 长沙：岳麓书社，2008：437.

积极创设官办新式企业、制炮造船时，即提出商办企业的主张。“欲使中国火轮船与洋人争胜，徒恃官一二船无当也。使商民皆得置造火轮船，以分洋人之利。”光绪元年（1875），他上奏《条议海防事宜疏》，指出：“西洋立国有本有末，其本在朝廷政教，其末在商贾，造船、制器，相辅以益其强，又末中之一节也……舍富强之本图，而怀欲速之心以急责之海上，将谓造船、制器用其一旦之功，遂可转弱为强，其余皆可不问，恐无此理。”[①] 勇敢地提出学习西方先进政教、发展民族工商业的主张，不仅突破了洋务派“中体西用”的眼界，而且超越同时代几乎所有人的见解和思想，奠定了他作为近代中国维新改良派先驱者的地位，开启了中国近代从政治上进行社会改良的思想先河。

光绪元年（1875）七月，郭嵩焘充任出使英国大臣，四年（1878）正月又兼任驻法国大臣。赴英途中，郭嵩焘航经香港、新加坡、锡兰等地，游览参观，将对于各地风土人情、政教习俗之见闻感受逐日记载，写成《使西纪程》一书。书中称赞西洋立国“政教修明，具有本末”；中国对于西方的挑衅，要研究“应付之方”，据理力争，“不得以和论”。后将书稿寄总理衙门刊刻，遭到国内守旧士大夫的猛烈抨击，以致书被毁版，禁止流行。郭嵩焘愤懑已极，但在公使任上，仍不辱使命，展开大量外交活动，努力维护国家利益和民族尊严。他奏请在新加坡设立领事，保护华侨，使中国开设第一个驻外领事馆；就国内发生的镇江太古洋行趸船移泊案、英商残害厦门渔民案、福州教堂迁址案等多起案件及英属加拿大域多利华人免税案，与英国外交当局交涉。他还在英、法两国参观议院、学校、工厂，考察城市建设，拜会各国驻英使节与来英访问的各国政要，接待英国科学家、学者、教授和社会名流，接见中国留英学生并为他们进行外交努力。他还十分注意考察西方社会的

① 郭嵩焘．条议海防事宜疏［M］//郭嵩焘全集 四 奏稿．长沙：岳麓书社，2013：783-784.

政治、经济、军事制度，悉心研究其社会风俗和学术文化，思考自己国家的进步与发展，曾多次上疏，要求禁止鸦片、进一步学习西方，批评国内的守旧观念和顽固势力。郭嵩焘在国外的种种表现，充分表明他是一位忠于祖国、开明进步的外交家。但由于他种种开明有礼的举止行为，遭到副使刘锡鸿的攻讦。在国内顽固势力的支持下，刘锡鸿竟以郭嵩焘有辱天朝的所谓十大罪，上奏朝廷，屡加弹劾。郭嵩焘忧愤交加，奏请辞职，卸任归国。回湘后，郭嵩焘忧戚居家，读书著述，于光绪十六年（1890）去世。有《养知书屋遗集》等传世。

湘军人才群体对于湖湘文化的继承和发展，其第三个方面的表现，是面临外国资本—帝国主义的军事侵略，主张坚决抵抗，使湖湘文化的爱国主义思想与民族精神得到进一步的发展。

在近代中国的外交关系上，湘军人才群体内部，对于怎样处理中外冲突、对待和与战的问题，怎样处理同中国与周边各藩属国的关系，有着不同的主张。但是，当战争不可避免、一旦降临，湘军集团的主要代表人物就无一例外地表现出坚决抗战的态度，并毫不犹豫地奔赴前线，肩负起领导战争的职责。

在对外关系上，曾国藩主张“御夷之策，以羁縻为上”，但事涉根本，还是表示出不惜一战的态度。同治五年（1866），他就与外国修约问题复奏朝廷：“中国之王大臣为中国之百姓请命，不患无词置辩，甚至因此而致决裂。而我以救民生而动兵，并非争虚仪而开衅。上可以对天地列圣，下可以对薄海苍生，中无所惧，后无可悔也。”①

左宗棠是湘军集团中抗战派的首领，其坚持对外抵抗，态度最为鲜明、表现最为突出。青年时期，他曾赋《感事》诗四首，对英国侵略者表示强烈愤慨，对林则徐等爱国将领表现出赞颂崇仰之

① 曾国藩．遵旨预筹与外国修约事宜密陈愚见以备采择折［M］//曾国藩全集：奏稿九．长沙：岳麓书社，1995：5786.

情。他仅为一介布衣，但并未置身事外，曾撰写文章，提出一系列作战措施。19 世纪 70 年代初，中国发生严重的边疆危机，左宗棠即上奏清廷，提出“东则海防，西则塞防，两者并重”方针，并力主出关，收复沦陷已十余年的新疆失地；后又兵指伊犁，准备与沙俄侵略军决战，并豪情万丈，表示“非将其侵占康熙朝地段收回不可”①。

中法战争时期，湘军人才群体的代表人物都是坚决的抗战派。左宗棠任两江总督，整军备战，视察江防、海防，曾表示要亲自上阵督战，外国兵轮闯入，“防所即是死所，当即捐躯以殉”②，“老命固无足惜，或四十余年之恶气借此一吐”。彭玉麟赴广东布置防务，即奏言“一息尚存，断不敢因病推诿”，决心“以身报国”，“奋力一战，以申同仇敌忾之忱”。③ 光绪十年（1884）除夕，还在虎门前线巡视，与各将领“严阵待战”，“枕戈度岁”。曾国荃督两江，积极筹办江海防务，表示要“督率水陆各战将日夜严备……如有敌兵登岸，即与拼命力战”。紧张备战之时，总理衙门让他赴上海与法国使节谈判。曾国荃立即上奏：“国荃只知守土应尽死守封疆之职，万万不敢与闻和议”，并批评总署不应“允外人所请，指派战将与之定约”。④ 前陕甘总督杨岳斌，奉母居家湖南乾州（今湘西吉首）。光绪十年（1884），清廷命募勇赴闽，“会办海防”，旋命“帮办左宗棠军务”。杨岳斌“誓将身许国”，遄征数千里，雨雪交加，于次年正月抵达福州。

甲午中日战争时期，已是湘军生命的最后阶段，但在民族危亡和国家灾难的关头，他们仍然放射出爱国主义的光芒。湘军统帅刘坤一年近七旬，受任钦差大臣，节制山海关内外各军。魏光焘、陈

① 左宗棠．左宗棠全集：第十二册 书信三［M］．长沙：岳麓书社，2014：605.
② 左宗棠．左宗棠全集：第八册 奏稿八［M］．长沙，岳麓书社，1996：263.
③ 彭玉麟．彭玉麟集：奏稿：电稿［M］．长沙：岳麓书社，2003：349.
④ 曾国荃．曾国荃集：一［M］．梁小进，主编．长沙：岳麓书社，2008：200.

湜、余虎恩、李光久、刘树元等湘军宿将闻命即起，勇赴前线，在敌强我弱、战局已极为不利的情势下，做最后的一搏。牛庄一战，魏光焘、李光久率部浴血抵抗，直至全军溃败，仅以身免。战争失败以后，李鸿章与日本签订和约。刘坤一反对和议，曾电请军务处代奏“兵尚可用，和可暂缓”。台湾巡抚唐景崧在绅民支持下反对割让台湾。刘坤一特派道员易顺鼎赴台支持，并同张之洞磋商援台饷械问题。

甲午战争以后，刘坤一、魏光焘仍然在晚清政治舞台上发挥作用。清光绪二十一年（1895）强学会成立，刘坤一曾表示支持，并捐五千金列名入会。维新运动兴起后，他攻击康、梁变法。清光绪二十五年（1899），他反对直隶总督荣禄与慈禧太后谋废黜光绪帝。义和团运动发生，他与张之洞倡导“东南互保”。清光绪二十六年（1900），又与张之洞连上三疏，请求变法，提出兴学育才、整顿朝政、兼采西法等主张，多被采纳。次年病卒，谥忠诚。有《刘忠诚公遗集》传世。

魏光焘在甲午战争后晋陕西巡抚，后任陕甘总督。八国联军战争时起兵勤王，旋迁云贵总督，移督两江，调任闽浙总督。清光绪三十二年（1906）开缺回籍。清宣统三年（1911）辛亥革命爆发，诏授湖广总督，未赴任，旋卒于家。著有《戡定新疆记》。

爱国主义是湖湘文化传之既久且深的传统，是湖湘文化生生不息、世代传承的生命线。湘军集团人才群体继承他们上一辈的湖湘文化传统之时，同样受到爱国主义思想的浓烈熏陶，因而在面临列强不断发动侵华战争之时，能够慷慨激昂，挺身而出，率领湘军将士，奔赴反侵略战场，为捍卫国家的尊严和领土完整做出重大贡献。

第三节　维新派人才群体与近代湖湘文化的更新

光绪二十年（1894）爆发的中日甲午战争，是中国近代史之重大事件，亦是近代湖湘文化发展史的重要一页。在这一惨烈的战争背景之下，湖湘近代之第二个人才群体——湘军集团，完成了他的历史使命，落下了厚重的帷幕。然而，甲午战争也开启了湖湘文化又一新的时代，并孕育出近代湖南的第三个人才群体——湖南维新派人才群体，使近代湖湘文化合乎时代的要求，实现合乎理性的更新，绽放出更为夺目的光辉。

一、甲午战争后中华民族危机的空前深重

光绪二十年（1894）六月，甲午战争爆发后，清军与日军在朝鲜牙山、平壤和中国黄海接战，连连溃退。九月，日军进攻我辽东半岛，清军抵抗不利，九连城、大连、旅顺先后失守。至次年初，日军又攻陷盖平和北洋水师重要基地威海卫。短短六个多月，由于清王朝腐败统治与妥协避战方针，清军被动作战，丧师失地，数十万淮军损失惨重，经营数十年的北洋水师全军覆没。战争的悲惨局面引起全国朝野上下的极大愤慨，遂寄望湘军，以挽回败局、收复失地。光绪二十年（1894）十二月，清廷授两江总督刘坤一为钦差大臣，节制关内外各军，又起用湘军旧将，令魏光焘、陈湜、余虎恩、李光久等募勇援辽。但因清军在辽东半岛的海、陆要塞均失，湘军装备落后，尽管作战英勇，仍未能挡住日军的进攻，连失牛庄、营口、田庄台诸重镇，往日之百战雄师亦告失败。数千湖湘子弟血洒疆场，仍未能挽狂澜于既倒。清政府的希望被彻底摧毁，被迫与日本停战议和。

光绪二十一年（1895）三月二十三日，李鸿章代表清政府与日

首相伊藤博文签订《马关条约》。条约规定：中国割让辽东半岛、台湾、澎湖列岛；赔偿日本军费二万万两；开放沙市、重庆、苏州、杭州为商埠；允许日人在中国通商口岸设厂制造。这是自《南京条约》以后清政府丧权辱国最为严重的条约，它使中国人民遭到巨大掠夺，中国大片领土沦为异域，长江流域对外敞开，外国资本主义对中国的侵略进入帝国主义资本输出的阶段，中华民族面临空前严重的危机。

日本发动侵华战争并迫使清政府签订《马关条约》，获得极其巨大的利益，很快刺激了西方各国列强，纷至沓来，谋求对华权益。《马关条约》签订后仅几天，俄国出于谋求太平洋霸权的目的，联合德、法两国进行干涉，迫使日本退还辽东半岛，中国再付三千万两赎金。而此后的两三年里，清政府为支付日本巨额赔款，先后向俄、法、德三国银行借款共三亿两，各国从而纷纷在华设立银行，迫使清政府签订《中俄密约》等不平等条约。光绪二十三年（1897）十月、十一月，德、俄两国先后出兵占领我国胶州湾、旅顺口，后迫使清政府租借胶州湾和旅顺、大连。其他各国纷起效尤，在中国索取租借地、划分势力范围，法国谋求西南，日本垂涎华东，英国则追求长江流域，掀起了一场瓜分中国的狂澜。

二、湖湘维新派人才群体的兴起

中国在甲午战争的失败，使国家和民族的命运处于极为严重的关头，中国人民感到一种从未有过的奇耻大辱，一个亡国灭种的灾难已经降临。广大中国人民特别是先进的青年士子，以及部分正直官员，急起寻找挽救危亡的办法。光绪二十一年（1895）四月，《马关条约》尚未签订之时，广东举人康有为发动全国各省赴京会试的举人联名上书都察院，即著名的“公车上书”，提出“拒和、迁都、变法”的主张。“上书”虽然未能阻止《马关条约》的签订，但在政治上、思想上引起巨大的震动，标志着一股新兴的政治力量即维新变法派开始形成，并登上历史舞台，在全国掀起了维新变法、救亡图存的浪潮。

甲午战败及《马关条约》的签订，更是震撼了三湘大地，强烈地刺激了三湘四水的绅民士子。

湖南自咸丰、同治以来，湘军的显赫勋绩和巨大成功，使众多湖湘之士慷慨激昂之气空前高涨，自以为唯有湘人能平大难，而慨然以天下为己任，同时又产生出一种自我陶醉、目空一切的心理。长期在湘活动的陈宝箴曾指出：“自咸丰以来，削平寇乱，名臣儒将多出于湘。其民气之勇、士气之盛，实甲于天下……其义愤激烈之气、鄙夷不屑之心，亦以湘人为最。”① 因此，在淮军连连败北，前线警报频传之时，湘人纷纷请缨北上。然而，湘军上阵，旋即惨败，并宣告其终结。这无异予湘人沉重一击，顿时猛省。谭嗣同即云：“光绪二十一年，湘军与日本战，大溃于牛庄，湖南人始转侧豁寤，其虚骄不可向迩之气亦顿馁矣。”② 谭嗣同思想的转变便发生在此期间。他曾说：“三十以后，新学洒然一变，前后判若两人。三十之年，适在甲午，地球全势忽变，嗣同学术更大变，境能生心，心实造境。”③

就是在这样的一种情境下，一大批素抱救世之志与爱国之情的湖南人痛定思痛，挣脱往日迷梦，抛却虚妄思维，生发出奋起直追、拯救中国的强烈责任感，使湖南士风出现革新开放的新气象。这一大批志士仁人，就是近代湖南的第三个人才群体——湖南维新派人才群体，而以谭嗣同、唐才常、熊希龄、蒋德钧、皮锡瑞、樊锥等为主要代表人物。

① 陈宝箴．卷十六设立时务、武备学堂请拨常年经费折［M］//陈宝箴集：上．北京：中华书局，2003：593.

② 谭嗣同．浏阳兴算记［M］// 蔡尚思，方行．谭嗣同全集．北京：中华书局，1981：174.

③ 谭嗣同．与唐绂丞书［M］//蔡尚思，方行．谭嗣同全集．北京：中华书局，1981：259.

谭嗣同（1865—1898），字复生，号壮飞。湖南浏阳人。清湖北巡抚谭继洵子。好任侠，喜剑术。自幼从学于浏阳著名学者欧阳中鹄，博览群书。稍长，好今文经学，喜《船山遗书》，兼习西方自然和社会科学著作，对魏源、龚自珍甚为赞赏。青年时，曾入新疆巡抚刘锦棠幕，游历直隶、陕甘、晋、鲁、豫及大江南北等省，观察风土，结交名士。发挥王夫之“道不离器”学说，提出“器既变，道安得独不变”命题，为变法提供理论根据。甲午战争失败后，时在湖北的谭嗣同与就读于武昌两湖书院的同乡唐才常、刘芙淞一起，议论时事，商讨救亡之策，“谋所以变通之，激励之……彻夜不眠，热血盈腔”，乃“欲就一邑，为新中国之萌芽”。[①] 为取得浏阳乡绅的支持，谭嗣同上书老师欧阳中鹄，痛陈国势阽危、非变法不可救之的迫切性，提出在浏阳开办算学，以开变法之先风的主张。同时，与唐才常展开了筹建浏阳算学馆的活动。

唐才常（1867—1900），字绂丞，改字佛尘。湖南浏阳人。少好学，尤喜读史书。师事欧阳中鹄，与谭嗣同交谊甚笃。光绪十二年（1886），经县、府、道三级考试，均名列第一，称“小三元及第”。旋就学岳麓书院，并附课校经书院，为学鄙视八股章句，究心经世致用。后应聘在四川学政瞿鸿禨署、老师欧阳中鹄家塾教读。二十年（1894），入武昌两湖书院。甲午战争时，痛斥《马关条约》“非是和倭，直是降倭。奸臣卖国，古今所无”。与谭嗣同志同道合，成为坚定的维新变法志士。

欧阳中鹄深受两名弟子的感动，遂联合浏阳一些开明绅士，筹办算学馆，后取得学政江标支持，将浏阳南台书院改为算学馆址。谭嗣同、唐才常与其师欧阳中鹄筹办浏阳算学馆，揭开了湖南维新变法的序幕。

后谭嗣同赴上海、天津、北京等地，结识梁启超，得悉康有为

① 湖南省哲学社会科学研究所．唐才常集［M］．北京：中华书局，1980：158.

讲学之宗旨、经世之条理。光绪二十二年（1896），谭继洵为其捐赀江苏候补知府。谭嗣同在宁供职期间，向佛学大师杨文会学习佛法，并与杨文会、罗振玉等倡设学会，学习西方科学技术。二十三年（1897），撰写《仁学》一书，全面阐述维新变法的思想和主张。同年，唐才常在湘举为拔贡，在长沙编辑《湘学报》，担任主笔。

此时，维新派官员陈宝箴、黄遵宪来湘，分别担任湖南巡抚和长宝盐法道兼署湖南按察使，又先后有维新派官员江标、徐仁铸来任湖南学政，形成了一个阵容完整的维新变法省级领导层。这对于湖南维新运动的开展和维新派人才群体的形成，起了非常重要的作用。熊希龄以在籍翰林协助陈宝箴推行新政，参与方兴未艾的维新变法运动，成为维新派人才群体的主要代表人物。著名学者皮锡瑞、开明绅士蒋德钧、青年学子樊锥等都积极投入到维新运动中，亦成为维新派人才群体的代表人物。

熊希龄（1870—1937），字秉三，湖南凤凰人。早年入沅水校经堂附读，深受器重。后入省城湘水校经堂深造，学业大进。光绪十七年（1891）中举人，二十年（1894）中进士，授翰林院庶吉士。次年协助陈宝箴、黄遵宪创办时务学堂，担任总理，延请梁启超为中文总教习。他还参与创办《湘报》，组织南学会，兴办近代工矿交通业，甚得时誉。百日维新期间，联合湘绅呈请整顿全省书院，力斥王先谦、叶德辉等对新政的攻击。

皮锡瑞（1850—1908），字鹿门，湖南善化人。光绪八年（1882）举人。后三试礼部不第，遂潜心讲学著述。景仰西汉今文经学大师伏生，署所居名曰“师伏堂”，学者因称“师伏先生”。光绪十七年（1891）任桂阳州龙潭书院讲席。后主讲江西南昌经训书院。维新运动起，目睹民族危机，极言变法之不可缓。光绪二十三年（1897）返湘。明年春，任南学会会长，先后讲演12次，皆贯串汉宋，融合中西，结合时事，宣扬变法图强，听者无不动容。顽固派诋毁南学会，他不避艰险，反复辩难。同年5月，回江西经训书院，继续宣传维新变法。

蒋德钧（1852—1937），字少穆，湘乡人。湘军将领蒋凝学之孙。光绪八年（1882）任龙安知府。光绪十八年（1892）回湘，举办团练。维新期间，参与筹设时务学堂、兴办内河轮船等新政。

樊锥（1872—1906），字春徐，亦作春渠。邵阳人。曾肄业长沙城南书院。光绪二十四年（1898）在邵阳成立南学分会，任会长，并任《湘报》撰稿人。著《开诚篇》《发锢篇》等文，宣传变法，鼓吹民权，倡行实业。与熊希龄等发起成立湖南不缠足会，主张解放妇女。

其时的湖南，风云激荡，人心思奋，很快地即在省城长沙，在以陈宝箴、黄遵宪为首的省政当局和激进的维新派人士谭嗣同、唐才常、熊希龄、蒋德钧，以及他们聘请而来的维新派骄子梁启超的周围，集聚一大批主张变法、投身救亡的志士仁人。其主要人物除前述之欧阳中鹄、刘芙淞外，还有长沙人黄膺、杨毓麟、毕永年、沈荩，湘阴人左孝同、林圭，湘乡人张通典，醴陵人文俊铎，沅陵人任锡纯，新化人邹代钧，湘潭人易鼐，临湘人吴獬，武陵（今常德）人戴展诚、戴德诚、蔡钟濬、蔡钟浩等。此外，在新政初期，不少著名绅士如王先谦、黄自元、朱昌琳、廖树蘅、黄忠浩、梁焕奎等，也参加了维新运动。

就是在这一大批志士仁人的推动之下，光绪二十一年（1895）之后，湖南很快兴起一股新风，鼓吹变法，推行西学，创办近代工矿企业和交通运输业，创办近代学堂、报刊和近代学会、团体，设立近代警察机构与近代议政机构，在经济、政治、文化教育、社会习俗等各方面推行一系列改革。

文化教育是变法的先导。1895 年，欧阳中鹄与谭嗣同、唐才常筹办浏阳算学馆，即是在全省公开倡导学习西方先进文化的先声。次年，即有湘乡东山书院的改制、王先谦在岳麓书院的改课和学政江标对于校经书院的整顿，均将西方的语言文字、自然科学与科学技术之学引进书院。一时全省上下，书院改课程，中西兼学；官学改考试，兼课时务。据不完全统计，光绪二十四年（1898）戊戌政变前，全省已有 13 所书院改章，更多的州县书院则正在筹备之中。光绪二十三年（1897）时务学堂的开办，则标志着西方的社会政治学说也堂而皇之地进入湖南的课堂。与此同时，维新派为推动新政、宣传西学，创办了具有近代意义的报刊《湘学报》《湘报》，使西方社会政治学说成为湖湘的社会舆论导向。

在创办近代工矿交通企业方面，清光绪二十一年（1895）九月—光绪二十四年（1898）五月，湖南先后成立省矿务总局、鄂湘善后轮船局、宝善成机器制造公司、和丰火柴股份公司、省电报局，开始在全省推行机械采矿与冶炼、机器制造，行驶轮船，架设电线，推广电报，并开始为在湖南铺设铁路、行驶火车而奔走呼吁。

最具有激进色彩的是，湖南的维新派还仿照西方社会制度，建立一些新的社会政治机构和团体。清光绪二十三年（1897）冬，谭嗣同、唐才常在巡抚陈宝箴支持下，创立了一个类似西方国家议会的政治团体——南学会，设置近代警察机构保卫局、如同近代收容所的迁善所，培养官吏的课吏馆。南学会成立后，全省各地纷纷效法，设立分会。清光绪二十四年（1898）戊戌政变前，全省成立各种学会 15 个，分布于长沙、衡州、常德、宝庆、沅州、郴州等地区。正如梁启超在《戊戌政变记附录·湖南广东情形》一文中所说："自时务学堂、南学会既开后，湖南民智骤开，士气大倡，各县、州、府私立学校纷纷并起，学会尤盛。人人皆能言政治之公理，以爱国相砥砺，以救亡为己任，其英俊之才，遍地皆是。"

由于维新派人才群体的产生，使得湖南的维新运动风生水起，在全国独步一时，成为"全国最富朝气"的省份。然而，由于谭嗣同、唐才常等的激进言论，触及清朝封建统治的政治体制与意识形态体系的根本，湖南维新人士内部出现分裂，王先谦、黄自元等转为保守，甚至巡抚陈宝箴和皮锡瑞、欧阳中鹄等也不能接受。从光绪二十三年（1897）年底开始，湖南的维新运动出现激烈斗争。

清光绪二十四年（1898）4月，谭嗣同奉调入京，以四品军机章京参与新政。后慈禧太后发动政变，谭嗣同于9月25日被捕，于28日与林旭等五人同时就义，世称“戊戌六君子”。其著作后被编为《谭嗣同全集》。

政变发生后，湖南维新派遭到镇压，各项新政取消，陈宝箴、黄遵宪被革职。熊希龄被“革职，永不叙用，交地方官严加管束”。皮锡瑞时在江西，被驱逐回籍、革除功名。樊锥被诬为“乱民”，逐出湖南。左孝同因得陈宝箴器重，亦被劾落职。唐才常于是年8月应谭嗣同电召赴京，行至汉口，闻政变发生，出走日本，得免于难。毕永年、沈荩、林圭、秦力山、蔡锷、蔡钟浩、田邦璇、李炳寰等纷纷东渡日本，继续寻找救亡图存的道路。

唐才常抵日后，即与康有为、梁启超取得联系，又与革命党人携手，还联系哥老会，继续探讨救国方略。清光绪二十五年（1899）冬，与林圭回国。次年，在上海组织正气会，旋更名自立会，准备发动武装起义，推翻慈禧太后，拥光绪帝复辟。7月，在上海张园召开中国国会，宣布“保全中国自立之权，创造新自立国”。又在汉口组织自立军，自任督办，并定期举事，毕永年、沈荩、林圭、秦力山、蔡钟浩、田邦璇、李炳寰等均参加起事。8月9日，秦力山部在安徽大通起义，旋即失败。汉口自立军机关被破获，唐才常与林圭、蔡钟浩、田邦璇、李炳寰等被捕，就义于武昌。唐才常遗著后被编为《唐才常集》。

唐才常领导的自立军起义，是湖南戊戌维新运动在更高层次的继续，是湖南维新派人才群体为实现其政治理想而进行的英勇斗争。自立军起义的失败，标志湖南维新派人才群体完成了他的历史使命。

三、近代湖湘文化的更新

湖南维新派人才群体，是在中华民族处于空前严重的危机之时，迅速形成的一个政治性人才群体，是湖南近代人才链上不可或缺的重要一环。这个人才群体，不仅承担了在政治上挽救民族危亡、推动中国社会继续走向近代化的历史使命，而且在继承近代湖湘文化的基础上，继续将湖湘文化推向前进，并在19世纪与20世纪之交，开始了近代湖湘文化在精神实质与思想内容上的更新。

湖南维新派人才群体对于近代湖湘文化的更新，主要表现在三个方面：一是使近代湖湘文化的理学色彩日益消退，二是爱国主义思想与民族主义精神又得到升华，三是使近代湖湘文化西学方面的内容更为丰富。

首先，在理论上，维新时期的湖湘文化的理学色彩消退。其时，中国所面临的主要危险是外来侵略，中华民族处在生死存亡关头，因此思想战线的主要任务就不是解决“辨义利，正人心”的问题，而是寻找迫在眉睫的生存大计。湖南维新派人才群体中，不乏德才兼备、学问优长之士，但严格说来，没有一位理学家。皮锡瑞为晚清著名经学家，谭嗣同更是被称为“晚清思想界的慧星”，唐才常、熊希龄均以实学见长。他们都长于著述，撰写了大量文章，今人整理的《谭嗣同全集》《皮锡瑞集》《唐才常集》《熊希龄集》中，比较完整地收集了他们的著作，但其中没有理学专著。

与理学维护封建的统治秩序和意识形态的性质不同，湖南维新志士却开始了对封建统治制度地抨击。在这方面，谭嗣同的思想最为激进，言论最为尖锐。他激烈地抨击封建“纲常名教”，痛斥封建君主是独夫民贼，专制制度是罪恶渊薮。“数千年来，三纲五伦之惨祸烈毒，由是酷焉矣。君以名桎臣，官以名轭民，父以名压子，夫以名困妻”；“二千年来君臣一伦，尤为黑暗否塞，无复人理”。① 唐才常也猛烈批判封建专制制度，“自开辟以来，君民上下之界，始断潢绝港，各怙其私，则秦为之也，浸淫至于前明，科条

① 谭嗣同．仁学［M］// 蔡尚思，方行．谭嗣同全集．北京：中华书局，1981：299，337.

益密，法律益苛，时事天文，俱悬厉禁……天地惨怛，日月晦冥，于斯剧矣”[①]。维新派还极力鼓吹民主民权思想。谭嗣同指出：政治“当以兴民主为真际”。唐才常说“夫国者非一人之国，君者非一人之君”。樊锥也认为：“天下之理，天下公之；天下之事，天下公之”[②]，要“毅然破私天下之猥见，起四海之豪俊，行平等平权之义，出万死以图一生”[③]。

其次，维新时期的湖湘文化，其爱国主义、民族主义提升到新的境界和高度。爱国主义与民族主义，从来就是湖湘文化的主题和精华，但在不同的历史时期又有不同的内涵和表现。甲午战争后，以汉族为主体的多民族国家逐渐形成，中华民族与外国帝国主义的矛盾上升为最主要矛盾。湖湘文化中的爱国主义发展为反对帝国主义的侵略，保卫国家的主权与领土完整，争取中华民族的独立。胶州湾事变以后，谭嗣同悲痛万分，挥笔写下感事诗一首：“世间无物抵春愁，合向苍溟一哭休。四万万人齐下泪，天涯何处是神州。”[④] 他这里表达的，就是全体中国人民“四万万人”的悲愤，关心的是整个“神州”大地了。唐才常撰写大量文章，为国家民族的危亡痛心疾首，号召“吾四百兆神州之遗民、轩辕之贵子”为挽救中国而奋斗。樊锥也大呼：“悲夫……俄人操旅顺大连湾已，而德人挟山东之全政已，进而法人索四款之利益已，进而英租长江、日不肯还威海卫已，进而列国莫不奋割一脔归遗其主已，安见有区区之土可以幸全者！”[⑤] 面临此豆剖瓜分的局面，他表示宁可“蹈东海而死”，也不忍“坐而睹其状”。维新时期湖湘文化的爱国主义，其主流已经脱离了“忠君爱国”“君忧臣辱”的范畴；其民族

① 湖南省哲学社会科学研究所．唐才常集［M］．北京：中华书局，1980：136.

② 方行．樊锥集：开诚篇二［M］．北京：中华书局，1984：5.

③ 方行．樊锥集：开诚篇三［M］．北京：中华书局，1984：11.

④ 谭嗣同．有感［M］//蔡尚思，方行．谭嗣同全集．北京：中华书局，1981：542.

⑤ 同③ 9.

主义，则已升华为整个中华民族的层面，进入争取中华民族完全独立、实现中华民族伟大复兴的境界。

维新时期近代湖湘文化的更新，还表现为进一步吸收西方先进思想，其西学的内容更为丰富。学习西方，一直是近代湖湘文化的重要课题。嘉道经世派人才群体适应时代的需要，提出学习西方的主张，并画出粗线条的课程。湘军集团人才群体接过“师夷长技以制夷”的思想，付诸行动，设计了一个“中学为体、西学为用”的思想框架。洋务派的先进思想家郭嵩焘，则提出新的“本末观”，认为学习西方，其政教为本，工商为末，而学造枪炮轮船又末中之一节。湖南维新派人才群体接受郭嵩焘的这一思想，并将之充分发挥，形成了新的体系。

这一时期的湖湘维新派，不论是激进派，还是保守派，在学习西方的问题上已形成共识，都将西方之学作为学问之一端，并列入官学和书院的课程，时务学堂还设置了西文总教习。但两者的“本末观”仍然处于针锋相对的状态。保守派顽固地坚持“中体西用”的立场，激进派则主张“中西并重”。维新派人才群体观念中的西学，不仅包括西方的语言文字，历史、地理、天文、数学之学和声、光、电、化等自然科学理论，还包括政治、经济、军事、法律、文化等社会政治理论，从此“学贯中西”成为湖湘名师大家的美誉。其时，全省各地学会蜂起，争相讲演西学，甚至有些学会就主要为学习和研究西学而办的，如长沙的学战学会、公法学会、法律学会，常德的明达学会等。维新派在长沙创办的《湘学报》和《湘报》，设置“西学”专栏，或以大量篇幅推广西学。一时，西学成为显学，而讲习和研究西学则为时髦，少年英俊人人追而尚之。

第四节　辛亥革命人才群体与近代湖湘文化的重塑

戊戌维新运动与自立军起义，是19世纪末、20世纪初中国社会一场隆重的近代化洗礼，虽然他们最后都倒在清朝专制统治的血泊之中，但都在中国近代历史上产生了深远的影响，并为中国社会的发展和进步打下基础、开辟了道路。作为全国维新运动最为突出的省份，湖南的这一历史进程尤为突出，特别是20世纪初清政府实行新政以后，湖南不仅跟上全国的步伐，而且开始走在时代潮流的前列。

一、20世纪初的国内形势

戊戌维新与自立军起义失败以后，国内社会矛盾更为尖锐，民族危机更为深重。清光绪二十六年（1900），山东、直隶兴起义和团运动。随后，帝国主义各国发动侵略我国的八国联军战争，并于次年迫使清王朝签订《辛丑条约》，使中国社会的半殖民地化大大加深。清政府已成为“洋人的朝廷”，中国再一次面临帝国主义列强豆剖瓜分的局面。

在日益严重的民族危机面前，清政府迫于内外压力，不得不“改弦更张”，于清光绪二十七年（1901）1月29日宣布实行变法，表示要“取外国之长”，“去中国之短”。几个月后，两江总督刘坤一、湖广总督张之洞联名上奏三折，即著名的“江楚变法奏议”。三折提出“兴学”“整顿中法”“采用西法”，共二十七端，阐述了在政治、军事、经济、财政、教育等各方面实行改革的主张。随后，清廷批准“江楚三折”，命各省“一律通筹，切实举行”，并指出朝廷“志在必行……为宗庙计，为臣民计，舍此更无他策”。[①] 清末新政于是在全国铺开。

湖湘开明绅士立即行动起来，不仅恢复了戊戌时期原有的新政事业，而且还开办了许多新的项目。

创办和发展近代企业，是20世纪初湖南新政的重要内容。维新变法时期，湖南曾产生近代企业。20世纪初，又创办新的矿务总公司、电灯公司、瓷器公司、玻璃公司及各类轻工业企业；成立开济、团后、长清、利记等轮船公司，长沙、湘潭、常德、岳州、沙市、汉口之间已有小火轮定期航行；铺设铁路、架设电线，又成立铁路公司与邮政电信企业。近代企业的蓬勃发展，标志着湖南已出现新的经济形态，产生了新的经济基础，使原有的社会阶层发生变动，诞生出一个新的社会阶层——民族资产阶级。

清光绪二十四年（1898）和清光绪三十年（1904），岳州、长沙相继开埠，对外通商。从此，外国资本主义势力正式进入湖南，开展政治、经济、文化和宗教等各方面的活动。湖南的对外贸易格局正式形成，并不断扩大，开始卷入世界资本主义市场。

戊戌维新时期，举办新式学堂成为时代潮流。清光绪二十七年（1901），清政府命全国各省、府、州县，将书院和官学改为学堂。清光绪二十八年（1902）七月，又颁布《钦定学堂章程》，正式推行近代教育制度。湖南在此几年，先后设立省城大学堂、省师范馆和实业、医学、农学、军事、体育等学堂，各地旧式书院纷纷改为新式学堂，同时开创私立学堂、女子学堂，外国来湘教会、入湘人士也开办了一些学校。与此同时，出国留学蔚然成风。清光绪二十八年（1902），湖南第一次派出官费留日学生12人，次年又派出留日生24人及留学欧美生22人，此外尚有相当数量的自费留学生。至清光绪三十年（1904），全省在日学生达401人，占全国留日学

① 朱寿朋．光绪朝东华录：第四册［M］．北京：中华书局，1958：4771.

生总数的14%强。新的教育制度及其新式学堂的创办与留学生运动的兴起，使湖南形成一个新的知识分子群体。这个群体的社会身份、知识结构、思想意识，已不同于传统的士大夫阶层，成为一个代表新时代的社会力量。他们进一步接受西方的政治学说，了解世界发展的趋势，也更为深刻地看到了中国的落后和清朝封建统治的腐朽和反动。

湖南近代工矿交通企业和近代教育事业的产生及发展，使湖南催生出新的社会阶层，而这一新的社会阶层又产生其政治要求，并结成团体。从1905年开始，由禹之谟等发起，先后成立湖南学生会和湖南商务总会、教育总会等社会团体。

编练新军，是清末新政的又一重要内容。清光绪三十三年(1907)，清政府制订全国编练新军三十六镇的计划。其中湖南一镇，为二十五混成协，下辖第四十九、五十标。新军的编练，仿照西方国家军制，使用新式武器，因此要起用一批留洋学生作为骨干，招收有新知识的青年人充实军伍。这一批人成了晚清湖南新知识分子群体的一个重要部分。

20世纪初民族危机的加剧，国内新的经济基础及社会阶层的形成，为湖南新的人才群体的兴起做好了准备，并提供了广阔的舞台。

二、辛亥革命人才群体的兴起

帝国主义日益深入的侵略，清王朝封建统治的愈益腐败，激起中国人民更为强烈的反抗。19世纪末至20世纪初，一场以推翻清朝封建统治、建立民主共和为目标的资产阶级民主革命兴起。这一革命由于以旧历辛亥年即1911年爆发的武昌起义为标志，故称辛亥革命。清光绪二十年（1894），孙中山在檀香山成立反清革命团体兴中会，并于次年在广州、清光绪二十六年（1900）在惠州发动武装起义，揭开辛亥革命的序幕。但因兴中会成员主要为海外华人，活动于海外和华南沿海，故在中国内地的影响不大。真正最先在中国内地开展革命的，是湖南辛亥革命团体华兴会。黄兴是这个群体的旗帜和最主要代表。

黄兴（1874—1916），原名轸，字廑午，后改名兴，字克强。湖南善化（今属长沙县）人。少时就读家塾。清光绪十九年（1893）入长沙城南书院，成绩优异，次年补县学生员。戊戌变法时期，调湘水校经堂，又保送入武昌两湖书院，接触了西方政治学说，对国家和民族日益关心。清光绪二十八年（1902）春夏之交，被选派留学日本，入东京弘文学院速成师范，曾与长沙人杨毓麟等创办《游学译编》杂志。清光绪二十九年（1903）春，留日学生发起反对沙俄侵占我国东北三省的拒俄运动。黄兴愤然指出："中国大局破坏已达极点，今后惟实行革命，始可救危亡于万一"，乃组织拒俄义勇队，后改名军国民教育会。黄兴以其坚定的革命信仰和优秀品质，成为革命青年中的佼佼者，"被推为归国实行革命第一人"。五月，他受军国民教育会派遣回国，以"运动湖南及湖北、南京一带"革命之责自任，走上反清革命道路。他先后至上海、泰兴、南京，联络有关同志；七月经武昌，发表革命演说，散发邹容《革命军》、陈天华《猛回头》二书。旋即到长沙，任教明德学堂，约请外省反清志士张继、吴禄贞、李书城和湘籍志士陈天华、宋教仁等，进行革命宣传，发展革命力量。九月十六日，他以三十诞辰为名，与宋教仁、刘揆一等举行会议，成立华兴会，被推为会长，宋教仁、刘揆一任副会长。

华兴会的成立，标志湖南辛亥革命人才群体正式形成。黄兴意志坚定，博学多才，具有很高威望，成为华兴会的核心人物。其主要代表人物还有宋教仁、刘揆一、陈天华、蔡锷、蒋翊武、禹之谟、谭人凤、焦达峰等。

宋教仁（1882—1913），字遯初、钝初，号渔父。湖南桃源人。少孤，家境贫寒。清光绪二十五年（1899）入漳江书院，喜研习政治、法律、地理学等。二十九年（1903）考入武昌文普通中学堂，常与同学议论时政。是年夏，在武昌结识黄兴，结下革命友谊。不久返湘，参与创建华兴会。

刘揆一（1878—1950），字霖生。湖南衡山人，寄籍湘潭。早年肄业于岳麓书院。结交会党，与哥老会首领马福益友善。清光绪二十九年（1903）春，自费留学日本，入东京弘文学院速成师范科，参加拒俄义勇队。同年回国，任湖南醴陵渌江中学堂监督。参与筹建华兴会。

陈天华（1875—1905），原名显宿，字星台，又字过庭，别号思黄。湖南新化人。家境贫寒，曾营小贩。15 岁始入蒙塾，后入资江书院读书。清光绪二十四年（1898）春考入新化实学堂，参与维新活动。二十九年（1903）公费留学日本，入东京弘文学院师范科，参与拒俄义勇队。曾撰写《猛回头》《警示钟》二书，以血泪之声，深刻揭露帝国主义侵略中国和清廷投降卖国的罪行，风行于世，激起无数青年反帝爱国热情。年底回国，来到长沙，参加华兴会。

华兴会以新型知识分子为主体，留日归国学生和国内新式学堂师生充当领导人和骨干，并在长沙设立日知会、东文讲习所，在湖北、上海等地建立科学补习所等机构，在日本东京成立外围组织新华会，还设同仇会联络会党、黄汉会运动军队，几个月时间，会员发展到国内长江流域各省和日本，达四五百人，联络的会党群众达两万多人。

华兴会成立后，以“驱除鞑虏”为宗旨，以“雄据一省与各省纷起”为方略，决定于光绪三十年（1904）十月十日西太后七十生辰，乘省城大吏皇殿行礼之机，举行起义。为此，黄兴、刘揆一与哥老会首领马福益会晤，商讨大计。为筹集经费，黄兴毁家纾难，出卖祖遗田产近 300 石，刘揆一、柳聘农、彭渊恂等也变卖家产，四处借贷。后起义事泄流产，黄兴、宋教仁等流亡日本。

华兴会策划的长沙起义虽未发而败，但对中国革命进程产生了很大影响。时人誉为“中国内地革命之先声”，“湖南人之革命思想实籍此……播下种子，植其根基”，革命风潮“已弥漫三湘七泽矣”![1] 从此，湖南的反清革命运动风起云涌，不可阻遏，并有力地推动全国革命运动的发展，使湖南成为中国辛亥革命的主要地区之一。

黄兴、宋教仁等流亡日本以后，又组织数省留日学生，成立革命同志会。时人评价说“留东青年，以黄兴为革命实行家，多倾向推重……黄可操东京革命志士之牛耳”[2]。其后，黄兴与孙中山在东京创建中国第一个资产阶级民主革命政党——中国同盟会，从此，孙、黄并称，共同肩负起领导中国革命的重任。

华兴会对建立同盟会起了举足轻重的作用。据统计，在清光绪三十一年（1905）的筹备会上，与会 79 人，其中湖南 20 人。据同盟会最初两年名册，共有会员 979 人，其中湖南 158 人，可知原华兴会成员是同盟会的一支很大力量。湖湘革命志士在同盟会中居于重要地位。同盟会最高领导人为总理，由孙中山担任。下设三部，黄兴担任最重要的执行部庶务，地位仅次于总理，宋教仁任司法部检事长。

长沙起义夭折后，部分华兴会员仍在长沙坚持斗争。清光绪三十一年（1905）六—九月，禹之谟发动商、学两界，参加收回粤汉铁路利权和抵制美货运动，被举为湖南商会会长和学生自治会会长。同盟会成立后，禹之谟受黄兴委托，组建同盟会湖南分会，任会长。

禹之谟（1866—1907），字稽亭。湘乡县青树坪（今属双峰县）人。早年入湘军营幕，光绪二十年（1894）参加甲午战争，

---

① 彭楚珩．光复之经过［M］// 中华民国开国五十年文献编委会．中华民国开国五十年文献：第二编第二册．台北：正中书局，1963：48.

② 左舜生．中国近代史四讲［M］．台北：三民书局，1982：283.

襄办转运粮秣弹药事务，授候选县主簿，辞不受。战后至上海，专心研究实业。二十六年（1900）参与自立军起义，事败后去日本。二十八年（1902）回国。二十九年（1903）在湘潭创办毛巾厂，次年迁长沙，并附设工艺传习所。同时加入华兴会。

同盟会湖南分会成立后，大肆宣传革命，“无论政界、军界、警察、工商界皆得旁听”；还“开设酒店，贱沽结欢军人”。[①] 禹之谟甚至“日持革命书报于茶楼酒肆，逢人施给，演说排满，悍然不讳”。湖南又出现了“民气伸张与革命暗潮四布”的形势。

光绪三十二年（1906）六月，湖南分会领导发动公葬陈（天华）、姚（宏业）运动，对清朝封建统治展开了一次政治大示威。青年毛泽东曾称之为“惊天动地可纪的一桩事”，并在《湘江评论》第4期评论说：“湖南的民气在这个时候几为中狂发癫，激昂到了极点。”

冬，湖南志士刘道一、蔡绍南等发动的萍浏醴起义，是同盟会成立后领导的第一次大规模武装起义。第一次打出“中华民国”的旗帜，发出必破千年专制，“必建共和民国”的口号，对全国革命的发展产生了重要影响。

辛亥革命卓越领袖黄兴为核心的湖南辛亥革命人才群体，对于湖南乃至全国革命的进程发挥了极其重要的作用。

同盟会成立后，派遣人员归国发动革命，湖南志士首当其冲。黄兴是同盟会杰出的军事家，清光绪三十三年至宣统三年（1907—1911），他先后在华南沿海一带领导了八次武装起义。三十四年（1908）钦州起义，他“以二百人出安南，横行于钦、廉、上思一带”，激战清兵两万余人，“转战数月，所向无前，敌人闻而生畏，克强之威名因以大著”。[②] 宣统三年（1911），又领导震惊全国的广

① 金蓉镜．破邪论［M］//湖南历史资料：第2辑．长沙：湖南人民出版社，1980：170.

② 孙中山．革命原起［M］//孙中山文选．北京：九州出版社，2012：204.

州黄花岗起义。

宣统三年（1911），宋教仁、谭人凤等在上海成立中部同盟会，果断地做出将革命重心转移到长江流域的决策。其后，谭人凤等回湘，策动两湖革命。湖南浏阳人焦达峰与湖北革命党人举行会议，做出中国革命以两湖为主的重大决策，确定“湖北先发动，湖南在十日以内必须响应；湖南先发动，湖北在十日以内也必须响应”[①]的协定。10 月 10 日，武昌起义爆发，其主要领导人蒋翊武是湖南辛亥革命人才群体的代表人物之一。

蒋翊武（1885—1913），原名保襄、伯夔。湖南澧县人。清光绪二十九年（1903）肄业于常德西路师范学堂，以策应华兴会起义被开除。后奔走沅、澧间，运动会党。三十一年（1905）赴上海，加入同盟会，创办报刊，宣传反清革命。三十五年（1909）至武汉，入湖北新军。参加群治学社（后改为文学社），担任社长。宣统三年（1911），铁路风潮起。蒋翊武领导文学社与共进会合作，担任起义总司令，筹划武昌起义。

10 月 22 日，湖南革命党人首先响应武昌起义，发动长沙起义，推翻清王朝在湖南的统治，成立湖南军政府，焦达峰与浏阳人陈作新分任正、副都督。不久，由谭延闿继任都督。此后军政府组建援鄂部队 16 个营北上，和湖北革命军并肩作战，以热血和生命保卫湖北革命政权，为全国各地的光复，赢得了宝贵的时间。据不完全统计，在武汉保卫战阵亡的湘军将士，仅有姓名可考者即 292 人。

武昌起义爆发，活跃在全国各地的湖南志士也奋起举义。10 月 30 日，蔡锷领导云南新军起义，成立云南军政府，蔡锷被推为都督。

蔡锷（1882—1916），原名艮寅，字松坡。邵阳人。清光绪二十三年（1897）入长沙时务学堂，戊戌政变后至上海，次年东渡日

① 刘泱泱．湖南通史：近代卷［M］．长沙：湖南出版社，1994：653.

本留学。二十六年（1900）回国，参加自立军起义，失败后复去日本，入成城学校及陆军士官学校习军事。三十年（1904）毕业回国，任江西随营学堂教官。同年冬再去日本。三十一年（1905）春回湘，旋调广西，任新军总教练官、陆军小学总办、混成协协统等职。后经黄兴等介绍，加入同盟会。1911 年春至云南，任新军三十七协协统。

在江苏、贵州、福建、新疆、甘肃等省区的湖湘革命党人也先后举事。11 月 3 日，安化人李燮和、黄汉湘在上海、吴淞相继起义，李燮和就任吴淞都督。11 月 4 日，长沙人张百麟策划贵州起义，宣告独立，张百麟任枢密院院长。11 月 6 日，原广西巡抚长沙人沈秉堃归附革命，宣布光复，担任广西都督。11 月 8 日，长沙人彭寿松等发动福州起义，福建光复，湖南慈利人孙道仁任都督，彭寿松任政务院总长。12 月 28 日，湖南宁乡人刘先俊等在新疆迪化领导起义，因敌众我寡，不幸失败，刘先俊等惨遭杀害。1912 年 3 月 11 日，宁乡人黄钺在甘肃秦州发动起义，成立甘肃临时军政府，黄钺任都督，衡山人向燊为副都督。另有湖南桃源人胡瑛，于 1912 年春受孙中山派遣，在山东烟台成立山东军政府，胡瑛担任都督。

综上所述，武昌起义爆发后，湖南辛亥志士分别在全国湘、滇、沪、黔、桂、闽、新、甘、鲁九省区领导或策动反清起义，除新疆外均取得胜利，成立革命军政府，而担任都督、副都督或枢密院、政务院首脑的达 12 人。

武昌起义后，黄兴赶赴武昌，任革命军总司令，指挥汉阳保卫战。宋教仁亦抵达武昌，协助湖北军政府制定《鄂州约法》等革命文告，筹划建立临时政府有关事宜。上海、苏、杭等地相继光复后，黄兴被推为副元帅，主持南北议和。1912 年南京临时政府成立，孙中山任临时大总统，黄兴任陆军总长兼参谋总长，宋教仁任法制局局长。

湖南辛亥革命人才群体人数众多，除上述者外，还有大批贡献突出的重要人物，如：长沙人毕永年、秦力山、杨毓麟、章士钊、易白沙、徐佛苏，新化人邹永成、邹代藩、曾杰、曾继梧、方鼎英，桃源人覃振、吴景鸿，邵阳人石陶钧、魏肇文、马邻翼，醴陵人宁调元、杨卓霖、李发群、傅熊湘、程潜，湘乡人杨王鹏、张昭汉、陈荆、陈方度，宁乡人周震鳞、陈家鼎，常德人刘复基、赵必振，衡山人陈范、唐群英，湘阴人范源濂、陈嘉祐，芷江人张学济，临澧人林伯渠，益阳人姚洪业，宁远人欧阳振声，平江人凌盛仪，凤凰人田应诏等。

辛亥革命时期的湖南立宪派，也是一支不可忽视的力量。他们在追求君主立宪，但一再失望以后，倾向共和、走向革命，投入推翻清朝封建统治、建立民主共和的斗争，因此也成为湖南辛亥革命人才群体的组成部分，茶陵人谭延闿，攸县人龙璋，长沙人左学谦、文经纬，湘阴人陈树藩，新化人陈润霖，湘潭人胡元倓等，是其重要代表。谭延闿曾于 1911 年 11 月继任湖南军政府都督，为巩固民主革命成果、发展全省革命形势，起了重要作用。

中华民国成立以后，湖南辛亥革命志士始终坚持民主共和立场，为着中华民族复兴的目标而不懈奋斗。临时政府北迁后，袁世凯担任临时大总统，孙中山、黄兴等辞去职务。宋教仁于 1912 年 8 月将同盟会改组为国民党，任代理理事长。他抱定政党政治、责任内阁的主张，在长沙、武汉、上海、南京等地发表竞选演说，主张成立责任内阁，制定民主宪法。1913 年 3 月 20 日在上海被刺，于 22 日逝世。生平著述编为《宋教仁集》。

宋教仁的被刺，极大地暴露了袁世凯的独裁专制。1913 年 7 月，孙中山、黄兴发起“二次革命”。黄兴任江苏讨袁军总司令，失败后赴日本。蒋翊武任鄂豫招抚使，回岳州策动反袁，失败后在全州被捕，于桂林就义。湖南亦最先响应，宣告独立，但旋即流产。

袁世凯镇压“二次革命”后，变本加厉，倒行逆施，公然复辟帝制。1915 年冬，蔡锷潜离北京，取道日本、越南，抵达昆明，于 12 月 25 日与唐继尧等宣布云南独立，通电讨袁，发动护国战争。黄兴时在美国，从事反袁斗争，云南护国军起，乃积极为之筹措军饷，并于 1916 年回国。旋于 10 月 31 日在上海病逝。生平著作编辑为《黄兴集》。蔡锷在护国战争胜利以后，因积劳成疾，赴日就医，于 11 月 8 日病逝。生平著述编为《蔡锷集》。

护国战争胜利了，但就湖南辛亥革命人才群体而言，这却是他们的最后一搏，是他们为中华政治舞台举行的悲壮谢礼。黄兴、蔡锷等代表人物先后去世，陈天华、禹之谟、焦达峰、宋教仁、蒋翊武等则已牺牲。从此以后，湖南辛亥革命人才群体作为一个群体不复存在，其政治影响亦逐渐消失，虽然刘揆一、谭人凤等和其他不少辛亥党人尚存，有的还对时局产生过一些影响，但也只是代表个人，其作用颇为有限。

三、近代湖湘文化的重塑

湖南辛亥革命人才群体虽然是在短时间内形成和发展起来，其存在的时间亦甚短促，但他们对于中国革命所产生的作用与影响却是不可磨灭的，在湖湘文化上留下了重要的一页。

这个人才群体在湖湘文化的影响下发育成长，深受戊戌维新志士爱国思想和改革精神的灌输，同时又更多地接受了西方自然科学、社会科学知识，受到西方民主思想的浸染，因而促使湖湘文化进一步地丰富和发展，重塑了湖湘文化。

湖南辛亥革命人才群体对于湖湘文化的重塑，主要在两个方面。

一是他们将爱国与革命的思想相联系，实现了反帝爱国与反清革命的紧密结合。反对资本—帝国主义的侵略，是近代爱国主义的强大主题，而在 19 世纪中后期，我国的反侵略斗争往往由国家主导，因此近代前期的爱国主义带有忠君爱国的内容，其反对外来侵略与忠于封建国家是结合在一起的。19 世纪末至 20 世纪初，从中日甲午战争到八国联军战争，清政府的极端腐败和无能，其对外妥协投降，对内穷凶极恶，完全暴露，中国人民对于清王朝已完全失望。广大爱国青年清醒地看到这一现实，尖锐指出清王朝已成为“洋人的朝廷”、西方列强的“守土官长”，因此反帝必须反清。杨毓麟即说：“清政府已成为列强侵略中国的奴才与工具，‘满洲政府为之伥，而列强为之虎；满洲政府为之织，而列强为之罗’，所以，要反帝必先反满。”① 陈天华曾写道：“今日中国还是满洲政府的吗？早已是各国的了！那些财政权、铁道权、用人权，一概拱手送与洋人。洋人……只要下一个号令，满洲政府就立刻奉行。”② 黄兴曾指出：“满洲政府方醉生梦死，昏不知觉，于日、俄、英、德、法则默认之，于美则欢迎之。对于国民，诡名立宪，以为欺饰，其实则剥夺国民种种权利，以行其中央集权之实。是中国目前状态，不亡于有形土地之瓜分，即亡于无形财政之监督。”③ 揭露了清王朝媚外残内和伪立宪、真独裁的面目，强调了反帝、反清的迫切性和不可分割。

二是学习西方，鼓吹民主共和的政治制度，实现了推翻清朝君主专制、建立民主共和国的理想。

与以前的人才群体比较起来，湖南辛亥革命人才群体的大部分成员，除立宪派人物以外，都没有进士、举人甚至府县生员的功名，而是在新式教育制度下成长的，相当部分还有留学海外的经历。他们学习、研究西方民主制度，并与封建君主专制和君主立宪的制度进行比较，极力主张中国走民主立宪、君民共和的道路。为此，他们钻研大量西方政治理论著作，撰写文章，探讨中国实行民主制度的有关问题，还与坚持君主立宪主张的保皇派、立宪党进行

---

① 杨毓麟．新湖南［M］//饶怀民．杨毓麟集．长沙：岳麓书社，2001：44.

② 陈天华．警示钟［M］//刘晴波，彭国兴，陈天华集．2版．长沙：湖南人民出版社，1982：76.

③ 黄兴．致暹罗同志书［M］//刘泱泱．黄兴集：一．长沙：湖南人民出版社，2008：46.

论战。湖南辛亥革命人才群体中，杨毓麟、宋教仁、章士钊是研究和宣传民主共和思想最为得力者。

杨毓麟是辛亥革命时期的重要理论家和宣传家。早在清光绪二十八年（1902），他撰写了著名的《新湖南》一书，主编了最早的革命刊物《游学译编》，较为系统地介绍了西方政治学说，阐述了民主革命的思想。在这些论著中，杨毓麟较为全面地论述其“民族建国主义”即民族主义、个人权利及民主共和的思想。他说：“民族主义者，生人之公理也，天下之正义也……欲起国民之痿痹者，此其一事也”；“所谓个人权利者，天赋个人之自由权是也，霍布士、陆克诸人导之，而实广大于法国之卢骚”。在这个基础上，他进一步指出：公认人民之自由权，是“政府与国民共守之界线，于是而共和焉，于是而立宪焉”①，于是就有了人民对于国家、政府之责任，亦有政府对于国家、人民之责任。应该说，这已是非常全面和深刻的了。

宋教仁是辛亥革命党人中最杰出的理论家。1905 年同盟会成立以后，他担任司法部检事长，从此开始系统地从事西方政治法律制度的研究。他曾翻译《日本宪法》《各国警察制度》《英国制度要览》《美国制度概要》《比利时澳国俄国财政制度》等关于世界各国政治制度的著作十余种，撰写有关国际政治与外交论文数十篇。1911 年的广州起义和武昌起义以及筹备成立中华民国之时，他是各类文告、约法及革命政府成立后制度安排、机构设置、法律文书的主要设计和起草者，对民主共和国的制度建设做出了最重要的贡献。他曾指出：“今后吾国政治变革，结局虽不可知，然君主专制政体，必不再许其存在，而趋于民权的立宪政体之途，则固事所必至者。”② 民国成立后，宋教仁坚持实行政党政治和责任内阁

---

① 杨毓麟．新湖南［M］//饶怀民．杨毓麟集．长沙，岳麓书社：2001：51-53.

② 论都察院宜改为惩戒裁判所［M］// 陈旭麓．宋教仁集：上册．北京：中华书局，1981：281.

的主张，积极主张制定完善宪法，并为其实现而不懈努力，直到生命的最后一刻。

章士钊也是辛亥湖南人才群体中对西方民主制度极有研究者。自 1904 年长沙起义失败后，章士钊留学日本，再赴英国学习法律、政治。他写出一系列文章，论述西方社会政治制度，提出组织国会和建立政党政治、责任内阁的主张，寄回国内发表，产生了很大影响。他认为，只有政党内阁才能担负起责任，联结国会与政府，使之有效地管理国家。民国成立后，针对袁世凯的独裁统治，他表明“绝对主张内阁制者……一防元首之专横，一防国本之动摇”①，批评袁“阳奉共和之名而一切惟返乎专制是务”。

辛亥湖湘志士对于湖湘文化的重塑，使近代湖湘文化更多地摆脱了旧时代的束缚，在内容上和精神实质上都得到一个新的升华，进入新的时代。

第五节　无产阶级革命家人才群体对湖湘文化的创新

辛亥革命推翻清王朝的统治，建立了中华民国，从此，结束在中国延续两千多年的封建专制制度，树起民主共和国的旗帜，开辟了中国历史的新纪元。但是，由于中国封建统治制度的极端顽固性，又因资产阶级革命派的软弱，民国成立以后，并没有出现真正的民主共和，代之而起的是更为黑暗、混乱的局面。袁世凯以后，北洋军阀分裂成为直系、奉系、皖系三个主要派系，拥兵自重，割据一方，并为控制北京政府和争夺势力范围而相互混战。显然，中国的民主革命没有完成，而资产阶级民主革命派已经精疲力竭，急需寻找一个新的力量，开辟新的道路。新文化运动的发生，特别是

① 章士钊．杂书［N］．民立报，1911-6-28.

五四爱国运动的爆发，标志着中国民主革命一个新时代的开始，中国新的政治力量也就此诞生。在这个大变动、大组合的时代，湖南又一个人才群体——无产阶级革命家人才群体，即乘着这一时代潮流蓬勃兴起。

一、新文化运动的兴起与中国革命的新局面

民国成立以后，袁世凯窃取大总统职权，对内实行独裁专制统治，刺杀宋教仁，镇压“二次革命”，废除《临时约法》，解散国会；对外投靠帝国主义，举借“善后大借款”，与日本签订卖国的“二十一条”。1915 年初，他又操纵一班政客，成立筹安会；仿照帝制仪规，举行祭天祀孔典礼。12 月，公然改总统府为新华宫，定民国五年（1916）为洪宪元年，准备登基大典。袁世凯的倒行逆施，引起极大公愤，终于爆发反袁护国运动，各省宣告独立。袁世凯众叛亲离，于 1916 年 6 月病亡。此后，黎元洪继任大总统，皖系军阀首领段祺瑞担任国务总理。1917 年 6 月，安徽督军张勋利用黎、段“府院之争”，率辫子军入京，拥清废帝溥仪复辟，又上演了一场复辟闹剧。

从袁世凯帝制自为到张勋复辟清帝，前后不到三年，却在国内形成了一股巨大的政治逆流。与此相适应，一批遗老遗少粉墨登场，大肆鼓吹帝制、诋毁共和，纷纷给袁世凯上“劝进表”，有的则提出尊孔读经，“定孔教为国教”。一时间，思想文化界沉渣泛起，乌烟瘴气。

辛亥革命以后所出现的这一极端黑暗、混乱的状况，使“中国又一天一天沉入黑暗里”[①]，使人们心目中共和民主的梦想破灭，使大批先进的知识分子一度陷入苦闷与彷徨之中。曾参加辛亥革命的湖南临澧人林伯渠曾说道：“辛亥革命前，觉得只要把帝制推翻

① 鲁迅．论“费厄泼赖”应该缓行［M］//鲁迅全集：第一卷．北京：人民文学出版社，1981：272.

便可以天下太平。革命以后，经过多少挫折，自己所追求的民主还是那样的遥远，于是慢慢地从痛苦经验中，发现了此路不通。"①

最先打破这一沉闷，重新开始探讨中国新道路的，是辛亥革命时担任安徽军政府秘书长的著名学者和报人陈独秀。1915 年 9 月，陈独秀在上海创办《青年杂志》，从此在思想文化领域掀起一场以民主和科学为旗帜，向传统的封建思想、道德、文化宣战的新文化运动。他在《青年杂志》第 1 卷第 1 号发表《敬告青年》一文，旗帜鲜明地提出了"民主"和"科学"的口号。为更加突出其"新"，一年后，杂志更名为《新青年》。1917 年 1 月，蔡元培到北京大学任校长，聘请一批新文化人来北大任教。陈独秀被聘为文科学长，于是《新青年》编辑部迁至北京。1918 年 1 月，《新青年》改为"同人刊物"，具有新思想又颇具声名的学者李大钊、鲁迅、胡適、钱玄同、刘半农等都参加编辑部，并成为主要撰稿人。

陈独秀、李大钊、胡適为代表的新知识分子，以《新青年》为阵地，发表文章，展开讨论，掀起了一场空前的思想启蒙运动，而北京则成为这个运动的中心。《新青年》针对辛亥革命后中国还没有实现民主政治，还是"孔家店"统治中国的现状，提出"民主"和"科学"的口号，即"德先生"和"赛先生"，明确宣告："我们现在认定只有这两位先生，可以救治中国政治上、道德上、学术上、思想上一切的黑暗。"②《新青年》还尖锐地批判甚嚣尘上的尊孔狂潮。陈独秀一连发表三篇论文，有力地驳斥康有为要把孔教定为国教的论调。鲁迅以小说和杂文为武器，无情地批判孔教、尊孔派及其他封建文化。长沙人易白沙则锋颖凛凛，喊出了"打倒孔家店"的口号。《新青年》又高举"文学革命"的旗帜，提倡新文学、反对旧文学；提倡白话文、反对文言文，促进了新文化运动的发展。

① 林伯渠．荏苒三十年［N］．解放日报，1941-10-10.

② 陈独秀．本志罪案之答辩书［J］．新青年，1919，6（1）.

新文化运动对封建文化的猛烈冲击，形成一场空前的启蒙运动和思想解放运动，中国的知识分子特别是广大青年受到民主和科学的洗礼，从而为适合中国社会需要的新思潮，特别是马克思主义的传播，创造了有利的条件。

1917 年 11 月，俄国十月革命爆发，建立工农兵苏维埃政权。这一事件，极大地鼓舞了中国的先进分子。从此，他们开始认识到马克思主义对中国革命的指导作用，以无产阶级世界观观察国家命运，重新考虑自己的问题，并得出“走俄国人的路”的结论。

在十月革命的影响下，到 1919 年，新文化运动发展成为一场反帝爱国运动。

1919 年 5 月 4 日，北京广大爱国学生为要求收回我国在山东的权益，反对在巴黎和会上签字，在天安门广场举行集会和示威游行，掀起了一场轰轰烈烈的反帝爱国运动，即著名的五四运动。运动迅速发展到全国，工人、农民、小资产阶级和民族资产阶级等社会各阶层，都积极地投入到运动中，学生罢课，商人罢市，工人罢工，形成一场规模空前的全国性的爱国运动。在中国人民的强大压力下，6 月，北京政府被迫释放被捕学生，罢免亲日派卖国贼曹汝霖、章宗祥、陆宗舆的职务；中国代表团拒绝在《巴黎和约》上签字。五四运动取得了伟大的胜利。

五四运动中，一批热烈地寻求救国救民之路的先进分子，成为运动的先锋，他们在运动后广泛宣传马克思主义；中国工人阶级作为一支独立的政治力量登上政治舞台，并发挥主力军的作用。这就为中国无产阶级政党——中国共产党的成立，做了思想和组织上的准备。湖南的无产阶级革命家人才群体，也是这一新型政党的创建者之一，是其重要的组成部分。

二、湖南无产阶级革命家人才群体的兴起

湖南在辛亥革命以后的历史进程，与全国的形势一样，也经历

了袁世凯和北洋军阀统治时期的反动与黑暗。

1912 年“二次革命”失败以后，袁世凯亲信汤芗铭和军阀张敬尧先后担任湖南都督、督军。汤芗铭秉承袁世凯旨意，疯狂镇压革命，血债累累，人称“汤屠夫”。袁阴谋复辟帝制，湖南兴起一股复古之风。1915 年，叶德辉为首在长沙成立湖南经学会，鼓吹“尊孔读经”。1916 年 8 月，杨度发起成立筹安会，为袁世凯复辟摇唇鼓舌。叶德辉随即响应，成立全国最早的筹安会分会，与符定一分任正、副会长，成为袁、汤在湘推行帝制复辟的主要鼓吹者。汤芗铭更是不遗余力，召开“国民代表”选举会，发表“劝进表”。他还率湘省军界上“劝进表”，无耻吹捧袁世凯：“天威神武，挽华夏于陆沉；创制显庸，报功文于巍焕”，请求袁“俯顺舆情，早登大位”。[①]

汤来湘后，湖南陷入南北军阀相互争夺、混战不已局面。张敬尧于 1918 年担任湖南督军兼省长后，变本加厉，更为暴虐。湖南的思想文化界颇是沉寂。1917 年，以刘人熙为代表的一批知识分子，创办船山学社，主张复兴旧道德以救治社会，在客观上形成一股强大的保守主义思潮。

素有改革与革命传统的湖南人民没有屈服于他们的独裁卖国统治。面对封建主义思想文化的鼓噪，一批进步的知识分子仍然坚持民主主义立场，奋起而捍卫民主共和的成果。

1914 年初，一批具有民主思想的知识分子黎锦熙、杨昌济、徐特立、方维夏、曾运乾、陈天倪等在长沙创办宏文图书社，设立编译所，传播中西文化，包括“欧美日本最近之种种思潮”，以求实现“刷新社会”的“救亡至计”。[②] 1915 年 9 月，贝允昕、龙兼公等创办湖南《大公报》，宣称“本报……唯知以维护共和、巩固国家为职志”，猛烈抨击愈演愈烈的袁氏复辟丑剧。

---

① 长沙大公报［N］. 1915-10-29.

② 转引自谭仲池 . 长沙通史：近代卷［M］. 长沙：湖南教育出版社，2015：954.

新文化运动兴起以后，在湖南也迅速传播开来，其一个重要阵地，就是设在长沙的湖南省立第一师范学校。从辛亥革命至五四运动期间，具有民主思想的孔昭绶二度担任第一师范校长。他忠实地贯彻蔡元培的教育思想和南京临时政府的教育改革法令，奉行“民本主义”教育方针，聘请方维夏、杨昌济、徐特立、易白沙、黎锦熙等担任教师，提倡学生自治。杨昌济和易白沙是《新青年》的热心读者和积极撰稿人，他们经常向教师和学生推介《新青年》，宣传新思潮。学校的清新空气和民主氛围，深刻地影响了学生，从而培养出一大批出类拔萃的新型人才，毛泽东、蔡和森、何叔衡、萧子升等，即是在此读书成长，脱颖而出。还有陈章甫、张昆弟、罗学瓒、李维汉等一批三湘子弟，均为第一师范品学兼优、胸怀大志的高材生。

在第一师范众多优秀学子之中，毛泽东是为杰出的代表。

毛泽东（1893—1976），字润之。湘潭县韶山（今属韶山市）人，出身农民家庭。少年时入湘乡东山小学。青年时即关心天下大事，心有大志。1911 年来长沙求学，入湘乡驻省中学，经常阅读革命报刊，倾向孙中山、黄兴领导的同盟会。武昌起义爆发，受到极大鼓舞，加入长沙新军。1912 年，考入湖南省高等中学（今长沙市一中），后在湖南图书馆自学半年。1913 年入湖南第四师范学校，次年并入湖南第一师范学校。在杨昌济、徐特立等影响下，学生时代的毛泽东已经开始形成民主政治思想。

毛泽东的亲密同学蔡和森、何叔衡，也是非常优秀的人物。

蔡和森（1895—1931），原名和仙，字润寰，号泽膺，学名蔡林彬。湘乡县荷叶塘（今属双峰县）人。出生于上海，4 岁时随母葛健豪回到家乡。少时从乡贤朱静斋、蒋倦山学，曾到一家杂货店当学徒。1913 年入湖南第一师范，次年与毛泽东同学，成为志同道合的挚友，时以“毛蔡”盛称。

何叔衡（1876—1935），原名启璇，字玉衡，号琥璜，学名瞻岵。宁乡人。清末秀才。与同乡谢觉哉、王凌波、姜梦周在宁乡云山书院读书，后又同在宁乡云山高等小学教书，被称为“宁乡四髯”。1912 年考入湖南第四师范学校，后即与毛泽东同学。1914 年毕业，后至长沙楚怡小学教书。

1918 年 4 月 14 日，毛泽东与蔡和森、何叔衡、萧子升等 13 人，在长沙岳麓山下蔡和森寓所成立新民学会。学会“以革新学术，砥励品行，改良人心风俗”为宗旨，关心国家大事，讨论社会问题。次年，又发展了向警予、蔡畅、陶斯咏、彭璜等为会员。[①] 1918 年 5 月，新民学会发起湖南青年留学法国勤工俭学运动。在毛泽东、蔡和森的积极筹备下，次年 3 月，中国首批留法勤工俭学青年 89 人，从上海启程赴法，其中有湘籍学生林蔚、欧阳钦等 43 人；12 月，又有蔡和森、蔡畅、向警予等 30 余人，亦从上海赴法。

就在毛泽东等筹办赴法勤工俭学之时，五四运动在北京爆发。5 月 7 日，长沙各校学生举行示威游行。5 月 9 日，长沙《大公报》报道北京五四运动的情况，并揭露张敬尧控制新闻、压制爱国运动的罪行。长沙各校学生纷纷走上街头，省会工商、教育、农会各界也行动起来，集会游行，新民学会成为这场爱国运动的核心与组织力量。

新民学会联系省城各大、中学校学生会，成立湖南省学生联合会（以下简称“省学联”），创办会刊《湘江评论》，发表了大批揭露社会黑暗、鼓吹革命的文章。

新民学会还联合省会各界，将五四运动与湖南的实际联系起来，开展驱逐张敬尧运动。他们组织驱张代表团，前往省内衡阳、永州和省外北京、上海等地，揭露“张毒”祸湘罪行，呼吁各界支持。毛泽东、何叔衡等分别为赴北京、衡阳代表团的重要成员。

五四运动以后，以毛泽东为代表的湖湘青年，思想更为激进，

---

① 湖南省博物馆．新民学会文献汇编［G］．长沙：湖南人民出版社，1980：124.

眼界更为开阔，并开始接受马克思主义。1920 年，他们创办文化书社，发行进步书刊，又成立俄罗斯研究会，学习马克思主义，研究俄国革命的经验。省学联还发起留学俄国勤工俭学运动，进步青年刘少奇、任弼时、萧劲光、罗亦农、任作民等，即在此后赴俄留学。刘少奇、任弼时是湖南无产阶级革命家人才群体的重要代表人物。

刘少奇（1898—1969），原名绍选，字渭璜。宁乡人。1916 年来长沙，入宁乡驻省中学学习。1919 年转私立育才中学高中毕业，参加五四运动。1920 年赴上海外国语学社学习，后参加社会主义青年团，赴苏俄共产主义大学学习。

任弼时（1904—1950），原名培国，湖南湘阴县唐家桥（今属汨罗市）人。1915 年考入湖南第一师范附属小学高等科。1918 年入长沙明德中学，次年转入长郡中学，与萧劲光同学。他思想活跃，多才多艺。五四运动时，他与同学们走上街头，举行示威游行；后与长郡、明德、第一师范等校的湘阴籍同学组成宣传团，回乡进行爱国宣传。1920 年参加俄罗斯研究会，旋去上海，加入社会主义青年团。

新民学会的成立和文化书社的创办，标志着辛亥革命之后的湖南，一个新的人才群体即将诞生。

1920 年秋，新民学会已拥有 100 多名会员，分为国内外两个部分，国内主要在湖南，散布于北京、上海、武汉等地；国外主要在法国，散布于俄国、日本和南洋。他们已在为组建一个新的政党而积极活动。早在 1920 年夏，毛泽东已分别在北京、上海与李大钊、陈独秀密切接触，讨论马克思主义与湖南改造的问题，[①] 正在筹备成立共产党的陈独秀还确定“湖南由毛泽东负责”。陈独秀曾致信毛泽东，请他在长沙建立与上海同样的共产党组织，并寄来上海共

① 中共中央党史研究室．中国共产党历史：第一卷［M］．北京：中共党史出版社，2002：62.

产党小组创办的《共产党》月刊和翻译出版的《共产党宣言》。[①]

与此同时，毛泽东等和在法国的蔡和森等开展了热烈讨论，探讨在中国成立共产党的问题。1920 年 8 月 13 日，蔡和森致信毛泽东说："我以为先要组织党——共产党。因为他是革命运动的发动者、宣传者、先锋队、作战部，以中国现在的情形看来，须先组织他……革命运动，劳动运动，才有神经中枢。"[②] 9 月初，毛泽东在谈到俄国十月革命的经验时，也阐述了建立共产党的重要性。后又复信蔡和森说：你的来信"见地极当，我没有一个字不赞成"[③]。新民学会内部也多次召开会议，展开对于蔡和森、萧子升等来信的讨论。是年冬，毛泽东等即在长沙秘密地成立共产党组织，最初成员为毛泽东、何叔衡、彭璜、贺民范、陈子博、易礼容 6 人，而文化书社实际上成为其工作机关和活动经费主要来源。

在法国，旅法华人亦成立共产党小组，湖南蔡和森、李立三、向警予、李富春、蔡畅、李维汉等人为其重要成员。

1921 年 7 月，毛泽东与何叔衡赴上海，出席中国共产党第一次代表大会，成为中国共产党的重要创建者之一。出席中共"一大"的 13 名代表中有 4 名是湖南人，即毛泽东、何叔衡、李达（零陵人）、周佛海（沅陵人，后叛党）。其时全国 50 多名党员，湖南籍近 20 名，除以上 4 人外，还有湘乡人彭璜、李中，邵阳人贺民范，江华人李启汉，酃县（今炎陵县）人何孟雄，长沙人陈公培、缪伯英，浏阳人罗章龙等。

毛泽东、何叔衡回湘后，即于 1921 年 10 月 10 日在长沙正式成立中国共产党湖南支部，毛泽东任书记，何叔衡、易礼容等为委

---

① 中共长沙市委党史研究室．中国共产党长沙历史：第一卷［M］．北京：中共党史出版社，2007：40.

② 蔡和森．蔡和森文集：上［M］．长沙：湖南人民出版社，1980：24.

③ 中国革命博物馆，湖南省博物馆．新民学会资料［M］．北京：人民出版社，1980：163.

员。中共湖南支部成立后，迅速开展各项工作，派党员夏曦、团员贺恕参加共产国际远东各国共产党及民族革命团体第一次代表大会；成立湖南自修大学；建立中国劳动组合书记部湖南分部。组织发展也非常迅速，至1922年春已有党员30余人，仅次于上海、广州。5月底，中共湖南支部改为中共湘区执行委员会（以下简称“中共湘区区委”），毛泽东任书记，委员有何叔衡、易礼容、李立三等。中共湘区区委还建立从事工人运动的中国劳动组合书记部湖南分部和湖南省工团联合会，毛泽东分别担任其主任和总干事，刘少奇也是其重要领导人。

中共湘区区委的组建，标志着湖南无产阶级革命家人才群体正式形成。这一群体的重要代表人物毛泽东、蔡和森、何叔衡、刘少奇、向警予、任弼时、李维汉、林伯渠、李立三、李富春、蔡畅、罗亦农、邓中夏、萧劲光等，在后来大多成为中国共产党的重要领导人和杰出活动家，在新民主主义革命中建立了不朽的功绩，为中国共产党的成长壮大，为建立人民的军队和新中国的建立，做出了卓越的贡献。

中国共产党成立以后，领导中国人民开展反帝反封建的革命斗争，先后经历大革命运动、土地革命战争、抗日战争和解放战争，推翻国民党反动统治，建立了中华人民共和国。在这一艰难困苦的漫长征途中，三湘四水又出现了很多杰出人物，湖南无产阶级革命家人才群体不断扩大，彭德怀（湘潭人）、贺龙（桑植人）、罗荣桓（衡山人）、胡耀邦（浏阳人）、粟裕（会同人）、黄克诚（永兴人）、陈赓（湘乡人）、夏明翰（衡阳人）、谭震林（攸县人）、王震（浏阳人），是其重要代表人物。

湖南无产阶级革命家人才群体，其人数之多、影响之大、功业之巨，超过了近代以来的任何历史阶段，可以说是繁星满天，光耀千秋。这个尤为特殊的人才群体，除产生了最伟大和杰出的代表毛泽东之外，还有更多卓越的政治家、军事家，在中国共产党的领导机构、党所领导的人民军队和人民政权当中，占有重要的地位。

1945 年 4—6 月，中国共产党召开第七次全国代表大会。大会选举产生的第七届中央委员会，有委员 44 人，其中湘籍 13 人，即毛泽东、刘少奇、任弼时、林伯渠、李富春、李立三、罗荣桓、贺龙、蔡畅、彭德怀、滕代远（麻阳人）、徐特立、谭震林，占总数的 29.5%。①

1949 年 10 月 1 日，中华人民共和国成立，产生第一届中央人民政府，有主席、副主席和委员共 63 名，其中湘籍 11 人，即毛泽东、刘少奇、贺龙、李立三、林伯渠、彭德怀、罗荣桓、徐特立、蔡畅、李烛尘（永顺人）、程潜（醴陵人），占总数的 17.5%。

湖南无产阶级革命家人才群体拥有大批卓越的军事家和杰出将领。1955 年中国人民解放军授衔，其中，元帅 10 人，湘籍有彭德怀、贺龙、罗荣桓 3 人；大将 10 人，湘籍有许光达（长沙人）、陈赓、萧劲光、黄克诚、粟裕、谭政（湘乡人）6 人；上将、中将和少将的湘籍人士分别为 19、45、129 人，分别占总数的 34.5%、25.7%、16.2%。

三、近代湖湘文化的创新

湖南无产阶级革命家人才群体，是在中国旧民主主义革命已经走到尽头，新民主主义革命开展和全面推进的过程中，形成和发展起来的一个政治性人才群体，是近百年来湖南政治、经济、文化发展的必然结果。这个人才群体，在继承近代湖湘文化特别是直接继承辛亥革命成果的基础上，引进人类文化的最新成果——马克思主义，并将之与中国革命的实际相结合，从思想内容、理想境界与精神实质上对近代湖湘文化进行了前所未有的创新。

① 王健英. 中国共产党组织史资料汇编［G］. 北京：红旗出版社，1983：480-481.

湖南无产阶级革命家人才群体对近代湖湘文化的创新，主要表现在三个方面。

一是传播和发展马克思主义，并与中国革命的实际相结合，提出了新民主主义革命的理论，形成毛泽东思想。前已述之，近代湖湘文化具有学习西方的传统，嘉道经世派最先提出学习西方的命题，湘军集团则将学习西方在器物层面上付诸实践。戊戌维新志士和辛亥革命群英却从制度层面上学习西方，将资本主义国家的君主立宪或民主共和制度、资产阶级民主革命的思想引进中国。无产阶级革命家人才群体则从戊戌变法的失败与民主共和的不成功，另辟蹊径，再一次从西方寻找思想武器，谋求新的革命道路，终于找到马克思列宁主义，找到俄国十月革命的道路。“以俄为师”，以马克思主义为指导解决中国的问题，则是将社会主义的国家制度和无产阶级社会主义革命引进中国。这是湖南无产阶级革命家在学习西方的问题上，对近代湖湘文化的重大创新，从而使近代湖湘文化站到了20世纪的时代前沿。正如毛泽东所说：“马克思列宁主义的普遍真理一经和中国革命的具体实践相结合，就使中国革命的面目为之一新。”①

湖南无产阶级革命家人才群体还继承近代湖湘文化“务实”“践行”的传统，将马克思主义与中国革命的实践相结合，提出新民主主义革命的理论，形成毛泽东思想。湖南无产阶级革命家最杰出的代表毛泽东，集中全党的智慧和思想结晶，从中国社会的半殖民地半封建性质出发，指出中国革命必须分为新民主主义革命和社会主义革命两个阶段，而在现阶段则是新民主主义革命，从而解决了中国革命的性质、任务和前途等一系列重大问题。毛泽东还从中国的国情出发，揭示了中国革命的正确道路，即建立农村革命根据地，以农村包围城市、最后夺取全国胜利。湖南无产阶级革命家其

---

① 毛泽东．改造我们的学习［M］//毛泽东选集：第三卷．北京：人民出版社，1966：754.

他重要代表人物蔡和森、刘少奇、任弼时、李立三、彭德怀等，也分别在党和军队的建设、中国革命的性质、中国革命战争的战略战术等方面，进行了广泛和深入的研究，丰富了毛泽东思想的内容。

二是改革与革命的精神更为坚决彻底，其思想内容、理想境界更为高尚和远大。马克思主义创立于 19 世纪中叶，是无产阶级革命的学说和理论，较之资产阶级革命理论更为深刻和广泛。五四运动以后，这一理论在中国广泛传播，成为湖南无产阶级革命家人才群体的指导思想和理论武器，使近代湖湘文化实施了一次根本性的创新。无产阶级革命家群体以马克思主义的唯物主义和辩证法作为自己的世界观和方法论，以马克思主义的历史唯物主义观察社会，这就从根本上突破近代湖湘文化的理学藩篱，为近代湖湘文化建造了科学的基础，使之思想内容更为广阔和深远，理想境界更为高尚和远大，其改革与革命的精神更为坚决彻底。

三是第一次将广大人民群众引进近代湖湘文化的视野，使湖湘文化具有了更大的代表性和实践性。自清代中期以来的湖湘文化，直到辛亥革命时期为止，其代表人物多为处于社会中上层的官员或知识分子，所反映和代表的是社会中上阶层的利益与要求，社会政治和思想文化的活动，基本上由社会的中上阶层来进行，所以往往显得力量的不足和软弱，而占人口绝大多数的工人、农民只是作为追随者或充当时代的看客。1927 年 3 月，毛泽东在考察湖南农村大革命时曾指出："国民革命需要一个大的农村变动。辛亥革命没有这个变动，所以失败了。"① 刘少奇也说道："中国的国民革命，一定要社会各阶级民众一致来参加，建立各阶级的联合战线，才可成功……孙中山先生革命四十年，其所以尚未成功的缘故，就是没有

① 毛泽东．湖南农民运动考察报告［M］//毛泽东选集：第一卷．北京：人民出版社，1966：16.

得到占国民大多数的工农群众积极参加。”①

五四运动以后，在中国大地展开的革命运动，则是由无产阶级领导的人民大众的革命，是争取国家独立和人民解放的运动。湖湘无产阶级革命家人才群体的主要代表人物，大多是接受了马克思主义的新型知识分子，他们将无产阶级的解放作为自己的历史使命，从而使自己成为广大人民群众的忠实代表。彭德怀、贺龙、胡耀邦、谭震林、王震等代表人物，其本身就是出自工农劳苦大众阶层，更直接地代表了人民群众的诉求和心声。湖南无产阶级革命家人才群体所发起和领导的新民主主义革命，是由中国无产阶级领导的，有千百万工农群众参加并作为主力军的革命。这就与近代以来任何一次改革和革命具有很大的不同，更为广阔，更为深刻。而从文化的层面来看，这就是湖湘无产阶级革命家人才群体对于湖湘文化的杰出创新。他使近代湖湘文化第一次具有了群众性的基础，具有了更为广大的代表性及更为广阔的实践性。这是近代湖湘文化在近百年来的划时代成就，从此，广大的人民群众开始成为湖湘文化的代表者和实践者，并将湖湘文化不断地向前推进。

① 刘少奇．廖仲恺先生与工农政策［M］//刘少奇选集：上卷．北京：人民出版社，1981：4.

第五章

近代湖湘文化与人才群体的互动和近代湖南社会变革

近代湖湘文化在宋明理学的基础上，经过王夫之的阐幽发微，构建了博大精深的拯乱济世的文化体系，在岳麓书院的宣传教化和学术传承中得以发扬光大，使古代罕见史传的湖南人，沉寂了近千年之后，在近代如井喷式的涌现，引领着时代的风骚，湖南人才群体由此光耀环宇，直接推动着湖南乃至全国的社会变革。

第一节　湖湘人才群体与近代湖南政治变革

近代湖湘文化的辉煌联系着乱世的社会背景，无论立场如何，保守还是激进，封闭还是开放，其实并不特别重要，特别重要的是，这是以政治博弈为中心的时代，是以救世为担当的时代，是以牺牲为人格风范的时代，是以暴力斗争为行为方式的时代，是必须走出湖湘才能创造勋业的时代。湖湘文化更多的是一种治乱世的文化，湖湘文化哺育而出的湖湘英杰拥抱了历史，书写了湖湘文化的辉煌，也与近代湖南的政治变革结下了不解之缘。

一、嘉道经世派群体对湖南政治的影响

嘉道经世派群体是以陶澍、贺长龄、魏源为核心，他们以官员和学者的身份扬名于世。这些人大多生长于湖湘，建功于省外。他们既深受经世致用和变革意识的湖湘文化的影响，又在走出湖湘后活学活用经世之道，以敢为人先的精神创造出惊人的功业，形成骄人的政治和社会影响。担任两江总督的安化人陶澍革吏治、整漕运、改盐政、兴水利，政声著于江淮，所以《清史稿·陶澍传》总评说："陶澍治水利、漕运、盐政，垂百年之利，为屏为翰，庶无愧焉。"① 湘阴人李星沅在两江总督任上继承陶澍传统，爱民如子，

① 赵尔巽．清史稿：第三八册［M］．北京：中华书局，1977：11605-11608．

赈灾抚民，严禁陋习，查禁鸦片，抵抗英军入侵，清政府倚为江南屏障。官至云贵总督的善化人贺长龄，勤于职守，劝民农桑，严禁鸦片，化解民族矛盾，后人将他的政绩概括为“关心民瘼，讲求实效”。另一善化人劳崇光因镇压太平天国起义和贵州苗民起义而官至云贵总督。此外还有官至护理陕西巡抚的善化人唐仲冕，官至陕西按察使的溆浦人严如熤，官至户部尚书的何凌汉，官至吏部侍郎的湘潭人周系英等官员群体。另一部分人则虽有一定的任官经历，但是以学术著称于世。这一部分人主要有“睁眼看世界”的邵阳人魏源，著名理学大师善化人唐鉴，主讲城南书院、“作育人材”的善化人贺熙龄，倡言“军国利病，人事情伪”的《浮邱子》作者益阳人汤鹏，“湘学复兴导师”的新化人邓显鹤等学者群体。湘籍经世派群体的主要活动轨迹大多为京师、两江、广东、福建等开放发达地区，或云贵、甘陕等民族矛盾比较尖锐的地区，从而给他们提供了治国安邦的广阔政治舞台，锻炼了他们处理复杂问题的政治能力。

湘籍经世派群体大多服官在外，只有少数人曾较长时间服务于湖南，如邓显鹤、贺熙龄等，贺长龄也曾闲居过湖南，严如熤一度做过湖南巡抚姜晟的幕僚，对湖南省政有过一定的直接影响，尤其是在安抚苗民的政策问题上，他撰写过《苗防备览》，对苗疆的地理形势、风俗习惯有过详尽的研究，并提出了治苗之策。其他的人对湖南的政治没有产生过什么大的直接影响。嘉道时期，湖南的行政机构包括四道、九府、四直隶州、四直隶厅，67 个县（包括 3 个县级州），由于清代实行官员任职回避制度，湖南的省级官员主要由外省人担任，虽然他们也与任职外省的湖南督抚和京官有一定的交往，但都是官场上的表面文章，最多也就是双方利益上的交换，对湖南政治的直接影响力还不是很大。他们的影响主要表现在间接影响力上。

一是为湖南培养了一批经世致用的后备式政治人才。嘉道经世派群体对湘军人才群体的培养厥功甚伟。陶澍、贺长龄、魏源等人因自己的治世功业而名满三湘，成为渴望建功立业的湖湘少年士子顶礼膜拜的对象。他们也以培养、提携湖南后辈为己任。湘军三巨头在未发迹前都得到过他们的大力扶助。曾国藩虽是湘军三杰中唯一没有与经世派领袖陶澍直接见面的人，但陶澍对他的影响仍旧颇大。曾国藩道光十六年（1836）赴京会试落第，因仰慕陶澍的功业，特意取道金陵，专程去拜访时任两江总督的陶澍，因门客李子木的阻拦，未能如愿。但曾国藩与陶澍的女婿胡林翼是同学同寅，又是同乡好友，胡林翼曾将两套《陶文毅公全集》赠与曾国藩，曾国藩视为珍宝，常置案头之上，细心品读，在曾国藩的日记中时有阅读《陶文毅公全集》的记载，后曾国藩出任两江总督，继承和发展了陶澍的改革政策，亦采用陶澍的票法行盐，可见陶澍对他的影响之深。陶澍的另一好友著名的理学大师唐鉴对曾国藩道德修为的形成影响不少。曾国藩在京师期间，曾多次登门向唐鉴请教治学之道和检身之要。唐鉴告诉他说：大部分人读书归读书，实践归实践，忘记了古代圣贤所说，须将所学身体力行。如研易，如果算卦是为谋生，卦就不灵。相反，清心寡欲研易，演卦反倒有奇效。因此要“躬行实践，笃实诚敬”，这是修身之道，也是为官之道。那么，怎样才能“笃实诚敬”呢？要以《朱子全书》为宗。身体力行，检摄在外，持守于内。君子可贵在慎独。慎独就是谨慎地对待自己独处，在没人看见时，仍然按照圣贤教诲行事说话，是修身最高境界。简便也是最麻烦的方法是每天坚持写日记，日记不是流水账，通过日记反思言行，对修身做检讨。每日自朝至寝，一言一行，坐作饮食，皆有札记。夜晚与妻妾销魂，亦记于日记中。从道光二十二（1842）年深秋立志之日起，曾国藩开始“日课”，每天从起床到睡觉，自我监督。他以“学圣人”标准要求自己，每天写日记，检索自己一天的言行，发现其中哪点不符合圣人要求，就要记下来，深刻反省。正是这种修身之道成就了曾国藩伟大的人格和煌煌的功业。曾国藩在进京应考时，曾得到过贺长龄经济上的资助，任职翰林院时，曾向远在千里之外的贵州巡抚贺长龄请教，“自陈所学所志”，后又时相通信，论学论政，获益匪浅，日后更结为儿女亲家。曾国藩在赴四川途中，曾得到李星沅的帮助，使他得以战胜病魔。对此，曾国藩曾表示“寸草心头春日永”，即永远不会忘记他的恩德。

胡林翼是陶澍的女婿，是湘军三杰中最早见到陶澍的。嘉庆二十四年（1819），陶澍在出任川东兵备道时，回家省亲，路经益阳，拜见当地名士胡律臣，年仅 7 岁的胡林翼随祖父在座，陶澍一见，“惊为伟器”，当即决定将贺夫人所生的女儿嫁给他。从此，胡林翼得到了陶澍无微不至的关心。胡林翼少年得志，又为总督的乘龙快婿，沾染了不少公子哥儿的劣习，一度纵情声色，流连秦淮。一天，陶澍整治了一桌丰盛的宴席，请胡林翼坐了上位，以古今豪杰的故事，劝诫胡林翼收心读书。胡林翼恍如大梦初醒，由此折节读书，终成一代名臣，被誉为“天下巡抚”。胡林翼在年少的时候，曾跟从贺熙龄读书，学习经世之学，受益无穷，为他日后从政奠定了深厚的知识基础。

左宗棠是陶澍的儿女亲家，比陶澍小 33 岁。少年时虽满腹经纶，但仕途不畅。道光十七年（1837），左宗棠主讲醴陵的渌江书院，恰逢极负盛名的两江总督陶澍回乡省亲，路过醴陵，醴陵知县为欢迎陶澍，特请在本县教书的名举人左宗棠为陶澍馆舍书写了一副对联：“春殿语从容，廿载家山印心石在；大江流日夜，八州子弟翘首公归。”上联追述道光帝召见陶澍并为其少年时读书的印心石屋题字之荣事，下联表达湖湘士人对陶澍的敬仰之情。陶澍见对联意境高雅，书法壮美，十分高兴。于是邀约相见，视为奇才，两人纵论古今，通宵达旦，竟订为忘年之交。后结为儿女亲家，托孤教子。左宗棠在其鼓励下，终成中兴名臣。左宗棠后来为官，处处以陶澍为楷模。升任两江总督后，他在南京建立陶澍、林则徐两公合祠，以陶澍事业的继承者自许。左宗棠更是直接得到了贺长龄兄弟的培养与教育。道光十年（1830），任江苏布政使的贺长龄因丁忧返回长沙，年轻时颇好读书的左宗棠亲自登门求教，贺长龄见他不落凡俗，志向高远，于是，将家中藏书任其借阅。每次左宗棠上门，贺长龄必亲自登楼帮其取书，频繁上下，不以为烦。还书时必问其所得，互相考订，孜孜教诲，毫无厌倦之态。通过共同探讨学问，二人成了忘年之交。贺长龄对湘军重要人物罗泽南、刘蓉、郭嵩焘等都产生过巨大影响。左宗棠和刘长佑都是贺熙龄主讲的长沙城南书院的学生，深受其经世致用思想的影响。贺熙龄非常喜爱左宗棠，称其“卓然能自立，叩其学则确然有所得”，后来师生俩还结成了儿女亲家。由此可见，嘉道经世派群体对湖南政治影响很大，没有他们的精心教育和提携，就没有日后湘军人才群体的辉煌。

二是政治思想和变革意识的影响。嘉道时期的人才群体很注意思想观念的引领作用，魏源和邓显鹤是其中的佼佼者。魏源是嘉道时期的思想大师，他不仅协助贺长龄撰写了《皇朝经世文编》，还撰写了《圣武记》和《海国图志》等影响深远的重要著作，提出了“师夷长技以制夷”的先进思想。邓显鹤长期生活、工作于湖南，担任宁乡训导，以复兴湘学为己任，致力于搜集湘贤事迹和湘贤著作。他先后编著和刊刻了《资江耆旧集》《沅湘耆旧集》，追述先贤事迹，为湘人树立学习和效仿的榜样。他还广泛搜集船山遗著，于道光二十二年（1842）年刊刻完成了《船山遗书》，共150卷，为王夫之思想的广泛传播起了重大作用，对咸同时期曾国藩理学经世群体的崛起起了巨大的作用。后来，国学大师、著名维新运动的代表人物梁启超到长沙出任时务学堂总教习，在阅读他的著作和全面总结他一生的成绩后，称誉他是“湘学复兴导师”。他倡导的“自写胸中之天”的诗歌主张和大力鼓吹的“风雅”传统，对先后崛起于同光朝、领袖文坛的王闿运为代表的湖湘诗派和以曾国藩为代表的湘乡文派产生了深远的影响；他的编著和他所倡导的忠义气节，影响了近现代诸多历史名人，如陶澍、邹汉勋、魏源、曾国藩、谭嗣同、陈天华、毛泽东等，客观上对重塑湖南学人的精神人格起到了重要作用。他最早意识到王船山著作的巨大价值，第一次将王船山提到与顾亭林、黄梨洲、李二曲等著名思想家并驾齐驱的地位。“《船山遗书》的刊出，使船山之学逐渐成为全国风行的‘显学’，光照中华，泽被后代。”①

不过嘉道时期的湖南政治仍旧没有脱离封建传统社会的常轨，嘉道经世派群体的先进思想并没有在湖南政治中普遍开花。第一次鸦片战争虽然给湖南士人以很大的精神上的触动，但他们并没有意识到中西政治制度的差距，科学技术力量的悬殊。他们仍旧认为鸦片战争中国的失败是由于奸臣弄权、吏治败坏等历史上屡见的弊症，天真地认为只要遵照传统的道德准则来改变政治和人心风俗，就可以使中国振兴起来。“世运之盛衰在风俗”，“正风俗以厚人心，实为救时之急务，而兴教化以端士习，则又救弊之要图也”。②根本没有想到中英鸦片战争已不是传统意义上的异族入侵，而是先进的资本主义制度同落后的封建主义制度的较量，因此靠传统的伦理纲常来挽救国家的危亡是无济于事的。湖南官员和士人昧于外而求于内的政治思维定式决定了他们不可能去研究域外的世界，他们的政治思维只能在域内的现实中转圈。尽管魏源写出了探求西方政教和先进技术的《海国图志》，提出了“师夷长技以制夷”的先进思想，但并没有引起湖南官员和士人群体的认同，他们当时只对在传统文化范围内提倡经世致用以改善社会的《皇朝经世文编》倍加赞赏，而对初步提出学习西方的《海国图志》则毫无兴趣。在曾国藩、左宗棠、郭嵩焘等人的早期日记、书信和著述中竟无关于《海

① 周柳燕，易惠霞．湘学［M］．长沙：湖南科学技术出版社，2009：72.

② 郑焱．近代湖湘文化概论［M］．修订版．长沙：湖南师范大学出版社，2008：33.

国图志》的只言片语，直到20年后，才博得他们的赞赏。而同一时期，远隔重洋的日本，却将《海国图志》视为至宝，诵读不息，成为明治维新改革家的重要启蒙著作，从而出现了墙内开花墙外香的奇怪现象。湖南由此错失了政治改革的先机。

二、湘军人才群体与湖南政治的双重变奏

湘军人才群体是指以曾国藩、左宗棠、胡林翼为首的以镇压太平天国起义而名闻天下的湖湘人才群体。这个群体是在与太平天国腥风血雨的搏杀中成长壮大起来的，曾国藩开创了以“书生训山农”的建军模式，以卫道护圣来激发封建士人的杀机。在曾国藩卫道护圣的旗帜之下，罗泽南、王鑫、李续宾、李续宜、杨昌濬、彭玉麟、刘长佑、刘蓉、郭嵩焘等大批士人纷纷放下书本，投身军营。这些从性理之学中走出来的封建儒生，他们不是当权派，但比当权派更深刻地了解和熟悉社会；他们不是官僚，但比官僚更忠于自己的信仰；他们处在封建社会的底层，但更直接地承受着农民战争的压力。旧制度培育了他们，他们又适逢其会地成了挽救旧制度的抱道君子。在农民起义烽火的炙烤下，这些昔日摇头晃脑、书卷气十足的绅士转眼变成了杀气腾腾的屠夫。据粗略统计，该集团首脑和骨干分子共有475人，其中文职实缺按察使以上125人，武职实缺提督以上58人，位至督抚、堂官以上者67人。这个统计虽难称精确，但亦可大致反映出这个集团在清朝统治阶级中的实力地位。[①]

湘军的兴起，使湖南人以军功而显耀于世，政治精英群星璀璨，完全改变了湖南人“碌碌无所轻重于天下”的局面。湖南人才在古代并不发达，罕见史传，在全国排不上号。直到嘉、道年间，陶澍、贺长龄、魏源等经世派群体的兴起，才稍稍改变了这种局

① 朱东安．曾国藩集团与晚清政局［M］．2版．北京：华文出版社，2007：54.

面，但影响仍旧有限。唯有湘军的兴起，使湖南政治精英光耀环宇，唱响了湖南品牌，形成了在全国的巨大影响。仅咸丰十一年（1861）至同治三年（1864）间，清廷先后任命的湘军督抚就有：毛鸿宾（两广总督）、刘长佑（直隶总督）、左宗棠（闽浙总督）、杨岳斌（陕甘总督）、郭嵩焘（广东巡抚）、李鸿章（江苏巡抚）、唐训方（安徽巡抚）、刘蓉（陕西巡抚）、阎敬铭（山东巡抚）、曾国荃（浙江巡抚）、恽世临（湖南巡抚）。此外，在咸丰末年任命的湘系督抚还有胡林翼、骆秉章、曾国藩、罗遵殿、严树森、李续宜、沈葆桢、彭玉麟、田兴恕、江忠义等人，在四年多的时间里共有 21 个湘军将帅出任总督、巡抚职，湘系之盛，真是前所未有。而在 21 名总督、巡抚中，湖南人就占了 13 位，即曾国藩、胡林翼、彭玉麟、李续宜、田兴恕、江忠义、刘长佑、左宗棠、杨岳斌、郭嵩焘、唐训方、刘蓉、曾国荃。当时有人惊叹：“湖南兵威之盛未有过此者。”“三分天下，湘人已据其二矣。”曾国藩的幕僚先后达 400 多人，几于全国之人才精华，汇集于此。故中兴将吏，大半出于其幕。“曾国藩的幕僚中，官至督抚者共有二十六人，分别出任总督、巡抚四十七人次和八十七人次，其中同时与他为督抚者一度达十四人之多。”①仅据光绪十一年（1885）刊《湖南通志》所列名单，全省以军功保举武职游击以上的人员即达 6319 人之多，其中提督 478 人，总兵 1077 人，副将 1534 人，参将 1464 人，游击 1766 人，这在全国各省是绝无仅有的。从而营造了“天下不可一日无湖南”的神话，完全改变了湖南人“碌碌无所轻重于天下”的局面，使带着湖湘文化思维的政治英杰，由此成为中国近代政治舞台上耀眼的明星，一直影响着中国政局的走向。

湘军人才群体对湖南省政的影响，由左宗棠首开其端。咸丰二年（1852），太平天国起义军进入湖南后，湖南巡抚张亮基、骆秉

---

① 张云，韩洪泉．曾国藩和他的湘军［M］．沈阳：辽宁教育出版社，2012：275.

章先后聘任左宗棠为幕僚。左宗棠“以一幕客，隐操湖南全省大政，于是一意以策应湘军为己任，筹兵治饷不遗余力”[①]。左宗棠离湘后，郭嵩焘又为历任巡抚所倚重，擅权如故，长达20年之久。到湘军平定天下后，大量军功绅士荣归故里，利用昔日的荣耀和与湘军督抚的关系，上下其手，肆意干涉湖南的省政。即算是巡抚，如果违拗了他们，或者轻视了他们，不是被丢官，就是被挤走，以致有“湖南绅权大于官权”的传言。

战后，湖南的政治呈现出两极分化的双重变奏：

（一）保守政治在湖南甚嚣尘上，占据了主流和统治地位。湘军集团错误地认为湘军镇压太平天国的成功是理学对西教的胜利，战后，他们大肆刊刻《船山遗书》，撰修地方志，重建书院，宣传封建的尊礼重道思想，为湘军阵亡将士广建祠堂、庙宇，通过官民祭祀的文化网络，强化忠孝节义思想。这样恪守封建忠义、护卫传统圣道的湘军就成了湖南士人心目中的道德典范，争先效法的众趋人格，湖南人长期在“忠义之邦”的形象中顾影自怜，反对一切有悖于传统的社会改革，湖南政治全面趋向于保守。湖南政治的保守主要体现在以下三个方面：

一是拒绝接受任何外来的先进文化，反对一切有悖传统的现代化改革运动。当洋务运动在中国其他地区展开时，湖南士人却顽固地反对设立工厂，架设电线，开通轮船……一切有悖传统的新事物。曾国藩曾计划“招至智巧洋人”，在常德、澧州设立工厂，制造火柴、铜帽，[②] 都因湖南绅士的反对，至死未能如愿。同治十一年（1872）五月，曾国藩病殁金陵，其灵柩由新式轮船“威靖”号运回故乡。轮船抵达长沙时，绅民起而大哗，历数年不息。[③] 湖

① 罗尔纲．湘军新志［M］．台北：文海出版社，1967：72.

② 张朋园．中国现代化的区域研究 湖南省，1860—1916［M］．台北：“中央研究院”近代史研究所，1983：125.

③ 朱克敬．暝庵杂识 暝庵二识［M］．长沙：岳麓书社，1983：100.

南最早的洋务企业是湖南机器局，建于光绪元年（1875），是湖南巡抚王文韶奉旨创办，能够制造枪炮和火药，但却遭到了湖南绅士的群起阻挠，机器局在他们的反对声中只得关门停办。光绪十七年（1891），张之洞筹划在湖南安设电报线，湖南绅士又群起焚烧器材设备，迫使该项工程停工。“湖南之阻矿务、阻电线。以天子之尊，不能举一事。官湖南者动色相戒，噤口不敢谈洋务。”① 因此，直到甲午战争前，湖南没有产生过一位早期维新思想家，没有创办一所新式学堂，一份新式报纸，一个真正的近代企业。正如张朋园所言：“自鸦片战争至英法联军之役，中国所发生的‘三千年变局’，湖南人是无动于衷的。湖南人的守旧态度，有似一口古井，外在的激荡，没有引起些许的涟漪。所以当自强运动在沿海地区进展的时候，湖南人仍然在酣睡之中，三十余年的自强运动（1860 至 1894），于湖南人几乎完全是陌生的。”② 湖南由此错失了现代化发展的良机。

二是浓厚的仇夷反教思想，反洋教运动非常鲜明、突出。湖南的反洋教运动在全国都具有极为典型的意义，湖南仇夷反教思想的形成，既与外国传教士倚仗不平等的条约在中国内地横行不法相关联，又与“舍我其谁”的湘军情结所带来的自豪感密不可分。湖南绅士抱着“尊孔孟则不容异教，戴朝廷则屏斥外夷”的信念，大肆进行反教宣传。崔暕、周汉、贺金声成了当时湖南反教的急先锋，他们撰写和刊发的《避邪纪实》《鬼叫该死》《天猪教》《书图歌说》等反教宣传品，在社会上流传广泛，引发了湖南连绵不断的教案。湖南反洋教斗争时间长、范围广、规模大，影响深远。湖南的反洋教斗争从 19 世纪 60 年代开始，直到 20 世纪初，历时 50 多年，而且连绵不绝。发生的大大小小的教案多达 50 多起，参与的人数

① 蔡尚思，方行．谭嗣同全集［M］．北京：中华书局，1981：205.

② 张朋园．中国现代化的区域研究 湖南省，1860—1916［M］．台北：“中央研究院”近代史研究所，1983：131.

众多，从几百人到几千人，最多的达 20 万~30 万人。反教的社会影响力十分深远，正如徐珂在《清稗类钞》所言：“基督教遍国中，而湖南独后。盖湘人以勇敢排外称，宁乡周翰著书绘图，诋斥耶酥，各国牧师愈惧。盖光绪庚子以前，湖南教会仅常德有加特力、波罗特士敦两堂，长沙、湘潭、岳州、衡州有波罗特士敦教堂，西人尚不敢直接传教，汉两至，昼匿夜行，稍留即去。至光绪庚子辰州教案起，英、法、德三国炮舰上溯常德，英更命其停泊上海之舰队续赴长江，以威力相迫胁。政府惧，既惩凶赔款并杀都司以谢之。基督教大胜。会长沙开港，各教会遂乘机而入矣。”[①] 到贺金声反教斗争失败后，教会势力更加肆无忌惮，宣统年间，湖南全省几乎每一个角落都有了传教士的足迹。不可否认湖南的反洋教斗争含有反侵略的爱国性质，但也从另一个侧面反映出湖南人在变化了的世界大势面前仍然抱着“夷夏之辨”不放的保守观念，使湖南政治走上了极端保守的道路。

三是谩骂和打击宣传洋务的官员和学者。光绪二年（1876），郭嵩焘出使英国，担任驻英公使，这本是湘人值得骄傲的事情，但他们却引以为耻。湖南部分绅民特为郭嵩焘编了一联：“出乎其类，拔乎其萃，不容于尧舜之世；未能事人，焉能事鬼，何必去父母之邦!”[②] 表示对其“晚节不保”的惋惜和不满。还有不少人指斥郭嵩焘出使为“勾通洋人”之举，并将其名字及“罪状”书于揭帖，“张之通衢”。郭嵩焘介绍西学的《使西纪程》，也被认为是大逆不道之言，认为其“已中洋毒”，因此，该书迭遭毁版厄运。光绪十八年（1892），湖南绅士在发布的《湖南通省公议》中就公开斥责“夙讲洋务”的湘抚吴大澂是“鬼奴”；攻击学习西方的郭嵩焘、

① 徐珂．清稗类钞［M］．北京：中华书局，1984：1959.

② 王闿运．湘绮楼日记：第一卷［M］．长沙：岳麓书社，1997：460.

曾纪泽、朱克敬和张自牧是湖南“四鬼”，并诅咒这四人必遭天诛。[①] 郭嵩焘、曾纪泽更被他们视为桑梓败类，“汉奸”“贰臣”。因而，郭、曾的先进思想并没有得到湖南主流意识的接纳，湖南仍旧笼罩在一片保守的氛围之中，成为洋人望而生畏的“铁门之城”。

（二）西方民主制度思想开始在湖南传播，在一定程度上冲击着湖南的保守政治。湖南人对西方民主制度的介绍发端于魏源的《海国图志》，他对美国的议会民主制度赞赏备至，但他的这一思想并没有引起当时湖南人的关注。直到郭嵩焘、曾纪泽出使英、法等西方各国，亲眼目睹了西方科技的神奇和西方政治制度的先进，才获得了他们的认同。他们不仅提出了要学习西方先进的科学技术，也要学习西方先进的政治制度。这就在某种程度上超越了曾国藩、左宗棠等只学西技而不学西政的洋务派官僚集团。郭、曾看到了西国议会制度“议院立而下情可达”的好处。郭嵩焘明确地提出“国政一公之臣民，其君不以为私”的主张，大胆表示：“然非民主之国，则势有所不行。西洋之所以享国长久，君民兼主国政故也”，批评“中国秦汉以来，二千余年，适得其反”。[②] 曾纪泽在拜会了法国上、下议院的首领后，了解并认识到“自法国改为民主之邦，国之事权，皆归于上下议政院”[③]。他对国民的权利与地位有了相当的了解。他说：“法为民主之国，商民势大，政府权轻，政府之所行，一商一民足以把持而梗阻之，政府所不愿行，一商一民足以摇惑众心而胁制之，此近年法国之所以屡次换人也。”[④] 从内心而言，曾纪泽是十分仰慕西方的政治制度，他在给丁日昌的信中已经表露了这种思想，他说：“纪泽自履欧洲，目睹远人政教之有

① 中华文化复兴运动推行委员会．教案与反西教［M］．台北：台湾商务印书馆，1986：525.

② 钟叔河．从东方到西方［M］．长沙：岳麓书社，2002：259.

③ 曾纪泽．曾纪泽日记：中册［M］．长沙：岳麓书社，1998：843.

④ 曾纪泽．曾纪泽集［M］．长沙：岳麓书社，2005：183.

绪，富强之有本，艳羡之极，愤懑随之，然引商刻羽，杂以流徵，属而和者几人，只能向深山穷谷中一唱三叹焉耳。”① 可见，他们对西方民主制度是怀着深深敬意的，但他们先进的民主思想并没有为当时的国人所认同，甚至被认为是离经叛道之言，从而注定了他们悲剧性的政治命运。郭嵩焘被召回国，迎接他的不是鲜花和掌声，而是讥讽和谩骂。他虽有日本伊藤博文、陆奥宗光之经历和雄心，但却没有他们得邀君宠、厉行改革之幸运。他在报国无门的痛苦中回到了故乡湖南。

当保守政治笼罩湖南时，即使有新思想的文化斗士也往往成了不合时宜的异类，郭嵩焘、曾纪泽对西方先进文化的宣传在湖南是极为艰辛的，也招来了不少人的谩骂和攻击。然而，他们顶着世俗的偏见，毅然以改变湖南的人心风俗为己任，用自己对西方世界的亲见亲闻，向湖南人传达一种新的文化信息。这种文化信息随着传播源的扩大，像滚雪球一样的不断向社会扩散。郭嵩焘在禁烟公社和思贤讲舍的活动，逐渐改变着一部分追求进步的湖南士人的认知观念，使他们由怕谈洋务，到主动向郭嵩焘请教洋务，由对外部世界的漠视，到主动去研究和探讨国外的情况。协助郭嵩焘重振思贤讲舍的张自牧“往来海上，考求各国事实，著《瀛海论》三篇，源流略备，又著《蠡测卮言》十卷，比堪中外得失，情势昭然”。他在谈论国计中说：“泰西以商贾为国本，懋迁致远，常经营于数万里之外，其赋税重于中国数倍，其机器运用水火，能尽物土之宜，制造器用，得利尤厚”；在论机器时说：“机器之用大矣，外国以此致富强，中国以此慕外国之富强，而谈机器者遍中外矣。……自汽运之术成，凡火轮舟车以及纺织裁缝、制造百物之机器皆资焉”。②郭嵩焘的另一好友朱克敬不仅从郭嵩焘写给他的海外书信中，了解到西方的政教制度，而且还极力地称赞郭嵩焘，说他“学

① 曾纪泽．曾纪泽集［M］．长沙：岳麓书社，2005：161.

② 朱克敬．儒林锁记 雨窗消意录［M］．长沙：岳麓书社，1983：185、186、188.

问极博，于古今治乱升降之故，皆有得于心，言之成理，尤详究海外形势”[①]。他还特意节录了郭嵩焘在伦敦上李鸿章书的内容，借以批判湖南绅士的守旧行为，指斥湖南守旧绅士“一闻修造铁路电报，痛心疾首，群起阻难，至有以见洋人机器为公愤者。曾劼刚以家讳，乘坐南京小轮船至长沙，官绅起而大哗，数年不息。是甘心承人之害，以使朘吾之脂膏，而挟全力自塞其利源，蒙不知其何心也!”[②]。从这里可以看出，朱克敬的文化倾向性是十分明显的，他认同郭嵩焘的文化开放思想。思贤讲舍、禁烟公社的重要成员朱昌琳年少时习学孔孟之道，通学籍为名诸生，但在道光、咸丰年间，他却抛弃儒业，投身于经商贩运活动，成为比较富裕的商人，并以乐善好施、救济灾民，获得了社会的好评。作为商人，朱昌琳积极支持郭嵩焘向西方学习的文化思想，倍感改变中国传统的“重农抑商”政策的重要。长沙士人杨恩寿曾和中国传统的知识分子一样，醉心于科举功名，企望实现“出将入相”的政治理想，但是，科场的不顺，又使他不断萌生出反体制的倾向。有研究者认为：“通过科举这个竞技场，知识分子只能成为最高统治者的手脚，成为体制内知识分子”，而“体制内知识分子的意识形态的核心——道德论——包含着分裂的契机。其理论自身就必然地制造出反体制知识分子。知识分子常常以理想的正统理念作为基准对现今王朝进行批判”。[③] 杨恩寿虽然受制于体制的约束，不敢公开与朝廷对抗，但科举的连连失利，使他产生了对考试不公的愤怒情绪，从而萌生了评说湘军的冲动，对湘军忠君思想的正义性产生了某种程度的质疑。正是这种反体制意识的出现，使他很容易接受郭嵩焘的西方文化观，也使他成了思贤讲舍的积极参与者。担任过思贤讲舍主讲的

---

① 朱克敬．儒林锁记 雨窗消意录［M］．长沙：岳麓书社，1983：119.

② 同① 121.

③ 三石善吉．传统中国的内发性发展［M］．余项科，译．北京：中央编译出版社，1999：130、132.

王闿运虽反对“变法自强”，对西方文化并无好感，但当满腹经纶无处施展，得不到当权者重用时，他不得不利用三尺讲台，借重《公羊传》中“张三世”“存三统”“异内外”的说法来抒发其不满社会现实的文化思想。20 世纪 50 年代，湖南大学的马宗霍教授曾回忆说：“湘绮师提及‘上不正则不足以治人’，往往放言时政之乱莫不自上始，并谓清末为‘据乱世’有待于拨乱反正。凡此，皆见之于言说，而不见之于文字。”① 他的这种文化观念后来却成了维新派康有为等人维新变法的理论资源。有研究者指出：“咸同后在全国学术界立名的王闿运、叶德辉、皮锡瑞等，均能独树一帜，却不是纯粹的汉学或宋学，显然可见湖湘独立风气的影响，也能体现湘学‘杂而不纯’的特色。盖其本不在正统之中，故较少受典范的约束而容易有所突破。特别是王闿运学说正是丁酉戊戌活跃于湖南及全国的康梁学说的源头活水之一，其在当时的影响最不可忽视。”② 继任主讲的王先谦相比于王闿运来说文化观念要新颖一些，“王先谦主讲的思贤讲舍之所以不同于王闿运时期，是因为王先谦和郭嵩焘的洋务论、时局观几乎相同”③。

不难看出，思贤讲舍和禁烟公社是湖南新文化宣传的重要场所，它以民间论坛的方式，不断激活着湘人的思想观念和文化意识，引导人们对传统文化进行历史性的反思。虽然郭嵩焘没有在禁烟公社和思贤讲舍的讲台上大力宣传西方的先进政治制度，但他宣传的变革思想在当时沉闷的湖南却放射出耀眼的文化光芒。他宣传的洋务思想、私底下谈论的西方文明情况，都潜移默化地改变着湖南士人的文化观念。尤其是他开创的禁烟公社和思贤讲舍自由漫谈的讲学方式，充分调动了每个士人的思维神经，形成了百家争鸣的

① 萧艾．王湘绮评传［M］．长沙：岳麓书社，1997：125.

② 罗志田．近代湖南区域文化与戊戌新旧之争［J］．近代史研究，1998（5）：57.

③ 金培喆．郭嵩焘的对外意识和地域活动——以思贤讲舍及禁烟公社为中心［M］//周维宏，砂山幸雄．世纪之交的抉择：近代中日韩三国历史发展比较．北京：世界知识出版社，2000：209-210.

文化交流局面，有利于新思想、新观念的发掘。没有思贤讲舍、禁烟公社的宣传、发动工作，就没有戊戌变法初期湖南维新运动迅速高涨的热闹场面。从王先谦在戊戌初期办工厂、兴实业的劲头也可看出，“这样的人际关系网形成了湖南维新运动的初期能迅速推广的社会背景之一部分”①。

三、维新人才群体与湖南政治激进化倾向的兴起

甲午战争后，湖南由全国最保守的省份一跃而为全国最富朝气的省份，成为全国维新运动最注目的中心之一，这是湖湘各种政治精英群体合力作用的结果，湖南维新人才群体既包括谭嗣同、唐才常、熊希龄、樊锥、易鼐等激进维新派群体，又包括以皮锡瑞、欧阳中鹄等为代表的温和渐进派绅士群体，还包括以王先谦、叶德辉、张祖同、黄自元等为代表的变器不变制的洋务派绅士群体。在强烈的民族危机意识的刺激下，各种政治精英群体在湖南省政官员陈宝箴、黄遵宪、江标、徐仁铸的倡导和引领下，暂时抛弃了个人的恩怨和政治歧见，在发展实业、救亡图存的旗帜下，达成了某种政治共识。他们一方面响应康有为、梁启超登高一呼，响彻云霄的变法呼声；一方面以湖南人特有的敏锐性，“救中国从湖南始”的强烈历史责任感，勇敢地冲在变法图强的时代大潮的最前列，提出“吾湘变，则中国变；吾湘存，则中国存”，使“四塞之国”的湖南，变成开风气之先的“最富有朝气”的省份。

一是学习西方的器物文化获得了广泛共识，实业建设风生水起。甲午战争后，维新人才群体抛弃了对西方器物文化的歧见，由原来拒绝引进西方先进的科学技术和机器设备，发展近代工业，到主动适应新形势的发展要求，积极引进西方的器物文化，发展近代

① 金培喆．郭嵩焘的对外意识和地域活动——以思贤讲舍及禁烟公社为中心［M］//周维宏，砂山幸雄．世纪之交的抉择：近代中日韩三国历史发展比较．北京：世界知识出版社，2000：211.

工业。清光绪二十二年（1896）一月，湖南巡抚陈宝箴就奏请设立了湖南矿务总局，委派刘镇为矿务局总办，邹代钧、张通典为提调，会同地方官一起维持全省矿务。湖南的矿山开采取得了一定的成效，其中成效较大的有常宁水口山铅锌矿、益阳板溪锑矿、新化锡矿山、平江黄金洞金矿等。湖南的交通运输业，最引人注目的就是兴办湘省内河行轮和争取粤汉铁路的修筑从湖南通过。同1896年冬，熊希龄、蒋德钧、王先谦等绅士商议兴办湖南内河行轮。在他们的多方努力下，最后争取到了湖广总督张之洞的支持，清光绪二十三年（1897）六月批准成立了“鄂湘善后轮船局”。分设南局和北局，北局设汉口，由鄂绅主持；南局设长沙北门外，由湘绅主持，于二十四年（1898）三月正式开航。与此同时，湖南绅士积极活动，力争粤汉铁路改道入湘，以利湖南经济的发展。在熊希龄、蒋德钧、谭嗣同等湘籍绅士的努力下，二十三年（1898）十二月，以张之洞、盛宣怀的名义起草了《会奏湘鄂粤三省绅商全请速办粤汉铁路折》，上奏清廷，次年一月清政府正式诏准鄂、湘、粤三省绅商自办粤汉铁路；二月，张之洞又奏准修筑自江西萍乡至株洲的萍株铁路。虽然这两条铁路的建成是几年，乃至几十年后的事，但修路之议起自于维新时期。湖南绅士由惧路到争路自办，也说明了湖南绅士的观念在甲午战争后发生了巨大的变化，真正担负起了开通社会风气的精英角色。近代制造业的建设最著名的是光绪二十二年（1896），由湖南绅士张祖同、刘国泰、杨巩等人发起创办的和丰火柴公司（又名洋火局），这是湖南最早的近代工厂。是年冬，湘绅王先谦、黄自元、张祖同等自筹资金创办了湖南第一个近代民用机械工业企业——湖南宝善成机器制造公司。除了上述的矿业、交通、制造业之外，湖南的电讯业、湘绣业都在维新时期获得了发展，湖南的实业建设风生水起。

二是封建专制制度受到了尖锐批判。封建的纲常礼教是封建专制制度赖以存在的基础，被视为是神圣不可侵犯的东西，谁侵犯了就是大逆不道。谭、唐等资产阶级维新人士为了维新变法，扫除民族资本主义发展的障碍，对封建专制制度进行了尖锐的批判。谭嗣同反对把三纲五常“敬若天命”，认为这些东西都是“由人创造，上以制其下而不能不奉之”。他在《仁学自叙》里面明确提出要冲决禁止人民思想，影响人民自身发展，破坏人民自由的一切封建罗网，他把君主专制和纲常伦理作为冲决罗网的重点。他斥责“二千年来之政，秦政也，皆大盗也”，“二千年来君臣一伦，尤为黑暗否塞，无复人理，沿及今兹，方愈剧矣”。[①] 他批判父为子纲，认为“子为天之子，父亦为天之子，父非人所得而袭取也”[②]。即同为上天之子，人格平等，父与子概莫能外。他批判夫为妻纲，主张男女平等，反对女子缠足和溺女婴，尤其同情妇女的无权地位和不幸遭遇，力斥宋儒，“妄为‘饿死事小，失节事大’之瞽说”。他斥责清朝皇帝为“贱类异种”，利用纲常礼教来压制和愚弄中国人民。历来的封建礼教，“俗学陋行，动言名教，敬若天命而不敢违，畏若国宪而不敢议”，实际上是以名匡实。“君以名桎臣，官以名扼民，父以名压子，夫以名困妻，兄弟朋友各挟一名以相抗拒”，“三纲五常之惨祸烈毒，由是酷焉”。[③] 唐才常也在《〈湘报〉叙》中强烈抨击专制政治的统治：“暴秦而降，恃压力之重，私天位之宅，严巷议之诛，立腹诽之律，赤大侠之族，成党锢之狱，草芥臣民，牛马士类，黔首何辜，丁兹厄运？盖自开辟以来，君民上下之界，始断潢绝港，各怙其私，则秦为之也。浸淫至于前明，科条益密，法律益苛，时事天文，俱悬厉禁。驯至士夫以廷杖为荣，奸庸以讲学丑正，天地惨怛，日月晦冥，于斯剧矣。”[④] 樊锥也愤怒揭露两千多年来君主专制压迫人民，民权不伸的惨状。他说：“民之愚也

① 蔡尚思，方行．谭嗣同全集［M］．北京：中华书局，1981：337.
② 同① 348.
③ 同① 299.
④ 湖南省哲学社会科学研究所．唐才常集［M］．北京：中华书局，1980：136.

久矣，不复见天日也，抑已甚矣。其上以是愚之，其下复以是受之，二千年沦肌浸髓，梏梦桎魂”，而被“束之缚之，践之踏之”，麻木到“若牛马然，若莓苔然，漫无所悟，一无所识，沉沉昏昏，瞢瞢闐闐，而惟日悍然抱其圈颈之具，串鼻之索，欣欣得意，罔罔可怜”的地步。[①] 因此，他要求“起民权，撰议院，开国会，以忧违责之四万万而策群”，使“人人有自主之权，人人以救亡为是”。[②] 他们认为三纲五常“能制人之身者，兼能制人之心”，既束缚人身自由，又禁锢人民思想。封建君权与纲常名教互相依存，前者利用后者以巩固自己的统治，后者则因此而益加彰名显扬。因此，要变法维新，就必须旗帜鲜明地批判封建君主专制和纲常礼教制度。

三是民主平等思想得到了广泛传播。维新派人才群体在批判封建专制制度的同时，大力宣扬资产阶级的民主平等思想。谭嗣同提倡民权至上的思想，否定君权至高无上的权威。他说：“生民之初，本无所谓君臣，则皆民也。民不能相治，亦不暇治，于是共举一民为君。夫曰共举之，则非君择民，而民择君也。夫曰共举之，则其分际又非甚远于民，而不下侪于民也。夫曰共举之，则因有民而后有君；君末也，民本也。天下无有因末而累及本者，亦岂可因君而累及民哉？夫曰共举之，则且必可共废之。君也者，为民办事者也；臣也者，助办民事者也。赋税之取于民，所以为办民事之资也。如此而事犹不办，事不办而易其人，亦天下之通义也。”[③] 他认为“大同之治，不独父其父，不独子其子；父子平等，更何有于君臣”[④]。他认为，在大同世界里，经济上贫富均等，政治上君臣平等，思想上自由博爱。号召人民为自由、民主、平等而奋斗。唐

---

① 方行．樊锥集［M］．北京：中华书局，1984：10.

② 同① 11.

③ 蔡尚思，方行．谭嗣同全集［M］．北京：中华书局，1981：339.

④ 同③ 335.

才常明确指出："天下非一人之天下，亿兆京垓人之天下也。"[①]"公天下者，爱力天下；私天下者，仪狄天下。扃镝天下者，天下盗之矣；愚罔天下者，天下暴之矣。"[②] 他向往西方资产阶级的议会制度，认为权力应在议院，不应在君主。"综观五洲大局，其以国会强者，十中居六七。""大抵泰西各国之命脉，悬于国会；国会之机要，系于民心。拂其欲则上下沸腾，惬其情则君民交泰。"[③]可见，他主张"公权于民"。毕永年提出了类似于"民权天赋"的观念，进一步阐述了民权的重要。他说："《传》曰：'人受天地之中以生。'所谓命也，人人皆承天地之气以为命，即人人皆有自主之权以立命。权也者，我与王侯卿相共之者也；国也者，非独王侯卿相之国，即我群士群民共有之国也。既为群士群民共有之国，则为之上者，必无私国于己、私权于国之心，而后可以绵绵延延，巩祚如磐石；下亦必无不在其位，不谋其政之心，而歧视其国为乘銮服冕者之国，然后可以同心合作，上下一心，保神明之胄于一线，救累卵之危于泰山。"[④] 他的民权文化直接抨击了封建专制制度，提出了还权还国于民的正义要求。这在当时可以说是石破天惊之语，在儒家文化占统治的封建社会，统治者向人民灌输的是君权神授的文化观念，皇帝拥有至高无上的权力，臣民只有服从的义务，没有任何权力可言。而毕永年却提出了完全相反的文化观念，说明权力不是君王的私产，而是人民所共有的东西，因此，君王应该把人民天赋的权力归还给人民，让人民有自由做主的权力，这可以说是对几千年来封建君主专制的一种否定。樊锥还从理论上否定了君主专制的合法性，他以传统的"天"和西方传入的平等思想为武

① 湖南省哲学社会科学研究所．唐才常集［M］．北京：中华书局，1980：92.

② 同① 92.

③ 同① 79.

④ 毕永年．存华篇［M］//刘泱泱．樊锥集 毕永年集 秦力山集．长沙：湖南人民出版社，2011：90-91.

器，直接对“君为天子”的观念发动了攻击：“天之于生，无非一也；一也者，公理焉；公理也者，平等焉。无人非天之所生，则无人非天之子也。”① 他还认为，要让人才真正为国出力，“内外一途”，就必须做到“无满、汉之见，无亲疏之见，无京省之见，无远迩之见，人人平等，权权平等”，“同舟共命，无人非骨肉，同伦共姓无人非宗子”，只有这样，才会出现“英雄放手，雕鹗展翮”的局面。②

虽然湖南的维新变法运动因变法阵营的分裂而告失败，但维新派宣传的民主、平等思想却为广大的年轻士子所吸收，因此，他们在东渡日本，出国留学以后，由于对清政府的失望，迅速抛弃了改良主张，而走上了反帝反满的革命道路，推动着湖南的政治不断的向前发展。

四、资产阶级革命派人才群体与湖南政治的新变

湖南资产阶级革命派人才群体主要是由清末留日知识分子在反满革命、追求资产阶级民主共和的伟大斗争实践中形成的人才群体，这一群体包括黄兴、宋教仁、蔡锷、陈天华、杨毓麟、刘揆一、刘道一、禹之谟、杨卓林、蒋翊武、谭人凤、姚宏业、宁调元、焦达峰、陈作新等一大批饮誉遐迩的湖湘英杰，他们对推进湖南民主共和政治的建立立下了不可抹灭的功勋。

一是利用报刊、书籍、学堂，广泛宣传革命。戊戌维新后湖南的政治由激进走向保守，王先谦、叶德辉等守旧者名声大噪，许多维新志士被迫流亡日本，开始走上反清革命道路。他们在日本创办报刊，编印书籍，大肆宣传反清革命。1901 年 5 月，秦力山在日本东京创办《国民报》月刊，大倡“革命仇满”。黄兴、杨毓麟、陈天华在日本创办《游学译编》，宋教仁创办《二十世纪之支那》，

① 方行．樊锥集［M］．北京：中华书局，1984：13.

② 同① 1.

后改为《民报》，成为同盟会的机关刊物。据不完全统计，湖南留日学生从1901年到1911年共创办宣传革命的报刊多达11种。留日学生还撰写了许多宣传革命思想的论著，杨毓麟的《新湖南》，陈天华的《警世钟》《猛回头》《狮子吼》，黄藻的《黄帝魂》，章士钊的《疏黄帝魂》，都是人们耳熟能详的重要著作。他们通过各种途径，将宣传革命的报刊、书籍输入湖南，作为唤醒民众，进行反满革命的重要工具。1907年4月，湖南候补道沈祖燕向北京各处派送调查“逆书”目录的说明书中写道：“近年来，革命党人倡为逆说，编辑成书，甲辰之岁（1904），湘中亦遍行流布。偶于友人处见之，大为劾异，询所自来，则以书肆购售及有人分送对。因微服诣市查阅，见罗列满布者，触手即是。”其所查得的“逆书”竟有41种之多，包括“《瓜分惨祸预言记》《现世政见之评诀》《支那革命运动》《浏阳二杰文集》《浏阳二杰论》《中国自由书》《野蛮之精神》《并吞中国策》《最近之满洲》《新湖南》《荡虏丛书》《新民丛报》《新民汇编》《新中国》《黄帝魂》《革命书》《猛回头》《独立吟》《新小说》《广长舌》《清俄之将来》《支那化成论》《支那活历史》《二十世纪之怪物帝国主义》《新广东》《浙江潮》《中国魂》《孙逸仙》《沈荩》《热血》”和“《为津宝筏》《醒梦歌》《多少头颅》《仇满歌》《警世钟》《革命军》《清秘史》《兄弟歌》《惨世界》《马前卒》《自由旗》”。其中以杨毓麟的《新湖南》和陈天华的《猛回头》《警世钟》流传最广，影响最大。①

同时，湖南革命党人还纷纷投身湖南的新式学堂，利用学校讲台，广泛宣传资产阶级民主革命思想。黄兴、周震鳞等在长沙明德学堂、宋教仁在常德中学、刘揆一在醴陵渌江中学、谭人凤在新化中学，从事革命宣传活动，“至是邪说朋兴，排满革命之谈充塞庠序”②。

① 刘泱泱．湖南通史：近代卷［M］．长沙：湖南出版社，1994：572.

② 王先谦．葵园自订年谱［M］．台北：文海出版社，1970：359.

二是组织革命团体，发动会党起义。光绪三十年（1904），黄兴、宋教仁、陈天华等人在长沙组织华兴会，秘密发动武装起义。同年黄兴、刘揆一在湘潭茶园铺矿山与哥老会首领马福益“席地促坐，各倾肝胆，共谋光复”，计划在10月10日西太后七十寿辰，全省官吏在皇殿行礼时，预埋炸弹，炸死他们。后以事机不密，会党败类刘佐楫告密而失败，马福益被杀。黄兴吸取了这次失败的经验教训，决定加强对会党的革命宣传，使他们懂得国民革命与古代的英雄革命不同，不是以一个朝代推翻另一个朝代，而是要推翻封建专制，建立资产阶级民主共和国。他派蔡绍南等革命志士回上栗市原籍，并前往桐木市等地登堂“演说革命”，“蚁附甚众”，“作用孔常，悖逆已极”；[①] 醴陵同盟会员宋飏裘将《猛回头》《中国魂》《警世钟》诸书，购买多部，遍以贻人，“所感化者无虑数百千计”；新化同盟会员邹永成等数十人也曾各背一个包袱，带着一些《扬州十日记》《嘉定三屠》以及《猛回头》等书步行到吉安散发；宁调元主编的《洞庭波》杂志输入醴陵、萍乡、浏阳等县尤多，粗解文字者莫不以先睹为快，豆棚瓜架，引为谈资，数百里风气为之一变，“虽穷乡僻壤之氓，咸了然于革命之不可一日缓”[②]，会党受其感化，接受同盟会的反清思想，益奋发鼓舞。光绪三十二年（1906），同盟会会员刘道一、蔡绍南联合会党首领龚春台、魏宗铨等人发动了声势浩大的萍、浏、醴起义，虽遭敌人重兵镇压，以失败告终，但扩大了革命的影响。次年，焦达峰受共进会之派，回到湖南，在长沙建立了共进会湘部总会，先后赴浏阳、醴陵一带联络洪江会、洪福会余部，焦达峰被推为“穿靴子上山”的龙头大哥，成了湖南全省公认的会党首领，为辛亥革命的发动储备了重要

① 萍乡县令张之锐和驻萍巡防军管带胡应龙禀赣抚吴重熹文［G］//萍乡市政协，浏阳县政协，醴陵市政协．萍、浏、醴起义资料汇编．长沙：湖南人民出版社，1986：181.

② 刘谦．宁调元先生事略［M］//丘权政，杜春和．辛亥革命史料选辑：续编．长沙：湖南人民出版社，1983：215.

的武装力量。

三是联络各方力量，发动长沙起义，成为首应之区。1911 年 4 月，广州黄花岗起义的失败，标志着沿海革命的最终破产，革命重心开始从沿海移向了长江流域的中部地区。1911 年 7 月 31 日，宋教仁、谭人凤等人在上海成立了同盟会中部总会，决定将两湖作为革命的重点。此时湖南已是“伏莽遍地，各属哥地会党，风起云涌”，湖南立宪派也在立宪请愿、保路运动中对清廷大失所望，决定与革命派合作，共同反清。1911 年 10 月 10 日，武昌起义爆发后，湖南革命党人按照与湖北革命党人 10 日后起义响应的约定，于 10 月 22 日，发动新军和会党举行了长沙起义，成了首应之区，焦达峰、陈作新被推为湖南军政府的正、副都督。但湖南是一个绅权势力强大的省份，10 月 31 日，立宪派绅士即策动新军梅馨发动政变，杀害了焦、陈两督，立宪派首领谭延闿被抬上了湘督宝座。谭延闿政权较之焦、陈政权虽有落后、倒退的一面，但仍然坚持了反清共和的基本方向，在派兵援鄂、策动其他各省响应辛亥革命方面起了较大的作用，为推翻清朝政府和封建帝制立下了汗马功劳，对湖南共和民主政治的建设也有一定的积极意义，而这一切都与湖南革命党人在其中的影响有着密不可分的关系。

五、湘籍无产阶级革命家群体与湖南人民的翻身解放

湘籍无产阶级革命家群体，是指湖南籍的以马克思主义理论武装的、具有共产主义觉悟的、为无产阶级的解放事业而奋斗并做出重大贡献的职业革命家群体。这个群体以毛泽东为核心，包括以刘少奇、任弼时、彭德怀、贺龙、罗荣桓等为代表的引领潮流的政治家、军事家；以蔡和森、何叔衡、夏明翰、向警予、邓中夏、杨开慧等为代表的革命英烈；以徐特立、成仿吾、吕振羽、翦伯赞、丁玲、周扬、周立波、田汉、贺渌丁等为代表的科教文化艺术群体。这一群体为推翻帝国主义、封建主义和官僚资本主义三座大山，争

取民族独立和人民的解放事业进行了不懈的斗争，推动了湖南政治由黑暗走向光明。

一是为建党做出了重大贡献。湘籍无产阶级革命家群体深知革命政党的极端重要性，为党的建设做出了重大的历史贡献。1921年7月中共“一大”召开之前，中国共产党在全国建立了上海、北京、武汉、长沙、济南、广州等6个地方组织，与此同时，在海外也建立了旅欧、旅日共产党组织。在这8个组织中，除武汉、济南、广州外，其他都有湘籍人士参加。李达、李启汉、林伯渠、陈为人、李中、陈公培在上海，邓中夏、何孟雄、罗章龙、缪伯英、朱务善、李梅羹在北京，毛泽东、何叔衡、彭璜等在长沙，周佛海在日本东京，蔡和森、李立三、李维汉、向警予在欧洲，都是共产党组织的发起人或参与者。这些共产党早期组织，为中国共产党的正式建立做了许多开创性的工作。中共“一大”13名代表中，湘籍有毛泽东、何叔衡、李达等4人。当时全国共有共产党员50多名，其中湘籍近20名，三分天下有其一。早期50多名党员中，后来成为中央委员的有20人左右，其中湘籍中央委员有毛泽东、邓中夏、蔡和森、罗章龙、李达、林伯渠、彭述之、吴雨铭等8人，锻造了中国革命的领导骨干，为湖南革命运动高潮的到来奠定了深厚的基础。

二是直接推动了湖南工农运动高潮的到来。中国共产党成立后，湘籍无产阶级革命家群体积极投身于湖南的工农运动之中。从1922年8月到12月，他们先后领导湖南工人罢工9次，参加者约3万人。其中最著名的有郭亮领导的粤汉铁路武长段工人罢工斗争；毛泽东、刘少奇、李立三领导的安源路矿工人大罢工；毛泽东、易礼容领导的长沙泥木工人罢工；蒋先云、刘东轩、谢怀德领导的常宁水口山铅锌矿工人的罢工斗争，为工人争取到了增加工资、减少工时等权利，沉重打击了湖南军阀的反动统治。毛泽东、林伯渠还利用担任国民党中央农讲所所长的机会，大量培训农运骨干，并派共产党领导的农运骨干深入湖南，组织农会，发动群众，支持北伐战争。他们在乡村打击贪官污吏和土豪劣绅，将一切权力归于农会，使农村出现了前所未有的大变动。据统计，1927 年 1 月，湖南农会会员人数激增至 200 万人，占同期全国农会会员数的一半以上。到同年 4 月，全省已有 63 个县成立了县农民协会，参加革命斗争的农民达 1000 万以上，湖南的农民运动进入了高潮。正如毛泽东所言："孙中山先生致力国民革命凡四十年，所要做而没有做到的事，农民在几个月内做到了。这是四十年乃至几千年未曾成就过的奇勋。"①

三是发动武装反抗国民党的起义，创建农村包围城市的正确革命道路。国民党叛变革命后，实行了残酷镇压工农的白色恐怖。毛泽东号召湖南人民："山区的上山，滨湖的上船，坚决与敌人作斗争，武装保卫革命。"1927 年，毛泽东领导了湘鄂边界的秋收起义，创建了包括酃县、茶陵、桂东在内的井冈山农村革命根据地，开辟了农村包围城市的正确革命道路。朱德、陈毅与湘南特委共同发动了湘南起义，周逸群、贺龙领导了桑植起义，彭德怀、滕代远领导了平江起义，沉重打击了国民党反动势力。长征时期，三大主力红军，路经湖南，打土豪，分田地，播下了争取自由、翻身解放的革命火种。

四是建立广泛的民族统一战线，争取抗战的胜利。在毛泽东的正确领导下，实现了国共联合抗日的统一战线。徐特立在长沙创建了八路军驻湘通讯处，为湖南的抗日救亡运动开展了大量的工作。周恩来、叶剑英在湖南积极开展抗日统战工作，支持国共合作创办塘田战时讲习院和南岳抗日游击干训班，培训抗日游击骨干，推动湖南抗战向纵深发展。王震、王首道率八路军南下支队千里奔袭，转战湖南各地。全省人民积极配合正面战场的历次会战，200 万兵

① 毛泽东选集：第一卷［M］. 2 版. 北京：人民出版社，1991：15-16.

员开赴抗日战场，为夺取抗日战争全面胜利谱写了动人的篇章。

五是促进湖南的和平解放，建立了新生的人民民主政权。解放战争时期，中共湖南省工委遵照党中央和毛泽东的指示精神，广泛发动群众开展爱国民主运动。在农村领导农民开展“抗征粮、抗征兵、抗征税”的“三抗”斗争；在城市领导工人和教师进行罢工罢教斗争，领导学生开展“反饥饿、反内战、反迫害”的爱国民主运动，极大地动摇了国民党在湖南的反动统治根基。在民主党派和爱国人士的配合下，争取程潜和陈明仁和平起义，建立了人民民主政权，实现了人民群众的翻身解放。

第二节　湖南人才群体和近代湖南经济变革

湖湘文化虽有重政治、轻经济的不足，使得近代湖湘政治人才层见叠出，而经济人才相对较少。但是，受经世致用熏陶而出的湖湘政治人才，在实现经邦济世的政治理想的同时，也关注国计民生的发展，从而不断推动着湖南经济领域的变革。

一、嘉道经世派人才群体与湖南农耕经济的发展

嘉道时期的湖湘人才群体，大多在湖南农耕社会的环境中长大，从小了解衣食住行的重要，知道经济发展对生活质量的影响。陶澍生于安化小淹镇陶家村，父亲是乡下的私塾老师，家境贫寒，陶澍也和其他乡下孩子一样，要砍柴、要放牛，或随大人们去资江上捕鱼，所不同的是不像其他孩子一样去玩耍，而是在父亲的教导下刻苦读书，潜心研究明体达用之学，重视典章制度、水利漕运、农业生产等关系国计民生诸问题的研究。为他日后出任封疆大吏，解决社会的实际经济问题打下了坚实的基础。他在考取功名，官至两江总督后，就力除积弊，推进当地经济的发展。在漕务改革中，

他裁浮费，除陋规，剔私囊，实施漕粮海运，达到了“利国、利民、利官、利商”的多重效果。在盐政改革中，推行票盐制度，认票不认人，打破窝商垄断食盐专卖的“纲盐”制度，“减价裁费，商贩争趋”，解决了长期以来私盐盛行，官盐滞销的积弊，使商民收入增加，国税也因之大增。在河工水利改革中，他引进商人资本进行治水、治河，开创了重商、用商的河务建设新模式。使两江地区成了国家治理的样板，社会经济发展的楷模。正如陶澍的后人所言：“中国历来将国人分成四大部分，即士、农、工、商。这样的排序，在数千年的农耕社会里，是合乎实际的。当历史走到 19 世纪的道光年间，社会结构开始有了些微的变化，‘商’的老四排位没变，但它的重要性开始令人触目。陶澍在他的经济活动中，十分自然地捕捉到了这个信息。他虽然不是商人，却是一个成功的管理者。这正是由于他清楚，商人在经济活动中所起的衔接与管道作用，是任何行政手段所不能取代的。对于商人‘将本就利’的特性，他也决不以儒家知识分子惯有的理念去看待他们，反倒是去顺应这种特性，以达到经济环境的有效治理。为此，他必须努力地调动商人的积极性，尽力地帮助他们在获得正常利润的同时，使国家与人民共同受益。因为，在商品交易中，如果商人不能获得利润，国家和百姓也难以从中获得利益。这种认识，陶澍是走在当时所有官员前面的。海运中他是遵循这样的原则，在后来推行的票盐上，更是体现了这种原则。事实上，这样的事是随处可见的。”①

嘉道人才群体的另一重要人物贺长龄，出生于善化一个世代幕僚兼刑名之家，虽不事农耕，但重视经邦治国的实学，湖湘文化的经世致用思想对他影响很大。他在任江苏布政使时办了两件大事，一是赞助陶澍推行漕粮海运；二是聘请魏源主持编辑《皇朝经世文编》，该书精选清初至道光三年间的官方文书、论著、奏疏、书信、

① 陶今．我的先祖陶澍［M］．长沙：岳麓书社，2012：290.

笔记文章2236篇，作者654人，按学术、治体、吏政、户政、礼政、兵政、刑政、工政八大类，辑为120卷，共计300余万字，以倡导经世致用之学，为改革做舆论准备，是近代经世之学的划时代文献。该书一经问世，便有如巨石击水，迅速波及全国。“数十年来风行海内，凡讲求经济者，无不奉此书为矩镬。几于家有其书。”① 在贺、魏的故乡湖南，《皇朝经世文编》更使“三湘学人，诵习成风，士皆有用世之志”②。曾国藩曾经说过：“经济之学，吾之从师者二书焉，曰《会典》、曰《皇朝经世文编》。”在他的日记中，就有“夜，阅《经世文编》十页”，“阅《经世文编·原学门》三十页”等多处记录。③《皇朝经世文编》成了曾国藩、左宗棠等湘军人物必备的案头之书，他们日后之所以能成为扭转乾坤的“中兴名臣”和洋务运动的先驱，与《皇朝经世文编》对他们的影响有着密不可分的关系。

出生邵阳的魏源曾先后做过贺长龄、陶澍等人的幕僚，由于他51岁才中进士，因而功名不显，大多隐于幕后，为他人出谋划策，干实际工作。他帮助陶澍完成了漕政、盐政、河政等一系列的改革，贡献了《筹漕篇》《筹鹾篇》《湖广水利论》等重要兴利除弊的改革著作，协助贺长龄编撰了流传广泛的《皇朝经世文编》，并从鸦片战争中看到了中西力量的差别，编写了睁眼看世界的《海国图志》，提出了“师夷长技以制夷”的先进思想。指出夷之长技有三：一曰战舰；二曰火器；三曰养兵练兵之法。他不仅主张将西方长技用于军事，而且还主张付之于国计民生。他说：“船厂非徒造战舰也，战舰已就，则闽、广商艘之泛南洋者，必争先效尤；宁波、上海之贩辽东、贩粤洋者，亦必群就购造，而内地商舟皆可不

① 俞樾．皇朝经世文续编：序［M］//葛世濬．皇朝经世文编续编．台北：文海出版社，1972：1.

② 黄濬．花随人圣庵摭忆［M］．上海：上海书店出版社，1998：200.

③ 曾国藩．曾国藩全集：日记一［M］．长沙：岳麓书社，1996：90-94.

畏风飓之险矣……以通文报，则长江大河昼夜千里，可省邮递之烦；以驱王事，则北觐南旋往返旬日，可免跋涉之苦。”[①] 可见，他的见地已超越了常人，打破了“药方须贩古时丹”的传统治理模式，含有了一定的发展资本主义的经济思想。

尽管嘉道人才群体大多服官在外，但他们的亲属故旧大多生活于湖南，而他们发达以后也在故乡购买了大量的田产，改变了家族在地方的命运，有的甚至成了地方的头面士绅，插手地方的各种经济活动，影响地方经济的发展。陶澍在临死前，曾请左宗棠帮其打理田产，教育儿子陶恍，一年给他的工钱是二百两，可见陶家当时也算富甲一方了。因而，左宗棠并不鼓励他的女婿陶恍考功名，而是教育他成为一个心性高尚，又具有真才实学的人，“至于制艺之文写得好不好、功名之有无，都不太要紧”[②]。他不忍让险恶的官场伤害了陶澍这一根独苗，宁愿让他守着祖产，在乡下过着逍遥自在的日子。贺长龄家更以“一门三进士”成为湖湘的名门望族，横跨官、商、教育三界。其他人才家族也大体类似，都置有不菲的田产，在地方经济中起着举足轻重的作用。他们的商品经济思想也对湖南产生过不少的影响。当时，湖南的经济仍是以农耕经济为主，湖南盛产稻谷，有“湖广熟、天下足”的美誉，湘米的年输出在500万石左右，其时江浙一带人口稠密地区的粮食供应均仰食于湖广。至嘉庆二十二年（1817），长沙潮宗门、驿步门等城外，共开设粮行22户。[③] 嘉庆、道光年间，湘潭码头由明末十余处增至37处，运米之船经常是千艘云集。商市由八总扩至十九总，每总积银达几百万两。[④] 湖南的谷米贸易非常活跃。湖南的丝茶与桐油在近代经济中占有比较突出的地位。湘茶在以酥酪为主食的游牧民族中

---

① 魏源．海国图志［M］．长沙：岳麓书社，1998：30.

② 陶今．我的先祖陶澍［M］．长沙：岳麓书社，2012：428.

③ 长沙县通史编纂委员会．长沙县通史：第1卷［M］．长沙：湖南人民出版社，2014：248.

④ 实业部国际贸易局．中国实业志：湖南省［M］．［出版者不详］．1935.

备受欢迎。据容闳《西学东渐记》载，他在咸丰九年（1859）曾为外国公司先后两次派往湘潭、长沙等地调查与购买丝茶，从华容丝行购得各种丝样，在临湘聂家市产黑茶之地，勾留月余，购得装箱之茶，运往上海。[①] 不难想见，鸦片战争前后，湖南的丝、茶已相继进入国际市场。

二、湘军人才群体对湖南经济的影响

湘军人才群体以军功显耀于世，以挽救清朝统治危亡的政治作为而名闻天下。但是，湘军初起之时并不是清朝的经制之兵，而是一种辅助性的团练武装，算不上是体制内的军队，军队的薪饷不是由政府直接拨给，而是由湘军自筹。而曾国藩采取的又是以厚饷稳军心的政策，因此，湘军每年军费的开支是十分惊人的。为了保证湘军军费的来源，曾国藩开创了各种筹集军费的渠道，通过向大户劝捐、开征厘金，征收盐茶税，设立东征局，请求各省协饷等各种办法，来解决湘军的饷源问题。

湖南作为湘军的故乡，自然成了湘军兵源、饷源的供应地，湖南的经济在很大程度上纳入了战时经济的体制，一切为了前线。清咸丰二年（1852），湖南在省城长沙设立了捐输总局，以藩司总理局务，粮道为会办；在各府县设立分局，委派地方绅士主持。此外，还有由地方、部门、绅士主政的捐局。湖南捐输头绪之多，“视他省为尤甚”。所谓捐输，就是由清政府向捐款人出售官爵封典，或给捐款者以某种奖叙。湖南的劝捐大多采取摊派捐输，无论贫富，一律要捐输，按财产租谷定数，富者多捐，贫者少捐。因此，遭到有权势的富有者的抵制。先是陶澍的儿子陶恍，后是田亩大户曾国荃，湖南布政使李榕还因此而罢官。因此，捐输对象绝大多数还是中小地主和广大的农民群众。也有一些自愿捐输的富户。

① 容闳．西学东渐记［M］．上海：商务印书馆，1934：56-57.

如安福县丁忧在籍原湖北荆施宜道蒋征蒲，咸丰二年（1852）捐资10余万两，次年又捐制钱40万串。衡阳的杨家，也捐银以万计。捐输对于一些没有取得功名、顶子、绅士地位的一般地主，具有相当吸引力。不少人为了提高自己的地位，谋取一官半职，不惜解囊捐输。尤其是到湘军晚期，打折捐输的情况下，“数百金便可捐纳知县”[①]。“于是家有数金之藏，皆得以援例报捐相耀矣，而保举益繁，给冠带者县至数千、万人。”[②] 结果引起封建官僚体制的膨胀，导致官员素质的严重下降。自咸丰二年（1852）捐输局设立，截至同治三年（1864），湖南捐输总额当在400万以上，比王闿运说的“通计天下岁得不出二十万金”[③] 要多得多。这些捐输虽有助于湘军的军饷供应，但对湖南经济发展无异于雪上加霜，是个不小的打击。

清政府为解决内战经费问题，通令各省滥铸滥发大钱，推行官票，搜刮民财。咸丰四年（1854），湖南宝南局奉令开铸铜大钱，先铸当十、当五十、当百大钱，由于铜大钱成色不足，面值高于本身的价值，因此，一投入市场，就引起物价上涨，造成市场混乱，商店倒闭，出现商民罢市风潮。左宗棠身为巡抚幕僚，对清政府通令铸大钱发钞票的财政政策持一种谴责的态度，说：“大钱、钞票不可行，只‘不诚无物’四字蔽之，设法以必其行，终归无益而又大有害，孟子曰：‘无政事则财用不足’，‘上下交征而国危’。此万古不易之论。”[④] 这是批评清政府不修明政事，而只知向人民榨取财富来解决财政问题，是一种加速危机的搞法。正是在他的坚持下，湖南迅速采取了治理通货膨胀的措施，处决了长沙府管理宝南局舞弊铸私钱的属员和工头2人，果断地停止使用铜大钱，并以

① 郭振墉．湘军志平议［M］．长沙：岳麓书社，1983：249.

② 郭嵩焘．湘阴县图志：卷二十 捐纳［M］．刻本．湘阴县志局．1881（清光绪六年）.

③ 王闿运．湘军志［M］//湘绮楼诗文集：笺启．长沙：岳麓书社，1996：783.

④ 罗正钧．左宗棠年谱［M］．长沙：岳麓书社，1983：47.

“湖南无官钱铺，不能用钞”为口实，委婉地拒绝了在湖南推行官票，从而抑制了通货膨胀，稳定了市场，安定了群众生活。

清咸丰五年（1855），湖南巡抚骆秉章还任用左宗棠主持地丁、漕粮改革，选择全省田赋弊端最重的湘潭县为突破口。先与该县举人周焕南商议，令周等“以助军饷为名，定丁粮银两加四钱，减于前三钱；漕折石银三两，减于前四两；南折石一两，减于前二两。凡减浮收银四万余两，实增于正纳三万余两”①。这一改革遭到了各级地方官的阻挠，巡抚骆秉章断然决定，抛开地方官和书吏，允许士民设局，自征自解，结果不仅本年钱粮扫数全完，还代征历年旧欠钱粮过半。长沙、善化绅民见湘潭大减浮收，亦纷纷要求照湘潭章程完粮，同样遭到知县的阻拦，在左宗棠、骆秉章的强力支持之下，这项改革在全省次第推行，收到了较好的效果，既减轻了绅民的赋税负担，又增加了政府的财政收入，促进了湖南经济的发展，在一定程度上解决了湘军军饷的难题。

当时，湖南仍旧推行重农抑商政策，曾国藩等人认为，病商之钱可取，病农之钱不可取。咸丰五年（1855），绅士黄冕在常德私设厘局，向来往商贩征收货物过境税和交易税，收获颇丰，于是，郭嵩焘向巡抚骆秉章建议将此法推向全省，以解决湘军的军饷问题。四月，湖南在长沙设立厘金总局，在全省设卡抽厘。六年（1856）三月，又设立盐茶总局，专办盐茶厘金，兼营批发，在郴州、宜章、岳阳、醴陵等处设立局卡，全省历年所设局卡总共193个。② 到咸丰八年（1858）一月，历时一年零九个月，盐茶局就已经拨过藩库军需局湘平银1079589两，足典钱1471025串，是笔很不小的收入。

咸丰十年（1860），黄冕、盐法道裕麟又建议设立东征局，抽厘专供曾国藩湘军。东征局自开办到同治四年（1865）裁撤为止，

---

① 陈嘉榆．湘潭县志：卷六赋役［M］．刻本．1890（清光绪十五年）．

② 此数据根据《湖南历务汇纂》（光绪乙丑刻本）卷九的数字统计所得。

五年之间，共征收厘金湘平银 365 万余两，铜钱 82 万余串，平均每年收 73 万余两。

全省厘金开征初年岁入为 140 万两，但实际不止此数。若从东征局在五年中抽收的数字来看，已在 150 万两。这是奏报中公开的征数，如果加上地方和厘局的存留数，每年的厘金征收数额当在 200 万两上下。厘金虽然缓解了本省的财政困难，有效地支援了湘军的作战，但却严重地损害了商品生产者的利益，制约了湖南社会经济的发展，造成湖南民族资本积累维艰，长期停止不前的状况。

湘军镇压太平天国取得成功以后，许多军功绅士退职归乡，他们用搜刮而来的钱财强买土地，进行地租剥削，反对有损于自身利益的任何改革，成为社会上一股最为保守的社会势力。曾国荃购置的田地，有数可查者即达 6000 亩。曾国藩反对曾国荃大量兼并土地，而他自己也置有 2000 亩的田产，还算是比较检点的。湘乡除曾氏兄弟购买了大量的田产以外，许多湘乡将领也纷纷回乡置田建庄。黄田乡章合才（官至提督）在白田一带置田 6000 余亩，同治三年（1864）至光绪三年（1877）建成 108 间和 94 间的庄园各一栋。横洲乡陈湜，于同治三年（1864）六月，独领一军攻入南京，抢劫金银财物，船运至家，置田数千亩，人称“陈百万”。此外靠谋财害命发家的锦屏杨氏至光绪二十年（1894）已占有田土一万亩，庄园 12 栋、房屋 5000 多间。[①] 湘潭的郭松林，因战功被封一等轻车都尉，“出军中获资，置田宅值十余万”[②]。临湘人刘璈，入湘军后，官至台湾道，后革职抄家时，抄出田契 431 张，值银 6290 两，房产 68 间，值银 4588 两。桂阳陈士杰有田 3000 亩。后出的欧阳利见，也有田 1000 亩以上。这些人靠高额的地租，徒手坐食，靠名望和权势来维持家族利益，操纵乡村经济。此外，他们也开钱庄、办当铺，进行高利贷剥削。李桓概述说：“湘省自江南收复后，

① 湘乡县志编纂委员会 . 湘乡县志［M］. 长沙：湖南出版社，1993：123.

② 陈嘉榆 . 湘潭县志：卷八［M］. 刻本 .1890（清光绪十五年）：182.

文武将领之冒饷致富者，行盐起家者，田宅之外，如票号、如当店，以及各项之豪买豪卖，无不设法垄断。贫民生计，占搁殆尽，实已不堪其苦。”① 这些广置田产的军功绅士，由于自身文化素质不高，往往眼光短浅，不愿意做风险性的投资，也反对别人投资近代企业，损害自身的传统利益，因而他们往往成了笃信传统的最顽固的保守势力，这就是湖南虽积集数百万、数千万的军功绅士很多，而投资近代的企业人数最少，成为反对引进现代化生产方式最激烈地区的主要原因。因此，当曾国藩、左宗棠等人在全国发起洋务运动，开设工厂、兴办企业、架设电线、开通轮船之时，却在豪富充斥的湖南无声无息，拒绝一切现代化运动，使得湖南错失了现代化发展的良机，仍旧在传统的农耕经济圈内打转，这是曾国藩等人始料未及的事情。

三、维新人才群体与湖南近代新式企业的兴起

以谭嗣同、唐才常、熊希龄为代表的维新人才群体是在中日甲午战争的强烈刺激下发展起来的。湘军在甲午战争中的惨败，使湖南人失去了骄傲的资本，开始了深沉的反省，多年来湖南反洋教、拒洋务的后果，换来的不是国家的独立、民族的富强，而是中西经济发展距离的不断拉大，民族灾难的日益深重，连东瀛小邦的日本也敢在中国人头上作威作福，这是自古以“天朝上国”自居的中国人怎么也咽不下的一口气，而包打天下的湖南人其心理的隐痛就更不可言喻了。在深沉的反思中，他们终于抛弃了“耻闻洋务”的传统心态，“一洗从前的虚骄之气，变法求强之议，靡然向风，成为城市大众思潮的主流，使长沙由文化守旧城市渐变为南中国维新运动的中心”②。

湖南的维新运动以实业建设为起点，这是湖南官绅都能接受的

① 李桓．宝韦斋类稿［M］．台北：文海出版社，1969：46.

② 李玉．长沙的近代化启动［M］．长沙：湖南教育出版社，2000：46.

“共同话题”，也是湖南先贤魏源、郭嵩焘、曾纪泽长期宣传所结下的硕果，他们的先见之明终于在甲午战争惨败的刺激之下，获得了湖南人的认同，形成了广泛的社会共识，虽然来得过晚，但后劲很足，发展迅猛，社会参与度高。不仅官府倡导，新、旧绅士也合作无间，共谋发展。激进维新派绅士从舆论上给予大力支持，谭嗣同、罗棠、黄熙敬、杨子玉等分别在《湘报》上发表了《论电灯之益》《论湘粤铁路之益》《论湘鄂创办小轮公司之益》《论湖南宜兴蚕桑之利》《论湖南茶务急宜整顿》《工程致富演义》等重要文章，大造实业建设的舆论；洋务派绅士王先谦、叶德辉、张祖同、黄自元等人亲自投资近代实业建设，使得近代湖南的实业建设风生水起，出现了后来居上的发展势头。

湖南首先兴办的实业就是开采矿山。光绪二十二年（1896），湖南巡抚陈宝箴就奏请设立了湖南矿务总局，委派刘镇为矿务局总办，邹代钧、张通典为提调，会同地方官一起维持全省矿务。谭嗣同、唐才常等对开矿也积极拥护，并打算在浏阳县城设立矿务分局，由欧阳中鹄来主持。湖南矿业采取了官办、官商合办、官督商办三种办矿形式，允许私人资本参与其中，并取得了一定的成效。许多绅士对湖南的这项新政活动都给予了大力支持，如绅士廖树蘅、梁焕奎就是常宁水口山和益阳板溪锑矿的主要创办人。就连当时湖南赫赫有名的大绅士王先谦也投资于平江金矿的开采活动。①

兴办实业的第二个方面是交通业。维新时期引人注目的就是兴办湘省内河行轮和争取粤汉铁路的修筑从湖南通过。光绪二十二年（1896）冬，熊希龄、蒋德钧、王先谦等绅士商议兴办湖南内河行轮。但遭到了湖广总督张之洞、湖北巡抚谭继洵的反对，他们以内河行轮影响厘金收入和民船生计，尤其是以招之外轮入湘为借口，反对在湖南开办轮船公司。陈宝箴面对这一压力，几乎动摇。只有

① 周锡瑞．改良与革命——辛亥革命在两湖［M］．杨慎之，译．北京：中华书局，1982：14.

熊希龄和蒋德钧仍一如既往，决心拼力相争，决不半途而废。经过磋商，决定不由省署官方出面，而以湘省民间绅士的名义，联署一份上湖广总督请办湖南内河小轮船《公呈》，《公呈》由湖南著名绅士王先谦领衔，署名的有熊希龄、蒋德钧、张祖同、朱昌琳、汤聘珍等众多绅士，由蒋德钧、张祖同持往湖北，联合湖北绅士一起面呈张之洞。最后，张之洞被说服，于光绪二十三年（1897）三月“详加筹度”后，同意兴办，于该年六月批准成立“鄂湘善后轮船局”。此后，湘鄂绅士积极从事，于该年七月拟定了《鄂湘善后轮船局合办章程》，分设南局和北局，北局设汉口，由鄂绅主持；南局设长沙北门外，由湘绅主持，于光绪二十四年（1898）四月正式开航。

与此同时，湖南绅士积极活动，力争粤汉铁路改道入湘，以利湖南经济的发展。粤汉铁路原由王文韶、张之洞、盛宣怀联名于清光绪二十二年（1896）九月向清政府奏请创办，初定由粤到鄂，绕道江西，不经湖南。熊希龄、蒋德钧、谭嗣同等湘籍绅士得知这一消息后，向盛宣怀、张之洞力争改变原议，使粤汉铁路经由湖南，他们提出的理由：一是铁路“如取道郴、永、衡、长，由武昌以达汉口，则路较直捷”，可以大量节省造路成本；[①] 二是湖南矿产丰富，尤其是宝善成制造公司在宁乡清溪、湘潭小花石等地开采出的焦煤，可满足汉阳铁厂大量炼钢造轨之需，这使盛宣怀和张之洞大喜过望。谭嗣同在《湘报》撰文《论湘粤铁路之益》，指出粤汉铁路“道江西，有不利者六；道湖南则利铁路者九，而利湖南者十”[②]。湖南巡抚陈宝箴也与张之洞、盛宣怀电商，争取粤汉铁路取道湖南。由于湖南官绅的大力争取，张之洞、盛宣怀才改变原议，同意粤汉铁路取道湖南。为了使铁路能早日开工修筑，熊希龄、蒋德钧、谭嗣同又联合湘省绅商汤聘珍、汪诒书、赵启霖、戴

① 王文韶，张之洞，盛宣怀．奏办粤汉铁路折［N］．湘报，1898-03-28.

② 谭嗣同．论湘粤铁路之益［N］．湘报，1898-03-28.

展诚、黄忠浩、曾广江、朱恩绂、左孝同、黄自元等人，由汤聘珍领衔，上陈宝箴《呈请建立湘粤铁路公司》，提出先由湘绅集股，自主修路，虽遭张之洞拒绝，但经过熊希龄、蒋德钧与张之洞、盛宣怀面商后，于1898年1月，以张、盛名义起草了《会奏湘鄂粤三省绅商全请速办粤汉铁路折》，上奏清廷，2月清政府正式诏准鄂、湘、粤三省绅商自办粤汉铁路。3月，张之洞又奏准修筑自江西萍乡至株洲的萍株铁路。虽然这两条铁路的建成是几年，乃至几十年后的事，但修路之议起自于维新时期。湖南绅士由惧路到争路自办，也说明了湖南绅士的观念在甲午战争后发生了巨大的变化，真正担负起了开通社会风气的精英角色。

湖南维新时期兴办的实业之三是近代制造业。清光绪二十一年（1895）十月，湖南巡抚陈宝箴与绅士张祖同、刘国泰、杨巩等人从“收纳贫民，从事工作”“挽回利权”的目的出发，商议创办和丰火柴公司（又名洋火局）。官方拨赈款10000两做资本，其余招商入股，张祖同等以立本堂名义，出资12000两，合集总股本30000两，于清光绪二十二年（1896）正式开工生产火柴，日产火柴20余箱，这是湖南最早的近代工厂。这年冬，湘绅王先谦、黄自元、张祖同等自筹资金创办了湖南第一个近代民用机械工业企业——湖南宝善成机器制造公司。该公司由王先谦任经理，曾昭吉任工程师。原拟“制造电气灯，东洋车及银元、矿务各局一切应用之件”[①]，但终因经营方向不明，成效不大。二十三年（1897）九月左右，该公司建成了一个小发电厂，“自于抚署试燃之，数月而善，乃令民间皆得同其利，取费又甚廉贱。由是长沙一城，自学堂、报馆，以逮通衢之大商肆，咸入夕炳炳然矣”[②]。

除了上述的矿业、交通业、制造业之外，湖南的电讯业、湘绣业都在维新时期获得了发展。由于外患的刺激，湖南绅士力图挽回

① 尹飞舟．湖南维新运动研究［M］．长沙：湖南教育出版社，1999：79.
② 谭嗣同．论电灯之益［N］．湘报，1898-03-28.

利权、富国强兵，对兴办近代工商业倾注了极大的热情。他们由原来的“耻闻洋务”，痛恨机器，拒绝轮船进入省河，发展到创办洋火局（火柴公司）、机器制造公司，力争粤汉铁路入境，拼力兴办内河轮船，说明维新人士已经认同了资本主义的生产方式，从而极大地促进了湖南经济开始向资本主义经济转轨，资本主义的新式企业在湖南的土地上由此取得了合法的地位。即使到戊戌政变以后，都没有改变它的地位，仍旧是湖南经济中最活跃的因素。

四、资产阶级革命派人才群体与湖南资本主义经济的缓慢发展

以黄兴、宋教仁、陈天华、刘揆一、谭人凤为代表的资产阶级革命派人才群体虽以推翻清政权，建立资产阶级民主共和制度为奋斗目标，但是他们的革命行动又在一定程度上推动了湖南资本主义经济的缓慢发展。

戊戌维新失败后，湖南的政治走向反动，迫使社会上的有志青年流亡海外，带动了湖南青年留日的高潮，这些人身在海外，亲眼目睹了日本学习西方资本主义所带来的巨大变化，感受到了国家的落后与贫穷，萌生了改变中国社会现实的强烈渴望，走上了反清革命的道路。他们在孙中山的领导下，在沿海不断地发动革命，给腐败无能的清政府以沉重的打击，迫使清政府不得不改变统治方式，宣布实行“富国强兵”的新政，以唤起民众对清朝统治的支持。在清末新政的刺激之下，湖南绅士再次掀起了投资设厂的热潮，在争权保利的运动中，大力发展现代实业建设。从光绪二十九年（1903）起，湖南民族资本主义进入一个新的发展时期，据统计，1903—1911 年，湖南共创建路、矿、厂、航企业 104 家，总投资额 1707.4 万元。比前一时期大为增长。其中绝大部分属于商办性质。而最为有名的有 1903 年冬，刘镇、黄笃恭、蒋德钧、黄忠浩等人主持的湖南矿务总公司，光绪三十二年（1906）夏，熊希龄创办的

醴陵瓷业制造公司，三十四年（1908）梁焕奎创办的华昌炼锑公司，宣统元年（1909），陈文玮、梁瑞甫等人创办的湖南电灯公司。戊戌时期，积极投资于湖南实业建设的有黄自元、张祖同、孔宪教等固守传统的旧派绅士到清末新政时期已逐渐从实业界消失，王先谦虽还在实业界偶尔出现，但只是因其昔日的影响和社会威望，徒拥虚名而已。而那些留过洋，出过国，混迹商界多年的新派绅士逐渐活跃于湖南的实业界，开始向近代的民族资产阶级转化。如光绪三十年（1904）得中会元的谭延闿，举人出身的龙璋，优贡出身的黄忠浩，担任过留日监督、举人出身的梁焕奎，廪生出身的陈文玮，赴日考察实业、进士出身的熊希龄，以及混迹商海多年的朱昌琳。朱彝、朱恩绂父子和廖树蘅、廖基植父子都成了实业界的佼佼者，从而推动了民族资本主义的发展。这些人都与革命党人保持着或多或少的联系，这也是他们后来能够合作反清革命的重要基础。

革命党人为了筹集革命军费，促进湖南经济发展，也有一些人亲自投身于湖南的实业建设，华兴会会员禹之谟，在参加自立军起义失败后，留学日本，学习纺织。光绪二十八年（1902）回国后，在安庆开“阜湘”织布厂。光绪二十九年（1903）回湘，在湘潭创办“湘利黔”织布厂，次年迁厂于长沙，并附设工艺传授所，培训生徒，开创了湖南近代纺织业的先河。正如他的孙子禹靖寰、禹坚伯所言：“祖父对兴办实业极为热心，甚至身陷囹圄，犹谆谆告诫家人办好工厂，‘非仅关乎一家，即社会上实业发达系之；吾家负有先觉之责，若因循不进，或一蹶不振，其负罪于社会也深矣’。正是由于这个理想，他对兴办实业付出了极大的精力，亲自参与生产实践，悉心传授技艺和文化知识。把学有所成的艺徒输送到全省各地传艺，‘成效卓著，现如衡州、宁乡、常德、湘乡各邑，皆立有机厂，胥禹艺徒所在，湘省工业之发达，盖自此始。’”①

① 禹靖寰，禹坚伯．追记我们的祖父——禹之谟［M］//禹坚伯，等．跃起作龙吟 禹之谟史料．长沙：湖南教育出版社，2010：152-153.

辛亥革命推翻了封建专制主义统治，建立了资产阶级民主共和国，从而为民族资本主义的发展提供了有利的条件。湖南的许多革命党人功成身退，也纷纷加入到创办湖南的实业建设活动之中，老同盟会会员谭人凤出任粤汉铁路督办，积极筹谋湖南铁路的建设，黄兴、谭延闿等人发起创办了洞庭制革股份有限公司，黄兴和龙璋等人组织创办了汽船公司，周震鳞和龙璋、陈文玮等人创办了湖南制革公司，老同盟会员吴作霖等人创办了湖南第一纱厂等。在他们的带动下，长沙自来水厂、湘潭玻璃厂、五金故业股份有限公司、富国矿业有限公司、江华厚生锡矿公司、湘潭惟一膏盐矿公司、醴陵百炼公司等相继建立，湖南实业建设风生水起。据初步统计，从1912年9月至1913年5月，不到一年的时间，湖南新办的和正在筹办的银行、工厂、企业公司就有25个以上。企业的范围包括轮船、炼铁、开矿、制革、造玻璃、畜牧以及土木工程等各个方面。后来有人追述说："湖南的工业本极幼稚。民国元、二年间，一般人士都说振兴工业是救国的第一要着，又是我们湖南税金的第一要着。正当那谭组安做都督的时候，提了许多的公款来'振兴工业'。当时的什么实业公司和某项工业筹备处的招牌，到处皆是。有官办的，有商办的，也有官商合办的。"① 湖南的民族资本主义企业得到了很大的发展，尽管后来备受北洋军阀的摧残，但湖南资本主义经济仍旧逆风发展，在险恶的环境下艰苦地生存下来，这与革命派长期的实业救国宣传不无关系。

五、湘籍无产阶级革命家群体与湖南的新民主主义经济

以毛泽东、刘少奇、任弼时、彭德怀、贺龙、罗荣桓等为代表的湘籍无产阶级革命家群体为了中国人民的解放事业，进行了不屈不挠的斗争，实现了全国人民的翻身解放。尽管他们直接在湖南活

① 周锡瑞．改良与革命——辛亥革命在两湖［M］．杨慎之，译．南京：江苏人民出版社，2007：291．

动的时间不长，但他们在湖南为劳苦大众争取经济利益，打土豪、分田地的革命行动和发展新民主主义经济的思想，仍旧对湖南的经济产生了深刻的影响。

湘籍无产阶级革命家群体深切同情工农群众的疾苦。蔡和森列举了农民所受的田租、田亩捐、军队苛捐、青苗债、临时借贷、私当、公当等 8 种严酷的剥削，使得他们每年辛苦劳动的收获所剩无几。对于这种极不正常的状况，夏明翰愤愤不平地表示："官家一片灯，民家黑森森。官家吃汤丸，民家锅朝天。"工人阶级的状况也好不到哪里，他们长期在极其危险的场所超负荷劳动，而工资却少得可怜。李富春体会最深："中国无产阶级的地位现在非常悲惨。中国无产阶级几乎都是文盲"，他们"每昼夜几乎要劳动十五至十六个小时，才能得到一角或一角二分钱的工资"。[①] 正是出于对工农大众的深切同情，湘籍无产阶级革命家群体把发动工农、争取生存权利作为自己的首要工作，毛泽东、刘少奇、李立三领导的安源煤矿工人大罢工，明确喊出了"从前是牛马，现在要做人"的口号。毛泽东发动的湖南农民运动更是以势不可挡之势，打击了地主老财的威风，通过减租、减押、减息斗争，减轻了封建剥削，促进了农村经济的发展。

在土地革命时期，湖南边境的井冈山、湘赣、湘鄂西和湘鄂川黔等革命根据地，广泛开展了土地革命斗争和发展经济的各项活动，湖南出现了崭新的新民主主义经济。

毛泽东领导的湘赣根据地，从井冈山斗争开始，至 1934 年春，先后开展了三次土地革命和一次查田运动。1928 年 12 月，公布了《井冈山土地法》，这是中国历史上第一个废除封建土地制度的详尽法典，规定"没收一切土地归苏维埃政府所有"，按人口平均分配

① 李富春．李富春选集［M］．北京：中国计划出版社，1992：2.

或按劳动力分配给农民“个别耕种”或“共同耕种”。[①] 这个土地法还存在一些缺陷，一是规定没收一切土地，而不是只没收地主的土地，容易侵犯中农的利益；二是规定土地所有权属于政府，而不是属于农民，农民只有使用权，禁止土地买卖。此后，在毛泽东主持制定的兴国县《土地法》和中共闽西第一次代表大会通过的《关于土地问题决议案》，逐步纠正了这些不足，使土地革命得以顺利开展。其后，彭德怀、滕代远等领导的湘鄂赣革命根据地，贺龙、任弼时领导的湘鄂西、湘鄂川黔革命根据地也相继开展了土地革命，在打土豪、分田地的基础上，将土地分配到广大农民的手中。湘鄂川黔革命根据地从 1934 年 12 月开始土地革命到 1935 年春基本结束，大庸、永保、郭亮、桑植、龙山、慈利等六县十几万人分得水田 24 万余亩。[②] 占苏区人口最大的贫雇农分得了土地、农具和粮食，解除了压在他们身上的苛捐杂税和重利盘剥，提高了他们生产的积极性，使苏区的经济获得了极大的发展。苏区政府还通过互助合作运动，引导农民走集体化道路；通过国营、合作社和私营三种经济模式，活跃苏区经济，增强了湖南经济的活力。

在湖南和平解放后，中共湖南省委按照毛泽东给湖南、江西省委的批示“土改工作主要应注意是否真正发动了群众，由群众自己动手（由上面派干部帮助）推翻地主阶级，分配土地，只要符合这个方向就是好的”指示精神，在湖南农村广泛地开展了土地革命，广大农民翻身成了土地的主人。1952 年，据 12085 个乡（湖南共 13274 个乡）的统计，共没收、征收土地 2487 万余亩，耕牛 28 万余头，农具 209 万余件，房屋 451 万间，粮食 9. 19 亿公斤，分得土改果实的农民约占农村人口的 65%，全省有 1890 多万无地少地的农民分得 2610 万亩土地和大批生产生活资料，成为土地的主人，

① 章有义．中国近代农业史资料：第 3 卷［M］. 2 版．北京：生活·读书·新知三联书店，1961：1037-1038.

② 宋斐夫．湖南通史：现代卷［M］. 长沙：湖南出版社，1994：294.

农村的生产力获得了更大的发展。湖南还通过没收省内官僚资本，建立国有经济，发展商业，稳定物价，使湖南的新民主主义经济获得了很大的发展。

第三节　湖南人才群体和近代湖南社会习俗变革

湖南人才群体是社会习俗改革的引领者，他们关注人们的衣食住行，婚嫁丧葬民间礼仪等社会习俗的变革，批判封建的陈规陋习，倡导社会习俗的新风尚，不断推动着湖南的社会习俗向文明、健康、向上的方向发展。

一、嘉道人才群体与湖南的社会习俗

虽然嘉道人才群体生活于清政府由盛转衰的时期，但由于承平日久，追求奢靡和个人享受之风在八旗子弟和达官贵人之中早已盛行。康熙时期，居住在都市里的八旗子弟，在生活上已是“衣文绣策肥（马），日从子弟宾客饮”。八旗王公贵族婚嫁多用锦绣金珠，死丧则烧毁珍宝车马，“嫁一女可破中人数十家之产，送一死而可罄生人数十年之用”。都下至四方奢侈相尚，“一鞍一骑，不惜百金”。乾隆时期，追求鲜衣美食之风更加突出。乾隆皇帝陶醉于歌舞升平的太平盛世之中，炫富摆阔。对女乐、珍宝、宴席无所不好。满洲王公骄奢淫逸的生活方式臻于极点。到嘉、道时期，“都下衣冠之会，无一人言及四方水旱者，终日华轩快马，驰骋于康庄。翰林则谒拜阁师，部郎则进谒台长。公事则胥吏持稿，顾名画诺；私退则优伶横陈，笙歌鼎沸。其间有文雅者，亦不顾民生之艰难，惟有访碑评帖证据琐屑而已”①。八旗子弟终日无所事事，习

① 与许海樵［M］//沈垚．落帆楼文集．卷9．刊本．民国七年（1918）：28.

于怠惰，提笼架鸟，虚度光阴。[1] 严重败坏了社会风气。

好在这种奢靡享乐之风对湖南波及不大。湖南地处内陆，风气闭塞。任官经商的人不是很多，豪门大族甚少，大多数人仍是俭朴为家，力耕以食，没有过多的余钱剩米去追求奢侈享受。嘉、道时期的湖南人才群体，大多出身于贫寒之家，家境殷实的人极少。陶澍家主要靠父亲教馆为生，陶澍从小帮助父亲放牛、砍柴、捕鱼，过着且耕且读的生活。母亲死后，弟托伯父照顾，妹做他人童养媳，自己随父四处教馆而漂泊，可见其家庭生活之艰难。魏源虽出身于金潭望族，父亲做过小吏，但因祖、父等人乐善好施，也只是勉为衣食之家。邓显鹤家境贫寒，全家还要为他举债治病，其他家族也好不了多少，至多为衣食不愁的小康之家。因而在他们发达以后，虽然也用他们的宦囊收入买田置地，但深知稼穑之艰，仍以俭朴持家，无论是婚丧嫁娶，或是福禄寿喜都不讲究排场，大操大办，更不互相攀比，按照传统的礼仪行事。虽然他们也有诗酒唱和之乐，但并无奢华之风。他们的精力主要用于治理国政，实现自己的政治理想之上，在他们的引导下，湖南的社会风气仍旧以淳厚俭朴为尚，以奢侈淫乐为耻。

但是，随着商品经济的发展，特别是鸦片流毒国内，一些不法商人以偷运鸦片为谋利手段，在湖南的一些大城市出现了偷吸鸦片的烟馆，一些纨绔子弟引为时尚，严重败坏了社会风气。对于毒害人民、影响人民身心健康的鸦片，嘉道湖南人才群体对此深恶痛绝。陶澍在道光八年（1828）曾作诗道："朽壤压脂膏，毒草昵罂粟。青磷闪荧荧，鬼伯相促续。"[2] 他支持黄爵滋严禁鸦片的主张，在上道光皇帝的《筹议严禁鸦片章程》的折子中，他明确言道："臣伏思，鸦片烟之害，起自粤洋，流毒内地。中其瘾者，殃身废

① 刘小萌．旗人史话［M］．北京：社会科学文献出版社，2011：89.

② 陶澍．次程梓庭中丞《训族诗》韵［M］//陶澍集：下册．长沙：岳麓书社，1998：367.

务，如醉如迷。久且竭中国之资财，贻害及于国计。苟有人心，孰不切齿痛恨?”① 他不仅赞同重治吸食之人，更主张重治贩烟之人，对他们实行严刑峻法。贺长龄在贵州，严禁士民种植鸦片。魏源则在浙江前线，亲自参与抗击英军入侵的鸦片战争。他们都不约而同地支持湖广总督林则徐的禁烟活动。在嘉道湖南人才群体的支持下，林则徐在湖南的禁烟活动取得了巨大成功。1838 年上半年内，在林则徐的主导下，“湖南境内查获烟贩十余起，收缴烟枪三千五百四十余杆。稍后，又迭次拿获大批烟犯，起获烟土烟膏三万余两，收缴烟具二千余杆”。又据护理湖南巡抚龚绶是年 11 月奏报：除年初收缴烟土二千七百余两外，湘潭等地又“会拿并首缴烟土烟膏一万一百四十四两”，“又自八月迄今，据各属收缴烟枪二千四百二十余杆”。并在长沙、善化两县“续获烟贩及吸食鸦片等案八起，共收缴烟土一千二百五十六两，烟膏五十两”②。湖南的禁烟活动，成效显著，在一定程度上抑制了鸦片烟毒的危害，保障了人民的身心健康，扭转了社会不良的风气。

在湖南，传统的封建婚姻习俗仍旧十分流行，子女的婚姻由父母包办，强调的是“父母之命、媒妁之言”和“门当户对”。嘉道人才群体对封建的婚姻习俗仍旧十分赞同，没有任何的疑义，子女的婚姻也遵循着这一原则，但是，也有人开始关注西方的婚姻制度。魏源在《海国图志》中介绍了西方国家的许多民风民俗，除了物产、职业、衣着、饮食、人际交往礼节等外，还介绍了与中国十分不同的婚姻习俗、男女关系等。如记英国婚俗：婚姻必男女自愿，然后告诸父母，不用媒妁，惟拜教主、祈上帝，婿则以戒指插新妇之指，即为夫妇。③ 君民皆无妾媵，无鬻子女者。男二十四岁以上，自度有俯畜之业，方议娶。娶妻不用媒妁，与女子自订可

① 陶今．我的先祖陶澍［M］．长沙：岳麓书社，2012：458.
② 刘泱泱．湖南通史：近代卷［M］．长沙：湖南出版社，1994：31.
③ 魏源．海国图志［M］．长春：时代文艺出版社，2000：3.

否，诺则告其父母而聘定焉，聘后往来，以知其情性，乃集两家亲朋，赴礼拜堂，请教师祈上帝，遂为夫妇。妇将已有业产财帛，俱归其夫，终身无二。[①] 又记美国人的婚姻习俗：开辟之始，未有人类，上帝既造一人为万物之主，又立一女子以配之，夫妇之礼自此始，历代相传无异，但无立妾及少年预聘之例。年十五以上者，访求淑女，若非亲谊，则踵府谒其父兄，结好往来三五载，彼此贤愚，皆已知之。或面订佳期，或各告父母，并无奠雁迓轮，及聘定之礼。娶之日，男女升堂携手，有一官或族正等书二人名，盖之以钤记印信，其后报丁册内，列夫妇姓名，自后必终身偕老。[②] 对西方女子有婚姻自主权及女子在财产、社交、教育等方面享有与男子同等权利一事特别给予了关注，词语之间并无诋毁之意，反映了魏源对这些与中国传统道德观念显然不同的习俗抱有一种新奇、宽容和开放的态度。西方人的婚姻自主观念、一夫一妻制观念和男女平权观念给中国人打开了另一扇婚姻习俗的大门，为青年人争取婚姻自由提供了一定的范例。尽管他没有对西方的婚姻制度提出自己的明确看法，但对婚姻自由、男女平权的介绍，无疑会对追求婚姻自由的男女青年产生一定的冲击，使他们找到了对父母包办婚姻不满的依据，从而有助于推动封建婚姻习俗的改革，其先导性的意义是不可低估的。

二、湘军人才群体与湖南社会习俗的异化

湖南作为湘军的故乡，造就了大批以军功显世的地主新贵，他们依靠从军的优厚待遇和从战争中搜刮而来的大量财富，成为拥资十万、百万的地主新贵，他们广置田产钱庄，营造华宅，大富者成

---

① 魏源．海国图志［M］．长春：时代文艺出版社，2000：21.

② 同① 45.

为称霸一地的大地主豪强，小富者至少成为不愁衣食的中小地主。[①]曾国荃在家乡大建宅第，“规模壮丽，有似会馆”[②]。随着湘军将士的胜利凯旋，湖南各地一栋栋华丽气魄的别墅也拔地而起，大多数湘军将帅拥有多处住宅已不足为奇。曾国荃不仅在老家湘乡拥有金碧辉煌的住所，而且在长沙也修建了多处房产，像1882年移居的贡院西街住所就是其中之一。其他将领如郭松林、杨厚庵、卢俊三等在长沙也有多处豪宅。靠着湘军起家的巨商朱昌琳所居住的芋园，其园林之胜非比寻常，“所建平台，全城俱在目，其右山水穷极数十里之远，亦省城一奇景”。胡恕堂中丞所居之蜕园，“园林之与芋园相埒，而一水曲折，累石为丘壑以环之，尤有奇致”[③]。这些一朝致富的新贵，将自己搜刮而来的财富尽情地挥霍，悠闲自在地过着奢侈腐化生活，助长了湖南的奢侈娱乐之风。到咸、同时期，无论贫富贵贱，各地各阶层都热衷于讲究排场，攀比奢华的风气日益盛行，特别是那些家境殷实的富贵之家，平日里就普遍流行吃喝玩乐、嫖赌逍遥、妻妾成群、挥霍无度、散尽千金。若遇有婚丧喜事，不仅在时间上要迁延数日乃至数月，而且在物力上要花费“少则数百金，多则上千金”，衣、食、住、行更是讲究精美。正如郭嵩焘所言：“未经粤寇以前，人心尤为质朴，经乱以来，日益加侈。”[④]

长沙、衡阳、湘潭等中心城市，富商、名士、公子，花天酒地，狎妓品花。杨恩寿所撰的《兰芷零香录》这样记述长沙的状况：“同治以前，寥寥数酒馆，肴亦适口。近因名花坌集，遂穷工极巧，以待不时之需。有若庆春园，有若萃贤阁，有若如松馆、玉

① 林增平，范忠程．湖南近现代史（1840—1949）［M］．长沙：湖南师范大学出版社，1991：127.

② 曾国藩．曾国藩日记：上册［M］．北京：宗教文化出版社，1999：546.

③ 郭嵩焘．郭嵩焘日记：第四卷［M］．长沙：湖南人民出版社，1983：657.

④ 同③ 653.

壶春，而以老怡园为最……每值佳日，有女如云，莺颠燕狂，左宜右有，虽秦淮之丁字帘，吴门之冶芳浜，无以过之。……辛未(1879)中秋，有品花主人定花榜，以江若兰、刘梅卿、张京运为鼎甲，另有同年齿谱。"① 这些人纵情于声色犬马之中，过着吃喝玩乐、花天酒地的生活，使社会风气日益败坏。"荆俗敦朴，自古志之耕农之余，游闲甚少，金玉纂组雕文刻镂里老相传数十年"，但是，自军功绅士成批涌现之后，长沙府县之人则"衣必绮罗，出必舆马，宴客必珍味，居处必雕几，故近市镇而拥素封者间亦有之"②。"风土记云湖湘间宾客宴集供鱼清羹则众皆退用五簋者皆数十年前事。士大夫宴客珍错交罗，竞为丰腴，有一食至费数金者，而婚葬为尤甚。"③ 湘潭"及寇平，诸将拥资还博戏倡优，相高以侈靡。尝一度输银至巨万，明日举典商部帖尝之，传以为豪。未十年，潜无余矣"④。浏阳县"往时民俗朴，城市罕酒家，宴会不设珍肴，衣服亦罕罗绮。今渐不然，以服饰骄人，及以酒食游戏征逐者，稍稍染颓风矣"⑤。攸县"界衡山之阳，昔时士大夫家居，非严寒不御裘；今关中裘商来攸，岁可得银万余两，其他锦绣之运自苏杭及岭南者则又倍之，计一岁中所费数金，而布帛不与焉"。左宗棠因而在致朋友的信中满怀忧虑地认为："天下皆贫，湖南独富，天下皆贱，湖南独贵。"此非湖南之福。

炫富与攀比之风在湘军妻妾中也十分流行。有权势的军功绅士妻妾成群，使这些共侍一夫的妇人们为了争夺在家族中的地位，互相炫耀自己的娘家多么有钱、多么显贵；而娘家人为了让嫁过去的女儿在婆家有好日子过，或不受同辈欺负、妯娌看低，往往将嫁妆寿诞人情搞得十分丰厚，以显示家族的富有。光绪十二年(1866)，

① 龙华．湖南戏曲史稿［M］．长沙：湖南大学出版社，1988：164.

② 刘采邦，张延珂．长沙县志：卷之十六风土［M］．刻本．1871（清同治十年）．

③ 同②．

④ 陈嘉榆．湘潭县志：货殖［M］．刻本．1890（清光绪十五年）．

⑤ 王汝惺，邹焌杰．浏阳县志：卷八学校［M］．刻本．1873（清同治十二年）．

郭嵩焘曾对此做过生动记载：“省城风气日益繁华，大率皆由妇人喜铺张，各怀争胜之心，极其心力以图饰美观”，“寒家俭朴之风，一变而为奢丽，实皆妇女辈开此风气”。[①] 因为就在这年九月，郭嵩焘的孙子跟长沙一周姓官员联姻，郭、周两家妇人相互炫耀，让郭嵩焘也感到无力相持，深苦烦费过甚，酬应之苦。

追求纸醉金迷的娱乐生活在湖南也十分流行。功名及第、仕途升迁、福禄寿诞、婚丧嫁娶等重大活动，不仅要大宴宾客，而且还要请戏班庆贺，演戏唱曲之风由此在湖南十分流行。“每逢喜庆，聚亲会友，以此侑觞，资为笑乐，一时社会靡然成风。缙绅子弟研习演唱，初时不过集合同道于家中为之，继而且相率粉墨登场，实际表演，遂开票友彩唱之端”，“咸丰、同治之交，湖南弹腔大为发展”。[②] 同治初年，湖南士人杨恩寿在《坦园日记》中记载他到距永兴县城二十里的西河口，恰逢对岸演唱花鼓戏，“金鼓轰云，灯光如海”，“台下喝彩之声，几盖钲鼓，掷金钱如雨”。[③] 从他的日记中，我们不难看到，从长沙、郴州等大城镇，到不知地名的穷乡僻壤；从省城藩臬官署，到民间城隍庙、娘娘庙等处，他随处且经常可以看到演戏。凡是民间演戏之处，都是“人山人海，万头攒动”[④]，“粉黛如云，游人如蚁”[⑤]。遇有酬神庙会，更是连日演唱，人们群趋观看，乐此不疲。王先谦六十岁时，演戏祝寿，湘江两岸，观者如堵。湘剧、弹唱、花鼓戏在这一时期都达到了鼎盛。一些不健康的演出也鱼龙混杂而出，在醴陵，演戏活动还与“淫词艳曲”挂上了钩，伤风败俗，遭到时人批判。巴陵地区也出现了这种淫词滥调，村民“竞演小戏，农月不止”，“村儿教习成班，宛同优子，荒弃作业，导引淫”，成为当地一大祸患，为害

① 郭嵩焘．郭嵩焘日记：第四卷［M］．长沙：湖南人民出版社，1983：657.

② 龙华．湖南戏曲史稿［M］．长沙：湖南大学出版社，1988：24.

③ 杨恩寿．坦园日记：卷1［M］．上海：上海古籍出版社，1983：8.

④ 同③ 4.

⑤ 同③ 26.

不浅。

郭嵩焘晚年曾对湖南士人耽于游乐，挥霍无度，不思进取，拒绝接受新生事物的“人心风俗”提出了严肃批评，他明确指出：“因论各省人心风俗，尤以湖南最坏”，其表现为造谣生事、愚昧无知、自私狡诈、贪图享受。因此，他认为要改变人心风俗，必须先从士人入手，端风正俗，趋向正道。他组织禁烟公社和思贤讲舍，就是想转变湖南日益败坏的社会风俗，矫正湖南造谣倾轧和奢侈之习，引导湖南社会风俗向健康向上的方向发展。尽管他的努力并不十分理想，但对人心风俗的转变仍旧起了积极的作用，尤其是在甲午战争的刺激下，湖南迅速由保守走向开放，成为最富朝气的省份，与郭嵩焘对“人心风俗”的批判和矫正有着密不可分的关系。

三、维新人才群体与湖南社会的移风易俗活动

戊戌维新运动时期，湖南维新人才群体在大力推进政治改革的同时，还利用报章杂志，大力地批判封建的陈规陋习，破除人们内心深信的各种陋俗，成立不缠足会和延年会等各种风俗改良团体，掀起了轰轰烈烈的移风易俗活动。

一是抨击缠足恶俗，提倡天足。中国妇女缠足起自五代十国的南唐，肆虐于宋明，清代汉人女子仍沿袭旧俗。这是畸形的封建审美陋习，对妇女的身心健康影响很大。维新人才群体在宣传变法的同时，对这种摧残妇女身心健康的陈规陋习进行了大力的批判。洪文治在《湘报》第 15 号上发表了《戒缠足说》，详尽地考述了中国妇女缠足的源起及演变历程，并叙述了不少妇女因遭缠足受到的非人折磨引发的种种悲剧，吁请禁止缠足应以法制相佐。唐才常接着在《湘报》上发表《书洪文治〈戒缠足说〉后》，以为声援，并对这种惨无人性、损害国民素质的“愚民之术”做了更为深刻的批

判，大声疾呼“缠足之陋习不废，则中国几有‘亡种之奇殃’。”①长沙士绅刘颂虞、黄圣清、欧阳坤、熊崇熙、刘泽椝等14人联名呈禀官宪，“公恳示禁幼女缠足”，认为仁人君子的禁缠足宣传不应局限于士人，主要应面向一般民众。并指出：缠足陋俗不除，则富国强民，“终无起点之术”。当时长沙设立了戒缠足会，湖南设立了不缠足总会。谭嗣同等人大力倡导不缠足，还拟定了《湖南不缠足会嫁娶章程》十条，规定“凡同会者皆可互通婚姻，除会外人亦系不缠足者，仍通婚姻外，余不得与通”；鼓励“破除不肯远嫁之俗见”；提倡婚事节俭新风，婚姻之礼总以简省为宗旨，从而推动了湖南不缠足运动的进一步发展。新化县秀才曾继辉不顾别人笑骂，手持论文，挨家挨户宣传；长沙南正街俞宅，免费印送《不缠足歌》，任人取阅；长沙南阳街李复泰还专门设立了定做各种云头方式鞋的鞋铺；谭嗣同夫人捐款作为不缠足会会费；汉寿县易瑜女士撰写《论女学校及不缠足会之善》；长沙妇女黄氏、陈氏等联合百余人，不论老幼壮弱，相约一律放足，不到一年，即人人步履稳健，“如释重囚”，《湘报》曾对此事做了专题报道。在一个浸透着陈规陋习的社会里，这无疑是一股清新的文明风气。

二是反对追欢逐乐的生活陋习，提倡科学生活，延年益寿。维新派人才群体反对封建的繁文缛节，徒耗光阴的迎来送往。倡导科学的生活规律，劝促士人珍惜时间，提高办事效率。1898年4月，谭嗣同、熊希龄等人在湘报馆成立了延年会。谭嗣同在《延年会叙》中，批判中国人在日常生活中浪费时间过多，虚耗了自己宝贵的生命。他批评那种“宾客之不时，起居之无节，酒食之征逐，博弈之纷呶，声伎戏剧之流连忘返”② 的追欢逐乐的生活陋习，劝告人们改变起居无度、应酬无常的生活习惯，要求人们仿效西方人

---

① 唐才常．书洪文治《戒缠足说》后［M］//湖南省哲学社会科学研究所．唐才常集．北京：中华书局，1980：148.

② 蔡尚思，方行．谭嗣同全集［M］．北京：中华书局，1981：410-411.

“衣服唯取轻便，礼节不尚跪拜，抛开中国礼仪中的一切繁文缛节”。要求入会者，规定作息时间，并免除一切不必要的请客、拜客和与宾客无聊闲谈等习俗。主张朋友彼此往来及接待生客，均穿便衣，不着冠带。非休息日，不得博弈听戏，撞诗钟；贺节贺喜及虚文酬答之信函，皆宜免绝；房屋及衣服，均应保持清洁。[①] 以此节省时间，多做有用之事，来益寿延年。虽然延年会的章程尚有不少局限，例如较为机械，只能面向上层士大夫等。但是，它所倡导的减少无谓应酬，珍惜时间，多办实事，提高生命质量的原则，无疑对士绅具有一定的启迪意义，对改变湖南的奢侈享乐之风，提倡节俭、科学、健康的生活具有重要的作用。

三是揭露鸦片之害，呼吁戒除鸦片。《湘学报》《湘报》将吸食鸦片视为造成中国贫弱的重要根源，指出，吸食鸦片害己、害家、害国，有百害而无一益。《湘学报》称鸦片之危害烈于时文和缠足，吸食鸦片使“民种将销灭莫救，竭其膏脂，自戕生命，以富强自敲而犹日肆苛求”[②]。《湘报》在《戒鸦片烟会序》中深刻揭露了鸦片“伤于身”“害于家”“损于国”“弱于国”的事实：首先，吸食鸦片伤害自己的身体，表现为“形羸骨削，面异人色，举动孱弱，有如木土”；其次，吸食鸦片破坏家庭，吸食者倾家荡产，妻儿老小饥寒交迫，“呼号无告”；第三，吸食鸦片致使鸦片大量进口，白银外流，“国用日蹙，民力弥困”，给国家造成重大的损失；第四，吸食鸦片，使“学尚废弛，等于土蕃”，有弱于圣教。《湘学报》《湘报》对吸食鸦片危害的揭露使湖南人更加清楚地了解鸦片，自觉地远离鸦片，对淳化社会风俗起了重要的作用。

维新运动时期，维新派人士利用《湘学报》《湘报》为媒介，大力地进行批判封建陋习的理论宣传，不缠足会和延年会又在实践上予以配合，开展了各种各样有益的社会活动，使湖南的移风易俗

① 蔡尚思，方行．谭嗣同全集［M］．北京：中华书局，1981：411-413.

② 禁烟私议［M］//湘学报：第 3 册．长沙：湖南师范大学出版社，2010：1575.

活动蔚然成风，新的社会风尚蓬勃兴起，从而打破了封建纲常礼教的束缚，促进了湖南妇女思想的解放，推动了湖南社会的进步。

四、资产阶级革命派人才群体与湖南社会习俗的变革

资产阶级革命派人才群体在追求推翻清，建立民主共和国的斗争中，对影响中国社会进步的几千年的封建陋俗进行了尖锐的批判。他们提倡男女平权，反对男尊女卑，主张妇女解放；反对封建的父母包办婚姻，主张自由恋爱的文明婚姻；反对缠足、吸食鸦片陋习，提倡健康生活；反对封建迷信，提倡科学认知。推动着湖南社会习俗向文明、开化的方向发展。

资产阶级革命派人才群体反对等级森严的封建旧道德，提倡自由平等博爱的新道德。杨毓麟将道德分为天然之道德和人为之道德两种。他认为“天然之道德，根于心理，自由平等博爱是也；人为之道德，原于习惯，纲常名教是也。天然之道德，真道德也；人为之道德，伪道德也”；“中国数千年相传之道德，皆人为之道德，非天然之道德也；皆原于习惯，纲常名教矫糅造作之道德，非根于心理。自由平等博爱真实无妄之道德也；非伪道德，皆真道德也”；他痛心地说道“当今之世，士习竞争，人夸乐利，等道德于刍狗，借权术为护符，横流所届，将恻隐廉耻之心荡然俱尽，人类之祸日以酷烈。而抱残守缺之徒，又迂拘拙陋，不知昌明自由平等博爱之真道德，反欲吹纲常名教已死之灰”。[①] 他称封建君主为数千年历史上无谓之赘疣，却“俨然以一人肆于民上，自念威福权力，皆由强取豪夺而来，常惴焉有汲汲顾影之心，斯不得不创尊君亲上之谬说，以巩固其大宝。此人民对于君主之伪道德所由来也”。因此，他认为只有“排斥强权”，才能实现“自由平等博爱之真道德矣”[②]。他进而分析说，这种伪道德在国家则表现为尊卑贵贱之分。

---

① 杨毓麟．论道德［M］//饶怀民．杨毓麟集．长沙：岳麓书社，2001：188.

② 同① 189.

尊贵即官吏，卑贱即人民也。“故人民之生死予夺，悉握于官吏掌握之中。残民以逞，莫敢谁何。朘削脂膏，则猗顿可为黔娄；颠倒善恶，则颜回可为盗跖。罗钳结网，罗织无辜，流血成川，号为‘屠伯’，昔人称‘破家县令’‘灭门知府’，岂不信哉！”在家庭则表现为尊长卑幼之分。“尊长有命，卑幼不敢违”，“叱之不敢怒，挞之不敢动，生服其命令，死不为复仇，庸非人世至可惨之事耶？”① 因此，他号召人民起来昌明真道德，排斥伪道德。“自今以往，不昌明自由平等博爱之真道德，则强者紾臂而攘食，弱者摇尾而乞怜，世界亦不复成为世界。但欲昌明真道德，又不可不排斥伪道德。盖伪道德与真道德实有不能两立之理。”② 陈天华也非常欣赏卢梭的天赋人权和自由、平等、博爱学说。他在《狮子吼》一书中虚构了一个民权村，被称为“世外桃源”，大家共议大事，由民做主，没有封建的尊卑等级观念。他们认为“不论做君的，做官的，做百姓的，都要时时刻刻以替国家出力为心，不可仅顾一己。倘若做皇帝的，做官府的，实于国家不利，做百姓的即要行那国民的权利，把那皇帝官府杀了，另建一个好好的政府，这才算尽了国民的责任”③。黄兴、宋教仁等革命党人都对封建专制主义进行了尖锐的批判，对自由、平等、博爱思想进行了广泛的宣传，使革命排满，推翻封建专制主义，实现自由、平等、博爱的社会新风俗成了时代发展的潮流。

革命派人才群体在对封建旧道德批判的基础上，进而对男女不平等的封建婚姻制度提出了批判。杨毓麟明确指出：“男女之不平等，莫中国若矣。”他还列举了男女之间婚姻的 5 种不平等现象，指出：“男子娶妾，女子无面首之奉，此婚配之不平等也。男子既

① 杨毓麟．论道德［M］//饶怀民．杨毓麟集．长沙：岳麓书社，2001：190-191.
② 同① 194.
③ 陈天华．狮子吼［M］//刘晴波，彭国兴．陈天华集．2 版．长沙：湖南人民出版社，1982：126.

娶而后室庐靡改，女子出嫁必弃己家而以他人之家为家，若无籍之民归化于大国者。此居处之不平等也。男子志在四方，太邱道广，王公厮养，皆在交游之列，即狎妓宿娼，亦自诩风流，不为恶德。女子以不出闺门为知礼，放诞飞扬，即遭诟病，嫌疑形似之地，身可死而谤不可消。此交际之不平等也。男子丧妻，持服仅及期年，等于父母之丧子女。女子丧夫，乃有三年之服，等于子女之丧父母，且有终身不释者。此服制之不平等也。”“男子杀妻，罪不至死；女子杀夫，则有凌迟之刑。男子停妻再娶，不过笞杖；女子背夫改嫁，罪至缳首。（曰停曰背，轻重可见。）此刑律之不平等也。”[①] 他进而批判封建的女德、妇道是封建统治者压抑妇女的枷锁。指出：“所谓女德、妇道者，不过使女子放弃权利，贬损人格，蜷伏于男子万重压制之下，稍有逾越，即刑戮随之矣。”他反问道：“夫女子当守妇道，何男子独不闻有夫道之当守耶？女子以不守妇道而受惩罚，何不闻男子以不守夫道而获咎耶？亦至可怪矣。”[②] 他赞美西方自由恋爱的婚姻制度。他说：“欧美诸邦，婚姻自由，指环交换，出于纯粹之爱情，尚有口血未干，遽寒盟誓。彼人无论男女，咸性情高抗，苟为人所绝，即慷慨承诺，无所异言，不肯伈伣乞怜，亦不能卤莽强迫也。”[③] 陈天华也主张男女平等，但并不完全赞同自由恋爱，因为社会的保守势力太强，容易使他们找到口实，反而影响社会的进步。他说：“民权村的风气全与内地不同，男女可以交相往来，本为交通社会，讲求学问起见。”但有一个叫杨柳青的人不怀好意，竟然写信向公立女学校的一个女学生求婚。结果被学校监督看到，监督责怪女学生说：“自由结婚，文明各国虽有此例，但在我这学堂里，尚不能任你自主。东洋的风俗，不比西洋，这话传出来，我这学堂的名誉，不从你一个人扫地吗？当初

---

① 杨毓麟．论道德［M］//饶怀民．杨毓麟集．长沙：岳麓书社，2001：192.

② 同①.

③ 同① 193.

开女学堂的时候，那些顽固党说立了女学堂，必要做出伤风败俗的事来。不知费了多少的曲折，才能支持到今日。现在虽说风气开了一点，到底是反对的人居多数，平日无风尚要生波，何况有了话柄，能禁他们不借此推翻吗?”① 可见，陈天华并不是完全反对自由恋爱，而是害怕操之过急，反而会滋生事端，引起不必要的麻烦。他主张兴女学，培植根本，反对女子无才便是德的歪理邪说。他明确指出：“那女子无才便是德的谬说，真正害人得很。外国女子的学问与男子同等一样，所以能相夫教子；中国的女子一点知识没有，丈夫、儿子不但不能得他的益，且被他阻挠不少。往往有大志的人，竟消磨于爱妻慈母，男子半生都在女子手里，女子无学，根本坏了，哪里有好枝叶呢?”② 在他看来，解放妇女，增加她们的知识，使她们享有与男子同样受教育的权利十分必要，是培植根本的最有效方法。革命派人才群体不仅是自由恋爱的倡导者，也是自由恋爱的实践者，黄兴与徐宗汉的婚姻就是其鲜明的体现。更有甚者，女界先锋唐群英，为争取女子参政权利，不惜大闹参议院。虽然没有达到实际效果，但可见妇女解放思想，争取男女平权观念已经在社会上形成了一定的影响。

革命派人才群体还对阻碍社会文明进步的社会陋习进行了尖锐的批判。黄兴对缠足陋习和封建迷信提出了批评。1912 年 11 月，他在湖南普通全体大会上的演说中，盛称广西女子拥有天足，她们既可耕田，又可冲锋陷阵。他说：“乃兄弟回湘以来，见各街市妇女多未放足，且有十三四岁女子而犹紧紧缠裹者，殊为怪事。鸦片之害，湖南已经严禁，昨日且枪毙烟犯矣。兄弟谓缠足之害有过吸烟，亦当严行禁令。”“因裹足实足以阻文明之进化，国家立法儆一

---

① 陈天华．狮子吼［M］//刘晴波，彭国兴．陈天华集．2 版．长沙：湖南人民出版社，1982：130.

② 陈天华．猛回头［M］//刘晴波，彭国兴．陈天华集．2 版．长沙：湖南人民出版社，1982：47.

戒百，杀一人可以生万人也。”他批判封建迷信说：“湖南最信木偶，以为可以捍患御灾。”“兄弟回湘，见街上犹有拜香客，谓岳神可以致福，此其可怪也。又有风水之说，谓父母死后须得佳城则灵验常存，后世子孙方能发达。夫父母之有灵验，必其生前作有大事业，足以感召后人。如岳忠武今犹有灵，非其躯壳有灵，因其义烈凛然千古，犹有生气，精神事业足以感人之故也。乃后世不察，致因图谋风水，构讼耗钱，且将父母遗骸连年搁置不葬。今且妨害矿山铁路，阻碍文明进化。此迷信之亟宜革除也。”① 陈天华要求严禁缠足和吸食鸦片陋习。他说：“缠足的害，已经多人说了，不消重述。但大难临头，尚不赶紧放足，岂不是甘心寻死吗?”“洋人害中国的事，没有毒于洋烟的。然而洋人自己不吃，这是怪得洋人吗？吸烟明明有损无益，都不能戒，也就没有话说了!”② 他号召妇女要主动担负起救国的责任。他说：“中国素来重男卑女，妇女都缠了双足，死处闺中，一点学问都没有，哪里晓得救国？但是现在是扩张女权的时候，女学堂也开了，不缠足会也立了。凡我的女同胞，急急应该把脚放了，入了女学堂，讲些学问，把救国的担子，也担在身上，替数千年的妇女吐气。你看法兰西革命，不有那位罗兰夫人吗？俄罗斯虚无党的女杰，不是那位苏菲尼亚吗?”③ 他要求中国妇女快快醒来，担负起救国的责任。虽然他们的这些先进思想不一定为当时绝大多数的中国人所接受，但是他们倡导的妇女解放、婚姻自由、男女平权，反对缠足、吸烟、迷信等主张，无疑对当时湖南的社会风俗起了极大的冲击作用，对树立文明进步的社会风俗意义重大。

---

① 刘泱泱，陈珠培，刘云波．黄兴集外集［M］．长沙：湖南人民出版社，2002：210-211.

② 陈天华．猛回头［M］//刘晴波，彭国兴．陈天华集．2 版．长沙：湖南人民出版社，1982：47-48.

③ 陈天华．警世钟［M］//刘晴波，彭国兴．陈天华集．2 版．长沙：湖南人民出版社，1982：94-95.

五、无产阶级革命家人才群体与湖南新的社会风尚的建立

湘籍无产阶级革命家人才群体致力于打碎一个旧世界，建立一个新世界的伟大事业。为此，他们不断地批判和冲击封建的陈规陋习，为建立一个民主、自由、文明、进步的社会新风尚进行不懈的努力，从而推动了湖南社会习俗的不断变革。

早在五四运动时期，湘籍无产阶级革命家人才群体就拿起批判的武器，无情地揭露和批判封建的陈规陋习。毛泽东在《湘江评论》中极力批判旧道德和“吃人”的封建礼教，提倡个性解放和妇女解放。毛泽东充满激情地代妇女控诉道：“我们都是人，为什么不许我们参政？我们都是人，为什么不许我们交际？”“无耻的男子，无赖的男子，拿着我们做玩具，教我们对他长期卖淫，破坏恋爱自由的恶魔！破坏恋爱神圣的恶魔！整天地对我们围着。什么‘贞操’，却限于我们女子，‘烈女祠’遍天下，‘贞童庙’又在那里？”“整天说什么‘贤妻良母’”，无非是“怕我们不受约束，更好好地加以教练”，“我们要进行我们女子的联合！要扫除一般强奸我们破坏我们身体精神的自由的恶魔”！[①] 毛泽东还利用1919年11月14日，长沙女青年赵五贞因不满父母包办婚姻，在喜轿中自杀的这一事件，发起了对封建旧道德、旧礼教的批判。他于13天内连续在长沙《大公报》上发表了《对于赵女士自杀的批评》《赵女士的人格问题》《改革婚制问题》《“社会万恶”与赵女士》等7篇论文和2篇杂感。他指出：“赵女士的自杀，是环境逼着她求死的。赵女士的环境是：（一）中国社会，（二）长沙南阳街赵宅一家人，（三）她所不愿意的夫家柑子园吴宅一家人。这三件是三面铁网……赵女士在这三角形的铁网当中，无论如何求生，没有生法，于是赵女士死了！”“假使这三件中有一件不是铁网，或铁网而是开放

① 湖南学生联合会，新湖南社，湖南自修大学．湘江评论 新湖南 新时代［M］．长沙：湖南师范大学出版社，2009：45.

的，赵女士决不至死。”[①] 但“母家、夫家都含在社会里面。母家、夫家，都是社会的一个分子。我们要晓得母家、夫家是有罪恶，但是他罪恶的来源仍在社会”[②]。的确，赵女士的娘家、夫家做法是由当时的社会所决定的，“是社会将他的‘希望’尽行夺去，而给与以‘完全失望’”[③]。他得出结论说：“这事件背后，是婚姻制度的腐败，社会制度的黑暗，意想的不能独立，恋爱不能自由。”[④]因而“就不能不高呼‘社会万恶’”[⑤]！毛泽东在同情赵女士自杀的同时，更号召广大的妇女要勇敢地与“吃人”的封建礼教与腐败的婚姻制度进行坚决的斗争。他说：“吾人主张与社会奋斗。……反抗旧社会，与其自杀而死，宁奋斗被杀而亡。如目的达不到，截肠决战，玉碎而亡，则真天下之至刚至勇，而最足以印人脑府的了！”[⑥] 在毛泽东的指导下，新民学会会员周敦详主办的《女界钟》对男尊女卑、“三从四德”等封建的风习礼教抨击不遗余力，并具体提出反对父母包办婚姻，反对一夫多妻制，反对蓄婢；要求男女教育平等，要求妇女经济独立，要求婚姻自由，男女社交公开。[⑦]女革命家向警予也明确指出：“婚姻能否自由，是女子能否解放的一个大关键。”“湖南赵女士、广西李女士[⑧]，他们两的痛史，就是

---

① 中共中央文献研究室，中共湖南省委《毛泽东早期文稿》编辑组．毛泽东早期文稿［M］．2版．长沙：湖南出版社，1995：413.

② 同① 425.

③ 同① 431.

④ 同① 414.

⑤ 同① 425.

⑥ 周世钊．五四时期湖南的新文化运动［M］//吕芳文．五四运动在湖南．长沙：岳麓书社，1997：191.

⑦ 吕芳文．五四运动在湖南［M］．长沙：岳麓书社，1997：241.

⑧ 赵女士，名五贞，湖南长沙人，因反对封建婚姻，于1919年11月14日自杀于花轿内。李女士，名超，广西梧州人，因反对封建婚姻和争取读书权，受到家中兄嫂等压迫，1919年8月，在北京高等女子师范学校求学时，贫病忧郁而死。

我们的殷鉴了。”[①] 向警予反对父母的包办婚姻，拒绝与湘西大军阀周则范结婚，离家出走，与蔡和森自由恋爱，结为革命伴侣，用自己的实际行动，来反对落后的封建婚姻制度。这对唤醒妇女的思想解放起了很大的作用。

大革命时期，在毛泽东、林伯渠、郭亮等人的领导下，湖南的农民运动迅速高涨，出现了“一切权力归农会”的革命形势。他们冲击封建的政权、族权、神权和夫权。“地主政权既被打翻，族权、神权、夫权便一概跟着动摇起来。农会势盛的地方，族长及祠款经管人不敢再压迫族下子孙，不敢再侵蚀祠款”，“女子和穷人不能进祠堂吃酒的老例，也被打破。衡山白果地方的女子们，结队拥入祠堂，一屁股坐下便吃酒，族尊老爷们只好听她们的便”。“许多地方，农民协会占了神的庙宇做会所。一切地方的农民协会，都主张提取庙产办农民学校，做农会经费，名之曰‘迷信公款’。醴陵禁迷信、打菩萨之风颇盛行。”“自此以后，人家死了人，敬神、做道场，送大王灯的，就很少了。”“在农民势力占了统治地位的地方，信神的只有老年农民和妇女，青年和壮年农民都不信了。”“最近农民运动一起，许多地方，妇女跟着组织了乡村女界联合会，妇女抬头的机会已到，夫权便一天一天地动摇起来。总而言之，所有一切封建的宗法的思想和制度，都随着农民权力的升涨而动摇。”[②] 在共产党的领导下，农民把他们不喜欢的事禁止或限制起来。“最禁得严的便是牌、赌、鸦片这三件。”[③] 从而沉重打击了封建的陈规陋习，进一步激发了人们的思想解放。

在土地革命时期，毛泽东、彭德怀、任弼时、贺龙等领导的湘

① 向警予．女子解放与改造的商榷［M］//中共湖南省委宣传部，中共湖南省委党史研究室，中共怀化市委．向警予纪念文集．长沙：湖南人民出版社，2005：32.

② 毛泽东．湖南农民运动考察报告［M］//毛泽东选集：第一卷．2版．北京：人民出版社，1991：31-32.

③ 同② 35.

鄂赣、湘赣和湘鄂西等革命苏区，各自颁布有婚姻法规。这些法规摒除了国民党婚姻制度中不合理的成分，规定禁止包办婚姻和买卖婚姻，禁止纳妾、领童养媳，禁止近亲结婚，禁止患有花柳病、精神病、传染病的人结婚，打破守节制度，解放寡妇、尼姑、和尚。在离婚问题上，规定需要双方自愿，特别是红军战士的配偶要离婚须经战士本人同意。有妻妾的人，不论妻或妾提出离婚，童养媳要求离婚，夫妻政治意见不合一方提出离婚，苏维埃政府随时批准。鉴于离婚后女方在财务方面往往处于不利地位这一现实，法规规定女方有获得一份家庭共同财产的权利。这些法规，否定了旧婚姻中的弊端，为后来制定更新更科学的婚姻制度奠定了基础。

湖南和平解放后，在毛泽东、刘少奇等人的领导下，中共湖南省委在巩固政权、发展经济的同时，又开展了大规模的改造社会风俗运动，打击歪风邪气，树立社会正气。在城市开展了工矿、码头的民主改革，扫除封建的把头政治，树立了工人主人翁的地位；在社会上开展了大张旗鼓的禁毒、禁娼、禁赌活动，彻底铲除了危害人民身心健康，败坏社会风气的三大毒瘤；在城乡大力宣传和贯彻新《婚姻法》，推动湖南的妇女解放运动。从而有效地打破了旧的陈规陋习，树立了新的社会风尚。

第六章

近代湖南人才群体形成的规律及对当代的启示

近代湖南人才群体的形成呈现出井喷式和连绵不断式的历史性特征，其影响力早已跨越了省界，成为影响全国政治的精英式人才群体，在一定程度上左右着中国近现代历史发展的进程。这种独步一时的人才群体现象，不是历史的偶然，而是多种因素交相作用的结果，既有深厚的地域文化因素，又有时代大变革的乱世环境，还有湘人独特的性格和精神，造就了近代湖南人的辉煌，因此，是有规律可循的，也给我们当代重塑湖南人才群体提供了深刻的历史启示。

第一节　积淀深厚的湖湘文化是近代人才辈出的基础

湖湘文化是一种优秀的地域文化，它兴起于南宋时期，以湖湘学派为代表，源自于以屈原为代表的荆楚文化，并与外来的中原文化和湖南本土的苗蛮文化相结合而成长起来的一种地域性文化。它历时悠长、底蕴深厚、包容广大、内涵丰富、与时俱进、自强不息，奠定了湖南近代人才辈出的基础。

一、湖湘文化深厚的爱国主义情怀是近代人才辈出的精神基础

湖湘文化的起源最早可以追溯到战国时期的屈原。“屈原瑰丽神奇的浪漫诗篇，庄子奥妙宏伟的哲理散文，深深地激荡和哺育着湖湘文化。”[①] 屈原是我国伟大的爱国主义政治家和诗人，是楚文化的主要代表。念祖、忠君、爱国是中原文化和楚文化的共有之处，但中原文化偏重于礼法，楚文化偏重于情感，而且楚文化在念祖忠君爱国上比中原文化表现得要更为强烈深沉。屈原在《离骚》中说：“陟升皇之赫戏兮，忽临睨夫旧乡。仆夫悲余马怀兮，蜷局

① 彭大成．湖湘文化与毛泽东［M］．长沙：湖南出版社，1993：189.

顾而不行。”诗人上天入地，上下求索，亲临许多美好的境界，见到许多美好的事物。正当他要向更光明的境界飞升时，忽然从天界上看到自己的故乡，于是，悲从中来，徘徊而不继续前行了。这是一种何等强烈的乡土意识，一种何等难解的怀乡恋乡情结呀！正是这种强烈的恋乡爱国情怀，使屈原含冤遭贬后，仍旧行吟于湖湘，“眷顾楚国，系心怀王”。不愿另投他国，谋取高位。最后他在汨罗抱石投江，演出了一幕爱国主义的悲壮之剧。屈原还在《九歌》中的《国殇》里，讴歌了楚国将士勇武爱国的伟大牺牲精神。“操吴戈兮披犀甲，车错毂兮短兵接。旌蔽日兮敌若云，矢交坠兮士争先。凌余阵兮躐余行，左骖殪兮右刃伤。霾两轮兮絷四马，援玉枹兮击鸣鼓。天时怼兮威灵怒，严杀尽兮弃原野。出不入兮往不反，平原忽兮路超远。带长剑兮挟秦弓，首虽离兮心不惩。诚既勇兮又以武，终刚强兮不可凌。身既死兮神以灵，魂魄毅兮为鬼雄。”这首悲壮的祭歌，淋漓尽致地表达了对楚国勇士忠君爱国的赞美和崇敬。正如姜亮夫所言：“《国殇》是楚国为了准备战争，鼓励将士出征、勇敢作战，或欢迎将士们回来的歌。”① 它奏出了湖湘大地古老而悲壮的爱国主义的乐章。这强烈的音符，从此便成了湖湘文化的主旋律。

西汉时期才华横溢的贾谊在流寓长沙期间，对屈原表示了深深的敬意，也为湖湘文化添加了新的元素。“贾谊对于楚文化及后来湖湘文化的贡献，在于除了精神上对楚文化奠基人屈原的归附与认同外，更多地体现入湘后，在长沙王身边当老师时，对以往策论的执着，这里反映的依然是对国事、对君主的关心与忠诚！在湖湘文化的大厦中，追求理想信念、追求思想创新是一种重要的支柱。这一点，贾谊用他的著述及劣境中不馁的精神，淋漓尽致地予以了发挥，并为湘楚大地所景仰！这也属他人格精神的入湘。”② 唐朝永

① 姜亮夫．楚辞今绎讲录［M］．昆明：云南人民出版社，1999：116.
② 廖静仁．天问湖南：历史之旅卷［M］．长沙：湖南地图出版社，2005：43.

州司马柳宗元的忧国忧民之心与屈原一脉相承，其文继承和发扬了屈原辞赋的传统，无论侧重于陈情，还是侧重于咏物，都感情真挚，内容充实。他们都为湖湘文化殿堂注入了新的血液，将忧国忧民和浪漫进取，与湖湘剽悍尚武精神有机地融为一体，孕育出一种好胜、好强、永不言败的拼搏精神，一种坚忍顽强、绝对自信的生命意志，一种为国捐躯、死而后已的爱国主义情操。

湖湘文化兴起的南宋时代，湖南士人的爱国主义精神突出表现在关心国事、留心治国安民之道，投身于火热的抗金、抗元的伟大斗争之中，胡安国写作《春秋传》的目的，就是强调君臣之义、人伦之本，突出尊王攘夷的意图。胡宏因不满秦桧卖国，拒绝应召为官，但他仍时时惦念社稷安危，黎民生计。他曾向宋高宗上万言书，陈述治国安邦的政治主张。指斥金兵“污辱王家，害虐蒸民”，视金兵入侵为“万世不磨之辱，臣子必报之仇”，还号召子孙“寝苫枕戈，弗与（金人）共天下”。并恳切陈词，力劝宋高宗“心忧如大舜，自任如周武，不牵于姑息之仁，不慑于强暴之威，立复仇之心，行讨乱之政”①，“灭仇雠，诛叛逆，恢复中原，仁覆天下”②。张栻任官期间，忠于王事，内赞密谋，外参庶务，深得孝宗赏识。他曾亲随父亲张浚兴师北伐，抗击金兵，力图收复中原，但因将领不和，加之朝中投降派的排挤打击，使张栻父子收复中原之志未酬。但张栻在战斗中表现出来的忠和勇，以及他那抗金爱国的坚定立场和思想，深深地影响了他的学生。在他的学生中涌现出一大批爱国抗金志士与将领，其中有“开禧北伐”功臣吴猎、赵方，组织抗金、“锐志当世”的游九言、游九功兄弟等。岳麓书院的数百学子在宋末德佑元年（1275）抗击元军的入侵中，宁死不降，书写了“长沙之陷，岳麓诸生荷戈登陴，死者什九”的爱国壮举。爱国主义完全融入了湘人的血脉之中，在湘人的霸蛮血性中闪

① 胡宏，胡宏集［M］. 北京：中华书局，1987：86.

② 同① 103.

现出耀眼的火花和精神的价值。岳麓诸生强烈的爱国主义思想一直受到后世的盛赞：“南轩岳麓之教，身后不衰。宋之亡也，岳麓精舍诸生乘城共守，及破，死者无算。”①《沅湘耆旧集》中也对岳麓弟子爱国主义精神多有赞叹，并将这一精神归诸“屈贾遗风，朱张教泽”：“说者谓屈贾遗风，朱张教泽，渐涵于长沙者久，抑楚人忠义出于天然性也。吕温题阳人城诗云：忠驱义感即风雷，谁道南方乏武才？天下起兵诛董卓，长沙子弟最先来。盖其意气慷慨，忠诚奋发为有自矣。”

抗元斗争虽然失败了，但为国捐躯的爱国主义精神却哺育了下一代，张栻的后裔张唐，赵方的后人赵准等人，继承先辈遗志继续战斗，血洒疆场，为国捐躯。吴猎的后代吴道行则在明末谱写了新的爱国主义篇章，他见明朝大势已去，自己空有报国之志而无力回天，最终绝食死于岳麓山下。湖湘文化的集大成者王夫之则在明朝灭亡清军追剿农民起义军余部和南明政权进入湖南之际，挺身而出，毅然举义兵于衡山组织抗清斗争，失败后又埋首著述，完成“六经责我开生面”的重任。他的爱国主义精神，有很多是别开新面的，在对一系列历史事件、历史人物及其思想的评价上，一反以往的观点，提出了自己独到的见解，具有重大的理论价值。王夫之升华、拓展了中国古代文化和湖湘文化中的爱国意识。同时，王夫之还提出了“扶长中夏”的口号，对传统的爱国精神做出了创造性的发挥。王夫之的爱国观念已超出了传统的忠君范畴，他把国家的利益和人民的安危置于最高地位，并认为，为了国家利益，是完全可以不论忠不忠君的。为此，王夫之提出了“古今之通义”，主张人民的利益大于“一姓之兴亡”。王夫之的爱国主义精神和民族主义精神为一代又一代的湖湘学子所继承。

王夫之书中的话“带着热，吐着火”，所流露的“对民族精爱

① 钱基博，李肖聃．近百年湖南学风·湘学略［M］．长沙：岳麓书社，1985：128.

具有感动后辈中国人，鼓励并召唤他们去行动的力量”。近代湖湘知识分子正是在他的这一爱国精神的感召之下，在挽救民族危亡、重振中华雄风的伟大事业中，慷慨悲歌、前赴后继，演绎出一幕幕气壮山河、舍身救国的爱国篇章，从而造就了近代湖南人才群体交相迭起，其他各省难望其项背的历史辉煌。正是由于爱国，湖南人魏源第一个提出了“师夷长技以制夷”的主张，开启了向西方学习的先声，曾国藩第一个将其引入实践，创办了洋务企业，掀起了洋务运动。从而将抵抗外国侵略与学习西方有机地结合起来。正是由于爱国，左宗棠不顾年老体衰，挥师新疆，痛击阿古柏，收复失地；为了维护国家领土的完整，他抬棺抗俄，不惧威胁，爱国之情何等壮烈。曾纪泽为了国家领土完整，“障川流而挽既逝之波，探虎口而索已投之食”。与沙俄外交官唇枪舌剑，据理争辩，迫使俄国做出让步，改订新约，收回了一些国家主权。谭嗣同则以“我自横刀向天笑，去留肝胆两昆仑”的大无畏精神，在友人劝他外逃保全生命的关头，他却大义凛然地说：“各国变法，无不从流血而成，今日中国未闻有因变法而流血者，此国之所以不昌也。有之，请自嗣同始。”他以自己的行动书写了为变法献身的伟大壮举，这是同为变法维新派领袖康有为、梁启超所无法做到的事情。唐才常更以“七尺微躯酬故友，一腔热血溅荒丘”的大无畏精神，发动了自立军起义，由变法走上了革命的道路，献出了自己宝贵的生命。为了唤起国人的觉醒，陈天华、杨毓麟不仅写下了《猛回头》《警世钟》《新湖南》等反帝反清的爱国主义著作，“一字一泪，沁人心脾，谈复仇而色变，歌爱国而声覵”，而且还投水自杀，警醒国人团结起来，反帝反清，完成资产阶级民主共和的大业。伟大的资产阶级革命家宋教仁，不惧袁世凯的强权和利诱，成为“为民主宪政而流血的第一人”。在他们身上体现的是何等强烈的为救国而勇于牺牲的爱国主义精神。正是由于爱国，湖南士人在甲午战争后发出了“救中国从湖南始”的强劲呼声；杨度在《湖南少年歌》中，唱出了“若道中华国果亡，除非湖南人尽死”的责任担当；毛泽东才敢于在橘子洲头发出“问苍茫大地，谁主沉浮”，敢于“指点江山、激扬文字，粪土当年万户侯”！这强烈的使命感和责任感，正是湖湘爱国主义的生动体现。湖湘的爱国主义传统融入了霸蛮的血性，使湘人的爱国主义较其他各省而言更加张扬、执着、血腥和强烈，表现出与众不同的鲜明特色，成了近代湖南人才群体竞相迭起的强大精神基础。

二、湖湘文化的经世致用学风是近代湖南人才辈出的动力源泉

湖湘文化传统中一个非常重要的特点就是“重践履”“重实学”“重经世致用”。强调学的目的就在于突出用的需要，反对空谈心性、空谈玄理，主张面向实践、面向社会，达到体用合一，尽其所学所能用于治理国家、治理社会。

从胡安国、胡宏、张栻等人创立湖湘学派起，就十分“留心经济之学”，不尚空谈，讲求实用，提倡实际的生产劳作，重视兵、农等实学，主张从国计民生和“日用之学”中，去探求富国强兵的道理，表现出早期湖湘文化重经世致用的鲜明特点。湖湘文化的集大成者王夫之更是以“六经责我开生面”的豪气，书写着经世致用的宏图大志，致力于“尽废古今虚妙之说而返之实”的实学思想的研究，提倡“言必征实”“义必切理”，从而使“即事穷理”的实学思想盛行于湖湘大地。以陶澍、贺长龄、贺熙龄、汤鹏、魏源为代表的嘉道经世主变派群体面对江河日下、吏治败坏、民不聊生的严酷社会现实，打出了“经世致用”的旗帜，他们倡导实学，讥切时弊，研究大政，力图通过改革整顿，革除弊端，改变社会现状，以挽救清王朝的灭亡。陶澍倡言“通经学而致之用”，“研经史为致用之具”。贺熙龄治学极重实学，所积甚厚，“于郡国利病，古今治乱安危，学术源流得失，靡不考核精确，以求见诸实用”。学贯中西的魏源在《海国图志》里，提出了“师夷长技以制夷”的思

想，主张向西方学习，寻求救国强兵的经世之方，大倡“以实事程实功，以实功程实事”的经世主张。以曾国藩、胡林翼、左宗棠、罗泽南等为代表的湘军理学经世群体，在太平天国起义的硝烟血雾中，集理学和经世之学为一体，弃文从武，扎硬寨、打硬仗，通过镇压太平天国好狠斗勇的“上乘”功夫，展现“治国平天下”的经世功用。郭嵩焘、曾纪泽以及戊戌维新时期的谭嗣同、唐才常、熊希龄等人，他们的所作所为，莫不折射出湖湘文化经世致用的光辉。郭嵩焘、曾纪泽甘冒骂名，宣传西学思想，提倡学习西方先进科学技术和政治制度，就是为了转变中国人民的落后观念，正确认识世界大势，达到国家转弱为强的经世效果。谭嗣同、唐才常、熊希龄甘冒杀头危险，呼吁变法维新，办工厂、建学校，推进各项新政事业，都是为了实现学为世用，才为国兴的经世目的。辛亥革命时期的黄兴更是地地道道的实干家，“为宪政流血的第一人”宋教仁，为推进民主宪政竭尽心力，资产阶级革命宣传家陈天华以投海自杀警醒国人，蔡锷率两万羸弱之兵揭起反袁大旗，为恢复共和肝脑涂地。他们的英雄业绩，书写出“广东人革命，湖南人流血”的惊世壮举。易白沙、杨昌济以及以毛泽东为代表的湘籍无产阶级革命家群体，都继承了湖湘文化经世致用的优良传统，他们孜孜以求地以先进知识来谋求改变社会现实，实现自己救国救民的伟大抱负。

重视实践，提倡力行，是湖湘文化经世致用的重要特征。早期湖湘学者胡宏最讨厌学者“多寻空言，不究实用”，大力提倡“行之行之而又行之”。强调对圣人之道，先是要“知”，但最终还是要落实到“行”之上。张栻在继承胡宏知行观的基础上进一步提出了“知行互发”的思想。他说：“致知力行，互相发也。盖致知以达其行，而力行以精其知”，因而主张“儒者之政，一一务实”。王夫之在总结前人思想成果的基础上，全面系统地提出了“知行相资以为用”，并“进而有功”的辩证知行统一观。陶澍则以政治、经济等实践活动为后世做出了榜样，他着力研讨有关国计民生的实务，如钱粮亏空、漕运弊端、水利失修、河工不治、盐课虚悬、私盐泛滥、赈济灾荒、安置流民等诸多社会现实问题，并着力解决这些现实难题。魏源继承了湖湘前辈的知行思想，认为只有通过实践才能获得真知识。他以“及之而后知，履之而后艰，乌有不行而能知之者乎”为理论基础，以识图、谈海、知八珍为例，说明行的重要。“披五岳之图，以为知山，不如樵夫之一足；谈沧溟之广，以为知海，不如估客之一瞥；疏八珍之谱，以为知味，不如庖丁之一啜。”① 他编的《海国图志》开学习西方以致诸用的一代新风。曾国藩同样主张：“知一句便行一句，此力行之事也。”左宗棠则提出：“纵读数千卷奇书，无实行不为识字。”正是在这种力行思想的指导下，湘军将领曾国藩、胡林翼、左宗棠、罗泽南、彭玉麟等人都具有“坚忍沉毅”“勇于任事”“顽强力行”的特点，敢于屡败屡战，力挽狂澜，以书生立奇勋，并发动洋务运动，率先开始走向世界的实践，赢得了“中兴名臣”的桂冠。杨昌济与毛泽东同样十分强调力行。杨昌济认为“博学、深思、力行三者不可偏废。博学、深思皆所以指导其力行也，而力行尤要”②。毛泽东更是强调要重视“能见之于事实”的“有用之学”，要“踏着人生社会的实际说话”，“引入实际去研究实事和真理”，使湖湘文化的知行观大放异彩。

反对冥思苦想，闭门造车，注重社会调查，密切联系实际，是湖湘文化经世致用的又一特征。湖湘学派的代表人物克服了其他知识分子耽于幻想，关门引经注典，不注重为政治和现实社会服务的通病，主张密切联系社会实际，广泛开展社会调查，找到解决社会现实问题的良方。“胡安国虽然居于荒林野郊，但却没有闭门修养，

① 中华书局编辑部．魏源集［M］．北京：中华书局，1983：7.

② 王兴国．杨昌济文集［M］．长沙：湖南教育出版社，1983：365.

空谈心性，而是时刻关心现实中的破碎山河、凋残民物和饥寒百姓。”① 胡宏青年时期，就“游学四方，有访求历世名公遗迹之志”。他们“优游衡湘，出入经史”，探索经国济民之大用，而非替个人谋利计功之小用。王夫之一生十分重视调查研究。他从青少年时代起就“喜从人间四方事，至于江山险要，士马食货，典制沿革，皆极意研究”②。陶澍一生足迹“半天下”，曾尝言：“仅从纸上谈兵终隔一尘”，书本所叙“与身临其境终隔一尘”。他宦游所至之地多达 82 处，“于海观其一，于湖观其三，于江汉、于淮，皆穷源而竞其委。于五岳，则登岱望华，遥揖恒嵩。……而于禹贡之九州，则足迹皆已及之，不止于身行万里，半天下矣”。陶澍认为，这种游览、调查，使他得耳目所遇，荡涤其心胸。魏源亦提出：“古今异宜，南北异俗，自非设身处地，乌能随盂水为方圆也？自非众议参同，乌能闭户造车出门合辙也？历山川但壮游览而不考其形势，阅井疆但观市肆而不察其风俗，揽人材但取文采而不审其才德，一旦身预天下之事，利不知孰兴，害不知孰革，荐黜委任不知孰贤不肖，自非持方枘纳圆凿而何以哉？夫士而欲任天下之重，必自其勤访问始，勤访问，必自其无事之日始。”③ 曾国藩强调学习经史，钻研学问，要面向现实，解决社会中的实际问题。他曾对官制、财用、盐政、漕务、钱法、兵法、刑律、河渠等 14 项有关国计民生的大政仔细考察，提出方略。他还涉猎天文、历法、农学、舆地、数学等专门学问，并在实际工作中加以运用。左宗棠倡言：“至吾儒读书，天地民物，莫非己任。宇宙古今事理，均须融澈于心，然后施为有本。”④ 谭嗣同、唐才常、黄兴、宋教仁等大批湖湘仁人志士莫不关注社会现实，注重调查研究，置身于火热的社会

① 文选德. 湖湘文化古今谈［M］. 长沙：湖南人民出版社，2006：201.
② 王兴国，聂荣华. 湖湘文化纵横谈［M］. 长沙：湖南大学出版社，1996：114.
③ 中会书局编辑部. 魏源集［M］. 北京：中华书局，1983：35-36.
④ 左宗棠全集：第十三册 家书·诗文［M］. 长沙：岳麓书社，1996：9.

实践，将自己的知识和能力贡献于改良和革命斗争的实践。毛泽东在青少年时代就懂得“练达世情皆学问”，强调不仅要读“有字之书”，还要读社会这本“无字天书”，并积极参加各种社会活动，在实践中积聚改造社会的能量，发现他人不能发现的问题。

经世致用是湖湘文化的精神特质，是湖湘士人治学和立身处世的基本原则，是他们人生的基本行为和主导方式。湖湘学派主张“始于修身，终身济世”，反对虚浮之风，提倡务实践履，主张身体力行，强调调查研究，理论与实际结合，这是湖湘学派区别于其他学派最为显著的特点。这个特点，使其区别于关中学派的烦琐考据，也区别于江浙文化重商重娱的特色，更区别于岭南文化浪漫飘逸的色彩。正是这一不同于众的特性，成了近代湖南人才辈出的动力源泉。

三、湖湘文化的“圣贤”精神和“豪杰”人格是近代人才辈出的思想基础

湖南的学术思想、文化教育，在宋以前，并不昌盛。宋明理学产生后，湖南一跃而为“理学之邦”。理学大师层出不穷，理学发展长盛不衰。理学的创始人周敦颐是今道县人，湖湘文化的代表胡安国、胡宏、张栻等人，虽不是湖南本土人，但在湖湘苦心经营几十年，也以理学为宗，理学大师朱熹也多次在湖南活动，为理学的发展培养了大批骨干。明末清初之际，又有一代理学大师王夫之在衡阳精研考核，把理学推向了一个新阶段。这么多理学大师的先后涌现，湖湘理学基础之深和风气之厚是不言而喻的。

湖湘理学既有传统的“内圣外王”的儒学传统，又有自己独到的认知体系，即不过于注重理学学理体系的完整建构，而尤为注重理学经世的功用。正如张立文所言：“湖湘学统追求内圣成德与外王事功的合一，但没有在这方面做出突出的理论贡献，没有建构两者合一的独特的理论体系”，而且，“湖湘弟子继承注重经世致用之

传统‘多留心经济之学’而逐渐疏离学术领域，特别他们目睹南宋严重的政治危机，积极投身于经世济民的政治和抗金活动，为此做出了重大牺牲和贡献”。[①] 一般来说，湖湘学派并不斤斤计较于精微琐细的学理辨析，也不在学理体系的宏大架构上处心积虑，在学术论争中也比较通达宽容，门户意见较少。湖湘学人似乎没有程朱先贤那种立山头，开门派，唯我独尊的霸气。这些姿态都表明，湖湘学派在学术追求上自有主见。湖湘文化理学思想所倡导的是“圣贤精神”和“豪杰人格”，周敦颐的《太极图说》，以简约的精髓之笔，勾勒出一个由无极、太极的宇宙化生，到圣人“立人极”的德性完善的天生之演。他认为要达到“圣人”境界，必须以“诚”为本，做到中、正、仁、义等，不过周敦颐所憧憬的圣人，是社会性的人，集体化的人，共性化的人，总之，是维护社会体制所需要的人。这正是儒学的人学主张，周敦颐与传统儒学的差异在于，他吸收了佛家和道家的思想资源，从宇宙论入手，将为人处事的“所当然”巧妙地与自然运行的“所以然”结合起来，使人道具有不以主观意志为转移的天道必然性，这是儒家先贤们缺席的理论建构。张立文概括得很到位：“周敦颐凸显了宇宙本体论在于伦理道德论的融合，建构了以‘立无极’与‘立人极’的和合为特征的道德形而上学逻辑结构。这是以往儒学所不及的。”[②] 胡安国始终坚持将道德修养放在首位，主张以心性修养为根本，强调经世致用，体现了儒家“内圣外王”的传统思想。他认为，“只有通过‘修身’‘养性’的途径，方能达到成道求仁、治国安邦的功利目的”[③]。胡宏提出了“性为大体”的性本论，强调“仁心”的作用，认为仁心是自我的道德意识，主张在道德实践中进行自我的道德修养，反对正统儒家的那种内省功夫。张栻强调道德践履，行至言

---

① 张立文．宋明理学研究［M］．北京：人民出版社，2002：22.

② 同① 156.

③ 周柳燕，易惠霞．湘学［M］．长沙：湖南科学技术出版社，2009：23.

随，修圣贤之道，做豪杰之事，立不朽之业。湖湘文化集大成者的王夫之，最为推崇的就是“以身任天下”的豪杰道德人格。他说：“纳之于豪杰而后期之以圣贤，此救人道于乱世之大权也。”① 读王夫之的著作，可以在字里行间强烈地感受到那种担当天下、舍我其谁的道德情怀。湖湘文化这种“圣贤”精神和“豪杰”人格，集中体现在近代湘人的道德痴迷、斗争痴迷和政治痴迷之中，从而造就了近代湖南人才辈出的辉煌。

近代湖湘人才的道德痴迷，是湖湘文化长期熏陶的杰作，岳麓书院是湖湘学派的学术大本营，是南宋理学创新经营的心仪之地，即使在乾嘉汉学极盛之时也未尝稍更，“湖湘犹依先正传述，以义理经济为精闳，见其言字体音义者，恒戒以逐末遗本，传教生徒，辄屏去汉唐诸儒书，务以程朱为宗”②。王文清、罗典等主讲岳麓书院，莫不以培养道德高尚的豪杰为己任。王文清主讲岳麓书院，“以群经教授诸子，阐发先儒性道心传，梯航后进不少，吾湘学蔀为之一开”③。罗典的教育理想就是：“地接衡湘，深山大泽龙虎气；学宗邹鲁，礼门义路圣贤心。”其实就是王夫之的豪杰人格。其高足严如熤则概括为：“坚定其德性，而明习于时务。”总归是以担当天下为己任的大人格、大气象。更重要的是，“罗典品行在当时有‘廉峻正直’‘诚朴’‘性严正，不可干以私’的评价”④，个人行状中体现了威武不屈的道德风范而赢得世人敬重。近代湖湘士大夫中有“道德完人”之称的当属曾国藩。今人对曾氏的研究多半是从伦理学视角切入。人们经常会提到毛泽东说“余于近人，独服曾文正”，也会提到蒋介石说“曾公乃国人精神之典范”，章太炎也说过，曾国藩者，誉之则为圣贤，贬之则为元凶。总之，见仁见

① 王夫之．船山全书：第一二册［M］．长沙：岳麓书社，2011：479.

② 罗汝怀．绿漪草堂文集：卷首［M］．刻本．1883（清光绪九年）：5.

③ 朱汉民，邓洪波．岳麓书院史［M］．长沙：湖南教育出版社，2013：431.

④ 王勇，唐俐．湖南历代文化世家 四十家卷［M］．长沙：湖南人民出版社，2010：344.

智，都离不开道德考量。公德、私德、修身、兴家、治国、平天下，曾国藩都有非常细腻的道德层面的心得论说。说他是个道德迷狂者似不过分。曾国藩治理湘军，就是以德治军的典范。每逢三、八，他都要亲自对军队进行道德训话，“虽不敢云说法点顽石之头，亦诚欲以苦口滴杜鹃之血”①。罗泽南则是一个“所著皆言性理书，忧道不忧贫”②，热衷于程朱理学，忠于封建礼教的卫道士，他治军注重于“倡明大义，振厉士气”。王鑫“治军以训练为急，所部壮丁操习刀矛火器之余，以孝经四书转相传诵，入夜营门扃闭，刁斗之声与书声相间也”③。李续宜“治军整严，日以忠义礼让训士卒，身经数百战，未尝挫衄，毅然以平贼为己任”④。江忠源办团练之初，“每月朔，会乡村子弟剀切譬晓，俾知亲亲长长之义，阴以兵法部勒其众，数月一乡肃然”⑤。湘军将领大多是道德至上论者，以道德教化成就豪杰人格，建立不世功业。毛泽东从青年时代起就很注意研究怎样培养圣贤豪杰的品德，他同王船山、魏源、杨昌济一样，把“圣贤”摆在人才的最高地位，认为“圣人”是得天地之“大本”，“立德、立功、立言”的最伟大的人物。而所谓豪杰则是指那些能“伸张其本性中至伟至大之力，因以成其为豪杰焉”⑥。毛泽东和大多数湘籍无产阶级革命家一样立志德性修养，成为救国救民的时代豪杰。

如果我们认同湖湘士大夫的道德痴迷，就不难理解他们行为中的斗争痴迷。这是非常急切实现自己的道德理想，救世济民心情的必然结果。湖湘士大夫一旦有施展救世抱负的机遇，大多表现出咄

① 曾国藩．曾国藩全集：书信［M］．长沙：岳麓书社，1990：208.

② 朱孔彰．中兴将帅别传［M］．长沙：岳麓书社，1989：70.

③ 左钦敏．湖南团练私议：上篇［M］．刻本．1899（清光绪二十五年）：3.

④ 郭嵩焘．湖南褒忠录初稿：殉劳一［M］．刻本．1873（清同治十二年）：37-38.

⑤ 江忠源，王鑫．江忠源集 王鑫集［M］．谭伯牛，点校．长沙：岳麓书社，2013：114.

⑥ 中共中央文献研究室，中共湖南省委《毛泽东早期文稿》编辑组．毛泽东早期文稿［M］．2版．长沙：湖南出版社，1995：218.

咄逼人，毫不妥协，鱼死网破的斗争姿态。曾国藩在发布的《讨粤匪檄》中，就明确地宣称："本部堂奉天子命，统师二万，水陆并进，誓将卧薪尝胆，殄此凶逆，救我被掳之船只，找出被胁之民人，不特纾君父宵旰之勤劳，而且慰孔孟人伦之隐痛。不特为百万生灵报枉杀之仇，而且为上下神祇雪被辱之憾，是用传檄远近，咸使闻知。"字里行间，咬牙切齿，势不两立，一副血战之姿，虽说是宣传造势，但是后来的血战无不一一验证。湘军屡败屡战，曾国藩三次自杀，终于剿灭太平军。之后又平捻军，扎硬寨，打死战的军威天下闻名。曾国藩也获得杀人不眨眼、杀人如麻的"曾剃头"绰号。另一位湘军统帅左宗棠，则更淋漓尽致地显现出斗争精神的人格风采，体现了大丈夫，真性情，表里如一的人格魅力。左宗棠以个性张狂傲慢和才气横溢闻世。无论对敌对友，对上对下，对内对外，他都直言不讳陈述己见，不事回避与遮掩，而且软硬不吃，遇强愈刚。尤其在面对外敌时，秉持"生平最恨是和戎"的信念，绝无妥协之态。在儒雅敦厚为基本士大夫风范的社会语境中，左宗棠显得格外另类。在近代湖湘政治精英群体中，他的人际关系不和谐，可谓首屈一指。但是他安之若素地说："平生性刚才拙，与世多忤，然不强人就我，亦不枉书己徇人，视一切毁誉、爱憎如聋瞽之不闻不睹，毕竟与我亦毫无增损也。"[①] 尽管左宗棠为人刚直，得罪人不少，却依然博得了敬重。被左宗棠多次冒犯的曾国藩说："论兵战，吾不如左宗棠，为国尽忠，亦以季高为冠，国幸有左宗棠也。"可见，左宗棠之斗争精神，更多是出于救世的道德公义，才能得到人们的理解和宽容。查阅生平行状，近代湖湘士大夫中不乏这种性情刚直，充满斗争精神的斗士，王夫之、罗典、严如熤、罗泽南、王壮公、王闿运、王先谦、谭嗣同、黄兴等，无论其政治态度怎样，其为人姿态上都显示出逼人的斗争锋芒，从而构成了近

① 徐志颖．左宗棠：帝国最后的鹰派［M］．北京：中国青年出版社，2013：416.

代湖湘士大夫的普遍性格。斗争精神在毛泽东身上也表现得尤为突出，毛泽东读书时就曾写过："与天奋斗，其乐无穷！与地奋斗，其乐无穷！与人奋斗，其乐无穷！"他年少时与父亲斗，青年时与校长、省长斗，成年后与国民党反动势力斗，新中国成立后不久，又与苏联的社会主义发展模式斗，晚年又发动"文化大革命"，与他亲手建造的党和国家新秩序斗，试图重新塑造一个全新的理想社会。他有一句很有名的话叫作"实践出真知，斗争长才干"，他的斗争意识几乎伴随了他的一生。可见，毛泽东对斗争的痴迷比前辈的湖湘士大夫有过之而无不及，已经不是人生手段，而是作为人生目的来看了。斗争着并幸福着，这不仅是青年毛泽东的人生主旋律，也是他毕其一生的主旋。这种人格的养成，和前辈的湖湘士大夫人格有着传承关系，可谓青出于蓝而胜于蓝。这又使我们回复到对道德情怀的探索之中了。道德至上主义者充分相信，崇高的道德是真理，所以不仅自己身体力行也要求天下人皈依，并且为了实现这种天下皈依而不屈不挠的斗争。可是，真理果然是唯一真确的吗？或者说，其真确性是无条件的吗？恩格斯认为，除非说一些老生常谈和陈词滥调，比如，所有的人都要死之类，没有永恒不变的真理。列宁也说："一切以时间、地点、条件为转移"，亦即真理是有条件限定的，越过条件，真理就成为谬误。那么道德何尝不如此？这正是我们要深思的地方。如果我们能在真理认识论的高度观照湖湘文化中的道德情怀，启迪会更加深刻。①

极致的道德痴迷必然导致政治痴迷。因为只有以社会治理为使命的政治才能社会性地实现道德理想。大量的考察已经使我们看到，湖湘士大夫们并不满足于独善其身，他们要兼济天下，引领着天下人都朝着圣贤之路皈依。所以，湖湘士大夫们孜孜以求地通过权力的拥有而号令天下。政治家或者通俗地说当官，就成为他们普

---

① 罗宏，许顺富．湖南人底精神：湖湘精英与近代中国［M］．北京：新星出版社，2017：323.

遍的人生道路和职业特质。所以，湖湘文化的近代辉煌，实际上是政治业绩的辉煌。近代湖湘文化精英，主要是政治精英。有学者综合《辞海》《中外历史人物词典》《清代七百名人传》《中国历史人物辞典》《中国历代名人辞典》《简明中外历史辞典》所列的杰出人物中，选出2047位有省籍记载的近代人物进行统计，湘籍为290人，占总数的14.17%强，高居榜首。其中绝大多数是政治人才。[①]湖湘学者周秋光也在《近代湖南的人才群体现象及其原因》中写道："据统计，从1840年—1919年，活跃在中国历史舞台的各类知名人物1238人中，湖南籍就有116人，占总数的9.4%。而在著名的761位历史名人中，湖南籍的竟有83人，占总数的10.9%。"另据《中共党史人物简介》列举的515位党史人物中，湖南籍的有89人，占总数的17.3%，其中党的杰出领导人和创建时期的主要领导人有13人，占总数的48%；在1955年授勋的中国人民解放军245位中将以上的将帅中，湖南籍的有73人，占总数的29.8%。这种现象常令世人惊叹不已。一篇刊登在纽约《北美日报》上的"社论"这样称道："湘籍历史名人、学者、政治家人数之多，近百年来一直居各省之冠。"[②]

总之，近现代中国的政治生活中，湖南人以数量大、层次高、影响力强而独领风骚。相反，在科技、经济、工商实业包括纯文艺领域的英杰人物则远逊政治领域，这不能不归结为湖湘文化中的政治痴迷心理积淀的潜移默化。而近代湖湘政治精英群体则是人格的榜样。

由此可见，湖湘文化理学思想孕育而出的"圣贤"精神和"豪杰"人格是近代湘人崛起的思想基础。道德痴迷、斗争痴迷、政治痴迷是其突出的表现。政治在很大程度上是一种道德意志的驱

① 张楚廷，张传燧．湖南教育史：第一卷［M］．长沙：岳麓书社，2002：3.

② 周秋光．近代湖南的人才群体现象及其原因［J］．湖南师范大学社会科学学报，2003（1）：59.

动。政治家是在把他们确信的应然道德理想灌输给社会。尤其是道德进入痴迷状态必然要诉求以政治的方式加以社会实现，而斗争则是其实现的重要手段。因此，近代湖湘精英们都具有道德狂人和政治枭雄的双重身份便不难理解。就近代湖湘文化的特质而言，同样是一种道德和政治水乳交融的形态，斗争只是其外在的媒介。换言之，只有把握道德情怀转化为政治激情的因果关系，我们才能更深刻地理解湖湘文化。

第二节　时代大变革为人才群体的涌现搭建了现实平台

近代社会是一个乱世之秋，也是一个时代大变革的时代。乾嘉苗民起义和川楚白莲教起义，标志着清朝统治危机的全面到来，清政府由此进入了封建制度全面修补的新阶段，从而催生了湖湘经世派人才群体的兴起；鸦片战争和太平天国运动，导致了清王朝全面倾覆的危险，使中国出现了“三千年以来未有之大变局”，从而催生了拯危济困的湘军人才群体；中日甲午战争，留给了中国人前所未有的伤痛，使中国卷入了既受西洋强国，又受东洋小邦日本的双重奴役之中，救亡图存的呼声随之响起，从而引发了湖湘资产阶级维新和革命人才群体的产生；“外争国权、内惩国贼”的轰轰烈烈的五四运动，唤起了中国人民的彻底觉醒，催生了“以俄为师”的湘籍无产阶级革命家群体。

一、乾嘉苗民起义和川楚白莲教起义催生了湖湘经世派人才群体

乾隆六十年（1795），在湖南西部的湘黔边界地区爆发的以石三保、石柳邓、吴八月领导的乾嘉苗民起义是康乾盛世余晖的送终曲，是大清乱世之兆的前哨战。虽然大规模的战争只有两年之久，但起义余波则长达十年，它耗竭了清政府长期以来积聚的国力、军

力和财力，是清政府由盛到衰的转折点。清军在长达两年多的时间里，损兵折将，付出了惨重代价，两位历经多次战阵、屡立战功的主帅福康安、和琳先后殒命苗疆，提督彭廷栋、总督孙士毅，以及明安图、伊萨纳、彭凤尧、护军参领常山、头等侍卫塞灵额、安笼镇总兵那丹珠、二品职衔令川屯弁硕克巴图鲁生根、花连布以下直至参将、游击、都司、守备等30余名高中级军官战死或病死，大批千总、把总和近万士兵也葬身苗疆，但仍未能彻底镇压湘黔边区的苗民起义，一直延续到嘉庆十年前后，这在清代乃至中国历代少数民族斗争史上，可以说都是极其少见的。大量清军有生力量的消亡，表明清军已经腐败不堪，难以担负起保疆守土的重任。战争中清军耗费的粮饷也是十分的巨大，这场平苗战争，清政府共花去白银高达2500万两左右，这对国库本已十分空虚的清廷无异于雪上加霜，进一步扩大了全国性的财政危机，构成了清代中衰的另一风景。乾嘉苗民起义的爆发，沉重打击了清朝的统治，牵制了江南数省的清军有生力量，迫使清政府放松了对临近各省的控制，为川楚白莲教教发动起义提供了活动的空间。川楚白莲教教徒正是利用这一战争空隙，加紧宣传联络，打造器械，准备起事。清朝为镇压苗民起义，加紧了对邻近湘黔的鄂、蜀、豫等省的横征暴敛，而且驻防各地的军队已被抽调一空，终于给白莲教教起义创造了更好的条件。因此，在乾嘉苗民起义一年以后，一场历时九年，纵横数省的白莲教大起义在中原大地正式爆发了。这场起义彻底地摧毁了清朝"康乾盛世"的大厦，最终把清朝推向了不可收拾的中衰之道。

乾嘉苗民起义和川楚白莲教起义的爆发，标志着封建制度性危机的全面到来，表明封建专制制度走上了全面衰败的道路，必须大动手术，进行全面的制度性修补。为拯救危局，嘉庆皇帝不得不痛下决心，惩治贪官污吏，一改乾隆晚年贪官污吏横行的庸人政治，开始清洗贪淫无能，坐享世袭特权的满洲权贵，任用有治世之才、挽乱世之危的汉族士人为封疆大吏，帮其摆脱天下大乱的困境。而一向以经世致用为职志的湖南士人恰逢其会，在国家人才困乏的艰难时期，他们自然就成了国家扶危济困的栋梁之才。因此，在嘉道时期，陶澍、贺长龄、贺熙龄、何凌汉、严如熤、汤鹏、李星沅、劳崇光等一批湘籍经世致用派的士人相继登上了治国理政的政治舞台，而魏源、唐鉴、邓显鹤等则成了理学经世派的著名学者，使湖南的近代人才群体初现光耀环宇的美好曙光。

二、鸦片战争和太平天国起义催生了湘军人才群体

道光二十年（1840）的鸦片战争，英国凭借着坚船利炮敲开了中国的大门，打破了天朝上国尽善尽美的神话。《南京条约》等一系列不平等条约的签订，使中国沦为了半殖民地半封建社会，领土和主权完整遭到了严重的破坏，中国的社会经济被迫纳入了世界资本主义经济发展的漩涡，传统的自耕自足的自然经济遭到了严重的破坏。这是“三千年来未有之大奇变”，由此，引发了资本主义制度与封建专制制度的对垒，这完全迥异于历史上的外夷入侵和王朝更替。中国从此走上了救亡图存、争取民族独立和主权完整的漫漫长路。

咸丰元年（1851）爆发的声势浩大的太平天国起义，是鸦片战争带来的严重后果。鸦片战争对传统经济结构的破坏，导致中国传统耕织经济的分离，许多农民因为外国商品经济的入侵，而走上贫穷、破产和失业的悲惨境地；战争经费和巨额的赔款，加重了广大人民的赋税负担，使贫穷的百姓雪上加霜，难以承受。外国在沿海各地设立工厂，导致土地兼并日益严重，大量的土地集中到少数富人的手中，失地的农民愈来愈多，在两广地区尤为突出，他们失去了生存资源，被迫铤而走险。“在这一背景下爆发的太平天国农民起义，其对近代中国的政治变革和道德重建，就又有了除旧布新的发展意义。一方面，它沿袭了以往农民起义在政治层面上反对封建官僚压榨和专制统治、经济层面上要求平等平均的斗争方式。另一

方面，它又在道德层面上力图以他所接受的西方基督教世界观，将现实的相夺、相斗、相杀的衰朽社会改造成为公平正直的人间天国。”①

洪秀全领导的太平天国农民起义，提倡男女平等，婚姻自由，反对男尊女卑，买卖婚姻。主张“天下多男人，尽是兄弟之辈，天下多女人，尽是姊妹之群”。提倡财产公有，反对私有观念，主张“人人不受私，物物归上主”。提倡平分土地，反对地主占有土地的不合理行为，主张“凡天下田，天下人同耕”。建立一个“有饭同食，有衣同穿，有钱同使，无处不均匀，无人不饱暖”的人间天国的美好理想，吸引了数以千万计的贫苦农民加入到农民起义军的队伍之中。在不到两年的时间里，就纵横广西、湖南、湖北、江西、安徽、江苏等省，实现了在南京建立“小天堂”的目标，使清朝政权岌岌可危，呈现出大厦将倾的局面。

但太平天国起义，犹如“前近代中国发生过的无数次农民起义一样，只不过在当时昏暗的天幕下犹如一道闪电，划出了瞬间的耀眼光芒，最终未能为中国社会的政治变革和道德重建，发展出新的路径。原因或许是，它的发展同样极深刻地带有那个衰世时代的所有颓败特征：只在破坏而未能建设；只在报复而未能谋求历史的谅解和包容。就如太平军兴起之日，数十万底层民众抢掠相踵，蜂拥而至；但其旌旗蔽日，征帆满江，所到之处却是一片废墟，满目疮痍。……尤其是洪秀全等太平军领袖在天京广征妃嫔，大建殿宇，极享六朝绮罗金粉之奢华；再加上太平军领袖之间连续发生的血腥权力倾轧，都注定这一中国历史上动员最为广泛的民众运动，绝无可能发展为一经国序民、以道义定天下的文化重建和社会革命”，“在当时的政治变革和道德重建中，起正面作用的还是那一批为风会气运所激，蔚起于湖湘之间的曾国藩等士人。他们‘慨然以正天

① 胡成．困窘的年代 近代中国的政治变革和道德重建［M］．上海：上海三联书店，1997：67.

下人心为自任’”。①

以曾国藩为首的湘军集团是以护圣卫道的使命感而聚合在一起的。清政府在镇压太平天国的起义中，曾在全国任命了43个团练大臣，但只有曾国藩的湘军成了气候，其他都没有显现出任何大的作为。这与曾国藩创立的“以书生训山农”的建军思路有很大关系。他充分激活了湖湘理学熏陶而出的抱道君子护圣卫道的杀机，给了他们起衰除弊，扶大厦于将倾的时代舞台。湘军凝聚力的形成思想教育是先导，将领自招的募兵体制是保障，乡谊亲情、师友关系是纽带，曾国藩公正无私的人格魅力是关键。湘军将程朱理学思想灌输到整个军营之中，坚定了湘军护圣卫道的信念，使他们成了一支有信仰有文化的军队，敢于为维护封建纲常礼教、消灭异端文化而死战；将领自招的募兵体制，使他们形成了浓厚的人身依附关系和利益共同体，能够上下同心，共谋发展；乡谊亲情、师生关系可以拉近双方的感情，强固团体的凝聚力。罗泽南与王鑫、李续宾、李续宜、杨昌濬、刘典、蒋益澧都是师生关系，曾国藩与罗泽南、刘蓉、郭嵩焘既是密友也是儿女亲家，左宗棠与胡林翼也有姻亲关系，湘乡籍的将领在湘军中占比最大，既与曾国藩有同乡之情又有一定的亲缘关系，这种感情的纽带将他们牢牢地拴在一起，形成一种超强的团结力；曾国藩在治军中宽严相济，“应宽者，利也、名也；应严者，礼也、义也”。因战功而奖赏、保举时，他毫不吝啬，也不太较真；涉及“礼”“义”等他认为是原则性问题时，则毫不容情、从严处理。因此，湘军将领乐为之用，愿意为他拼死卖命，从而使湘军成了一支信念坚定、服从指挥、生死相顾、慷慨赴死的强大体制外军队。曾国藩以“不要钱、不怕死”相号召，以“打脱牙和血吞”的韧劲，最终平定了太平天国起义，并倡导了洋

① 胡成. 困窘的年代 近代中国的政治变革和道德重建［M］. 上海：上海三联书店，1997：69、71.

务运动，启动了中国现代化的阀门，使清政府由制度性的修补转向对西方资本主义器物文化的吸收，西方的先进文化开始有了一席之地。湖南的人才群体由此成为左右清政府大局的一股不可忽视的力量。

三、中日甲午战争催生了资产阶级维新和革命派人才群体

光绪二十年（1894）爆发的中日甲午战争，以清政府的失败而告结束，无论淮军或湘军都无力捍卫国家领土的安宁。光绪二十一年（1895），清政府被迫签订了屈辱的《马关条约》，不仅赔偿了2亿两白银，还割让了辽东半岛、台湾全岛等大片土地，丧失了许多的国家主权。

中日甲午战争的惨败震惊了国人，原来侵略中国的都是西方资本主义列强，现在却连一个东夷小岛的日本也欺负到了中国人的头上，在很长的时间内日本还不能与中国人平起平坐，现在却反过来骑在中国人头上了，这怎能不让中国人伤心呢，一个泱泱大国竟落到这般任人宰割的田地，这谁又能想得明白呢？正如维新变法的领袖人物康有为所言："吾中国四万万人，无贵无贱，当今日在覆屋之下，漏舟之中，薪火之上，如笼中之鸟，釜底之鱼，牢中之囚，为奴隶，为牛马，为犬羊，听人驱使，听人宰割。此四千年中二十朝未有之奇变，加以圣教式微，种族沦亡，奇惨大痛，真有不能言者也。"①

这种奇耻大辱对湖南人而言感受尤为强烈。自湘军兴起以后，湖南人特别是士大夫、读书人等社会精英阶层就有一种莫名的自豪感，认为没有什么湖南人办不成的事情，但在辽东一役，数万湘军在凶狠残暴的日军面前，不堪一击，湖南人引以为自豪的资本轰然坍塌，其心理的创伤自然不可言状。原先以为可以拯救天下的湖南

① 张品兴．梁启超全集：第一册［M］．北京：北京出版社，1999：217.

人，这时对战争的失败怀有一种沉重的负罪感，认为“甲午的败仗，实是我们湖南人害国家的”，从而使他们改变了昔日虚骄自大的保守作风，开始从幻觉的破灭中正视严酷的现实，陡生了一种“救中国从湖南始”的强烈责任感。因此，甲午一战与其说让湖南人耻辱，不如说它促使了湖南人清醒。正如谭嗣同所说，湖南人“经此创巨痛深，乃始屏弃一切，专精致思……不敢专己而非人，不敢讳短而疾长，不敢徇一孔之见而封于旧说，不敢不舍己从人取于人以为善”。这种虚怀开放的心态迥异于甲午战争前的骄狂封闭。从此，一大批湖南士人以这种崭新的姿态，从传统的文化氛围和社会心理中挣脱出来，“因有见于大化之所趋，风气之所溺，非守文因旧所能挽回者。不恤首发大难，画此尽变西法之策”①，开始正视西方，并立即就近学习日本。因此，完全可以说，中日甲午战争是湖南近代历史发展的转折点，战后，湖南由全国的守旧中心一变而成为维新变法最为活跃的省份之一。

甲午中日战争再也不能像鸦片战争以后那样“雨过忘雷”了。堂堂的“天朝上国”居然败给小夷岛邦，割地赔款，丧权之严重都是空前的，所谓羁縻之计、柔远之策之类的字眼，再也掩饰不住《马关条约》带来的奇耻大辱。更为严重的是由此引发了帝国主义列强瓜分中国的狂潮。空前的民族危机降临了，出现了“泰西诸国之相逼，中国数千年来未有之变局也”②。使民族救亡成了时代的主题，变法的呼声成了救亡的时代选择。

在这种民族危机的强烈刺激下，湖南成了维新变法的试验场，在省政官员陈宝箴、黄遵宪、江标、徐仁铸的导引下，出现了官绅一体、共谋维新的大好局面。湖南的人才往往是在巨大的历史灾难后崛起，并呈现出高能为核的人才发散现象，好像湖南的人才都是

---

① 蔡尚思，方行．谭嗣同全集［M］．北京：中华书局，1981：168.

② 康有为．上清帝第四书［M］//中国史学会．戊戌变法：第3册．上海：神州国光社，1953：17.

为治乱救世而生。湖南的维新人才正是在救亡图存的感召下，毅然奋起，走到了历史的前台。先是继承洋务传统，传播湖湘先贤魏源、曾国藩、左宗棠、郭嵩焘、曾纪泽向西方学习的先进思想，开办实业，发展经济，让西方的器物文化在湖南落地生根，改变湖南经济落后的面貌，这一点几乎成了维新人才的共识，在维新派的合力作用下，湖南的实业建设风生水起，甲午战争前湖南想办而迭遭湘绅抵制的开矿、办厂、兴轮、铁路、电线等各种实业活动，在维新运动时期得以次第兴办，呈现出兴旺发达的气象。其后，政治变革也迅速提上了湖南的议事日程。谭嗣同、唐才常、熊希龄等激进维新派与时务学堂的总教习梁启超已不再满足于“中体西用”的洋务改革思路，而转向了学习西方的政治制度，意识到了要救亡图存，光靠对封建制度的修补已无济于事，必须全面学习西方，进行经济和政治制度的双重改革。他们办报纸、兴学堂、办学会，尝试地方自治；他们办保卫局，试验新式的城市管理；他们创办南学会，推动地方议会性质的新组织萌生。尤其是他们大胆地批判封建的专制制度，倡导民主、平等学说，甚至还提出“改正朔、易服色，一切制度悉从泰西”的全盘西化观。这就导致了维新阵营的分化，首先是以王先谦、叶德辉、黄自元、张祖同为代表的洋务派绅士走上了与以谭嗣同、唐才常、熊希龄、毕永年、何来保、樊锥、易鼐等为代表的激进维新派的对立面，他们从维护封建纲常礼教出发，起而反对激进维新派的政治观点，认为他们的言论大逆不道，无父无君，教人造反。其后温和派绅士欧阳中鹄、皮锡瑞等人也对他们敬而远之，严重削弱了维新派的力量，湖南的维新运动由盛转衰。许多激进维新派只好远赴京师，将维新运动由地方转向中央，依靠光绪皇帝开展维新变法，虽然百日维新比起湖南维新派的变法主张要温和得多，仍是用新制度来修补旧制度，达到新旧融合，以巩固皇权，但仍旧遭到了以慈禧太后为首的保守派的剿杀，维新运动最终以失败告终。谭嗣同等戊戌六君子以血洒菜市口的悲壮宣告了在中国走改良的道路行不通。

既然政治变革在中国通过改良的道路以走资本主义道路行不通，那就只有通过暴力革命，彻底推翻清朝的反动统治，以建立资产阶级民主共和国。一批受过湖南时务学堂教育的青年知识分子在流亡日本后，就开始放弃了改良主张，走上了革命排满的道路。其后随着湖南留日学生的不断增多，这些人在海外亲眼目睹了西方资本主义的先进，回望祖国则狼烟满地，列强横行，满目疮痍。因而反满革命的思想愈加强烈。他们已经完全抛弃了修补旧制度的幻想，而希望通过暴力革命推翻清朝政权，建立一个全新的资产阶级民主共和国。他们将王夫之的民族主义思想融入到建立资产阶级民主共和国的使命担当之中。“在赴日留学的较年轻一辈的湖南人中普遍可见。王夫之的历史地位，一时之间完全建立在他一生反抗当道所树立的榜样和他的反满著作上。原被视为改革派哲学家的王夫之，此时摇身一变成为湖南当地反满、反帝国主义的典范。”“就在非湘籍人士章太炎开始把王夫之视为所有汉人的共同财产来宣扬时，聚集于日本的湖南学生开始更猛力地想将王夫之据为己有。他们这么做，其实是在追随谭嗣同、郭嵩焘、邓显鹤的脚步，由此观之，他们三人多年来的推广似乎收到了成效。到了 20 世纪初期，凡是湖南人所写描述湖南人性格的著作，鲜少不把王夫之视为他们的精神领袖。王夫之同时扮演了两种角色，既是中国民族主义者的先驱，也是现代湖南子弟的祖先。这两种看法直接助长了湖南人的自豪感，尽管是以不同的形式、出于不同的原因。但在湖南学生的著作中，最有力的看法，乃是这两种看法的交融为一：把王夫之视为湖南民族主义之父。”① 在民族主义的激荡之下，怀抱着民主共和理想的湖南留日学生逐渐聚合在一起，形成了以黄兴、宋教仁、陈天华、杨毓麟、刘揆一、蔡锷、谭人凤、禹之谟、蒋翊武、焦达

① 裴士锋．湖南人与现代中国［M］．黄中宪，译．北京：社会科学文献出版社，2015：113、109.

峰、陈作新为代表的革命派人才群体。他们办刊出书，宣传反帝反满的爱国主义思想；组织革命团体，发动反清起义；推翻清朝，建立民国，在一定程度上实现了民主共和的理想，将中国革命推进到了一个新的历史阶段。

四、五四运动催生了“以俄为师”的无产阶级革命家人才群体

辛亥革命虽然推翻了封建帝制，建立了资产阶级民主共和国，但由于革命的成果最终被以袁世凯为首的北洋军阀所篡夺，民主共和成了一块空招牌，帝制的幽灵时常在神州大地游荡，中国陷入了军阀混战的灾难深渊。由于湖南地处南北军阀争战的要冲，因此，战争连绵不绝，灾难尤为深重，尊孔复古文化沉渣泛起，严重制约着湖南社会的向前发展。

辛亥革命后，湖南的卫道与保守意识仍然十分浓厚，在保守意识笼罩下，湖南“向来未入学校之子弟，埋头于经史中者，仍不乏人，或宗湘绮，或宗葵园，或仿桐城派，或学汉魏文，亦复各有其是非”[①]。他们顽固地抵御着新思想新文化在湖南的传播。当1915年之后，以北京、上海为中心的新文化运动迅速波及全国时，湖南却相对平静。在1919年之前，民主与科学的呼声在三湘四水没有引起多大的反响。《新青年》《每周评论》《新潮》等众多新刊物，没有一家是湖南创办的。不仅如此，这些刊物在湖南的流传也极为有限。以《新青年》为例，它在江苏有11个销售处，浙江、四川各有八处，连江西都有南昌、赣州等两地共三处，而湖南至1918年还仅长沙群益公司一处，除湖南师范学校等少数几个地方略有传阅外，读者寥寥。连长沙《大公报》都承认，“民国八年（1919）以前，鼓吹新文化之《新青年》杂志，在湖南虽得杨怀中（杨昌

① 吴中杰. 最近产生之湖南国学馆［J］. 国光杂志，1934（1）：79.

济）先生等赞许，而销行极少”①。当时在第一师范任教的杨昌济和黎锦熙等共同出版《公言》杂志，抨击封建的伦理道德，鼓吹改良社会，宣传资产阶级的民主、自由思想，但曲高和寡，并且仅出两期即遭封闭，从而再一次证明了湖南思想文化界的沉寂。这种情况一直维持到1919年五四运动的前一年，长沙新民学会成立时才被打破。

1918年4月14日，毛泽东、蔡和森、何叔衡、张昆弟、萧子升、罗章龙等13人在长沙成立了全省第一个提倡文化革新的团体——新民学会。新民学会的宗旨是“革新学术，砥砺品行，改良人心风俗”。“新民”之名出于“大学之道在新民……日日新，又日新”之意，并表明革新国民性是它的最终目的。学会规定入会会员必须诚恳、纯洁、奋斗、服从真理，共同关注宇宙、人生事业这些大问题，不虚伪，不懒惰，不浪费，不赌博，不狎妓。这些使得新民学会以与众不同的崭新面貌，出现在湖南思想舞台上，很快吸引了第一师范、长郡中学、周南女校、商业专门学校等长沙许多进步学生和青年教师参加，成为“五四”时期湖南新文化运动的主要组织者。

湖南新文化运动是借助于“五四”反帝爱国政治运动的波澜而广泛开展的。轰轰烈烈的五四运动喊出了“外争国权，内惩国贼”的爱国口号，打出了“反列强、反军阀、争国权”的旗帜，促进了民众的大联合，打破了军阀政府对新闻舆论界的严密控制，加强了湖南与京津沪及全国其他地区文化知识界的联系与交流，使得新文化运动终于在已沉寂了数年的湖南汹涌展开。“民国八年（1919）以前，鼓吹新文化之《新青年》杂志，在湖南虽得杨怀中先生等赞许，而销行极少。自五四运动，霹雳一声，惊破全国大梦，于是湘

① 湖南省哲学社会科学研究所现代史研究室．五四时期湖南人民革命斗争史料选编［M］．长沙：湖南人民出版社，1979：306.

人亦群起研究新文化。”“尤以学生联合会之《湘江评论》提倡新文化最力。”“故湖南新文化运动发轫于健学会，见效于罢课驱张。杂志影响最巨者为《新青年》，销行新出版物最力者为文化书社。皆由学界倡首，浸淫及于政界、工界、而政治、文学、教育、宗教、劳动、妇女及社会主义皆成问题，且呈纷争之象。”① 在新民学会、健学会等新型团体的倡导组织下，一部分具有初步共产主义思想的知识分子开始替代资产阶级和小资产阶级的文化代表，站在反对封建文化运动的最前沿，从资产阶级民主主义的立场出发，提倡独立思考，反对盲从封建权威，反对做习惯势力的奴隶，要求从封建传统的束缚下解放人的个性和才能。在新文化运动所揭橥的反对旧道德、提倡新道德；反对旧文学、提倡新文学的文化革命旗帜下，向着孔子偶像、命运观念、封建婚姻制度等封建专制主义的思想文化，展开了前所未有的抨击。

毛泽东、易礼容、彭璜等人创办的文化书社成了当时湖南传播新文化、新思想的主要阵地，尤其是对马列主义思想在湖南的传播起了关键性的作用。该社重点推销《共产党宣言》《马克思资本论入门》《科学社会主义》《社会主义史》《阶级斗争》《新俄国等研究》《劳农政府与中国》等书籍，以及《劳动界》《新青年》等杂志 40 多种，使马列主义在湖南得到了广泛的传播。

社会主义思潮的传播，引起了人们对它的实践地苏俄的浓厚兴趣。1920 年 8 月，原湖南学生联合会会长彭璜发起筹备以研究苏维埃俄国之精神学说为目的的“留俄勤工俭学团”；同月，姜咏洪、易培基、方维夏、毛泽东、何叔衡等又发起组织了“俄罗斯研究会”，该会计划发行俄罗斯丛刊，派人赴俄实地调查及提倡留俄勤工俭学。该会会员刘少奇、任弼时、萧劲光、罗亦农、任作民、吴芳、卜士奇等人还被派往上海共产主义小组主办的外国语补习学校

① 湖南省哲学社会科学研究所现代史研究室. 五四时期湖南人民革命斗争史料选编[M]. 长沙：湖南人民出版社，1979：305-306.

学习，后被转往苏俄留学，直接接受马列主义的熏陶。当时的长沙《大公报》评论说：“‘留俄勤工俭学团’和‘俄罗斯研究会’的成立，足见得湖南的教育界不拘成见，提倡新文化的一斑”；“也足见得湖南的人民精神活泼，勇于进取，大有要与世界文明族类并驾齐驱的勇气”。毛泽东、蔡和森、何叔衡、向警予、刘少奇、任弼时、李立三、罗荣桓、萧劲光、邓中夏、郭亮、夏曦等一大批有志青年相继接受了马克思列宁主义，湘籍无产阶级革命家人才群体初步形成，湖南的新文化运动由此进入了一个新的时期，开始走“以俄为师”的道路，坚持以革命的暴力对付反革命的暴力，湖南成了中国共产党最早的创始者之一，成了中国新民主主义革命的开路先锋，从而掀开了中国革命的新篇章。

第三节　敢为人先是湖南人才群体脱颖而出的精神支柱

敢为人先是湖湘文化的鲜明特色，是湖南人才群体脱颖而出的精神支柱。湖南人的独立根性，是敢为人先的精神灵魂，是湖南人霸蛮血性的本色表现。近代湖湘英杰继承传统，用敢闯敢拼，革故鼎新的创新精神，书写了敢为人先的辉煌业绩；湘籍无产阶级革命家群体是敢为人先的时代典范，是马克思主义与中国革命具体实际相结合的完美体现者，敢为人先还是激励人民奋勇前行的强大动力，是中华民族伟大复兴的坚强柱石。

一、湖南人的“特别独立之根性” 是敢为人先精神的压舱石

最早注意到“敢为人先”的湖南人精神，并将其进行理论性阐述的是近代湖南著名的民主革命宣传家杨毓麟。他在 1903 年发表的《新湖南》一文中，提出“我湖南有特别独立之根性”，“其岸异之处，颇能自振于他省之外”。钱基博所著的《近百年湖南学

风》中写道："湖南之为省，北阻大江，南薄五岭，西接黔蜀，群苗所萃，盖四塞之国。其地水少而山多，重山叠岭，滩河峻激，而舟车不易为交通。顽石赭土，地质刚坚，而民性多流于倔强。以故风气锢塞，常不为中原文化所沾被。抑亦风气自创，能别于中原人物以自立。人杰地灵，大儒迭起，前不见古人，后不见来者，宏识孤怀，涵今茹古，罔不有独立自由之思想，有坚强不磨之志节。湛深古学而能自辟蹊径，不为古学所囿。义以淑群，行必厉己，以开一代之风气，盖地理使之然也。"[①] 哲学家冯友兰称楚人"有极新之思想"，"不受周之文化之约束"。[②] 由此可见，自古以来，由于湖南特殊的地理环境和人文因素，造就了湖南人"特别独立之根性"，奠定了他们"敢为人先"，独开新路的精神特质。

湖湘大地上的古代文化具有敢于冒险、顽强拼搏、独立自主、求新求变、草野蛮横的精神特质，养成了坚忍强悍、艰苦节俭、不怕困难、勇于牺牲的风土民习。这种"独立不羁、自我意识强烈、不肯调和、不肯轻易服人的精神内核"成为"敢为人先"的湖湘文化的精神的思想文化源头。[③]

湖湘子民作为战神蚩尤的后裔和"三苗"的传人，有着一种强烈的"霸蛮"精神。"霸蛮"从惯常的贬义讲虽有"粗野、凶恶、不近情理"之义，但纳入文化人类学的视野观之，则实指一种好胜、好强、永不言败的拼搏精神，一种坚韧顽强、绝对自信的生命意志。流淌在湖湘士民身上的倔强、刚直、英勇、坚毅、强悍、豪侠，以及"特别独立之根性"，都是源自于"霸蛮"行为的特质。这种争强好胜、不甘落后的霸蛮血性，不仅体现在他们的文化创新中，也体现在他们的政治功业上。楚人老子以五千言而成为道家的

① 钱基博．近百年湖南学风［M］．傅道彬，点校．北京：中国人民大学出版社，2004：1.

② 冯友兰．中国哲学史：上册［M］．北京：中华书局，1984：217.

③ 刘范弟．善卷、蚩尤与武陵：上古时期一段佚史的破解［M］．长沙：湖南大学出版社，2003：184.

鼻祖，庄子发挥老子思想，集道家哲学之大成，屈原创造的骚体诗歌——《楚辞》，是中国文学史上独具艺术风格的奇葩，湘人周敦颐只有一篇两百多字的《太极图说》和不满三千字的《通书》，但却被誉为宋明理学的开山鼻祖，魏源以提出“师夷长技以制夷”而成为近代史上睁眼看世界的第一人，他们都在于具有文化创新之功。曾国藩以扎硬寨、打死仗的霸蛮精神，平定了太平天国起义，开创了“同治中兴”的新局面；毛泽东、刘少奇、任弼时、彭德怀、贺龙、罗荣桓等湘籍无产阶级革命家群体，以超级霸蛮精神，走出了一条“从农村包围城市，武装夺取政权”的革命道路，打败了日本，消灭了八百万蒋匪军，埋葬了充满屈辱和辛酸的半殖民地半封建社会，建立了中华人民共和国。湖湘文化的“霸蛮”精神和“独立之根性”在这一伟大历程中得到了前所未有的升华，融入到中国共产党人的文化之中。

凡具有“霸蛮”精神和“特别独立之根性”的人相信：世界上没有“做不到”的事，只有“想不到”的人。要改变命运，只能靠超过别人的苦干硬干，付出百倍的努力，不投机、不取巧，横下一条心，霸蛮去做，就总会有成功的一天，总会创造出人间的奇迹。这就是湖湘雄杰的本色，也是湘人在近代历史舞台上光耀环宇的奥秘所在。

湖南人“特别独立之根性”是敢为人先的压舱石。湖南人的“独立根性”主要表现于“湖湘历代知识精英均焕发着一种‘无所依傍，浩然独往’而不囿于陈见的创新精神；一种慷慨激越的‘爱同胞而惎仇虐，时时迸发于脑筋而不能自已’之精神和卓励敢死、强悍炽烈的士风民气”①。从而鼓舞他们勇于探索、大胆创新，做出前人未做出的业绩，创造出超越他人的人间奇迹。杨毓麟说：“自濂溪周氏，师心独往，以一人之意识，经纬成一学说，遂为两

① 周秋光．湖湘文化宏观研究［M］．长沙：湖南师范大学出版社，2001：208.

宋道学不祧之祖。胜国以来，船山王氏以其坚贞刻苦之身，进退宋儒，自立宗主。当时阳明学说遍天下，而湘学独奋然自异焉。自是学子被服其成俗，二百年来，大江南北相率为烦琐之经说，而邵阳魏默深治今文《尚书》、三家诗，门庭敞然。及今人湘潭王氏之于《公羊》，类能蹂躏数千载大儒之堂牖，而建立一帜。道咸之间，举世以谈洋务为耻，而魏默深首治之。湘阴郭嵩焘远袭船山，近接魏氏，其谈海外政艺时措之宜，能发人之所未见，冒不韪而勿惜。至于直接船山之精神者，尤莫如谭嗣同，无所依傍，浩然独往，不知宇宙之圻埒，何论世法！其爱同胞而惎仇虐，时时迸发于脑筋而不能自已，是何也？曰，独立之根性也。”① 这就明确地说明了湖南人的非凡成就，敢为人先的精神品格都是来自与众不同的独立之根性。德国人李希霍芬在《中国——亲身旅行和据此所作研究的成果》一书中，认为湖南人是长期保持独立的一个种族的后裔。中国的军人主要出生于此地，尤其是许多的官员也出生于湖南。忠实、正直、强烈的自我意识是该省居民的精神及性格特征。中国军队的主要兵源来自湖南，相反，在银行业、商业界则看不到湖南人。小商业属于江西人，金融业属于山西人，大商业属于广东人。罗福惠还对湖南、湖北人的性格做了比较，认为湖北与湖南相比，多了一些“灵活”，少了些“朴实”，多了一些“变易”，少了一些“坚守”。这就说明湖南人是“一根筋”，不撞南墙不回头，抱定一个信念，就会勇往直前地走下去，创造出令世人瞩目的业绩，这就是敢为人先的伟大精神。

二、近代湖湘英杰创造了“敢为人先” 的历史辉煌

在长期的湖湘文化的熏陶和变革时代的特殊社会环境之中，近代湖南人才井喷式地涌现出来，创造出了“敢为人先”的历史

① 饶怀民．杨毓麟集［M］．长沙：岳麓书社，2001：35.

辉煌。

嘉道湖湘人才群体不仅在漕粮、盐政、河工等关系清政府经济命脉的重大改革中做出了令世人瞩目的业绩，创造出了社会改革的新经验，而且魏源还在自己所写的《海国图志》中，首次提出了“师夷长技以制夷”的政治主张，发出了向西方学习的先声。湘军人才群体不仅创造了扎硬寨、打死仗、屡败屡战、平定太平天国起义的军事奇迹，而且曾国藩、左宗棠等人还将魏源的主张首次付诸实践，发起了洋务运动，兴办了近代军用和民用企业，使中国迈开了现代化发展的脚步。郭嵩焘、曾纪泽等人更进而提出了学习西方政治制度的先进思想，开启了政治现代化的阀门。谭嗣同、唐才常等维新改革派人才群体首次在湖南开始了政治现代化的伟大实验，第一个喊出“要冲决一切封建罗网”的口号，并以“我以我血荐轩辕”的伟大壮举，书写了“敢为人先”的辉煌。黄兴、宋教仁、蔡锷等资产阶级革命派人才群体，以毕生的精力和心血去推翻帝制，建立共和，铸造了“广东人革命，湖南人流血”的神话，在他们的身上无不闪现着“敢为人先”的精神之光。作家王开林曾这样概括道：“晚清以迄民国，天漏日残，湖湘英杰每每充当冒险建功的‘补天者’和‘追日者’，他们自然而然形成紧密坚固的人才链，屡次在节骨眼上挺身而出，起到扶大厦之将倾，挽狂澜于既倒的作用。曾国藩一手缔造湘军，解救了江南数省的黎民；左宗棠统领湖湘子弟，保住了西部边陲的金瓯完整；谭嗣同头颅一掷，激起了革命回声；陈天华蹈海而死，同盟会空前凝聚；黄兴指挥广州起义，中华民国有了明显的胎息；宋教仁组织政党内阁，民主宪政透射出第一缕晨曦；蔡锷打响护国战争，彻底铲除了封建帝制的根系。”①

1920 年 1 月，新文化运动的主帅陈独秀写了一篇文章，题目叫

① 王开林．敢为天下先 湖南人凭什么纵横中国［M］．北京：经济日报出版社，2007：3-4.

作《欢迎湖南人底精神》，他写道："湖南人底精神是什么？'若道中华国果亡，除非湖南人尽死'。无论杨度为人如何，却不能以人废言。湖南人这种奋斗精神，却不是杨度说大话，确实可以拿历史证明的。二百几十年前底王船山先生，是何等艰苦奋斗的学者！几十年前底曾国藩、罗泽南等一班人，是何等'扎硬寨打死仗'的书生！黄克强历尽艰难，带一旅湖南兵，在汉阳抵挡清军大队人马；蔡松坡带着病亲领子弹不足的两千云南兵，和十万袁军打死战，他们是何等坚忍不拔的军人！"陈独秀用大量的历史事实证明了湖南人"敢为人先"的奋斗精神，正是近代湖湘英杰不惧挫折、勇于担当、革故鼎新、开拓进取的"敢为人先"的伟大精神，书写了近代湖湘历史的辉煌。

三、湘籍无产阶级革命家群体是"敢为人先"精神的时代典范

湘籍无产阶级革命家群体不仅继承了湖南先辈"敢为人先"的精神传统，而且将其发展到了最为辉煌的顶点。党的早期创始人陈独秀曾经说过："我们欢迎湖南人底精神，是欢迎他们的奋斗精神，欢迎他们奋斗造桥的精神，欢迎他们造的桥，比王船山、曾国藩、罗泽南、黄克强、蔡松坡所造的还要雄大精美得多。"[①] 确如其言，以毛泽东为首的湘籍无产阶级革命家所造的"桥"比历代湖南人所造的"桥"都要雄大精美得多，他们将"敢为人先"的湖南精神发挥到了极致。

以毛泽东为首的湘籍无产阶级革命家群体，在学生时代就有立志改造社会的宏图大志，敢于想人所未想，做人所未做之事。1918年，毛泽东发起的新民学会，成了培养湘籍无产阶级革命家的摇篮。他们在驱张运动中，率先提出了改造湖南的自治方案，提出了建立"湖南共和国"的主张，天才般地设计了湖南共和国的政治、

① 陈独秀．独秀文存［M］．合肥：安徽人民出版社，1987：444.

经济、军事、文化等各项政策，虽然具有浓厚的空想色彩，但也充分体现了他们“敢为人先”的理论勇气。

众所周知在湖南产生了全国第一个省级党组织，同时还拥有中共最早的干部学校——湖南自修大学。1921 年 8 月，毛泽东、何叔衡在长沙城外协操坪丛林中，召集夏明翰、郭亮、彭平之、陈子博、杨开慧、易礼容、毛泽民等 10 余名党员，宣布成立中国共产党湖南支部，毛泽东为支部书记，何叔衡、易礼容为支部委员。他们还利用船山学社的社址和经费，创办了全国第一所党的干部学校——湖南自修大学。该校从成立到 1923 年 11 月被湖南军阀赵恒惕关闭，培养了大批革命人才，被称为“湖南革命的策源地”。

湖南支部还积极走与工、农相结合的道路，用喜闻乐见的方式，广泛宣传发动工人、农民。他们创建了全国最早的产业工人党支部——中共安源支部。该支部成立于 1922 年 2 月中旬，是毛泽东、李立三长期深入工人，宣传发动的结果，由李立三任支部书记。在李立三、刘少奇的亲自领导下，发动了震惊全国的安源路矿工人大罢工，使安源成了中国工人运动的摇篮之一。11 月 1 日，毛泽东又在长沙新河，召开了珠萍、长沙、岳州和徐家棚铁路工会代表会议，成立了全国最早的统一工会组织——粤汉铁路总工会。1926 年 4 月，农运特派员、湘潭籍青年共产党员贺尔康发动成立了“柴山洲特别区第一农民银行”，这是全国最早的农业银行。

在探索中国新民主主义革命的道路中，以毛泽东为首的湘籍无产阶级革命家起了最为关键的作用。大革命失败后，中国共产党决定用“武装的革命对付武装的反革命”，先后发动了南昌起义、秋收起义和广州起义，但这些以城市为中心的起义，最后都以失败而告终。毛泽东率领秋收起义的余部决定放弃攻打大城市的计划，转向敌人统治力量薄弱的农村山区，他们冲破重重阻力，在井冈山开辟了第一块农村革命根据地。1928 年至 1930 年，毛泽东相继撰写了《中国红色政权为什么能够存在》《井冈山的斗争》和《星星之火可以燎原》等重要文章，初步形成了建立巩固革命根据地开展武装斗争的思想，深刻论述了中国革命的发展与农村革命根据地的必然联系。第五次反围剿的失败，党在白区的工作损失百分之百，宣告了“城市中心论”的破产，推动了毛泽东对中国革命道路问题的进一步思考。1935 年 1 月，遵义会议，确立了毛泽东在红军和全党的领导地位，同时也确立了农村包围城市道路理论在全党的领导地位。1938 年 11 月，毛泽东在《战争和战略问题》一文中明确提出：中国革命“不是先占城市，后取乡村，而是走相反的道路”①。至此，毛泽东历经十余年的艰苦探索，中国革命道路的理论最终形成，它是中国共产党深刻把握中国国情的伟大创造。毛泽东思想的形成更是马克思主义中国化的第一次理论飞跃，凝聚了大批湖南革命家的智慧和心血。

湘籍无产阶级革命家还以“敢为人先”的创新精神，创造了出奇制胜的独特战略战术。毛泽东创造了独特的游击战术，在井冈山斗争时期，毛泽东第一个概括了“敌进我退，敌驻我扰，敌疲我打，敌退我追”的游击战术；彭德怀提出了出其不意，勇猛迅速，灵活机动，避实击虚的战略战术；段德昌创造性的总结出了“分散游击，集中指导”，“避其锋芒，攻其不备”，“只打虚，不打实，要打必胜，不胜不打”的战术思想；粟裕“用兵的最大特点，是深思熟虑，机断专行，在谋略上出奇谋，用奇兵，建奇功”。

胡耀邦在“文革”结束后，为冲破“两个凡是”的思想束缚，以“敢为人先”的精神，发起了真理标准大讨论，掀起了思想解放运动，为我国的改革开放扫除了思想障碍。

历史上的湖湘人士正是依靠“敢为人先”的创新精神，使湖南成为风云际会之地，整体上推进了中国近代史和现代史的伟大进程，也为中国革命与社会主义建设做出了无可比拟的贡献。在当前

① 毛泽东选集：第二卷［M］. 2 版. 北京：人民出版社，1991：542.

全面建成小康社会的伟大征程中，湖南人正面临着建设富饶美丽幸福新湖南的历史重任，更要弘扬湖湘文化“敢为人先”的创新精神，解放思想，大胆实践，敢闯敢干，勇往直前，为实现中华民族的伟大复兴和湖南社会经济的快速发展再创新的业绩。

第四节　务实苦干是近代湖南人才群体不断涌现的关键

务实苦干是湖湘文化的重要精神，是近代湖南人才群体不断涌现的关键。湖南人才群体不是坐而论道的空谈家，而是求真务实艰苦奋斗的实干家。求真务实是他们的人生态度，艰苦奋斗是他们的一贯作风。求真务实和流血流汗，成就了他们的伟业，在挽救民族危亡，争取国家独立的伟大蓝图下，一茬接着一茬干，涌现出了一代又一代的英雄豪杰。

一、务实苦干方显英雄本色

英雄的形成除了机遇以外，主要靠务实的作风和不懈的奋斗。没有天纵英才，也没有生而知之，本领的形成主要靠后天的学习和艰苦磨炼而成。务实的态度，使人能冷静地分析时势，把握机遇，做出科学的决断；苦干能够亲身体验，积累经验，找出问题，调整方向，磨炼意志，达成理想。正如孟子所言：“天将降大任于斯人也，必先苦其心志，劳其筋骨，饿其体肤，空乏其身，行弗乱其所为，所以动心忍性，曾益其所不能。”英雄不是凭空形成的，而是在务实苦干的奋斗中闪光。

由于湖南长期远离政治文化中心，受中原文化的影响较晚，因而其地域文化具有一定的独特性。加之湖南水少而山多，重山叠岭，滩河峻激，常被视为瘴疠卑湿的蛮荒之地，成为贬官移民的发配场所。屈原、贾谊、柳宗元等著名政治家和文学家都曾贬官于此，在深山大壑之中喜欢寻求大本大源，发出探寻宇宙奥秘的不断追问，以寻求事实真相。屈原的《天问》，柳宗元的《天说》《天对》都是他们求真务实的杰作。湖湘文化求真务实的精神由楚文化发展而来，楚文化又深受墨家的影响。墨家提出了“有本之者，有源之者，有用之者”的三表法，主张认识事物要根据前人的经验，根据“百姓耳目之实”和实践的效果来判断真理是非。墨家这种思想对湘人影响极大，到宋代周敦颐以后，不仅成为湖湘学人的哲学观念，并且成为他们的生活准则。周敦颐的《通书》阐述了“诚”的思想，他说：“诚者，圣人之本”，“‘大哉乾元，万物资始’，诚之源也”。[①] 这里所说的“诚”，实际上就是“实事实理”。他认为圣人之所以为圣人，不过全此实理而已。王夫之继承和发展了周敦颐“诚”的思想，他认为“诚”就是客观存在，“诚者，实有者也”[②]；他还认为“诚”就是忠实于客观事物，即“忘乎己而一于理”[③]。这些都是实事求是学风的具体体现。

湖湘学派的代表人物非常注重于对社会现实问题的研究，强调“言必征实，义必切理”的社会实学观。早期湖湘学者胡安国尽毕生之力治《春秋》，意在经世，他称《春秋》是一部“经世大典”，《春秋传》的目的在于阐明“百王之法度，万事之准绳”，以供人主“经世”取法。胡宏最讨厌学者“多寻空言，不究实用”，强调人的知识主要是来自后天的学习，“人虽备天道，必学然后识，习然后能，能然后用”。[④]他运用体用、致知力行等范畴，对通经与致用的关系做了理论说明。胡宏认为，圣人之道，就是要有体有用。通过学习、研究和思考，准确地掌握儒家经典中古代圣人治国平天下的根本原则和精神实质，即是“明体”，或者称之为“致知”，

① 谭松林，尹红．周敦颐集［M］．长沙：岳麓书社，2002：15.

② 王夫之．船山全书：第二册［M］．长沙：岳麓书社，1988：313.

③ 王夫之．船山全书：第一二册［M］．长沙：岳麓书社，1988：15-16.

④ 湖南大学岳麓书院文化研究所．岳麓书院一千零一十周年纪念文集：第1辑［C］．长沙：湖南人民出版社，1986：97.

然后去指导解决现实社会政治问题，即是“致用”，或称为“力行”。明体就是为了致用，致知就是为了力行，这就正如有的放矢。张栻在继承胡宏知行观的基础上，进一步提出了“知行互发”的思想。他说：“致知力行，互相发也。盖致知以达其行，而力行以精其知。”这就深刻地揭示了人们的认识过程，是知行辩证统一，互相发生作用，互相促进的发展过程。因而他主张“儒者之政，一一务实”。王夫之把湖湘学派的知行观发展到了一个新的阶段，提出了“行先知后”“即事求理”的著名论断。湖湘学派主张“始于修身，终身济世”，反对虚浮之风，提倡务实践履，主张身体力行。这是湖湘学派区别于其他学派最为显著的特点。这个特点，使其区别于关中学派的繁琐考据，也区别于江浙文化重商重娱的特色。这正是湖湘学派经过长期积累，一旦爆发，便星火燎原、人才辈出的根本原因。

湖湘文化的求实和苦干是融为一体的。求实是一种实践理性，苦干是一种奋斗精神。湖南人本身就有一种蛮族血统，有一种永不服输的刚强之气，加之地理闭塞，环境不优，只有靠苦干才有出路，靠本领才能出人头地。正如钱基博所言：“吾湘之人，厌声华而耐艰苦，数千年古风未改。惟其厌声华，故朴；惟其耐艰苦，故强。”① 不管是流寓湘土的外籍人或是土生土长的湖南人，都保留着艰苦耐劳、扎实苦干的优良传统。湖湘大地的远祖，身为战神蚩尤后裔的“三苗”部落，原本生活在黄河中下游一带，在争夺生存空间的斗争中失利，但他们仍然顽强地作为一个整体而保持了部族的凝聚力，并在新的部族首领的带领下，不畏艰辛，不避险难，经过长达数百年的辗转迁徙，经历了平原、沼泽、湖区、山地等各种不同的自然地理环境，与各种各样的自然和社会的对立力量顽强斗争，最后来到了以湖南武陵为起点的西南山区，开始了新的发展阶

① 钱基博．近百年湖南学风［M］．傅道彬，点校．北京：中国人民大学出版社，2004：47.

段。他们强悍尚勇，不屈服于命运的捉弄，以自强不息的苦干精神，改造着恶劣的自然环境。这种充溢心灵的霸蛮血性，融化了湘人艰苦奋斗的精神灵魂，从先秦到明清一直相沿不替。屈原行吟湖湘，孜孜探求于挽救楚亡之道，最后失望投江，书写了奋斗不息的悲壮。胡安国、胡宏父子直声震朝野，理学开新篇，以自强不息的奋斗精神，成为湖湘学派的创始人；明末清初的王夫之誓不降清，窜身瑶峒，绝迹人间，席棘饴荼，声影不出林莽，含辛茹苦，埋头著书四十年，著书上百种，达八百余万字，终成湖湘文化的一代宗师。他们这种自强不息、坚忍不拔、不畏艰险的苦干精神成为湖湘文化的一股强大动力。

湖湘文化的务实苦干精神，通过岳麓书院等湖湘书院的传导、教化，潜移默化的感染着湖湘的青年学子，从而造就了近代湖南人才群体的辉煌。

二、近代湖南人才群体处处闪现着“务实苦干” 精神的光辉

近代湖南人才群体主要是指以陶澍、贺长龄、魏源为核心的嘉道经世派群体；以曾国藩、左宗棠、胡林翼为核心的湘军理学经世派人才群体；以谭嗣同、唐才常、熊希龄为核心的资产阶级维新派人才群体；以黄兴、宋教仁、蔡锷为核心的资产阶级革命派人才群体。这些人才群体都是务实苦干的典型代表，在他们的身上处处闪现着求真务实、埋头苦干的精神光辉。

以陶澍、贺长龄、魏源为代表的嘉道经世主变派人才群体，是在清朝由盛转衰的历史时期崛起于政坛，他们承担着扶危济困、重振国威的历史重任。他们不得不俯下身子，摒弃空谈，从事关国计民生的事务中着力进行调查研究，做出切合实际，有利于社会进步的改革，以清除社会积弊，化解日益激化的社会矛盾。陶澍在两江总督任上推行的漕粮、盐政、河工、吏治等方面的改革，都是以其讲求实学，注

重经世致用思想为基础的。他强调“有实学，斯有实行，斯有实用”[①]，学者应“通经学古，而致诸用”[②]。陶澍身处高位，他的务实精神与前辈湖湘学者不同，前期学者主要是理论上为后学立了根基，陶澍则以政治、经济等实践活动为后世做了榜样。他几乎倾尽了自己的全部心血，投身于力挽颓风、兴利除弊的改革实践之中。“黄冕说，陶公这几年‘冠飘翠羽，可怜须发皆苍；秩晋宫衔，早已精神告竭’。外面虽然威风凛凛，内里却焦虑操劳，须发皆白；官位一升再升，精力却早已耗尽。他总是午夜还在写奏折、部署下一天的工作，凌晨就下发指令，与属官一起忙碌开来。常州知府刘鸿翱也说：范文正公先天下之忧而忧，后天下之乐而乐。而‘以翱观之，公无时不在忧之中，何尝得一日乐乎’？”[③] 陶澍以他的务实苦干精神，使两江成了清代改革成功的典型样板。贺长龄的务实苦干精神集中体现在他聘请魏源等人所编撰的《皇朝经世文编》之中，他是把《皇朝经世文编》的理论运用到漕粮海运实践的第一人，虽然漕粮海运由陶澍主其事，但由长龄具体负其责，成其功。《皇朝经世文编》是想为漕粮海运找到理论依据，以回击朝中对海运的质疑之声。他认为，要做到经世致用，就不仅要通当代之典章，还必须考察历朝之方策。不同的社会生活领域，有不同的典章制度，只有熟悉历朝的这些典章制度，才能针对当时的社会现实，制定出相应的方策。[④] 魏源的务实苦干表现为对社会现实问题的解决，他长期以一个幕僚的身份为督抚出谋划策，提出切实可行的改革方案。他主张“以实事程实功，以实功程实事”，认为只有通过实践才能获得真知识。他从鸦片战争中敏锐地看到了中西之间的差异，撰写了

① 陶澍．钟山书院课艺序［M］//陈蒲清．陶澍全集：六．长沙：岳麓书社，2010：109.

② 陶澍．尊经书院课艺序［M］// 陈蒲清．陶澍全集：六．长沙：岳麓书社，2010：110.

③ 陶今．我的先祖陶澍［M］．长沙：岳麓书社，2012：420.

④ 陈书良．湘学史略［M］．北京：中华书局，2015：169.

“睁眼看世界”的不朽名著《海国图志》，首次提出了“师夷长技以制夷”的先进思想，使实事求是的精神得到了进一步的升华。

以曾国藩、左宗棠、胡林翼为核心的湘军人才群体，处处闪现着务实苦干的光辉。曾国藩一生反对空谈，勤勉务实，以血诚之心，与太平军为敌，扶大厦之将倾。他认为必须以“实”来“自证其心”。“实者，不说大话，不好虚名，不行驾空之事，不谈过高之理。如此可以少正天下浮伪之习”①。曾国藩不但“以此自励”，同时“亦以此戒所属”。他把贺长龄主编的《皇朝经世文编》定为士子必读之书并非偶然，他曾下大力气对官制、财政、盐务、漕运、兵制、律例等有关国计民生的 14 项大政详加考察，也完全是将立足点放在务实之上。他治学虽以义理为本，但在处理政务、军务中可称躬行实践的典型。在镇压太平天国的腥风血雨中，他与左宗棠相约，以耿耿精忠之心献之于骨岳血渊之中。他以“不要钱，不怕死”来激励湘军将士，扎硬寨、打死仗，屡败屡起，百折不挠，以“打脱牙和血吞”的精神，创造了平定太平天国的辉煌业绩，其苦干精神何其强烈。左宗棠年少时就关注地理、兵事、农事等有用之学。他曾对其儿子说：“吾频年兵事，颇得力方舆之学。入浙度陇，兼及荒政农学。大都昔时偶有会心，临急遽以得力。以此知读书之有益，而问学之宜豫。”② 左宗棠不仅务实，其苦干精神也十分突出。他任湖南巡抚骆秉章幕僚，隐操一省之大政，一意以策应湘军为己任，筹兵治饷不遗余力，赢得了“天下不可一日无湖南，湖南不可一日无左宗棠”的美誉。后统兵平乱，追南逐北，血战不息。《湘雅摭残》有诗赞曰：“上相筹边未肯还，湖湘子弟满天山。新栽杨柳三千里，引得春风度玉关”，写的就是左宗棠开发西北的功绩。“新栽杨柳三千里”就体现了湖湘子弟的实干精神，

---

① 曾国藩．曾国藩日记：上册［M］．北京：宗教文化出版社，1999：545.

② 钱基博．近百年湖南学风［M］．傅道彬，点校．北京：中国人民大学出版社，2004：44.

否则，就不可能“引得春风度玉关”。

作为驻外使节的郭嵩焘继承了王夫之的实学思想，他对清代末年社会上那种空谈习气多所批评。他说：“朝野多名贤，大半崇清谈。”[①] 在他看来不求实用的清议，只能粉饰太平，掩盖矛盾，于国事没有任何益处。他认为：“朝廷多取浮言，不求实济，决非天下之福。”[②] 他对中国封建官场只说空话、假话、套话，而不务实用，不重实际“以议论取胜”的清谈行为深为反感。为了改变这种不良风习，郭嵩焘特别强调尊实有，务实行，讲实效。他认为对于客观世界要务实，对于主观世界则要诚实。所以他说：“人须是有实际，至诚所动，金石为之开。权术牢笼，终不济事。”[③] 他既反对违背诚实原则的权术，又反对不讲实效的空谈。所以他力主“求实效而不为虚语，务力行而不责近功”[④]。又说：“天下将治，则人必尚行，天下将乱，则人必尚言。”[⑤] 郭嵩焘将是否重视实行，上升到了与国家兴亡相联系的高度，可见其重视程度。他不畏人言，不顾世俗的谩骂，以思贤讲舍和禁烟公社为舞台，大胆地宣传西学，为西学的传播艰难地苦干到死。

戊戌维新时期，湖南维新人才虽不乏奔走呼号的救亡宣传，但更强调“略去虚文，专求实用”，注重新政的切实推行。从开矿、争路、建立轮船公司、制造公司到创办《湘学新报》《湘报》、时务学堂，设保卫局、开课吏馆、建南学会，桩桩件件，都落地有声，体现了务实精神。单就学会而言，据人统计，1894—1898 年，全国共 64 个，湖南一省 19 个，几占三分之一。若非湘人务实，焉能如此?[⑥] 维新志士还在《湘报》《湘学新报》上发表了许多倡扬

① 郭嵩焘．郭嵩焘日记：第二卷［M］．长沙：湖南人民出版社，1981：124.

② 同① 315.

③ 郭嵩焘．郭嵩焘日记：第一卷［M］．长沙：湖南人民出版社，1981：526.

④ 杨坚．郭嵩焘奏稿［M］．长沙：岳麓书社，1983：368.

⑤ 同③ 499.

⑥ 周秋光．湖湘文化宏观研究［M］．长沙：湖南师范大学出版社，2001：298.

实学的文章，如谭嗣同的《论湘粤铁路之益》《论电灯之益》，唐才常的《拟设赛工艺会条例》《拟开中西条例馆条例》，熊希龄的《为整顿通省书院与黄膺等上陈宝箴书》，杨子玉的《工程致富演义》，熊崇熙的《论实力》，罗棠的《论湘鄂创办小轮公司之益》，彭梦日的《广树艺说》，江跃龙、杨昌济的《论湖南遵旨设立商务局宜先振兴农工之学》等等，都体现了崇尚实学的务实精神。谭嗣同、唐才常奔走呼号于维新改良之途，投身于救亡图存的伟大洪流之中，用血肉之躯树立起社会思潮进步的标杆，彰显了“鞠躬尽瘁，死而后已”，奋斗到底的苦干精神。

资产阶级民主革命时期，黄兴、宋教仁等革命派人才群体以务实苦干的精神照亮了中华民国的天空。针对清廷腐败，帝国主义横行的严酷现实，他们创办报刊、出版书籍、从事革命宣传，组织革命团体、联络、策动会党、新军起义，处处体现着湖南人的务实苦干精神。他们不怕苦、不怕死、不求名、不逐利的志节和奋斗精神都令世人敬佩不已。黄兴戎马一生，每每置个人生死于不顾，历次武装起义，他几乎无役不与，或亲自策划，或实地指挥，出入枪林弹雨，无所畏惧。而且从不计较个人名利地位，始终保持着“名不必自我成，功不必自我立，其次亦功成而不居”的高尚情操。黄花岗起义，他断指犹战；武昌革命，带一旅湖南兵，在汉阳抵挡强敌，用不屈不挠的血战精神，缔造了中华民国。毛泽东曾言：“湖南有黄克强，中国乃有实行的革命家。”章太炎誉其“无公则无民国，有史必有斯人”，蔡锷说他有“以勇健开国，以而宁静持身，贯彻实行，是能创作一生者”，均为确论。宋教仁醉心民主宪政，不惧强权威胁，不受利益美色诱惑，为实现政党内阁，四处奔波，最后身遭暗杀，喋血共和。蔡锷在识破袁世凯帝制自为的阴谋后，与老师梁启超相约“为四万万同胞争人格”，“事之不济，吾侪死之，决不亡命；若其济也，吾侪引退，决不在朝”。[①] 他带着病弱之躯，潜赴云南，起兵讨袁护国。他所带滇军“最初仅至总数三千一百三十八人，而敌军则有四万余人，以少数之兵士，轮替应战，以少胜多，实非易事。当蔡公出师时，曾言中国将来不了，此次举事，如不能成，决不亡命外洋，使国事更不堪问。故誓言各事不成，情愿身亡。誓师之前，曾将自己之精神、能力、学识，一一向兵士教道，故兵无虚发，战无不胜”[②]。蔡锷舍生忘死为捍卫共和而血战的苦干精神是何其鲜明。

从近代湖南的人才群体，不难看出，正是他们的务实苦干，他们才能从芸芸众生中脱颖而出，成为时代的佼佼者，务实苦干是湖湘英杰成才的关键。

三、湘籍无产阶级革命家群体是务实苦干的时代楷模

湘籍无产阶级革命家群体继承了湖湘文化务实苦干的优良传统，并将其发挥到了极致，使他们成了光耀环宇的时代楷模。

毛泽东一生追求真理，善于把马克思主义的伟大理论同中国革命的实际相结合，是践行“求真务实”精神的楷模。他在湖南一师求学期间，就特别重视“能见之于事实”的“有用之学”。他常对同学说，读书不但要会读有字之书，而且还要会读社会这本“无字天书”。1917 年暑假，他与同学萧子升、萧蔚然徒步漫游考察了长沙、安乡、安化、益阳、沅江等 5 个县，还与罗章龙等人游历了船山家乡衡阳县等地，学到了许多书本上学不到的东西。五四运动时期，他就明确提出了要“踏着人生的社会实践说话”，要“引入实际去研究实事和真理”。大革命时期，他为了把握时代脉搏，探求中国革命的真理，更好地把马克思主义的理论与中国革命的实践相

---

① 蔡锷．蔡锷集：盾鼻集序［M］．长沙：湖南人民出版社，1983：522.

② 梁启超．梁启超在上海蔡锷追悼会上的演说词［M］//曾业英．蔡松坡集．上海：上海人民出版社，1984：1446-1447.

结合，他经常深入农村、城镇、工矿，考察农民和工人的劳动、生活状况，写出了《湖南农民运动考察报告》等光辉著作。土地革命时期，他又在调查研究的基础上，于1930年5月写了《反对本本主义》，提出了“没有调查就没有发言权”的著名论断。在中央苏区开展了寻乌调查、兴国调查、长冈乡调查、才溪乡调查，得出了“要消灭旧的人剥削人、人压迫人的‘吃人制度’，无产阶级只有同广大的农民群众结成联盟‘进行革命’”的结论，使中国走上了“从农村包围城市，武装夺取政权”的革命道路。1938年，他在六届六中全会上号召共产党人要做从实际出发、实事求是的模范。在延安整风运动时期，毛泽东做了《改造我们的学习》《整顿党的作风》《反对党八股》等重要报告。这些著作中都贯彻着一条根本的红线——实事求是。毛泽东在《改造我们的学习》中，对“实事求是”做了集中的科学解释：“‘实事’就是客观存在着的一切事物，‘是’就是客观事物的内部联系，即规律性，‘求’就是我们去研究。我们要从国内外、省内外、县内外、区内外的实际情况出发，从其中引出其固有的而不是臆造的规律性，即找出周围事变的内部联系，作为我们行动的指南。”① 1941年，毛泽东为延安中央党校题写了“实事求是”四个光辉大字，后来给《七大纪念册》的题词又是“实事求是，力戒空谈”。正是毛泽东“求真务实”的精神使他最先找到了一条适合中国国情的革命道路，成为大浪淘沙后的革命领袖。

“求真务实”精神，通俗而言，就是一切从实际出发，实事求是。对革命家而言就是寻求真理，服务于革命斗争的实际，以达到改造社会的目的。与毛泽东一样，大批湘籍无产阶级革命家都受湖湘文化“实事求是”思想的影响，都是真理的追求者和实践者。徐特立经常教育学生“实事求是，不尚空谈”。他认为，判断一个人

① 毛泽东选集：第三卷［M］. 2版. 北京：人民出版社，1991：801.

是否真正懂得马克思主义，不是看他们嘴上能否背诵马列主义的词句，而是看他们行动上是否能以辩证唯物主义为武器解决工作中的实际问题。他说："反对教条主义，主观主义的有效办法是理论与实践的结合，为实践而学理论……即有的放矢。在实践中纠正理论，则理论不是教条，其文章不是党八股，而是行动的指南。"①何叔衡则要求学生"深入社会生活底层，了解工农疾苦"。蔡和森在留法期间，经常深入华工和法国工人聚居的地方了解情况，通过在巴黎、蒙达尼等地的调查，他于1920年11月写成了《法国最近劳动运动》报告，详细介绍了法国工人运动的情况和经验，对推动中国革命形势的发展产生了一定的影响。1927年5月，蒋先云在给部队的讲话中再三强调：革命者"要以勇敢的坚忍的能牺牲的精神，去训练我们作事的能力，增进我们作事的经验"②。向警予向来反对空谈，认为"盲谈瞽说，无当实际"，"有名无实，害人害己"。1939年7月，刘少奇在《论共产党员的修养》一文中强调："我们共产党员，要有最伟大的理想，最伟大的奋斗目标，同时，又要有实事求是的精神和最切实的实际工作。"③新中国成立后，他经常深入工厂、农村调查，实地了解情况，1961年四五月间，他到湖南调查了44天，其中32天住在农村，直接向干部和社员做调查。在长沙县广福公社天华大队进行的18天调查中，就召开了11个调查会，要求大家说真话。他一再要求干部"不要向上面做假报告，宁愿说我不了解情况，受不了解情况的责备，也不要受做假报告的责备"。1964年8月，他再次到湖南调查，要求各级领导干部要深入下去，多做调查研究，不要光听汇报，看报表来做决策。他说："整个党、整个政府就这样来领导工作，这样下决心、作指示，

① 王云凤．徐特立在延安［M］．西安：陕西人民教育出版社，1991：46.

② 湖南省博物馆．湖南革命烈士诗词书信选［M］．长沙：湖南人民出版社，1981：2-3.

③ 刘少奇选集：上卷［M］．北京：人民出版社，1981：128.

危险得很。如果长期如此，不加以改变，就要脱离实际，脱离群众，我看我们就要灭亡!"① 彭德怀也经常深入部队、农村调查。大跃进时期，他回到故乡乌石、韶山、平江等地调查，开座谈会，到田间数稻穗，当时一个老红军递给他一张纸条，上面写着“谷撒地，薯叶枯，青壮练铁去，收获童与姑。来年日子怎么过，请为人民‘鼓咙胡’”。正是这次调查，坚定了他进一步向中央反映真实情况的决心，也导致了他在庐山会议被错误处分的悲剧。但他并不后悔，他对自己的妻子浦安修说：“共产党员不说真话，党中央怎样了解真实情况呢？多少次，老贫农拉着我的手，要我把问题带给毛主席。因此，我只有反映实际情况的义务，没有隐瞒事实真相的权利。”② 他坚持真理，刚正不阿的崇高品格，正是湖湘文化“求真务实”精神的反映。

任弼时一贯强调坚持真理，实事求是。23 岁时，他就旗帜鲜明地与陈独秀右倾错误做斗争，表现出对真理的热爱和执着追求。1933 年，他在出任湘赣省委书记后，又与王明“左”倾教条主义做斗争，主持正义，坚持真理，为蒙冤受屈的王首道、张启龙等人平反昭雪。延安“审干”时期，任弼时坚决反对康生扩大打击面的错误行为，他说：“我们的革命队伍，哪能越革反革命越多呢？我不信，应该调查研究，坚持实事求是。”他和毛泽东、刘少奇、周恩来等一起研究多次，认为应当坚决纠正在“审干”中出现的扩大化错误，提出了“一个不杀、大部不抓”，严禁逼供信的政策，从而使整风运动走上健康的轨道。③ 谢觉哉也极力主张一切从实际出发，实事求是。他在负责陕甘宁边区司法工作时，就认为，要改变司法落后的状况，就必须反对两种错误倾向：一是不从实际出发，不依靠群众，硬套书本条文。二是硬搬内战时期的司法经验。他指

---

① 周文姬. 从工运领袖到共和国主席［M］. 长沙：岳麓书社，1998：74.

② 江涌. 从湘军士兵到共和国元帅：（上）［M］. 长沙：岳麓书社，1998：41.

③ 王文珍，王辉明. 党和人民的骆驼任弼时［M］. 长沙：岳麓书社，2003：25.

出："应该从目下边区人民的需要出发，建设我们的新民主主义司法的理论和实际。"[①] 谢老还在延安开辟了《一得书》《案头杂记》等报纸专栏，为提倡实事求是树立了榜样。陶铸也是践行实事求是思想的重要代表。他经常深入部队，做调查研究。1943 年秋天，他带领几个干部，到晋绥解放区 120 师的连队做调查，他真正调查了 358 旅 8 团 2 连首创武工队的经验。[②] 在此期间，他还根据调查主编了《官兵关系》等三本小册子，印发全军，取得了良好的政治效果。

正是湘籍无产阶级革命家群体忠实地践行了"求真务实"的精神，使他们能够冷静地分析面临的各种复杂局势，做出有利于革命、有利于人民的正确决策，引导着中国革命从失败走向胜利。毛泽东思想就是在实事求是的氛围中走向成熟的，实事求是就是其活的灵魂。

毛泽东还是湘籍无产阶级革命家群体"自强不息"苦干精神的最典型代表。他在读书期间就在日记中写出"与天奋斗，其乐无穷！与地奋斗，其乐无穷！与人奋斗，其乐无穷"的豪迈誓言，他在橘子洲头发出"问苍茫大地，谁主沉浮"的强劲呼声，就是这种不甘屈服于命运，要求与不公平命运抗争的心理反映。他的一生都在"自强不息"的奋斗中度过。他与天争胜，率领红军爬雪山、过草地，勇敢地超越人类的极限，喊出了"人定胜天"的响亮口号；他与自己的身体极限挑战，自觉地进行冷水浴、日光浴、风浴，徒步长途旅行，强健自己的体魄，磨炼自己的意志，提出要"文明其精神，野蛮其体魄"[③]。他与封建陋习和不合理的社会制度不断抗争，期望建立一个公平合理的美好社会。年少时他反对父亲的家规

① 《谢觉哉传》编写组．谢觉哉传［M］．北京：人民出版社，1984：91．

② 郑笑枫，舒玲．陶铸传［M］．北京：中国青年出版社，1992：184．

③ 中共中央文献研究室，中共湖南省委《毛泽东早期文稿》编辑组．毛泽东早期文稿［M］．长沙：湖南出版社，1995：70．

陋习和刻薄损人的行为；上学后又造学校校规的反，造省长和封建制度的反；成年后开始向整个旧世界开战；新中国成立后几年向苏联的社会主义发展模式挑战；晚年则发动红卫兵以阶级斗争为纲，打碎了他亲手建造的党和国家新秩序，试图重新塑造出一个全新的理想社会。他的一生从未满足过现状，也从未放弃过奋斗。正如美国史学家罗斯·特里尔所言：毛泽东“极其痛恨一成不变，他认为一切都在不停地变动，将来也永远如此”，“他从不自满，总是探索一个充满人性的、具体实在的社会主义”。①

湘籍无产阶级革命家群体有的用自己的生命书写着“自强不息”奋斗精神的赞歌，有的用鞠躬尽瘁，死而后已的精神诠释着“自强不息”奋斗精神的意义。翻看波澜壮阔的历史画卷，随处可以发现湘籍无产阶级革命家“自强不息”的奋斗誓言，流血流汗的悲壮场面。何叔衡在牺牲前喊出了“我为苏维埃流尽了最后一滴血”；黄公略在牺牲前还念念不忘革命事业，毛泽东亲自为他撰挽联道：“广州暴动不死，平江暴动不死，而今竟牺牲，堪恨大祸从天降。革命战争有功，游击战争有功，毕生何奋勇，好教后世继君来。”向警予在国民党监狱中不断鼓励狱友说：革命者应该鞠躬尽瘁，死而后已！未死前，总得努力工作。夏明翰临刑前写下了“砍头不要紧，只要主义真，杀了夏明翰，还有后来人”的豪迈誓言。任作民熬过了敌人的各种酷刑，创作了《同志愈挫志愈坚歌》，勉励监狱的革命同志，歌词唱道：“革命青年宜勇敢，一旦被捕了，不惧敌刑惨，坐监家常饭，牺牲重泰山，革命志士视死如归，流芳亿万年！任何情况下，决不稍动摇，大家同志出了监狱，还要干革命。”② 朱克靖在狱中写下了这样的诗句：“一颗为民心，万古终不

① 罗斯·特里尔．毛泽东的后半生［M］．曾胡，廖康，陈舜兴，等译．北京：世界知识出版社，1992：255.

② 李曙新．铁窗英魂任作民［J］．湖南党史，1999（6）：18.

泯。壮士非无泪，不为断头流。一心为党国，一死何足愁？”① 陈觉烈士在被杀害前，唱着“为了后一代的幸福自由，我们愿把牢底坐穿；为了庄严的共产主义事业，我们愿流尽最后一滴血”的《囚歌》，慷慨地走向刑场。郭亮、蔡和森、左权将军无不为了革命的事业，战斗到生命的最后一息，使敌人不得不发出“撼山易，撼湖南人难”的哀叹。王震将军率领359旅，将处处是荒山的南泥湾变成了陕北的好江南，无不闪现着“自强不息”的奋斗光辉。

湖南人“自强不息”的奋斗精神，还表现在负重任而不叫苦，挑重担而不喊累，默默无闻地燃烧自己，照亮别人，任弼时、罗荣桓、王凌波是其中的典型代表。任弼时曾经两次坐过敌人的监牢，受尽了各种酷刑，身体受到严重的摧残。党的“七大”后就发现他的身体有严重的毛病，血压很高，但他完全忘记了自己的病痛，一心扑在工作上，每天要工作10多个小时，有时甚至工作到深夜3点钟，医生劝他休息，他却说：“没关系，我们都是共产党员，肩负着革命的重担，能坚持一百步，就不该走九十九步。”1948年，任弼时的病情日趋加重，党中央坚决命令他休息，可他就是闲不下来，他继续到地方开展土地调查，积极筹划全国政协会议，协助毛泽东指挥三大战役，他总是说：“我们的工作，只许往前赶，不许往后拖呀！”就这样，他一直工作到走完生命的最后一步。叶剑英评价他说：“他是我们党的骆驼，中国人民的骆驼，担负着沉重的担子，走着漫长的艰苦的道路，没有休息，没有享受，没有个人的任何计较。”② 罗荣桓在抗战最艰苦的岁月，就因积劳成疾，身患严重的肾癌，却一直得不到及时和必要的治疗。一直拖到1946年，罗荣桓才赴苏联动了手术，医生叮嘱他一定要好好休息。可他“却在解放战争最紧张的时刻毅然回国并立即投入东北解放战争的繁忙

---

① 湖南省革命烈士传编纂委员会三湘英烈传：第7卷［M］. 长沙：湖南人民出版社，1990：154.

② 王文珍，王辉明 . 党和人民的骆驼任弼时［M］. 长沙：岳麓书社，2003：58.

工作。以后一直长期带病坚持工作”，终因肾衰竭合并心脏病、高血压，医治无效逝世。朱德曾经赋诗怀念：“起义鄂南即治军，忠诚革命贯平生。身经百战摧强敌，留得丰功万古存。”① 王凌波曾经几次入狱，被敌人严酷摧残，身体极度虚弱，但他坚决要求参加工作，党组织让其负责刻写钢板。虽然他视力严重消退，但意志更加坚定，有时通宵达旦的工作，眼睛常常痛得流泪，仍旧不肯休息。他还拖着病躯为延安行政学院四处奔走，在整风运动中，坚持阅读、批改学员、教员的所有笔记，最后竟然活生生的累死在工作岗位上。湘籍无产阶级革命家群体正是用这种“自强不息”的奋斗精神，流血流汗，不断书写着中国历史的辉煌。

在全面建成小康社会的今天，我们更要发扬湖湘英杰的务实苦干精神，脚踏实地谋事业，艰苦奋斗创佳绩，多做利长远、打基础、有实效的工作，克服“假、浮、庸、懒”等坐而论道等形式主义的突出问题，通过治假树公信，治浮求实效，治庸强能力，治懒增效益，以自强不息的苦干精神，打好精准脱贫的攻坚战，完成全面小康的目标任务，为中华民族的伟大复兴再创历史的辉煌。

① 黄瑶．在战斗中成长的罗荣桓［M］．北京：解放军出版社，1983：311.

结　语

近代湖南人才群体与近代湖湘文化相互影响、相互促进，共显历史的辉煌。近代湖南人才群体的勃兴，是湖湘文化长期熏陶和影响的结果，而湖湘文化的辉煌又与近代湖南人才群体的崛起有着密不可分的关系，正是近代湖南人才群体的交相迭起，使独树一帜的湖湘文化走出了湖南，走向了全国，甚至走向了世界，成为引领时代风骚的优秀地域文化。

近代湖湘文化由封闭走向开放，由保守走向激进，由湖南走向世界，是波澜壮阔的近代湖南人才群体的伟大杰作。近代孕育了湖南优秀的五大人才群体，即以陶澍、贺长龄、魏源为代表的嘉道经世派人才群体；以曾国藩、左宗棠、胡林翼为代表的湘军人才群体；以谭嗣同、唐才常、熊希龄为代表的资产阶级维新派人才群体；以黄兴、宋教仁、陈天华为代表的资产阶级革命派人才群体；以毛泽东、刘少奇、任弼时为代表的湘籍无产阶级革命家群体。这五大人才群体既创造了近代历史的辉煌，也创造了近代湖湘文化的辉煌。

嘉道时期的湖南经世派人才群体，是以陶澍为核心，贺氏兄弟、魏源、汤鹏等为骨干，包括了严如熤、唐仲冕、唐鉴、黄冕、邓显鹤、何凌汉、李星沅、罗蘑西等大批湖湘士人，尽管他们的功业有大有小，思想文化的侧重点也不完全一样，但是他们的文化趋向却具有一些共同的特点：

一是都主张“通经致用”，以经学为主要的研究对象，注重阐发经学的微言大义，力求挽救社会危机，具有文化为现实政治服务的强烈功利倾向。陶澍继承了湖湘文化理学经世的传统，但与湖湘先贤相比，其理学经世思想更为丰富。他以程朱为宗，但不排斥其他学问合理的一面，他肯定汉学求实求真的精神，承认辞章之学在传载义理上的价值，对各门各派的有益成分也予以吸纳。另外，他抛弃理学空谈心性、天理的一面，充分阐扬理学的经世精神，主张学习一切有利于治学的学问。他关注国计民生、史地方志等实用之学，继承了湖湘文化力行践履的优秀传统，他一生中踏遍了千山万水，开展了无数的实地调查。贺长龄、魏源合力编写的《皇朝经世文编》，更是近代经世学的划时代文献，是嘉道年间经世思潮形成的重要标志。贺长龄、魏源的“经世致用”思想不仅对中国传统的“通经致用”思想有所超越和突破，而且与同时代的经世思想相比也技高一筹。众所周知，乾道年间兴起的“经世致用”思潮直接发源于“今文经学”对儒家经典微言大义的解释，其内容也仅仅是封建、井田、学校、吏治等改革方案和空想主张，就连与魏源齐名的龚自珍也没有跳出“药方仍贩旧时丹”的窠臼。贺长龄、魏源的“经世”思想却能紧贴当时清王朝盐政、漕运、河政的实际，提出了切实可行的具体措施，达成了利商、利民、利国的目标，并取得了实际的功效。魏源对清王朝盐、漕、河三大政的改革主张，既不是空洞的议论，也不是中国传统经世方略的翻新，而是以此为突破口，对整个国家的政治经济进行全面的改革，“吁！国家大利大害，当改者岂惟一河！当改而不改者，亦岂惟一河”①。正是这种深层的文化意义，使魏源的经世思想高于同时代其他思想家的经世思想而成为时代的最强音。湖湘文化真正具有全国影响力，并在相当程度上主导着中国文化的走向，是以近代湖湘英杰的浩大阵营以及经世勋业为支撑的。离开近代湖湘人才群体，仅从观念上谈湖湘文化，不仅不得要领，也没有说服力，某种程度上可以说，近代湖湘人才群体是湖湘文化最亮丽的风景。而陶、贺、魏等湖湘经世派的崛起，则掀开了近代湖湘人才群体喷涌而出的序幕，具有里程碑的文化意义。

二是尊崇乡贤文化，注重乡贤文化的挖掘和传播，树立湘人的人格榜样和文化标兵。在乡贤文化的发掘、传播方面，邓显鹤的贡献最大。他一生致力于乡贤文化的发掘和研究，他收集湖湘前人诗

① 魏源．魏源集：筹河篇［M］．北京：中华书局，1976：373.

文，编纂成《资江耆旧集》60卷、《沅湘耆旧集》200卷、《沅湘耆旧集续集》100卷、《沅湘耆旧集小传》20卷和《资江耆旧集小传》4卷；刊成《楚宝增辑考异》40卷、《外篇》5卷，重订周敦颐所著《周子全书》9卷、《首录》2卷。他的最大贡献就是发现了集湖湘文化之大成的王夫之著作的价值，从王夫之的后代中广泛搜集他的遗著，于1842年最早刊布了《船山遗书》，共计18种，150卷，使淹埋了近200年的船山学说得以重见天日。美国学者裴士锋认为，邓显鹤热心收集王夫之的遗著予以刻印播扬，带有强烈的乡土情结。湖南历史上英杰人才极度缺乏，科举业绩也在各省中敬陪末座，“他省人喜称湖南人为‘骡子’，借以形容他们吃苦耐劳且固执的个性，但这种个性的人里面几乎出不了一流的学者或领导人”①。邓显鹤咽不下这口气，总想在湖南人中找到荣耀乡土的人物，并终生以此为追求，对王夫之的挖掘就是一例。邓显鹤因此被誉为“湘学复兴导师”。他的推崇乡贤文化的活动，得到了陶澍、贺长龄、贺熙龄、李星沅、罗绕典、劳崇光、陈本钦、严正基、陶恍等人的广泛赞誉和大力支持。于是，湖湘学的建构与复兴，便成为湖湘英杰迫切而自觉的文化尊严建设，以弥补湖湘文化中原创性学理资源缺乏的短板。王夫之和湖湘学也因此而联姻。

三是强调“变”的观念，改革文化成了时代的强音。嘉道人才群体痛恨吏治腐败，主张社会变革。陶澍因为深得皇帝重用，对君主制度怀有深深的敬意，因而，他的改革思想主要集中于有关国计民生的地方实务，如钱粮亏空、漕运弊端、水利失修、河工不治、盐课虚悬、私盐泛滥、赈济灾荒、安置流民等具体事务上，着力于吏治、漕粮、盐政、河工改革，收到了利国、利民、利官、利商的效果。魏源的更法变革思想则十分明显。他在《筹鹾篇》中明确提出：“天下无数百年不弊之法，无穷极不变之法，无不除弊而能兴

① 裴士锋．湖南人和现代中国［M］．北京：社会科学文献出版社，2015：6.

利之法，无不易简而能变通之法。”他强调变法更新是历史发展的必然，认为变法力度的大小，直接关系到变革成效的大小。他说："小变则小革，大变则大革；小革则小治，大革则大治。”[①] 魏源思想中最具有历史前瞻性的部分就是他的“师夷长技以制夷”的思想。他已经深刻地意识到了中国有许多不如“夷”的地方，要改变中国落后挨打的现实，就必须学习“夷”人的长处，这在封闭落后的中国，无异于石破天惊之语。这说明他们的社会变革思想已经超越了传统，并由经世之学进而转向接受西学，使湖湘文化打破了地域疆界，走出了湖南，扩大了湖湘文化在全国的影响，也为近代湖南人才群体的进一步崛起打下了坚实的文化基础。

以曾国藩、左宗棠、胡林翼为首的湘军人才群体都是以文人领兵，挽救清朝统治危机而显耀于世的，湘军集团既是一个军事、政治集团，也是一个文化集团，理学和经世之学是湘军集团两个重要的文化来源。

湘军集团相较于嘉道人才群体而言，其理学文化和暴力文化特色更为浓厚。他们既继承了嘉道湖南人才群体理学经世的文化传统，又在大厦将倾的乱世，承袭了“诛天下贼”的暴力文化。他们坚持义理之学是其他一切学问的根本，他们穷毕生之力，徜徉于对义理的研究和阐述之中，寻找一种修身律世的文化基因。笃行程朱理学，清除各种与程朱理学相悖的文化思想，是他们最基本的文化准备，也是他们磨砺自我、以备担当大任的重要心理训练。他们对程朱理学的共同向往，使他们有了统一的思想基础，进而形成鲜明的政治立场和坚定不移的卫道信念。他们以“正统”社会的守道者自居，极力地张扬“奉天讨贼”的暴力文化。曾国藩在《讨粤匪檄》里面巧妙地斥责太平天国起义对儒家伦理观念的蹂躏，借绅士奉如神明的“孔孟痛苦于九泉”来煽动他们自觉卫道的杀机。在

① 魏源．魏源全集：第 3 册［M］．长沙：岳麓书社，2004：291.

"奉天讨贼"的暴力文化驱动下，他们"殉国赴义，视死如归。虽至灼体裂肤，陷胸决脰，而处之泰然，不以死生为纤毫顾虑"[①]。从而完成了从"文化斗士"到"武化斗士"，从理学信徒到"中兴将帅的转化"，正如曾国藩所言"矫矫学徒，相从征讨；朝出鏖兵，暮归讲道"[②]。以致"理学家门，下多将才，古来罕有也"[③]。

湘军集团正是因为对理学的执着，因而曾氏兄弟在攻下天京后大肆刊刻《船山遗书》，利用他的重"礼"尊"道"思想来强化保守的传统观念。他们还广设忠义局或节义局，编书颂扬忠义文化，表彰为封建皇权誓死效命的地方官绅；并为湘军阵亡将士广建祠堂、庙宇，通过官民祭祀的文化网络，强化忠孝节义意识；通过大修地方志，重建学校和书院，对后辈广泛地开展忠孝节义的文化教育。通过这一系列的文化重塑活动，恪守封建忠义，护卫传统圣道的湘军就成了湖南士人心目中的道德典范，争先效法的众趋人格，"卫道"也成了湖湘士人自觉的责任感。曾国藩自己虽然成了中国现代化的最早实践者，成了"中体西用"的洋务派文化代表，但是，守道的传统文化观念使他对现代化的推动仅限于创办为清政府服务的军用企业等器物层面，不敢对封建的政治制度有任何的涉及。更为可悲的是他对湖湘文化中尊礼重道等消极思想文化的过分渲染，使湖南成了一个维护封建纲常名教的顽固文化堡垒。其最明显的表现就是拒绝接受西方先进的文化。当洋务运动在全国各地展开时，湖南士人却顽固地反对设立工厂、架设电线、开通轮船等一切有悖于传统的新生事物，拒绝引进西方一切先进的器物文化，更不用说西方的制度文化了。湖南士人对西方文化的抵拒还表现在对洋教的极端仇视上。湖南士人抱着"尊孔孟则不容异教，戴朝廷则

① 刘蓉．与左月楼书［M］//刘蓉集：二．杨坚，校点 长沙：岳麓书社，2008：107.

② 曾国藩．罗忠节公神道碑铭［M］//曾国藩全集：第 14 册 诗文．长沙：岳麓书社，1995：307.

③ 朱孔彰．中兴将帅别传［M］．长沙：岳麓书社，1986：73.

屏斥外夷"的文化信念，掀起了连绵不断的反教运动，从19世纪60年代开始，直到20世纪初，历时50多年，发生的大大小小的教案多达50多起，参与的人数众多，从几百人到几千人，最多的达20万~30万人，居于全国领先地位。湖南士人甚至把宣传西学、主张学习西方不要停留在声光化电和造船制器之上，还必须学习他们先进的政教制度的先进知识分子郭嵩焘、曾纪泽等视为桑梓败类，"汉奸""贰臣"。但尽管如此，郭、曾等人利用思贤讲舍和禁烟公社对西方先进文化的介绍多多少少改变着湖南士人的思想观念，为甲午战争后，湖南维新思想的勃兴埋下了希望的火种。

资产阶级维新人才群体是在甲午战争中国惨败的强烈刺激下形成的，甲午战争，使湘人引以为自豪的文化资本——湘军一败涂地，从而打破了"天下不可一日无湘军"的神话。其心理的创伤自然不可言状。原本以为可以挽救国家危亡的湖南人，这时对战争的失败怀有一种沉重的负罪感，认为甲午的败仗，湖南人应负起极大的责任，从而使他们改变了昔日虚骄自大的保守作风，开始正视严酷的现实，陡生了一种"救中国从湖南始"的强烈责任感。战后，湖南由全国的守旧中心一变而成为维新变法最为活跃的省份之一，直接促进了湖湘文化的近代转型：

一是学习西方的器物文化开始成为湖南士人的共识。戊戌维新前湖南绅士拒绝引进任何有悖传统的新事物，因而湖南没有一家真正的近代企业出现，戊戌维新后，湖南绅士积极投入到创办近代实业的行列。1896年王先谦、黄自元、张祖同等筹资创办了湖南宝善成机器制造公司，张祖同、杨巩等创办了善记和丰火柴股份公司。他们还筹资设立了轮船公司，经营内河航运事业，从而改变了湘绅见轮船则惊的保守观念。开矿山、修铁路等近代实业活动也在湖南相继兴办起来。尽管湖南现代化的开端，比起全国先进地区晚了30余年，但毕竟是湖南人民洗刷了"以守旧闻天下"的耻辱。即使维新运动失败，这种引进西方器物文化的共识仍旧没有改变。

二是科举制度受到了批判，西学思想得到了大力传播。维新运动前，科举制度被湖南绅士奉为至宝，无人敢对此提出质疑。维新运动后，湖南绅士则对其提出了严厉的批判。唐才常斥责八股取士的科举制度锢人心智，坏人心术，是专制统治者用来“塞智摧权腐心之鸩毒”，“使吾四万万人宛转圈牢，徐供刀俎，靡可解脱”，因而其“滔天之罪，擢发难数”，必须彻底改除。[①] 王先谦也撰文抨击旧科举制度，主动改革岳麓书院课程，增加算学、译书等新科目，积极鼓励书院学生阅读维新派的重要报刊《时务报》。就连“冀教”派中被人目为最为顽固的“劣绅”叶德辉也对朝廷变革科举之议，表现出了理解的同情，认为“废时文，用策论，使士人免八股束缚之苦，匀出日力可以读有用之书，免致不得科第之人终身不能摆脱制艺，更无暇日涉猎群书，此则为益甚大”[②]。维新运动前，湖南绅士以卫道自居，积极反对西学的传播。郭嵩焘、曾纪泽等传播西学文明的先驱被控上“鬼奴”的帽子，诅咒漫骂之声不绝于耳。但是维新运动后，魏源、郭嵩焘、曾纪泽却被作为开通风气的乡贤受到了绅士们的崇拜。“戊戌新旧之争时除叶德辉因反对公羊学偶尔攻击到魏源外，所有旧派攻击的范围并不曾波及郭嵩焘与曾纪泽，则后二人的正面形象未受到挑战”[③]。谭嗣同、唐才常、熊希龄更是西学的积极宣传者，对西学的积极宣传深度和广度都远远超过了郭、曾等人。《湘报》《湘学报》，时务学堂、南学会成了西学传播的重要基地，以致“变通以致富强、取法日本、学习西方，在甲午战争后湖南绅士中已成为一种思潮”[④]。就连“翼教”派中的王先谦、叶德辉也并不反对西学。因而西学的宣传不仅在长沙产生了较大的影响，而且还波及全省的其他地区。传教士江爱德

① 唐才常．时文流毒中国论［M］//湖南省哲学社会科学研究所．唐才常集．北京：中华书局，1980：161.

② 叶德辉．翼教丛编［M］．台北：文海出版社，1966：331.

③ 罗志田．近代湖南区域文化与戊戌新旧之争［J］．近代史研究，1998（5）：64.

④ 尹飞舟．湖南维新运动研究［M］．长沙：湖南教育出版社，1999：68.

(E. D. chapin）在 1898 年初曾报告说：常德府居民“在过去的一年中可见甚大的觉醒及对西方知识和事物的新需求，其表现是‘该城的士人正在组织学习英语的班级并要求提供外国书籍，而更进步的人士已在讨论并开通一条常德与汉口之间的轮船航线’”①。从维新运动前，郭嵩焘介绍西学的《使西纪程》迭遭毁版厄运到常德士人主动学习英语、争看洋人书籍，就足以说明湖南绅士的政治观念已经发生了非常巨大的改变，西学已经获得了绅士们的某种认同。

三是封建的纲常礼教受到了尖锐批判，资产阶级民主、平等思想得到了广泛宣传。湖南绅士一直是维护封建纲常礼教最顽固的堡垒，使用一切手段来保障封建理学的独尊地位，极力抵制一切有悖于传统的所谓异端邪说，不惜血本宣传纲常礼教的一种文化声音。戊戌维新后，这种理学独尊的文化地位被打破，批判纲常礼教，宣传西学成了一种新的文化潮流。谭嗣同在《仁学自叙》里面明确提出了要冲决禁锢人民思想，影响人民自身发展，破坏人民自由的一切封建网罗，他把君主专制和纲常伦理作为冲决网罗的重点，尖锐指出：“君为独夫民贼”，“窃国大盗”，封建君主制度是封建社会万恶的根源，“二千年来，君臣一伦，尤为黑暗否塞，无复人理，沿及今兹，方愈剧矣”。他斥责清朝皇帝为“贱类异种”，利用纲常礼教来压制和愚弄中国人民。历来的封建礼教，“俗学陋行，动言名教，敬若天命而不敢违，畏若国宪而不敢议”，实际上是以名匡实。“三纲五常之惨祸烈毒，由是酷焉”。唐才常、熊希龄的反封建思想虽不如谭嗣同激进，但为了变法的需要，他们把孔子人为地打扮成“托古改制”的祖师爷，民权思想的发起者，认为“宣尼教法，治万世也”，“斥争战之贼臣，权君民之轻重”。② 他们主张开议院，实行君主立宪，用“君民交泰”的议会民主制代替“君

① 罗志田．思想观念与社会角色的错位：戊戌前后湖南新旧之争再思［J］．历史研究，1998（5）：61.

② 湖南省哲学社会科学研究所．唐才常集［M］．北京：中华书局，1980：47.

民截然”的专制独裁制。使得“民权”“平等”学说通过南学会、《湘报》流传于三湘大地，不断改变着青年学子的文化观念。

湖南资产阶级革命派人才群体大多为留日学生，深受资产阶级民主革命思想的影响，他们反满反封，为建立资产阶级民主共和制度，广泛地开展资产阶级民主革命文化的宣传，从而促进了湖南民主革命思想文化的兴起。

一是大力宣扬反帝反满的爱国主义文化。陈天华在《警世钟》中痛切地陈述自己的焦虑，呼吁反帝御侮。他号召全民抗战救亡，要求“全民皆兵”，“舍生取义”。大声疾呼：“洋兵不来便罢，洋兵若来，奉劝各人把胆子放大，全不要怕他。读书的放了笔，耕田的放了犁耙，做生意的放了职事，做手艺的放了器具，齐把刀子磨快，子药上足，同饮一杯血酒，呼的呼，喊的喊，万众直前，杀那洋鬼子，杀投降那洋鬼子的二毛子。满人若是帮助洋人杀我们，便先把满人杀尽；那些贼官若是帮助洋人杀我们，便先把贼官杀尽。‘手执钢刀九十九，杀尽仇人方罢手！’”[①] 杨毓麟在《新湖南》中用大量的篇幅和史实，历数西方列强侵略中国的罪行和给中国造成的严重危害，揭露它们所使用的各种毒辣手段。他认为列强所施行的帝国主义之方针，“则以殖民政略为主脑，而以租界政略、铁道政略、矿产政略、传教政略、工商政略为眉目，用以组织此殖民政略，使达于周密完全之地”[②]。他号召湖南人民必须牢记种族之戚，家国之痛，起而复仇，投身于反帝反清的伟大斗争之中。宋教仁是资产阶级民主革命派的优秀宣传鼓动家，他大声疾呼，号召受欺受辱的中国人民要像自己的祖先那样，“栉风沐雨，战胜外族，扬赫濯之武功”；“取威定霸，开拓疆域，建远大之盛业”。[③] 据不完全

① 刘晴波，彭国兴．陈天华集［M］．2版．长沙：湖南人民出版社，1982：71.

② 饶怀民．杨毓麟集［M］．长沙：岳麓书社，2001：43.

③ 汉族侵略史：叙例［M］//郭汉民．宋教仁集：一．长沙：湖南人民出版社，2008：6.

统计，仅杂志的第一期，就发表了他写的 7 篇文章。他那犀利的笔锋，始终对准了清政府的腐朽统治，对准了帝国主义的野蛮侵略，展现出一青年学子的拳拳爱国之心。[①]

二是号召建立资产阶级民主共和国。杨毓麟在《新湖南》中对西方的三权分立学说加以解释和赞扬，认为“国家有三权，三权不分立者，其秩序必不安宁，幸福必不增进，是故立法、司法、行政三者，不得不分别部居，使各在于独立之地”[②]，指出它的根本宗旨是体现全体国民的意志。“欧美大陆莫不公认政府与国家之分别，莫不公认人民之自由权，以为政府与国民共守之界线，于是而共和焉。”[③] 所以，杨毓麟的《新湖南》称得上是 20 世纪初革命人士中将西方近代民主政治思想论述得最全面、最深刻的文章之一。宋教仁在日本留学期间，就明确地提出了“今后吾国政治变革，结局虽不可知，然君主专制政体必不再许其存在，而趋于民权的立宪政体之途，则固事所必至者”[④] 的政治理想。宋教仁在边破边立的过程中，构建起自己的“民权的立宪政体”模式，他先是赞赏美国的总统制，但不久又主张在政权运作过程中，实行责任内阁制，即分权制。议会、行政、司法三权分立。同为留学生的长沙人章士钊在此期间写了一系列文章阐述“国会万能”与“政党内阁”的观点。可见，他们已经从中外对比和自己的切身体会中，认识到了资本主义民主共和制度比封建专制主义要进步得多，这是他们进行政治制度选择的重要文化基点。

三是广泛弘扬民族文化，提倡民族精神。杨毓麟极为推崇王船山的民族意识，他说：“王船山氏平生所著书，自经义、史论以至稗官小说，于种族之戚，家国之痛，呻吟呜咽，举笔不忘，如盲者

① 刘景泉，张静，汪向阳．宋教仁与民国初年的议会政治［M］．石家庄：河北人民出版社，1998：58.

② 饶怀民．杨毓麟集［M］．长沙：岳麓书社，2001：53-54.

③ 同② 52.

④ 陈旭麓．宋教仁集：上册［M］．北京：中华书局，1981：281.

之思视也，如痿者之思起也。如喑者之思言也，如饮食男女之欲一日不能离于其侧，朝愁暮思，梦寐以之。”“至于直接船山之精神者，尤莫如谭嗣同，无所依傍，浩然独往，不知宇宙之圻埒，何论世法！其爱同胞而甚仇虐，时时迸发于脑筋而不能自已。”[①] 章士钊在《王船山史说申义》中说：“船山史学宏精议义，可以振起吾国之国魂者极多。”这里的“国魂”，主要是一个民族独立的民族意识。少年时在时务学堂学习，并奠定了一生思想基础的蔡锷则提倡军国民主义，认为只有全体民众知生存之维艰，发畏惧心、捍卫心、团结心与一切勇猛精进心，把民族素质由“尚文”转变为“尚武”，即具有军国民精神，中华民族才庶可有望，列强才不能再加侵犯。宋教仁大力颂扬湖南的民族文化，讴歌湖南人反清的革命行动。他说：“湖南之民族，坚强忍耐，富于敢死排外性质之民族也。”“庚子唐才常一役，根据地在汉口，而原动力在湖南。去岁甲辰，湖南学生与会党合谋发难于湖南，以出长江，虽皆不成，要为湖南人反对满族之萌芽矣”[②] 陈天华认为中国人早有民主的素养。他说远在先秦时代，“民气之隆，虽不能如今日之欧洲，亦非后世所能望”[③]。他之所以这样说，无非是想借古制良法，说明我们的祖先早就有民主自由的传统，是封建君主剥夺了人民本应享有的权利，从而引导人民起来推翻清，追求民主共和的理想。

湖南留日学生倡导的资产阶级民主革命文化，为湖湘文化的发展添加了新的血液，打破了戊戌维新失败后湖南万马齐喑的沉闷文化空气。留日学生的资产阶级民主革命文化打破了原有“变法求强”文化的幻想，将文化由民主、自由、平等的诉求转向暴力革命，推翻现有政权，摧毁封建文化，为建立民主、自由、平等的资产阶级共和国服务的方向发展。他们从新的文化洗礼中看到了旧制

① 饶怀民．杨毓麟集［M］．长沙：岳麓书社，2001：35.

② 郭汉民．宋教仁集：一［M］．长沙：湖南人民出版社，2008：11.

③ 刘晴波，彭国兴．陈天华集［M］．2版．长沙：湖南人民出版社，1982：216.

度的落后，不再为旧制度的自我修补摇旗呐喊，与其让一个病入膏肓的旧政权苟延残喘，继续为恶，成为洋人的鹰犬，不如通过流血的暴力革命，彻底推翻旧有的封建制度，建立一个资产阶级的民主共和国。他们以“反满”为号召，以“非我族类，其心必异”的种族文化，作为调动人们起来革命的文化工具，唤起人民对腐败无能的清政府的仇恨；他们以推翻专制，建立民国的政治文化，鼓舞人民挣脱封建专制奴役的枷锁，争取自由、民主、平等的权利，为建立资产阶级民主共和国而流血牺牲，奋斗不息；他们以“平均地权”的社会文化，向人们描绘了未来社会国富民强的美好蓝图。这些美好的革命蓝图，对于久受民族压抑，帝国主义欺凌，渴望国家独立，民主自由，富强幸福的湖南人民来说，无疑具有强大的社会号召力，湖南的新式学堂由此出现了“邪说朋兴，排满革命之谈充塞庠序”①的大好局面，也有了日后湖南立宪与革命两派合作反清，湖南成为辛亥革命首应之区的辉煌业绩。

以毛泽东、刘少奇、任弼时为代表的湘籍无产阶级革命家人才群体，始终高扬反帝反封建的文化大旗，致力于马克思主义先进文化的宣传，为建立无产阶级领导的人民大众的反帝反封建的文化，即民族的、科学的、大众的新民主主义文化而不懈奋斗，从而推进了湖南新民主主义思想文化的发展。

一是马克思主义的文化在湖南得到传播。湖南新文化运动的启蒙主要得力于毛泽东、蔡和森、何叔衡等人 1918 年 4 月发起创办的新民学会。毛泽东主编的《湘江评论》成了反对封建文化的健将。他在创刊宣言中，明确指出，文学革命的潮流，是要“由贵族的文学，古典的文学，死形的文学，变为平民的文学，现代的文学，有生命的文学”②。他批判孔子是“思想上的强权”，“独霸中国，使我们思想界不能自由，郁郁做二千年偶像的奴隶”，“不可不

---

① 王先谦．葵园自订年谱［M］．台北：文海出版社，1970：359.

② 湘江评论创刊宣言［N］．湘江评论，1919-07-14.

竭力打破”。[①]《湘江评论》还号召实行民主的大联合，盛赞俄国的十月革命，主张向俄国学习，书写了革命必胜的乐观主义文化。为了更好地宣传俄国十月革命，何叔衡、毛泽东等人于1920年8月发起成立了俄罗斯研究会，“以研究俄罗斯一切事情为宗旨”。9月，毛泽东、彭璜、易礼容等新民学会会员又在长沙发起成立了文化书社，以传播马克思主义的先进文化为首要任务。文化书社创办以后，湖南全省广大的知识青年、工人和各界进步人士，无不和它有过往来。他们从文化书社获得了宣传马克思主义和新文化、新思想的书刊，大大启发了他们的革命觉悟，提高了他们的认识，鼓舞了他们的革命热情。

二是平民的、大众的、民主的革命文化得到了极大的发展。北伐时期，反对帝国主义文化侵略的斗争再次兴起。长沙各教会学校纷纷要求取消圣经课，增设三民主义课程，“其趋势将铲除外人文化侵略势力，实行革命化教育”[②]。农民文化得到了极大发展，正如毛泽东在《湖南农民运动考察报告》中所言：“农村里地主势力一倒，农民的文化运动便开始了。试看农民一向痛恶学校，如今却在努力办夜校。”[③] 毛泽东、谢觉哉、夏曦、李维汉等许多湘籍无产阶级革命家都盛赞农民运动的好处，建议学生利用暑假深入农村，开展农民教育，推进农村文化建设，从而为湖南农民运动的深入发展起了鸣锣开道的作用。土地革命时期，在湘赣、湘鄂赣、湘鄂西等苏区大力开展文化教育工作，创办红军学校、党校、列宁干部学校、青少年干部学校、平民夜校等各种学校，加强政治理论学习，普及文化知识，出现了村村有红色小学（初小）、乡乡有列宁小学（高小），这是一种实施新民主主义文化教育的新型学校。苏区还先后出版了几十种报刊，其中著名的有《战斗报》《工农战斗

① 健学会之成立及进行［N］. 湘江评论. 增刊第1号，1919-07-21.

② 宋斐夫. 湖南通史：现代卷［M］. 长沙：湖南出版社，1994：177.

③ 毛泽东选集：第一卷［M］. 2版. 北京：人民出版社，1991：39.

画报》《红旗小报》《列宁青年》《儿童实话》《工人生活报》《湘赣红旗》《湘赣红星》《布尔什维克周刊》《工农日报》《红星报》等，所有这些报刊，均发挥着很好的战斗宣传作用。正如毛泽东所说：在苏区，“一切文化教育机关，是操在工农劳苦群众的手里，工农及其子女有享受教育的优先权，苏维埃政权用一切方法来提高工农的文化水平”。与国民党把“一切文化教育机关变成黑暗的地狱”相反，苏区则“是一个自由光明的新天地”。[①] 抗战时期，徐特立利用八路军驻湘通讯处代表的身份，广泛开展抗日文化宣传，积极驳斥当时流行的“亡国论”和“速胜论”的错误观点，宣传正确的抗日救亡思想。积极推动和指导建立抗日救亡团体和创办抗日救亡报刊、书店，长沙的抗战文化繁荣兴盛。长沙街头到处涌现出大批群众喜闻乐见的战地通讯、报告文学、街头剧、街头诗等，它们如同愤怒的投枪，激越的战曲，冲锋的呐喊，发挥了卓有成效的宣传鼓动作用。长沙戏剧界人士还走向民间，在农村、街道、集镇自编小戏，鼓动群众的抗战热情。《义勇军进行曲》《游击队之歌》《大刀向鬼子们的头上砍去》等抗战歌曲，广为普及，四处传唱，湖南的新民主主义文化迅速发展。

科学文化得到了广泛普及。湖南和平解放后，在毛泽东的领导下，湖南广泛开展了文化普及工作，劝导家长送子女上学。在农村办冬学、城市办夜校，开展扫盲运动。在文艺工作方面，树立毛泽东文艺思想，着重批判资产阶级和小资产阶级文艺思想，坚持“普及第一，生根第一”，着力发展工农群众的业余文化，开展形式多样的文化活动，让工农群众占据文艺舞台，使新民主主义的文化大放光彩。

波澜壮阔的近代湖南人才群体成就了湖湘文化的近代辉煌，书写了“惟楚有材，于斯为盛”的时代华章。

---

① 毛泽东在第二次全国苏维埃代表大会上的报告［J］. 红色中华，第二次全苏大会特刊第 3 期 . 1934-01-26.

主要参考文献

一、古代、 近代文献

1. 汇编文献

中国人民政治协商会议湖南省委员会文史资料研究委员会．湖南文史资料：第1期［M］．北京：人民出版社，1959.

湖南历史资料编辑室．湖南历史资料［M］．长沙：湖南人民出版社，1981（2）.

杜迈之，刘泱泱，李龙如．自立会史料集［G］．长沙：岳麓书社，1983.

人民出版社．回忆蔡和森［M］．北京：人民出版社，1983.

中国史学会．洋务运动：第一册［M］．上海：上海人民出版社，1959.

中国史学会．辛亥革命（一）［M］．上海：上海人民出版社，1957.

冯自由．革命逸史：第二集［M］．北京：中华书局，1981.

中国人民政治协商会议湖北省委员会．辛亥首义回忆录：第3辑［M］．湖北人民出版社，1981.

中华民国开国五十年文献编委会．中华民国开国五十年文献：第二编第三册［G］台北：正中书局，1963.

何良栋．皇朝经世文四编［M］．上海：上海书局，1903（清光绪二十八年）.

葛世濬．皇朝经世文编续编［M］．台北：文海出版社，1972.

湖南船山学社．船山学报［M］．长沙：湖南师范大学出版社，2009.

萍乡市政协，浏阳县政协，醴陵市政协．萍、浏、醴起义资料汇编［G］．长沙：湖南人民出版社，1986.

丘权政，杜春和．辛亥革命史料选辑［M］．长沙：湖南人民出版社，1983.

章有义．中国近代农业史资料：第3卷［M］．2版．北京：生活·读书·新知三联书店，1961.

国家档案局明清档案馆．戊戌变法档案史料［M］．北京：中华书局，1958.
中国史学会．戊戌变法：第三册［M］．上海：神州国光社，1953.
湖南省哲学社会科学研究所现代史研究室．五四时期湖南人民斗争史料［M］．长沙：湖南人民出版社，1979.
湖南省博物馆．湖南革命烈士诗词书信选［M］．长沙：湖南人民出版社，1981.
湖南省博物馆．新民学会文献汇编［G］．长沙：湖南人民出版社，1980.
中国革命博物馆，湖南省博物馆．新民学会资料［M］．北京：人民出版社，1980.
国家清史编纂委员会．文献丛刊：湘军：第十卷［M］．北京：社会科学文献出版社，2013．
王健英．中国共产党组织史资料汇编［G］．北京：红旗出版社，1983.

2. 个人文献

马克思，恩格斯．马克思恩格斯选集［M］．北京：人民出版社，1972.
王先谦．虚受堂文集：上册［M］．台北：文海出版社，1971.
叶德辉．翼教丛编［M］．台北：文海出版社，1966.
陈旭麓．宋教仁集［M］．北京：中华书局，1981.
刘晴波．杨度集［M］．长沙：湖南人民出版杜，1986.
刘献廷．广阳杂记［M］．北京：中华书局，1957.
湖南省哲学社会科学研究所．唐才常集［M］．北京：中华书局，1980.
饶怀民．杨毓麟集［M］．长沙：岳麓书社，2001.
中共中央文献研究室，中共湖南省委《毛泽东早期文稿》编辑组．毛泽东早期文稿［M］．长沙：湖南出版社，1990、1995.

中国社会科学院近代史研究所中华民国史研究室，广东社会科学院历史研究所，中山大学历史系孙中山研究室．孙中山全集［M］．北京：中华书局，1981.

冯友兰．中国哲学史［M］．北京：中华书局，1984.

陈独秀．陈独秀文章选编［M］．北京：生活·读书·新知三联书店，人民出版社，1984.

蔡和森．蔡和森文集［M］．北京：人民出版社，1980.

王兴国．杨昌济文集［M］．长沙：湖南教育出版社，1983.

杨昌济．杨昌济集［M］．王兴国，编注．长沙：湖南教育出版社，2008.

中华书局编辑部．魏源集［M］．北京：中华书局，1983.

曾国藩．曾国藩全集［M］．长沙：岳麓书社，1986-1995.

左宗棠．左宗棠全集［M］．长沙：岳麓书社，1987-2014.

曾纪泽．曾纪泽遗集［M］．长沙：岳麓书社，1983.

梁启超．饮冰室合集［M］．北京：中华书局，1989.

刘晴波，彭国兴．陈天华集［M］．2版．长沙：湖南人民出版社，1982.

毛泽东选集［M］．北京：人民出版社，1966，1991，1993.

中共中央文献研究室．毛泽东年谱［M］．北京：人民出版社，1993.

居正．辛亥札记·梅川日记合刊［M］．重版．台北：［出版社不详］，1956.

列宁选集［M］．北京：人民出版社，1972.

陶澍．陶澍集：上［M］．长沙：岳麓书社，1998.

耿飚．耿飚回忆录［M］．北京：解放军出版社，1991.

张栻．南轩集［M］．台北：广学社印书馆，1975.

张栻．张栻全集［M］．长春：长春出版社，1999.

杨坚．郭嵩焘奏稿［M］．长沙：岳麓书社，1983.

郭嵩焘．郭嵩焘诗日记［M］．长沙：湖南人民出版社，1982.
郭嵩焘．郭嵩焘诗文集［M］．长沙：岳麓书社，1984.
梁启超．梁启超论清学史二种［M］．朱维铮，校注．上海：复旦大学出版社，1985.
王夫之．船山全书［M］．长沙：岳麓书社，1988、2011.
皮锡瑞．经学历史［M］．周予同，注．北京：中华书局，1959.
朱寿朋．光绪朝东华录［M］．北京：中华书局，1975.
黎庶昌．曾国藩年谱［M］．长沙：岳麓书社，1986.
蔡尚思，方行．谭嗣同全集［M］．北京：中华书局，1981、1998.
陆宝千．刘蓉年谱［M］．台北："中央研究院"近代史研究所专刊．1979.
杨昌济．达化斋日记［M］．长沙：湖南人民出版社，1977，1978.
周敦颐．元公周先生濂溪集［M］．长沙：岳麓书社，2006.
罗汝怀．绿漪草堂文集［M］．刻本．1883（清光绪九年）.
吴荣光．岳麓书院续志［M］．长沙：岳麓书社，2012.
钱穆．中国近三百年学术史［M］．北京：商务印书馆．2005.
胡林翼．胡林翼集［M］．长沙：岳麓书社，2008.
姚绍崇．论语衍义［M］．墨君轩刊本．同治年间.
左钦敏．湖南团练私议：上编［M］．刊本．1899（清光绪二十五年）.
杨树达．积微翁回忆录［M］．北京：北京大学出版社，2007.
司马迁．史记［M］．北京：中华书局，1981.
蔡和森．蔡和森十二篇文章［M］．北京：人民出版社，1980.
罗正钧．左宗棠年谱［M］．长沙：岳麓书社，1983.
梅英杰，等．湘军人物年谱［M］．长沙：岳麓书社，1987.
胡成．困窘的年代 近代中国的政治变革和道德重建［M］．上海：上海三联书店，1997.
徐珂．清稗类钞［M］．北京：中华书局，1984.
王闿运．湘绮楼日记［M］．长沙：岳麓书社，1997.

中华文化复兴运动推行委员会．教案与反西教［M］．台北：台湾商务印书馆，1986.
曾纪泽．曾纪泽日记［M］．长沙：岳麓书社，1998.
朱克敬．儒林锁记 雨窗消意录［M］．长沙：岳麓书社，1983.
三石善吉．传统中国的内发性发展［M］．余项科，译．北京：中央编译出版社，1999.
方行．樊锥集［M］．北京：中华书局，1984.
刘泱泱．樊锥集 毕永年集 秦力山集［M］．长沙：湖南人民出版社，2011.
王先谦．葵园自订年谱［M］．台北：文海出版社，1970.
陶今．我的先祖陶澍［M］．长沙：岳麓书社，2012.
黄濬．花随人圣庵摭忆［M］．北京：中华书局，2008
魏源．海国图志［M］．长沙：岳麓书社，1998.
魏源．海国图志［M］．长春：时代文艺出版社，2000.
容闳．西学东渐记［M］．上海：商务印书馆，1934.
郭嵩焘．湘阴县图志［M］．刻本．湘阴县志局．1881（清光绪六年）.
郭嵩焘．郭嵩焘全集：第七册．长沙：岳麓书社，2014.
李富春．李富春选集［M］．北京：中国计划出版社，1992.
曾业英．蔡松坡集［M］．上海：上海人民出版社，1984.
刘采邦，张延珂．长沙县志［M］．刻本．1871（清同治十年）.
陈嘉榆．湘潭县志［M］．刻本．1890（清光绪十五年）.
王汝惺，邹焌杰．浏阳县志［M］．刻本．1873（清同治十二年）.
杨恩寿．坦园日记：卷一［M］．上海：上海古籍出版社，1983.
刘泱泱，陈珠培，刘云波．黄兴集外集［M］．长沙：湖南人民出版社，2002.
中共湖南省委宣传部，中共湖南省委党史研究室，中共怀化市委．向警予纪念文集［M］．长沙：湖南人民出版社，2005.

陈独秀．独秀文存［M］．合肥：安徽人民出版社，1987.
陈宝箴．陈宝箴集：上［M］．北京：中华书局，1980.
刘少奇选集：上卷［M］．北京：人民出版社，1981.
鲁迅全集：第一卷［M］．北京：人民文学出版社，1981.

3. 报纸期刊

湘报［N］．影印．北京：中华书局，2006.
民报［N］.
人民日报［N］．1990-5-3.
湖南长沙大公报十周年纪念特刊［N］．1925.
东方杂志［J］．第1卷第7期．
洞庭波［N］．第一期．
东方杂志［J］．第13卷.
游学译编［J］．第6期．
湘江评论［N］．1919.
红色中华，第二次全苏大会特刊第3期［J］．1934-01-26.
解放日报［N］．1941.
新青年［J］．第6卷，第1号．
民立报［N］．1911-06-28.
张朋园．立宪派与辛亥革命［J］．台北："中央研究院"近代史研究所专刊，1969（24）.

二、研究专著

侯外庐，邱汉生，张岂之．宋明理学史［M］．北京：人民出版社，1984，1997.
邓洪波，朱汉民，杨慎初．岳麓书院史略［M］．长沙：岳麓书社，1986.
钱基博，李肖聃．近百年湖南学风·湘学略［M］．长沙：岳麓书社，1985.

陶用舒．近代湖南人才群体研究［M］．长沙：岳麓书社出版社，2000.
张集馨．道咸宦海见闻录［M］．北京：中华书局，1981.
王闿运．湘军志［M］．长沙：岳麓书社，1983.
赵尔巽．清史稿［M］北京：中华书局，1977.
戴绪恭．向警予传［M］．北京：人民出版社，1981.
张枬，王忍之．辛亥革命前十年间时论选集：卷 1［M］．北京：生活・读书・新知三联书店，1977.
中共汨罗县委员会．任弼时［M］．长沙：湖南人民出版社，1979.
埃德加・斯诺．红星照耀中国［M］．李方准，梁民，译．张葆霖，校．石家庄：河北人民出版社，1992.
杨东梁．左宗棠评传［M］．长沙：湖南出版社，1985.
隗瀛涛，吴雁南．辛亥革命史：中册［M］．北京：人民出版社，1980.
左舜生．中国近代史四讲［M］．台北：三民书局，1982.
薛君度．黄兴与中国革命［M］．杨慎之，译．长沙：湖南人民出版社，1980.
中共湖南省委促进共产党员先进教育活动中心办公室．学先烈 学先进 当先锋［M］．长沙：湖南人民出版社，2005.
蔡冠洛．清代七百名人传：郑国鸿［M］．北京：中国书店，1984.
张振佩．左宗棠传［M］．海口：海南国际新闻出版中心，1994.
刘才．旧唐书［M］．北京：中华书局，1975.
吴任臣．十国春秋［M］．北京：中华书局，1983.
曾国荃，李瀚章，卞宝弟，等．湖南通志［M］．上海：上海古籍出版社，1990.
司马光．资治通鉴［M］．北京：中华书局，1956.
廖一中，李德征，张璇如，等．义和团运动史［M］．北京：人民出版社，1981.

湖南工人运动史编写组．湖南工人运动史［M］．北京：中国工人出版社，1994.
易永卿，陶用舒．现代湖南人才群体研究［M］．长沙：湖南人民出版社，2005.
黄宗羲．宋元学案［M］．北京：中华书局，1986.
罗汝怀．湖南文征［M］．长沙：岳麓书社，2008.
郑佳明．长沙历史文化丛书［M］．长沙：湖南文艺出版社，1997.
脱脱，阿鲁图．宋史［M］．刊本．1346（元至正六年）.
孟森．明清史讲义：下册［M］．北京：中华书局，1981.
王驰，刘鸣泰，刘克利．湖湘文化大观［M］．长沙：岳麓书社，2003.
蔡端．蔡锷事略［M］．北京：北京文史资料出版社，1982.
李锐．早年毛泽东［M］．沈阳：辽宁人民出版社，1993.
龙盛运．湘军史稿［M］．成都：四川人民出版社，1990.
周柳燕，易惠霞．湘学［M］．长沙：湖南科学技术出版社，2009.
郑焱．近代湖湘文化概论［M］．修订版．长沙：湖南师范大学出版社，2008.
朱东安．曾国藩集团与晚清政局［M］．2 版．北京：华文出版社，2007.
张云，韩洪泉．曾国藩和他的湘军［M］．沈阳：辽宁教育出版社，2012.
贵县罗氏（罗尔纲）．湘军新志［M］．台北：文海出版社，1967.
张朋园．中国现代化的区域研究 湖南省，1860—1916［M］．台北：“中央研究院”近代史研究所，1983.
钟叔河．从东方到西方［M］．长沙：岳麓书社，2002.
萧艾．王湘绮评传［M］．长沙：岳麓书社，1997.
周维宏，砂山幸雄．世纪之交的抉择：近代中日韩三国历史发展比较［M］．北京：世界知识出版社，2000.

刘泱泱．湖南通史：近代卷［M］．长沙：湖南出版社，1994.
长沙县通史编纂委员会．长沙县通史：第1卷［M］．长沙：湖南人民出版社，2014.
实业部国际贸易局．中国实业志：湖南省［M］．［出版者不详］．1935.
陈嘉榆．湘潭县志［M］．刻本．［出版地不详］．1890（清光绪十五年）．
李玉．长沙的近代化启动［M］．长沙：湖南教育出版社，2000.
周锡瑞．改良与革命［M］．南京：江苏人民出版社，2007.
宋斐夫．湖南通史：现代卷［M］．长沙：湖南出版社，1994.
王尔敏．中国近代思想史论续集［M］．北京：社会科学文献出版社，2005.
朱孔彰．中兴将帅别传［M］．长沙：岳麓书社，1986.
尹飞舟．湖南维新运动研究［M］．长沙：湖南教育出版社，1999.
刘景泉，张静，汪向阳．宋教仁与民国初年的议会政治［M］．石家庄：河北人民出版社，1998.
吕芳文．五四运动在湖南［M］．长沙：岳麓书社，1997.
刘小明．旗人史话［M］．北京：社会科学文献出版社，2011.
林增平，范忠程．湖南近现代史（1840—1949）［M］．长沙：湖南师范大学出版社，1991.
龙华．湖南戏曲史稿［M］．长沙：湖南大学出版社，1988.
彭大成．湖湘文化与毛泽东［M］．长沙：湖南人民出版社，1993.
姜亮夫．楚辞今绎讲录［M］．昆明：云南人民出版社，1999.
廖静仁．天问湖南：历史之旅卷［M］．长沙：湖南地图出版社，2005.
文选德．湖湘文化古今谈［M］．长沙：湖南人民出版社，2006.
王兴国，聂荣华．湖湘文化纵横谈［M］．长沙：湖南大学出版社，1996.
张立文．宋明理学研究［M］．北京：人民出版社，2002.

王勇．湖南历代文化世家．四十家卷［M］．长沙：湖南人民出版社，2010.
罗宏，许顺富．湖南人底精神：湖湘精英与近代中国［M］．北京：新星出版社，2017.
徐志颖．左宗棠：帝国最后的鹰派［M］．北京：中国青年出版社，2014.
冯象钦，刘欣森．湖南教育史［M］．长沙：岳麓书社，2002.
裴士锋．湖南人与现代中国［M］．黄中宪，译．北京：社会科学文献出版社，2015.
刘范弟．善卷、蚩尤与武陵：上古时期一段佚史的破解［M］．长沙：湖南大学出版社，2003.
周秋光．湖湘文化宏观研究［M］．长沙：湖南师范大学出版社，2001.
王开林．敢为天下先 湖南人凭什么纵横中国［M］．北京：经济日报出版社，2007.
王云凤．徐特立在延安［M］．西安：陕西人民教育出版社，1991.
周文姬．从工运领袖到共和国主席［M］．长沙：岳麓书社，1998.
江涌．从湘军士兵到共和国元帅：（上）［M］．长沙：岳麓书社，1998.
王文珍，王辉明．党和人民的骆驼任弼时［M］．长沙：岳麓书社，2003.
《谢觉哉传》编写组．谢觉哉传［M］．北京：人民出版社，1984.
郑笑枫，舒玲．陶铸传［M］．北京：中国青年出版社，1992.
罗斯·特里尔．毛泽东的后半生［M］．曾胡，廖康，陈舜兴，等译．北京：世界知识出版社，1992.
湖南省革命烈士传编纂委员会．三湘英烈传［M］．长沙：湖南人民出版社，1990.
黄瑶．在战斗中成长的罗荣桓［M］．北京：解放军出版社，1983.

刘华清．湘籍无产阶级革命家群体成长道路研究［M］．长沙：湖南人民出版社 2006.

中共中央党史研究室．中国共产党历史：第一卷［M］．北京：中共党史出版社，2002.

中共长沙市委党史研究室．中国共产党长沙历史：第一卷［M］．北京：中共党史出版社，2007.

蔡冠洛．清代七百名人传［M］．北京：中国书店，1984.

杨慎之．湖南历代人名词典［M］．长沙：湖南出版社，1993.

南京大学历史系．中国历代名人辞典［M］．南昌：江西人民出版社，1992.

吴海林，李延沛．中国历史人物生卒年表［M］．哈尔滨：黑龙江人民出版社，1981.

黄邦和，皮明庥．中外历史人物词典［M］．长沙：湖南人民出版社，1987.

辞海：中国近代史分册［M］．上海：上海辞书出版社，1981.

冯天瑜，黄邦和．简明中外历史辞典［M］．长沙：湖南人民出版社，1985.

因田一龟．新中国分省人物志［M］．上海：上海良友图书印刷公司，1930.

朱瑞熙，徐建华．至十三世纪湖南地区的经济开发［A］．庆祝邓广铭教授华诞论文集［M］．石家庄：河北教育出版社，1997.

三、学术论文

李曙新．铁窗英魂任作民［J］．湖南党史，1999（6）.

陶用舒．论人才结构和人才群体［J］．益阳师专学报，2002（4）.

杨鹏程．近代湖南人才略论［J］．益阳师专学报，1990（4）.

王兴国．略论近代湖湘文化的经世致用特点［J］．湖南大学学报（社会科学版），2004（6）.

林增平．近代湖湘文化试探［J］．历史研究，1988（4）．
茅海建．也谈近代湖湘文化［J］．湖南师范大学社会科学学报，1989（1）．
罗志田．近代湖南区域文化与戊戌新旧之争［J］．近代史研究，1998（5）．
罗志田．思想观念与社会角色的错位：戊戌前后湖南新旧之争再思［J］．历史研究，1998（5）．
周秋光．近代湖南的人才群体现象及其原因［J］．湖南师范大学社会科学学报，2003（1）．
吴中杰．最近产生之湖南国学馆［J］．国光杂志，1934（1）．
刘云波．论近代湖湘文化的三大核心精神［J］．湘潮，2007（2）．
周辉湘．湖湘文化的近代化与湖南社会的进步［J］．衡阳师范学院学报，2002，23（1）．
游志涛，莫代令．近代湖湘文化试探［J］．零陵学院（教育科学版），2004，25（6）．
谭双全，章猷才．近代湖湘文化嬗变中的若干特点［J］．湖南社会科学，1997（3）．
周跃云．近代湖湘文化与湖南地理［J］．湖南师范大学社会科学学报，1990，19（3）．
王继平．论近代湖湘文化的基本精神［J］．求索，1993（4）．
饶怀民．近代湖湘文化的源流、结构及其特征［J］．湖南师范大学社会科学学报，1988（1）．
彭卫民，叶恬．近代湖湘文化要义发微［J］．怀化学院学报，2008，27（10）．
孙涛．辛亥革命时期的排满思潮［J］．科技信息，2010（35）．
李建华，杨利辉．试论湖湘文化对湖南社会经济发展的影响［J］．长沙大学学报，2004，18（3）．
刘志靖．晚清经世致用思想对青年毛泽东的影响［J］．湘潭大学社会科学学报，2003（A2）.
伍君，王卫．龚自珍、林则徐、魏源经世致用思想之比较［J］．湖南农业大学学报（社会科学版），2007，8（2）.
孙端．论曾国藩经世致用思想及活动［J］．长春理工大学学报，2012，7（5）.
王国庆．经世致用学风与近代湖南［J］．长沙大学学报，2001，15（3）.
时圣玉，蒋洪沙，熊孟强．近代经世致用传统的复兴与湘学［J］．当代教育理论与实践，2011，3（9）.
杨布生，彭定国．湖湘学派源流与经世致用［J］．湖南师范大学社会科学学报，2003，32（6）.
何大进．略论鸦片战争前的“经世致用”思潮［J］．广州大学学报（社会科学版），2004，3（11）.
韩立君．略论曾国藩经世致用思想的形成［J］．辽宁师范大学学报（社会科学版），1998（2）.
陈洪．论王夫之史论的经世致用思想［J］．湘潭师范学院学报（社会科学版），2008，30（6）.
郭歌．中国近代经世致用思想及其历史影响［J］．理论观察，2013（4）.
魏长龙，陈梅香．杨昌济与湖湘经世致用精神［J］．船山学刊，2011（1）.
陶用舒．湘军人才群和经世致用之学［J］．益阳师专学报，2000，21（4）.
孙功达．试论魏源的经世致用思想［J］．河北师范大学学报（哲学社会科学版），2002（2）.
张晋藩．清初经世致用思想的内涵与价值［J］．史学月刊，2011（4）.
袁仁洪，姚兰图．魏源“经世致用”思想形成原因初探［J］．贵州教育学院学报，2007（5）.
朱汉民．湖湘学派初探［J］．求索，1987（6）.
陈代湘．湘学的内涵与范围［J］．湘潭大学学报（哲学社会科学版），2007，31（2）.
蔡方鹿．张栻与宋代理学［J］．船山学报，1988（2）.
郭齐．胡宏性本体论对张栻的影响［J］．船山学刊，2014（1）.
张卉．张栻对朱熹心性论的影响［J］．四川师范大学学报（社会科学版），2013，40（6）.
章启辉．二程与周濂溪邵康节［J］．河南师范大学学报（哲学社会科学版），2001，28（2）.
王兴国．周敦颐与程颢程颐兄弟［J］．湖南科技学院学报，2005，26（1）.
朱慧芳．周敦颐于汝城开阐理蕴传授二程初考［J］．湖南科技学院学报，2011，33（11）.
杨铮铮．略论湖湘文化［J］．娄底师专学报，2004（4）.
周秋光．古代湖湘文化的形成与历史演变［J］．湖南省社会主义学院学报，2009（1）.
王兴国．略论近代湖湘文化的经世致用特点［J］．湖南大学学报（社会科学版），2004，18（6）.
姜广辉．论宋明理学与经学的关系［J］．湖南大学学报（社会科学版），2004，18（5）.
华中．湖湘文化的理学传统［J］．船山学刊，1992（1）.
王静琦．湖湘经世致用的理学传统［J］．湖南师范大学社会科学学报，2012（6）.
李斌．近代湖湘学人与周敦颐［J］．湖南科技学院学报，2007，28（10）.
徐雷，阮春晖．湖湘理学传统及其对晚清社会的影响［J］．邵阳学报，13（2）.

户华为．湖湘文化及其特征与历史定位［J］．湘潭大学学报（哲学社会科学版），2005，29（2）．

刘兴邦．湖湘学派与湖南文化传统［J］．湘潭大学学报（哲学社会科学版），1996（1）．

麻天祥，吴仰湘．传统学术的递嬗与近代湖湘文化的崛起［J］．益阳师专学报，1997（3）．

朱迪光．刘人熙与“船山学社”［J］．船山学刊，214（3）．

宋玮明．谭嗣同对王船山哲学思想的态度［J］．船山学报，1986（2）．

炜光．谭嗣同与王船山［J］．吉首大学学报（社会科学版），1989（3）．

郑焱．王船山与近代湖湘文化［J］．湖南社会科学（试刊），1988．

魏长龙，唐巧．再论杨昌济对湖湘经世致用精神的创新［J］．河南社会科学，2011，19（6）．

彭传华．王船山政治思想的历史定位［J］．政治学研究，2013（6）．

方克立．王船山——从古代湘学过渡到近代湘学的关键人物［J］．湘潭大学社会科学学报，2003，27（1）．

王继平．论晚清学术与湖南学术思想之流变［J］．湘潭大学学报（哲学社会科学版），2005，29（4）．

胡艺红．道咸之际湖南士人的学术交流［J］．求索，2006（9）．

杨金鑫．湖湘学派略论［J］．船山学报，1988（1）．

朱汉民．论湖湘学派与湖南书院的相互促进和影响［J］．教育评论，1989（5）．

周辉湘．论王船山思想对湖南近代三大人才群体的影响［J］．船山学刊，2003（3）．

原美林，李交发．湖南的理学与发展［J］．晋阳学刊，2011（4）．

林增平．近代湖湘文化试探［J］．历史研究，1988（4）．

彭大成．清朝两湖“南北分闱”与湖南人才之兴起［J］．船山学刊，1996（2）．

伍新福．湖南居民和民族的历史变迁［J］．求索，2006（6）．

赖朝梅，罗彩云．试论近代醴陵人才群体出现的原因［J］．文史博览，2014（36）．

易永卿．湖湘文化对无产阶级人才群体的影响［J］．湖南社会科学，2005（4）．

薛政超．试论唐宋移民对湖南经济的影响［J］．邵阳学报（社会科学版），2004，7（2）．

张军．移民与湖湘文化［J］．湖南城市学院学报，2007，28（2）．

彭先国．移民与近代湖南士风［J］．湖南科技大学学报（社会科学版），2004，7（2）．

图书在版编目(CIP)数据

近代湖湘文化与近代湘籍人才群体/周敏之,许顺富,梁小进著.
—长沙:岳麓书社,2017.10
(近代湖湘文化研究丛书/郑大华主编)
ISBN 978-7-5538-0795-9

Ⅰ.①近... Ⅱ.①周...②许...③梁... Ⅲ.①文化史—研究—湖南—近代②人才研究—湖南—近代 Ⅳ.①K296.4②C964.2

中国版本图书馆 CIP 数据核字(2017)第 229377 号

JINDAI HUXIANG WENHUA YU JINDAI XIANGJI RENCAI QUNTI

近代湖湘文化与近代湘籍人才群体

主　　编:郑大华
作　　者:周敏之　许顺富　梁小进
责任编辑:饶　毅
责任校对:舒　舍
封面制作:胡　斌

岳麓书社出版发行
地址:湖南省长沙市爱民路 47 号
直销电话:0731-88804152　0731-88885616
邮编:410006
岳麓书社网址:www.yueluhistory.com

2017 年 10 月第 1 版第 1 次印刷
开本:710×1000　1/16
印张:29
字数:410 千字
ISBN 978-7-5538-0795-9
定价:88.00 元

承印:长沙鸿发印务实业有限公司

如有印装质量问题,请与本社印务部联系
电话:0731-88884129